U1075785

21世纪高等院校教材·教育类

几何课程研究

王家铧　沈文选　主编

科学出版社

北　京

内 容 简 介

本书较系统地分析了中学数学课程中与几何相关的知识内容. 重点分析了数学课程标准选修系列中新扩充的几何内容和中学原有教学内容的难点，突出了对几何知识的研究性. 本书力图给数学教师一个几何知识的整体结构和几何的基本思想方法，配有大量的例题与习题. 本书通俗易懂，可读性强，有助于提高数学教师驾驭教学的能力.

本书可以作为高等师范院校大学生“中学数学教材分析”课程的教材，也可作为教师继续教育的培训教材和中学教师进行数学学科教学研究的参考书.

图书在版编目(CIP)数据

几何课程研究／王家铧，沈文选主编. —北京：科学出版社，2006
(21世纪高等院校教材·教育类)
ISBN 978-7-03-017602-8

Ⅰ.几… Ⅱ.①王… ②沈… Ⅲ.几何课-教学研究-高中-师资培训-教材
Ⅳ.G633.632

中国版本图书馆CIP数据核字(2006)第075398号

责任编辑：李鹏奇 宛 楠／责任校对：张小霞
责任印制：徐晓晨／封面设计：陈 敬

科学出版社出版
北京东黄城根北街16号
邮政编码：100717
http://www.sciencep.com

北京虎彩文化传播有限公司印刷
科学出版社发行 各地新华书店经销
*
2006年9月第 一 版 开本：B5(720×1000)
2019年1月第六次印刷 印张：16
字数：304 000

定价：40.00元

(如有印装质量问题，我社负责调换)

前　言

自20世纪90年代以来，我国中学课程改革蓬勃兴起，并逐步深入.《普通高中数学课程标准》已于2003年正式颁布，并已由多家出版社出版了经教育部教材审定委员会通过的教材. 2004年，高中新教材在山东、广东、宁夏、海南四省首先实验使用. 至2006年，又有江苏、辽宁等省陆续实验使用高中新教材. 这标志着我国新一轮数学课程改革已经从义务教育阶段进入了普通高中正在全面展开. 而几何教学内容的改革历来是数学教育改革的热点且争议的问题较多，此次课改也不例外. 中学数学课程改革必将影响数学教师教育，同时，数学教师教育也应该且必须适应中学课程改革的这种新情况.《几何课程研究》一书正是在这种时代背景下的产物.

本书在原有"数学教材分析"课程的基础上，重点介绍了新扩充的内容. 特别是在《普通高中数学课程标准》选修系列中的几何内容，并力图给数学教师一个几何知识的整体结构和几何的基本思想方法，而不是针对新教材中的几何内容的具体分析. 书中既有传统的几何逻辑推理，也有现代几何公理化的体系；既有古老的欧氏《几何原本》的介绍，又有标志着数学进入现代数学时期的非欧几何和现代几何——凸体几何的知识呈现.

在江西师范大学孙熙春教授的积极策划下，在张奠宙教授的指导下，我们通过两次全国性的研讨会，设计编写了"中学数学课程研究"的系列丛书. 整个研究及编写过程都得到了科学出版社的责任编辑及有关人员的关注和具体指导.

本书的第一个特色是用通俗易懂的语言表述抽象的几何概念，力求做到返璞归真，揭示几何的朴素本质，注重分析几何知识的来龙去脉，强化几何的基本思想和方法，使学生达到对几何学实质性的理解；本书的第二个特色是突出了几何公理化的思想方法，它是数学中的一个很重要的思想方法，它不仅对数学科学本身的发展发挥了巨大的作用，而且对与其相关联学科的建设和发展都有着重要意义. 作为数学教师，有必要对公理化思想方法的起源、有关内容、结构、特征及其意义有一个大致的了解；第三个特色是构建数学文化的氛围. 数学文化是一个贯穿整个数学课程又很难明确表述的一种环境和氛围，本书结合几何发展史，介绍了几何学发展的基本规律和相关的数学文化；第四个特色是注重内容的应用性. 通过丰富的实例，说明解决几何问题的基本方法. 配备了大量的例题和解题方法，促进解题能力提高. 同时也拓宽了读者的视野，能在一定程度上提高读者的数学素养. 对于帮助在职教师和师范院校的学生尽快完善自身的认知结构，把握数学课程标准中有关几何内容及对几何教学内容进一步改革的研究与探讨有着直接有效的作用.

本书由湖南师范大学沈文选教授总体策划，并编写了第 0 章、第 1 章、第 2 章、第 4 章部分内容、第 5 章、第 7 章、第 8 章部分内容、第 9 章及第 10 章. 沈阳师范大学王家铧教授编写了第 3 章、第 4 章及第 6 章部分内容. 沈阳炮兵学院基础部殷红老师编写了第 3 章、第 4 章、第 6 章、第 8 章的部分内容. 全书由王家铧负责整理统稿，最后由沈阳师范大学李忠海教授审查了书稿. 由于后期统稿时间仓促，不免会有疏漏，在此深表歉意.

本书可作为高等院校数学教育专业“中学数学教材分析”课程的教材，也可以作为数学教师继续教育的培训教材和数学学科教学研究的参考书. 本教材突出了几何的基本思想方法及研究性，具有一定的理论特点，但并未着意考虑全书的逻辑系统，因此使用它可以根据实际情况取舍部分内容，利教便学.

本书的内容取材于作者的长期研究成果，同时也吸收了国内外数学教育的研究成果，参考了较多的文献资料. 这些成果和文献资料的引用或借鉴，对本书的形成提供了不可或缺的基础和实例. 在此，向这些成果的创造人表示衷心的感谢. 希望在基础教育新课程改革的理论与实践的共同探讨中，为构建适合我国国情的几何课程体系，为基础教育课程改革多作一些有益的工作.

作　者

2006 年 6 月 9 日

目　　录

第 0 章　绪论——欧氏几何学的发展 …… 1
0.1　形的起源 …… 1
0.2　几何图形 …… 1
0.3　实验几何 …… 3
0.4　初等几何学的建立与非欧几何的诞生 …… 4
0.5　初等几何学的发展 …… 6
第 1 章　平面几何证题方法 …… 8
1.1　证题的一般方法 …… 8
1.2　用坐标法诱发综合法 …… 15
1.3　面积法与消点法 …… 17
1.4　向量法与复数法 …… 20
1.5　几类问题的证明方法 …… 24
习题 1 …… 29
第 2 章　尺规作图与名题欣赏 …… 31
2.1　尺规作图的基本知识 …… 31
2.2　尺规作图可能性的判断准则 …… 33
2.3　几个著名定理 …… 37
2.4　蝴蝶定理 …… 43
习题 2 …… 46
第 3 章　立体几何 …… 48
3.1　点、直线、平面 …… 48
3.2　简单多面体的欧拉公式 …… 55
3.3　面积与体积 …… 60
3.4　立体几何证题法 …… 68
习题 3 …… 77
第 4 章　平面解析几何 …… 79
4.1　解析几何基本思想方法 …… 79
4.2　圆锥曲线的性质相关性 …… 83
4.3　平面解析几何教学问题分析 …… 88
4.4　平面解析几何问题的求解技巧 …… 94

习题 4 …… 99
第 5 章　欧氏几何的公理化思想方法 …… 100
5.1　欧几里得的《几何原本》——公理化思想方法的建立 …… 100
5.2　希尔伯特的《几何基础》——公理化思想方法的成熟 …… 107
5.3　实体与形式化公理化思想方法及其逻辑特征与意义 …… 113
5.4　张景中的几何公理体系 …… 116
5.5　中学数学教材中的公理系统 …… 121
习题 5 …… 123
第 6 章　罗巴切夫斯基几何及它与欧几里得几何的比较 …… 124
6.1　绝对几何学 …… 124
6.2　罗氏几何学公理系统及它的一些简单推论 …… 126
6.3　罗氏平行线及其性质 …… 127
6.4　罗氏平面上的离散直线 …… 134
6.5　罗巴切夫斯基函数 …… 136
习题 6 …… 138
第 7 章　几何变换 …… 139
7.1　变换与变换群 …… 139
7.2　合同变换 …… 140
7.3　相似变换 …… 148
7.4　仿射变换 …… 152
7.5　反演变换 …… 155
7.6　空间几何变换简介 …… 160
7.7　射影变换 …… 163
7.8　拓扑变换 …… 165
习题 7 …… 169
第 8 章　球面几何简介 …… 173
8.1　球面几何的有关概念 …… 173
8.2　球面三角与对偶原则 …… 180
8.3　椭圆运动　图形相等 …… 185
习题 8 …… 187
第 9 章　凸体几何简介 …… 188
9.1　向量的基本定理与运算 …… 188
9.2　n 维欧氏空间 …… 192
9.3　点距关系 …… 204
9.4　k 重向量 …… 211

9.5　单形的体积公式 …… 214
9.6　单形中的射影定理、余弦定理、正弦定理 …… 219
9.7　关于单形的几个重要不等式 …… 224
习题 9 …… 227
第 10 章　中学几何的实用问题研究 …… 229
10.1　实际生活中几何问题背景探索 …… 229
10.2　几何方法建模举例 …… 233
10.3　数学奥林匹克中的几何问题研究与几何教学探讨 …… 241
习题 10 …… 248

第 0 章　绪论——欧氏几何学的发展

0.1　形 的 起 源

自远古以来,我们的祖先在与大自然作斗争的生存与发展中,直接通过无数次的观察,体验自然界的种种事物以获取知识.相对于数的概念的起源来说,古人对形的认识要更直接,更具体些.因为自然界始终把它的种种模样展现在他们面前,让古人直接从中提取形式.因而,可以说数字属于创造,形属于摹写.

但是,自然界只是为人类提供了摹写的对象,人类要获得形的概念必须通过多次抽象.只有当人类意识形成可以脱离具体对象,并且明确地把形式本身分离出来的时候,才能称得上有了图形的概念.

我们的祖先为了生存而狩猎,当他们多次被植物的刺扎伤皮肤之后,逐渐意识到带尖的物体可以刺入皮肉,于是通过摹写,最早的矛——带尖的木棍出现了.他们在制造一边厚一边薄的石斧、弯的弓、直的箭的过程中,不仅仅被动地领会自然界的启示,而且逐步从自然界中分离出形的概念.

古人类处在严酷的自然环境中,雷鸣电闪、地震、洪水、猛兽的伤害等严重地威胁着他们的生存.他们不得不对直接影响他们生存的动物和植物产生崇拜、恐惧的想法,这样就产生了最早的图腾崇拜与宗教仪式.从产生于 35000 年到 40000 年前的旧石器时代的洞穴艺术中,我们看到反映古代人类社会关系、生殖礼仪、成年礼、狩猎前的仪式的壁画.这些图画是如此粗犷、宏伟,每个看过的人都会产生心灵的震动.

因此图形作为人类对外界事物的反应和思维的一种形式,它产生于古人的生产方式以及与之相应的宗教意识,它最初与最强的表现对象只能是最能引起人类注意并强烈要表现的事物.现代考古学的种种发现都证明了上述论断.

0.2　几 何 图 形

图形最早出现在氏族的图腾崇拜和原始的宗教仪式中,它的表现形式是偶像和仿拟动物的舞蹈以及图画,幻术与图腾出现了,服务于这一行业的巫师也出现了.从旧石器时代的葬礼和壁画来看,图形的样式由原来的直接写真转变成简化了的偶像和符号.例如我国河南安阳出土的旧石器时代的车轮、陶器等古代文物上,装饰着复杂的图形,有五边形、七边形、八边形与九边形组成的精美图案.陶器上鱼的形象也是由单线条象征性表达的.

虽然所有那些富于宗教性的图形,更多的是具有习俗的和幻术的价值,并在后来发展成神灵观念的体现,但就图形本身来说,它却反映了由直接摹写到抽象表现的转变,它比写真图具有更大的可变性与欣赏价值,表现了生命对理性规范的渴望,进而影响到美德判断与标准.比如,对于平衡、对称、和谐、均匀的偏爱,给图形的几何化创造了条件.

图形几何化的主要动力是人类的生产实践.在旧石器时代晚期,生产力进一步发展,编织、轮的使用、砖房的建设,进一步促进几何图形的出现与认识.编织既是技术又是艺术,因此,除了一般的技术性规律需要掌握外,还有艺术上的美感需要探索,而这两者都必须先经实践,再经思考才能实现,这就给几何与算术打下了基础.因为织出的花样,其种种形式与经纬的数目,本质上属于几何性质,因而必然引起对形和数之间一些关系的深刻认识.

促进图形几何化的进程不仅限于编织,轮子的使用和砖房的建造都直接加深和扩大了对几何图形的认识.轮子的发明具有巨大的物质效果和科学意义.但其中最显著的作用大约要算对圆的认识和自觉应用了.人们对轮和圆的认识和研究,最明显的例子是圆周等分和轨迹的思想.直到今天,圆仍然是中学生学习的主要几何图形之一.

建筑操作,特别是砖房的建造对几何学基础的影响要早于土地丈量,砖的使用也出现于新石器时代,其独特的形状给人以强烈的印象.砖必然是长方体状的,不然就难于相互配合而砌成墙,而配合使用必然引起直角和直线的观念.直线出现于编织时织工拉紧的线,在建房中再次出现直线的形象,让人看到它的作用.

房屋建筑促进了直线、平面和立体的度量,因为它展示了平面面积与立体体积随着边的长度而变化的关系,为用边的长度来计算面积和体积奠定了思想基础.建筑术的发展又产生了比例设计法,对几何学的发展又是一个促进.

陶器的制作,尤其是陶器花纹的绘制有利于对空间关系的认识.空间关系,实质就是相互位置和大小的关系.前者由物体的彼此接触或毗边,由“……之间”,“在里面”等词语来表示;后者则用“大于”、“小于”等词语来表示.例如,公元前4000年～3500年,埃及陶器上和波斯尼亚新石器时代陶器上的彩纹,都明显地表现出平行线、折线、三角形、长方形、菱形和圆.而且三角形又可细分为任意三角形、等腰三角形和等边三角形.

自然界很少有真正的几何图形,然而人类通过编织、制轮、建屋等实践造出形状多少有点正规的物体,这些不断出现而且世代相传的制品提供了把它们相互比较的机会,让人们最终找出共同之处,形成抽象意义下的几何图形.

0.3 实验几何

公元前 4000 年前后，人类由野蛮进入文明，由弱小分散的氏族部落组织结合成庞大而有序的社会，例如古代埃及等. 尼罗河定期泛滥，大量的冲击淤泥经常覆盖地界. 这种自然、地理现象对埃及古文明产生深远的影响，也促进了古代埃及几何——测地术的诞生. 尼罗河一年一度的泛滥肥沃了埃及的土地，也给土地所有者带来了麻烦，他们的地界每年被冲毁，必须用几何手段重新丈量. 因此，当时的地理条件和社会条件迫使埃及人发明土地测量技术，几何学也就作为一种经观察的结果作为定律的经验科学应运而生.

在世界上各民族的发展史上，几何学的产生大多出现在测量之中. 我国古代称测量人员为“畴人”，后来引申为一切数学家和天文学家. 正是通过测量长度、确定距离、面积和体积，人们发现了一些最简单的一般规律和一些几何关系.

由英国人兰德(A. Henry. Rhind)于 1858 在埃及购买的，后收藏于英国博物馆的古埃及“兰德”纸草书(Rhind papyri)是目前尚存的最古老的数学文献，载有 85 个数学问题，其中 26 个是关于几何学的. 从中可以看出当时埃及已经会求许多平面图形的面积和立体图形的体积了，知道等腰三角形的面积等于底边乘高的一半，并用直观方法验证了这个结论. 其中还有关于土地面积和谷仓容积的问题，计算的准确性令人吃惊. 纸草书的第三部分讲述如何去确定正方形、矩形、三角形、梯形以及能分割成这些形状的土地的面积. 也就是说埃及人把正方形、矩形、三角形和梯形作为基本图形，用于对其他各种图形面积的比较和计算. 埃及人关于圆面积的计算也比其他民族的结果更精确，他们把圆面积确定为以直径的 $\frac{8}{9}$ 为边长的正方形的面积，即 $S=\left(\frac{8}{9}d\right)^2$，这相当于取 $\pi=3.1605$，精度相当高.

在体积计算方面，埃及人得出上、下底都是正方形的棱台体积公式：$V=\frac{1}{3}h(a^2+ab+b^2)$，这完全是个精确公式！古埃及几何除了能出色地解答一些难题外，还能找到一些难题近似的解法. 与古埃及同时代的古巴比伦也在几何学上有不少发现.

古代埃及的几何学只是一些经验公式，几乎没有正式的记号，没有有意识的抽象思维，没有得出一般的方法论，没有证明，甚至没有直观推理的想法用以证明他们所作的运算步骤或所用公式是正确的. 总之，古埃及、古巴比伦两个文明古国的数学并没有成为一门独立的学科，几何学是在古希腊人那里形成一门科学的.

0.4 初等几何学的建立与非欧几何的诞生

初等几何学的建立可以说是在公元前3世纪，以古希腊的数学家欧几里得(Euclid，约公元前330～前275)系统地总结前人工作，写出伟大著作《几何原本》(Elements)为标志. 该书共有十三卷，除第七、八、九卷外，其他各卷的内容都是几何，基本上是今天的中学生所学习的平面几何与立体几何，人们常称之为欧几里得几何. 欧几里得的《几何原本》是古希腊数学的黄金时代的一块丰碑. 在欧几里得之后，公元前2世纪，古希腊数学、力学家阿基米德(Archimedes ，公元前287～前212)发表了一系列有关几何的论著. 在这些著作中，阿基米德证明了圆面积等于以半圆周为长边，以半径为短边的长方形的面积；给出了圆周率 π 的界：$3\frac{10}{71}<\pi<3\frac{1}{7}$，以及正圆柱、圆锥表面与球面积的计算公式等. 今天所说的计算三角形面积的海伦(Heron，约公元前100年)公式，也是阿基米德发现的. 与阿基米德几乎同一时期的古希腊数学家阿波罗尼奥斯(Apollonius，公元前262～前190)系统地研究了圆锥曲线的性质. 他还证明了：平面上给定两点 A 和 B，以及常数 c，使 $\frac{AP}{BP}=c$ 的动点 P 的轨迹是圆($c\neq 1$)，其中的圆即是阿波罗尼奥斯圆. 公元1世纪，古希腊数学家梅涅劳斯(D. Menelaus，公元1世纪)证明了，分别在 $\triangle ABC$ 的三边 BC，CA 和 AB 上的点 D，E 和 F 共线的充要条件是 $\frac{BD}{DC}\cdot\frac{CE}{EA}\cdot\frac{AF}{FB}=-1$. 这就是梅涅劳斯定理. 之后，古希腊数学家托勒密(C. Ptolemy，约100～170)证明了下面的托勒密定理：凸四边形内接于圆的充要条件是，它的对角线乘积之和等于对边乘积之和. 古希腊数学家海伦曾经评注过欧几里得的《几何原本》，增补了一些新定理，包括他本人给出的正多边形面积公式，圆台、棱台、截球体和正多面体等的体积公式，以及阿基米德所发现的海伦公式. 到公元3世纪，古希腊数学的黄金时代已成过去. 这时期的希腊数学家的工作主要是搜集、整理和评注欧几里得、阿基米德、阿波罗尼奥斯等人的著作.

公元5世纪，中国南北朝时期著名数学家祖冲之(429～500)给出了圆周率 π 的界：$3.1415926<\pi<3.1415927$，以及 π 的近似值(即密率)$\frac{355}{112}$(≈ 3.1415929). 这些结果是当时最先进的记录，直至一千多年之后才被人突破. 祖冲之还和他的儿子祖暅(5世纪末～6世纪初)一起，给出了球的体积公式，并提出了“幂势既同，则积不容异”这一祖氏原理. 我国古代数学家在几何学发展史上写下了光辉的篇章.

然而，欧几里得第五公设(即平行公理)的叙述上的复杂、不自然和使用此公设的迟缓引起了对平行公理的怀疑.许多数学家或者想用别的叙述取代它,或者想从其他公理推导它.这种努力在两千年的时间中耗费了很多大数学家的精力,人们开始认识到公理的实质在于符合经验,而不是它的不证自明性.任何一组假设,如果不导致矛盾的话,一定提供一种可能的几何——真的逻辑结构.

19世纪,高斯(Gauss,1777～1855),罗巴切夫斯基(Лобачевский,1792～1856)和鲍耶(Bolyai,1802～1860)都认识到欧几里得平行公理是建立欧氏几何所必需的,是独立的事实,有可能采用一个与此相矛盾的命题从一组新公理来推导结论,于是新的几何诞生了.大数学家高斯因为担心这个会被人认为是荒谬的东西而遭批评,未发表自己的成果.

新的几何——罗氏几何——以罗巴切夫斯基的观点为例,在所有不用欧氏平行公理的地方证明与欧氏几何相同的结果(这些结果构成的结构成为绝对几何),而涉及第五公设时,他假设过直线外一点至少可作两条直线与已知直线不相交,都是该直线的平行线,继而推导出一整套的与欧氏几何平行的理论体系,并且在物理学中得到应用.

罗氏几何的发现是19世纪关于数学本质认识上的最大进展.它的直接结果使欧氏平行公理对其他公理是独立的,它的影响就更大了.第一,欧氏几何是现实空间的正确理想化和绝对真理的观点被放弃了.因为还存在其他几何,不仅逻辑上相容,而且可在物质世界应用,导致非欧几何得到更大发展.第二,从公理化思想看,数学概念,像数、点、线、面等的描述对数学来说已经不重要,作为真理,未必需要依据自身的"明显性"来证明.公理就是假设,它是不能证明的,问题在于公理系统中的"元素"(或基本概念)间的运算法则和相互关系形成的结构在多大程度上与物质世界相符合.第三,非欧几何的诞生,是自希腊时代以来,数学中一个重大的变革.它迫使数学家们从根本上改变对数学的本质的理解,改变对数学与物质世界的关系的理解,为以后发展的公理化运动打下了基础.

非欧几何除了罗氏几何还有黎曼几何.黎曼(Riemann,1826～1866)假定所有直线无界又长度有限,在黎曼平面上过直线外一点的任何直线都与已知直线相交,三角形内角和大于180°,等等.

经过17、18世纪数学的大发展,解析几何、微积分的创立及其后大批新兴学科的建立,罗氏几何引起的大震动使数学家们认识到了他们在接受欧氏几何的证明中,曾经不知不觉地依赖于直观的基础,而直觉有时是不正确的.现在他们宁愿要一个建立在数上的数学,谈论起数学的算术化.数学理论的公理化要求也就提出来了,他们通过略去、否定或用一些别的方式改变所建立的公理来探索新问题.这个活动以及数学各个分支的公理化基础的建立叫做公理化运动,并发展成形式主义的数学哲学流派.它的领导人是希尔伯特(Hilbert,1862～1943).20世纪初期,这个运动使许多新的数学分支的逻辑基础得以建立,而且也确切地提示出每个分支以哪些假定作为基础，并使得有可能比较和弄清各个分支间的联系.

0.5 初等几何学的发展

在解析几何、射影几何、微分几何和非欧几何的孕育、诞生过程中，对欧几里得几何自然要再研究.结果导致一批欧几里得几何新定理的发现.例如，法国数学家德沙格(G. Desargues，1591～1661)证明了关于两个三角形的德沙格基本定理：给定两个三角形，不论他们共面与否，如果三双对应顶点的连线共点，则三个对应边的交点共线；意大利数学家卡瓦列里(F. B. Cavaliori)证明了：圆锥体积等于外接圆柱体积的三分之一，他还重新发现了祖冲之与祖暅所发现的原理，即所谓的卡瓦列里原理；法国数学家帕斯卡(B. Pascal)证明了：六边形的顶点全在一条圆锥曲线上的充要条件是，六边形的三组对边的交点共线，这条线即是帕斯卡线.这一定理即是帕斯卡定理；意大利数学家塞瓦(G. Ceva)证明了：设 D,E,F 分别是$\triangle ABC$ 的三条边 AB,BC,CA 上的点，AD,BE,CF 三线共点或平行的充要条件是$\frac{AF}{FB}\cdot\frac{BD}{DC}\cdot\frac{CE}{EA}=1$.

19 世纪初，法国数学家卡诺(L. N. Carnot)推广了梅涅劳斯定理，他证明了：如果$\triangle ABC$ 的三条边 AB,BC,CA 分别交圆锥曲线于点 A_1 和 A_2、B_1 和 B_2、C_1 和 C_2，则

$$AC_1\cdot AC_2\cdot BA_1\cdot BA_2\cdot CB_1\cdot CB_2=AB_1\cdot AB_2\cdot BC_1\cdot BC_2\cdot CA_1\cdot CA_2$$

这就是卡诺定理；法国数学家布里安桑(C. J. Brianchon)在学生时代就证明了帕斯卡定理的对偶定理，即布里安桑定理：六边形的六条边都是某条圆锥曲线的切线的充要条件是，三对对顶点的连线共点；德国数学家费尔巴哈(K. W. Feuerbach)于1822 年证明了九点圆定理，即费尔巴哈定理：三角形各边中点、各边高线的垂足以及三角形的垂心到诸顶点联线的中点(即所谓欧拉点)，这九点共圆.他还证明了：九点圆与三角形的内切圆及三个旁切圆相切，四个切点即是费尔巴哈点；随后，法国数学家布洛卡(A. Brocard)证明了：$\triangle ABC$ 和$\triangle A'B'C'$的三边与面积分别是 a，b，c 与 a'，b'，c'及 Δ，Δ'，则

$$a'^2(b^2+c^2-a^2)+b'^2+(c^2+a^2-b^2)+c'^2(a^2+b^2-c^2)\geqslant 16\Delta\Delta'.$$

这一不等式曾于 20 世纪 40 年代初期为美国数学家匹多(D. Pedoe)重新发现，故称为纽堡-匹多不等式.

19 世纪在欧几里得几何的研究中所取得的最好结果，是解决了公元前 5 世纪希腊遗留下来的三大作图问题.所谓三大作图问题是指：用圆规和无刻度的直尺，经有限步，做一个立方体，使其体积是已知立方体的二倍(倍立方问题)；作一个角，使其大小是已知角的三分之一(三等分角问题)以及作一个正方形，使其面积等于已知圆的面积(化圆为方问题).1837 年，法国数学家凡齐尔(P. L. Wantzel)用伽罗

瓦(E. Galois)理论解决了前面两个问题;1882 年,德国数学家林德曼(C. L. F. Lindemann)证明了 π 是超越数,从而解决了化圆为方问题. 当然,他们给出的都是否定解答.

到 20 世纪,自欧几里得的《几何原本》问世以来,已经经历了两千多年的历史,对初等几何中是否还有真正优美的定理有待发现,人们并不抱有奢望. 但是,谁能料到,数学家又陆续发现一些新定理. 它们又如光彩熠熠的夜明珠,在欧几里得几何的宝库中放射异彩. 1900 年,美国代数几何学家莫莱(F. Morley)首先证明了莫莱定理:三角形的三个内角的六条三分角线中,相邻的三分角线的交点是某个正三角形的顶点;之后,1916 年,美国数学家约翰逊(R. Johnoson)证明了约翰逊定理:若半径同为 r 的三个圆交于一点,则其他三个交点共圆,此圆半径亦为 r;1944 年,美国数学家布朗特(L. Brand)证明了八点圆定理:对角线相互垂直的四边形中,各边的中点以及中点到对边的垂足,此八点共圆.

我国近 30 年来对初等几何的研究一直非常活跃. 随着计算机的发展和普及,我国著名数学家吴文俊致力于初等几何的机器证明的研究,取得了突破性进展. 传统的欧几里得证明定理的方法要求对个别定理寻求个别的证法,而且每一证明总是要求某种新的、往往是奇巧的想法. 几何定理证明的机械化则寻求的是一般方法,它不仅适用于个别定理,而且适用于整个某一类型的定理,甚至是所有的定理. 阐述吴文俊先生关于计算机证明初等几何的理论和方法,已超出本书的范围. 所幸的事,吴文俊已将他在 1976 年和 1977 年之交所创立的几何定理的机械证明方法整理成书出版(见吴文俊著《几何定理机器证明的基本原理(初等几何部分)》,科学出版社,1984 年版),有兴趣的读者可以阅读这部名著. 这里想指出的是,吴文俊和周咸青一起,在计算机上实施吴氏计算机证明几何定理的方法时,发现了一些新的结论,这无疑大大推进我国初等几何的研究. 另外,我国数学家洪加威提出了通过证明一些特例来证明一般初等几何定理的新方法. 我国数学家杨路和张景中讨论了生锈圆规作图问题,取得了很好的成果. 我国数学家常庚哲于 1979 年率先将纽堡-匹多不等式介绍到我国,之后杨路和张景中将它推广到高维情形. 他们的工作大大地推动了几何不等式的研究,使几何不等式的研究在我国成为热门课题. 此外,著名定理的推广以及给出的新证明,也有许多精彩之作.

吴法的成功使一度冷落的几何定理机器证明研究活跃起来,张景中院士以他多年所发展的几何新方法为基本工具,并提出了消点思想,和周咸青、高小山合作,于 1992 年取得重大突破,实现了几何定理可读证明的自动生成,这是自动推理领域三十多年来最重要的工作,进入了机器证明与人工证明媲美的新阶段.

第1章　平面几何证题方法

1.1　证题的一般方法

几何证明，考虑的角度不同，可得各种不同的证法，证法研究是一个内容非常丰富的课题. 一般地，证题方法有常规性方法与特征性方法. 常规性方法有化归法、分析法、综合法、设想法、反证法、数学归纳法、坐标法(或解析法)等；特征性方法有割补法、面积法、复数法、向量法、几何变换法、射影法、物理模拟方法、构造法等.

化归方法，就是证题时，尝试能否借助于旧经验来解决面临的新问题，考虑这个问题能否化归为某种我们已熟悉其证法的类型. 如果把问题直接归结为某种类型还有困难，就对问题的条件或结论作某些变更使其转化为某种类型. 如果在转化过程中碰到某些障碍，缺乏某些因素，就引入辅助量或作辅助线、图来进行转化，找到解决问题的转机，最后获得原问题的证明.

在几何证题中，由结论向已知条件追溯，即从结论开始，推求它成立的充分条件，这个条件的成立如果还不显然，则再把它当作结论，进一步研究它成立的充分条件，直至达到已知条件(或已知的事实)为止，从而使问题得到证明，这种方法叫做分析法. 这是一种"执果索因"的方法. 如果推理的方向是从已知条件(或已知事实)开始，逐步推导得到结论，这种方法叫做综合法. 综合法是一种"由因导果"的方法.

几何解题中的设想法是一种很重要的方法. 在几何证题中，仔细分析了题目的条件和结论后，为了拟定出初步的解题计划，常常作一些假定，假定题目的结论具有某种性质或形式；假定题目可以化成某种特定的类型；假定某种解题方法可应用到本题中；假定题设条件中还可发掘出某种我们希望有的隐含条件等等. 借助于假定的参与，形成新构思，实施之后从而使问题获解，且过程简捷优美. 这种方法，我们称之为设想法. 几何作图常采用这种方法.

坐标法(或解析法)也是求解平面几何的常用方法. 一般地说，平面几何问题大多都可以用坐标法来求解. 坐标法的优点在于使数形结合，把几何问题化作数式的推演，因而有一定的章程可以遵循，不需要挖空心思去寻找解法. 但坐标法有较强的技巧性，坐标系选择不当，参数引入过多或过少都会陷入一大堆繁琐的演算之中，乱丝一团，理不出头绪.

几何解题的特征性方法是值得我们关注的. 这些方法往往是我们求解几何难题的致胜武器.

特征性方法，就是证题时依据题设特征寻找解法或按常规思路一下子不能马上寻找到它的证明方法，就有选择地带着形象识别的眼光反复地分析它的特征，通过动员和组织、分离和整合题目中已知的信息，辨认和联想题中的各种特征因素，或在经过一系列的“脑风暴”后，在某一其他特征因素或其他问题的激发下，或运用直觉想像特征，然后在脑子中形成一个念头或闪现出对证题的提示，而获得的简捷而优美的证题方法.

常规性方法，又常分为直接型与间接型.

由命题的题设出发，根据定义、公理、定理进行一系列正面的逻辑推理，最后得出命题的证明，这种证题方法称为直接型方法. 我们在证题中常运用的化归法、分析法、综合法、设想法、坐标法等就是典型的直接型证题方法.

有些命题，往往不易甚至不能直接证明，这时，不妨证明它的等效命题，间接地达到目的，这种证题方法称为间接型方法. 我们常运用的反证法、同一法证题就是两种典型的间接证题方法.

用间接型方法证明命题，是构作一个等效命题来证，有一种方法是构作并证这个命题的逆否命题成立. 具体说来，由否定该命题结论的正确性出发，根据题设条件、定义、公理、定理，进行一系列正确的推理，最后得出一个矛盾的结果(与命题的假设、某个公理或定理矛盾，或自相矛盾等)，这就表明结论的反面不能成立，从而可以肯定结论的正确性. 这种驳倒反面的证法，叫做反证法. 当结论的反面只有一款时，否定了这一款便完成证明. 这种较单纯的反证法叫做归谬法；当结论的反面有若干款时，必须驳倒其中每一款，这样的反证法称为穷举法.

当欲证某图形具有某种性质而又比较繁杂或不易直接证明时，有时可以作出具有所示性质的图形，然后证明所作的图形跟所给的某图形就是同一个，把它们等同起来. 这种证法叫做同一法. 能用同一法证明的命题，实际上是依据这样一件事实：具有所示性质的图形是唯一的.

在平面几何证题中，综合法是运用得比较多的证法. 深入发掘题设内涵，从各种不同的角度应用已知条件，可以导致各种不同的综合证法.

例　如图 1-1，在$\triangle ABC$中，$\angle A=60°$，$AB>AC$，点O是外心，两条高BE，CF交于H点，点M，N分别在线段BH，HF上，且满足$BM=CN$. 求证：$\dfrac{MH+NH}{OH}=\sqrt{3}$.

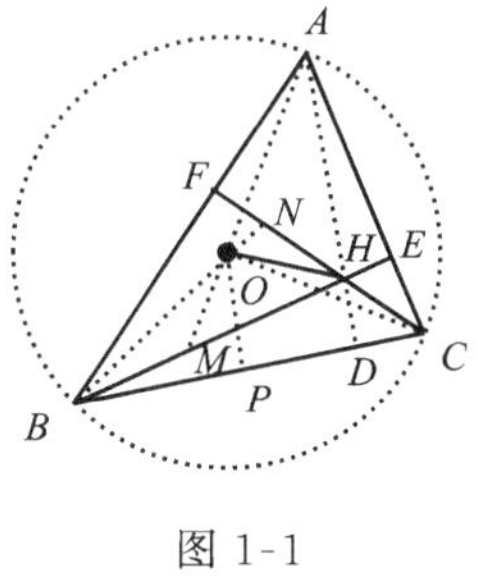

图 1-1

证法 1：连AH交BC于D，过O作$OP\perp BC$于P，连AP交OH于G. 设$\odot O$的半径为R，连AO，BO，则$AO=BO=R$.

由$\angle A=60°$，知$\angle BOP=\dfrac{1}{2}\angle BOC=60°$，$OP=\dfrac{1}{2}BO$

$=\frac{1}{2}R.$

由欧拉定理，知 G 为 $\triangle ABC$ 的重心，且 $\frac{OP}{AH}=\frac{PG}{GA}=\frac{1}{2}$，故 $AH=2OP=R$.

设 $\angle BAO=\alpha$，由 $\angle AOB=2\angle C$ 知 $\angle BAO=90^\circ-\angle C$，且 $\angle HAC=\angle DAC=90^\circ-\angle C=\alpha$，从而 $\angle OAH=\angle A-2\alpha$.

在 $\triangle OAH$ 中，由余弦定理，有

$$OH=\sqrt{OA^2+AH^2-2OA\cdot AH\cdot\cos(\angle A-2\alpha)}=2R\cdot\sin(30^\circ-\alpha).$$

又在 $\triangle ABH$ 中，由正弦定理，有 $\frac{BH}{\sin\angle BAH}=\frac{AH}{\sin\angle ABH}$，即 $\frac{BH}{\sin(60^\circ-\alpha)}=\frac{AH}{\sin30^\circ}$，故 $BH=2AH\sin(60^\circ-\alpha)$.

同理，在 $\triangle AHC$ 中，由正弦定理知 $CH=2AH\sin\alpha$. 因

$$\begin{aligned}MH+NH&=BH-BM+CN-CH=BH-CH\\&=2AH\cdot[\sin(60^\circ-\alpha)-\sin\alpha]\\&=2\sqrt{3}\cdot\sin(30^\circ-\alpha)(\text{其中 }BM=CN).\end{aligned}$$

从而 $\frac{MH+NH}{OH}=\frac{2\sqrt{3}R\cdot\sin(30^\circ-\alpha)}{2R\cdot\sin(30^\circ-\alpha)}=\sqrt{3}.$

证法 2：连 OB，OC，由三角形外心、垂心性质知 $\angle BOC=120^\circ$，$\angle BHC=180^\circ-\angle A=120^\circ$，即知 B,C,H,O 四点共圆，从而 $\angle HOC=\angle HBC$.

设 $\odot O$ 的半径为 R，在 $\triangle OHC$ 和 $\triangle HBC$ 中运用正弦定理，有

$$\frac{OH}{\sin\angle OCH}=\frac{CH}{\sin\angle HOC}=\frac{CH}{\sin\angle HBC}=\frac{BC}{\sin\angle BHC}=\frac{BC}{\sin\angle A}=2R.$$

由 $\angle OCB=30^\circ=\angle ACH$，知 $\angle OCH=\angle C-60^\circ$，即 $OH=2R\cdot\sin(\angle C-60^\circ)$.
由 A,F,H,E 四点共圆，知 $\angle FHB=\angle A=60^\circ$.

在 $\mathrm{Rt}\triangle FHB$ 和 $\mathrm{Rt}\triangle FCB$ 中，

$$BH=\frac{BF}{\sin\angle FHB}=\frac{BC\cdot\cos\angle B}{\sin\angle FHB}=\frac{2R\cdot\sin\angle A\cdot\cos\angle B}{\sin\angle FHB}=2R\cdot\cos\angle B.$$

同理，$CH=2R\cdot\cos\angle C$.

$$\begin{aligned}MH+NH&=BH-BM+CN-CH=BH-CH\\&=2R(\cos\angle B-\cos\angle C)\\&=2\sqrt{3}R\cdot\sin\frac{\angle C-\angle B}{2}\\&=2\sqrt{3}R\cdot\sin\frac{2\angle C-(\angle B+\angle C)}{2}\\&=2\sqrt{3}R\sin(\angle C-60^\circ).\end{aligned}$$

从而

$$\frac{MH+NH}{OH}=\frac{2\sqrt{3}R\sin(\angle C-60^\circ)}{2R\sin(\angle C-60^\circ)}=\sqrt{3}.$$

证法3:连 AH 并延长交 BC 于 D,则 $AD\perp BC$,由 D,H,E,C 四点共圆,有 $BH\cdot BE=BD\cdot BC$,从而 $BH=BD\cdot\frac{BC}{BE}=\cos\angle B.AB\cdot\frac{BC}{BE}=\cos\angle B\,\frac{1}{\sin\angle A}\cdot BC=2R\cdot\cos\angle B$,其中 R 为⊙O 的半径.

同理,$CH=2R\cdot\cos\angle C$,$AH=2R\cdot\cos\angle A=R$.

由 $\angle CAD=90^\circ-\angle C$,$\angle CAO=\angle BAD=90^\circ-\angle B$,则 $\angle OAH=\angle CAO-\angle CAD=\angle C-\angle B$. 又

$$\begin{aligned}OH^2&=AO^2+AH^2-2AO\cdot AH\cdot\cos\angle OAH\\&=2R^2[1-\cos(\angle C-\angle B)],\end{aligned}$$

$$\begin{aligned}(MH+NH)^2&=(BH-CH)^2=4R^2(\cos\angle B-\cos\angle C)^2\\&=2\cdot 3R^2\cdot\sin^2\frac{\angle C-\angle B}{2}\\&=6R^2[1-\cos(\angle C-\angle B)],\end{aligned}$$

从而 $\frac{(MH+NH)^2}{OH^2}=3$,即 $\frac{MH+NH}{OH}=\sqrt{3}$.

证法4:同证法2知,B,O,H,C 四点共圆,在此圆中运用托勒密定理,有 $OH\cdot CH+OH\cdot BC=BH\cdot OC$.

由于 $\angle A=60^\circ$,有 $BC=\sqrt{3}R$(R 为⊙O 半径),即有 $R\cdot CH+OH\cdot\sqrt{3}R=BH\cdot R$,亦即 $BH-CN=\sqrt{3}H$.

而 $MH+NH=BH-CN$,故 $\frac{MH+NH}{OH}=\sqrt{3}$.

证法5:同证法2知,B,O,H,C 四点共圆,即有 $\angle OBM=\angle OCH$. 又 $BO=OC$,$BM=CN$,知 $\triangle OBM\cong\triangle OCN$,从而 $OM=ON$,$\angle BMO=\angle CNO$,故知 O,M,H,N 四点共圆,且等腰 $\triangle OMN$ 的顶角 $\angle MON=\angle NHE=120^\circ$,即知

$$\frac{MN}{OM}=\frac{\sin120^\circ}{\sin30^\circ}=\sqrt{3}.$$

在⊙$OMHN$ 中,运用托勒密定理,有 $MH\cdot OH+NH\cdot OM=OH\cdot MN$,故 $\frac{MH+NH}{OH}=\frac{MN}{OM}=\sqrt{3}$.

证法6:同解法2知,B,O,H,C 四点共圆,即有 $\angle OHB=\angle OCB=30^\circ$,又 A,F,H,E 四点共圆,知 $\angle FHB=60^\circ$,即 $\angle OHF=30^\circ$.

同证法5中证 O,M,H,N 四点共圆,设此圆⊙$OMHN$ 的半径为 r,$\angle OMH=\theta$,

则 $MH=2r\cdot\sin\angle HOM=2r\cdot\sin\angle HON=2r\cdot\sin(180^\circ-30^\circ-\theta)=2r\cdot\sin(30^\circ+\theta)$，$NH=2r\cdot\sin\angle HON=2r\cdot\sin[180^\circ-(180^\circ-\theta)-30^\circ]=2r\cdot\sin(\theta-30^\circ)$，$OH=2r\cdot\sin\theta$. 从而

$$\frac{MH+NH}{OH}=\frac{\sin(30^\circ+\theta)+\sin(\theta-30^\circ)}{\sin\theta}=\sqrt{3}.$$

证法 7：由 $\angle A=60^\circ$，则 $BE=\frac{\sqrt{3}}{2}AB$，$AE=\frac{1}{2}AB$，$HE=\frac{\sqrt{3}}{3}\cdot CE=\frac{\sqrt{3}}{3}(AE-AE)$，$CH=2HE$. 设 $AB=c$，$AC=b$，则

$$\begin{aligned}MH+NH&=BH-BM+CN-CN=BH-CH=(BE-HE)-2HE\\&=BE-3EH=\frac{\sqrt{3}}{2}c-\sqrt{3}\left(b-\frac{c}{2}\right)=\sqrt{3}(c-b)\text{（因 }AB>AC\text{）}.\end{aligned}$$

如图 1-2，作 $OT\perp AB$ 于 T，则 $TF=AT-AF=AT-\frac{1}{2}AC=\frac{1}{2}c-\frac{1}{b}b$（因为 $AB>AC$）. 同证法 2，知 B,O,H,C 四点共圆，有 $\angle FHO=\angle OBC=30^\circ$，故 $OH=2TF=c-b$（因为 $AB>AC$）. 从而 $\frac{MH+NH}{OH}=\frac{\sqrt{3}(c-b)}{c-b}=\sqrt{3}$.

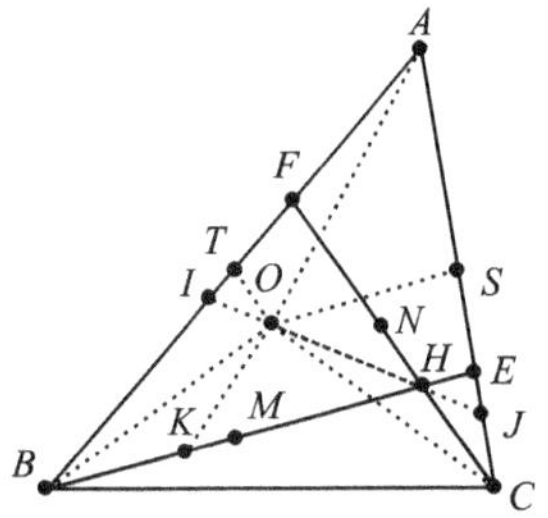

图 1-2

证法 8：在 BH 上取 $BK=CH$，如图 1-2，同证法 2，知 B,O,H,C 四点共圆，有 $\angle OBK=\angle OCH$. 注意到 $OB=OC$，得 $\triangle OBK\cong\triangle OCH$，从而 $OK=OH$. 又 $\angle OHK=\angle OHB=\angle BCO=30^\circ$，则

$$\frac{\frac{1}{2}KH}{OH}=\cos30^\circ=\frac{\sqrt{3}}{2},$$

得 $\frac{KH}{OH}=\sqrt{3}$. 或由 $\triangle OKH\backsim\triangle OBC$，有 $\frac{KH}{OH}=\frac{BC}{OC}=\sqrt{3}$.

$$\begin{aligned}MH+NH&=BH-BM+CN-CN=BH-CH\\&=BH-CH=BH-BK=KH,\end{aligned}$$

从而 $\frac{MH+NH}{OH}=\frac{KH}{OH}=\sqrt{3}$.

证法 9：延长线段 OH 两端交 AB 于 I，交 AC 于 J，同证法 1 或证法 3，得 $AH=R=AO$，又 $\angle IAO=90^\circ-\angle C=\angle JAH$，且 $\angle A=60^\circ$，从而 $\triangle AIJ$ 为正三角形，且 $IO=HJ$.

作 $OT\perp AB$ 于 T，作 $OS\perp AC$ 于 S，根据三角形的顶点到垂心的距离等于其外心到对边距离的 2 倍，则有

$$BH-CH=2(OS-OT)=2\cdot\frac{\sqrt{3}}{2}(OJ-OI)=\sqrt{3}OH.$$

从而

$$\frac{MH+NH}{OH}=\frac{BH-CH}{OH}=\frac{\sqrt{3}OH}{OH}=\sqrt{3}.$$

证法 10：如图 1-3，延长 BO 交⊙O 于 P，连 AP，CP，则易知 $HAPC$ 为平行四边形，从而 $PC=AH$.

在等腰△OCP 中，$\angle OPC=\angle A=60°$，则△OPC 为正三角形，设⊙O 的半径为 R，则 $AH=PC=OC=R$.

在等腰△AOH 中，$OH=2AH\cdot\sin\frac{1}{2}\angle OAH$. 令 $\angle BAO=\alpha$，则 $\alpha=90°-\angle C=\angle HAC$，则 $\angle OAH=60°-2\alpha$.

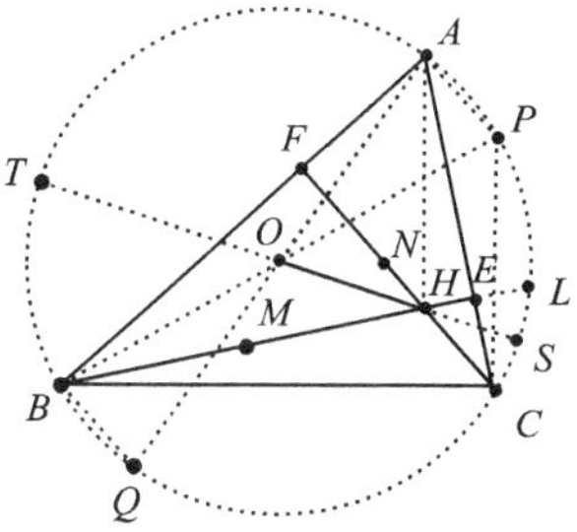

图 1-3

故 $OH=2R\sin(30°-\alpha)$.

延长 AO 交⊙O 于 Q，同理有 $BH=QC$，$CH=BQ$. 而 $QC=AQ\cdot\sin\angle QAC=2R\cdot\sin(60°-\alpha)$，$BQ=AQ\cdot\sin\angle BAQ=2R\cdot\sin\alpha$. 从而 $MH+NH=BH-BM+CN-CH=BH-CH=QC-BQ=2R[\sin(60°-\alpha)-\sin\alpha]=2\sqrt{3}R\cdot\sin(30°-\alpha)$. 故

$$\frac{MH+BH}{OH}=\frac{2\sqrt{3}R\cdot\sin(30°-\alpha)}{2R\cdot\sin(30°-\alpha)}=\sqrt{3}.$$

证法 11：延长 BE 交⊙O 于 L，由垂心性质知 L 为 H 关于 AC 的对称点，则 $LC=CH$.

设 $CH=x$，$BH=y$，由 $\angle CLB=\angle A=60°$，知 $LH=LC=CH=x$，延长 OH 两端交⊙O 于 T，S，如图 1-3.

设⊙O 的半径为 R，$OH=d$，则 $TH\cdot HS=BH\cdot HL$，即 $(R+d)(R-d)=xy$，亦即

$$R^2=d^2+xy. \qquad ①$$

在△BCL 中运用斯特瓦尔特定理，并注意到 $BC=2R\sin\angle A=\sqrt{3}R$，可得

$$BC^2\cdot LH+LC^2\cdot BH=LH\cdot BH\cdot BL+CH^2\cdot BL,$$

即

$$(\sqrt{3}R)^2\cdot x+x^2y=xy(x+y)+x^2(x+y),$$

亦即有

$$R^2=\frac{x^2+xy+y^2}{3}. \qquad ②$$

由①、②式得 $\frac{x^2+xy+y^2}{3}=d^2+xy$，亦即 $\frac{(x-y)^2}{d^2}=3$. 故

$$\frac{MH+NH}{OH}=\frac{|x-y|}{d}=\sqrt{3}.$$

证法 12：如图 1-4，以 CA 为 x 轴，E 为原点，EB 为 y 轴建立平面直角坐标系.

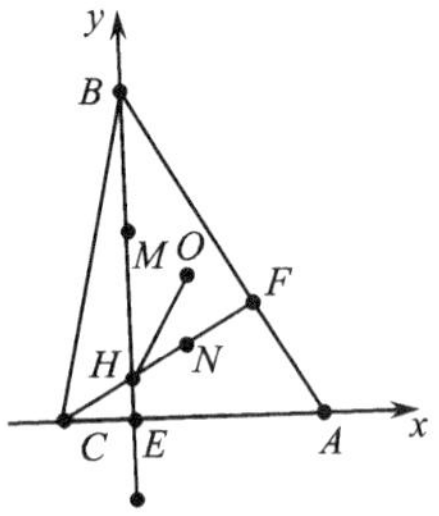

图 1-4

设 $A(a,0)$，$C(c,0)$，显然 $a>0$，$c<0$ 且 $a+c>0$. AB 的方程为 $y=-\sqrt{3}(x-a)$，当 $x=0$ 时，$y=\sqrt{3}a$，则 $B(0,\sqrt{3}a)$. CF 的方程 $y=\dfrac{\sqrt{3}}{3}(x-c)$，则 $H\left(0,-\dfrac{\sqrt{3}}{3}c\right)$.

设 O(外心)的坐标为 (x,y)，则 $x=\dfrac{1}{2}(a+c)$，注意到三角形顶点到垂心的距离等于外心到对边距离的 2 倍，$y=\dfrac{1}{2}BH=\dfrac{1}{2}\cdot(BE-HE)=\dfrac{1}{2}\left(\sqrt{3}a+\dfrac{\sqrt{3}}{3}c\right)$. 从而 $O\left(\dfrac{a+c}{2},\dfrac{\sqrt{3}}{2}a+\dfrac{\sqrt{3}}{6}c\right)$，故 $OH=\sqrt{\left(\dfrac{a+c}{2}\right)^2+\left(\dfrac{\sqrt{3}}{2}a+\dfrac{\sqrt{3}}{6}c+\dfrac{\sqrt{3}}{3}\right)^2}=a+c$. 又

$$\begin{aligned}MH+NH&=NH-BM+CN-CH\\&=BH-CH=\left(\sqrt{3}a+\frac{\sqrt{3}}{3}c\right)-\sqrt{c^2+\left(\frac{\sqrt{3}}{3}c\right)^2}\\&=\left(\sqrt{3}a+\frac{\sqrt{3}}{3}c\right)-\left|\frac{2}{3}\sqrt{3}c\right|=\sqrt{3}(a+c).\end{aligned}$$

得

$$\frac{MH+NH}{OH}=\frac{\sqrt{3}(a+c)}{a+c}=\sqrt{3}.$$

证法 13：如图 1-5 以 O 为原点，OC 所在直线为 x 轴建立平面直角坐标系.

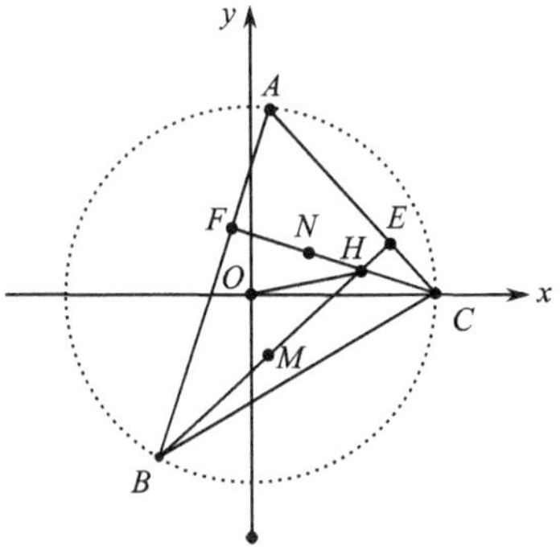

图 1-5

设 $\odot O$ 的半径 $R=1$，则有 $C(1,0)$，$B\left(-\dfrac{1}{2},-\dfrac{\sqrt{3}}{2}\right)$，$A(\cos 2\angle B,\sin 2\angle B)$，于是求得 $k_{AC}=\dfrac{\sin 2\angle B}{\cos 2\angle B-1}$，$k_{AB}=\dfrac{2\sin 2\angle B+\sqrt{3}}{2\cos 2\angle B+1}$，即 $k_{BE}=\dfrac{1-\cos 2\angle B}{\sin 2\angle B}$，$k_{FC}=-\dfrac{2\cos 2\angle B+1}{2\sin 2\angle B+\sqrt{3}}$. 从而 BE，CF 的方程分别为

$$y+\frac{\sqrt{3}}{2}=\frac{1-\cos 2\angle B}{\sin 2\angle B}\left(x+\frac{1}{2}\right),$$

$$y=-\frac{2\cos 2\angle B+1}{2\sin 2\angle B+\sqrt{3}}(x-1).$$

联立上述方程，求得

$$H\left(\cos 2\angle B+\frac{1}{2},\sin 2\angle B-\frac{\sqrt{3}}{2}\right).$$

故 $OH=\sqrt{\left(\cos 2\angle B+\frac{1}{2}\right)^2+\left(\sin 2\angle B-\frac{\sqrt{3}}{2}\right)^2}=2|\cos(\angle B+30^\circ)|$. 又 $\angle B+\angle C=120^\circ$，且由 $AB>AC$ 知 $\angle B<\angle C$，从而知 $\angle B+30^\circ$ 为锐角，故

$$OH=2\cos(\angle B+30^\circ)=2\sin(60^\circ-\angle B),$$

$$\begin{aligned} BH&=\sqrt{\left(\cos 2\angle B+\frac{1}{2}+\frac{1}{2}\right)^2+\left(\sin 2\angle B-\frac{\sqrt{3}}{2}+\frac{\sqrt{3}}{2}\right)^2}\\ &=2\mid\cos\angle B\mid,\end{aligned}$$

$$\begin{aligned} CH&=\sqrt{\left(\cos 2\angle B+\frac{1}{2}-1\right)^2+\left(\sin 2\angle B+\frac{\sqrt{3}}{2}\right)^2}\\ &=\sqrt{2+2\sin(2\angle B+30^\circ)}\\ &=\sqrt{2-2\sin(2\angle B+2\angle C+30^\circ-2\angle C)}\\ &=\sqrt{2+2\cos 2\angle C}=2\mid\cos\angle C\mid.\end{aligned}$$

由题设知 H 在 $\triangle ABC$ 内，从而 $\angle B,\angle C$ 均为锐角，故 $BH=2\cos\angle B, CH=2\cos\angle C$. 而 $MH+NH=BH-CH=2(\cos\angle B-\cos\angle C)=2\sqrt{3}\sin(60^\circ-\angle B)$，故

$$\frac{MH+ON}{OH}=\frac{2\sqrt{3}\sin(60^\circ-\angle B)}{2\sin(60^\circ-\angle B)}=\sqrt{3}.$$

1.2　用坐标法诱发综合法

从上一节的例题中的最后两种证法可知，运用坐标法求解平面几何问题，问题往往可化归为很明确、很具体的一系列代数演算，演算的过程也许冗长、繁复，但目标却很明确，只要耐心算下去，通常是可以算出其结果的.

求解平面几何问题时，运用坐标法的思想制定解题的大体计划和方向，然后并不真用坐标法来执行这个计划，而用综合法来实现这个计划去求解. 这就是张景中院士所提出的用坐标法诱发综合法.

从坐标法推导的顺序和最终目的，可以帮我们确定证题的方向；从坐标法推导所用的公式，可以帮我们选择解题中的方法和工具；从坐标法所得的具体结果，可启发我们思考，找到入手的途径. 下面我们仅举一例以说明.

例　如图 1-6，在四边形 $ABCD$ 中，已知 $\angle B$ 为直角，对角线 $AC=BD$，过 AB,CD 之中点 G,E 作中垂线交于 N；过 BC,AD 之中点 F,H 作中垂线交于 M. 求证：B,M,N 三点共直线.

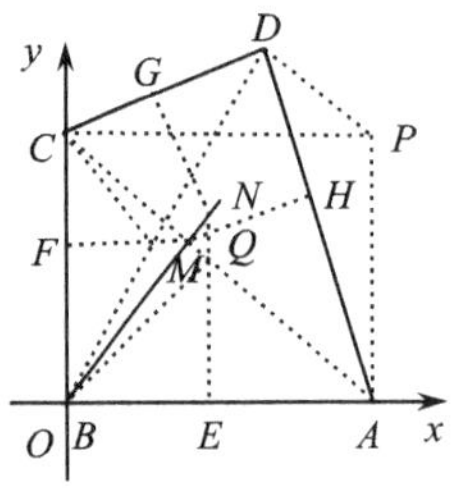

图 1-6

分析 1:以 B 为原点,取 BC 所在直线为 y 轴,建立平面直角坐标系.设 $AB=a$,$BC=b$,A,B,C,D 之坐标分别为 $(a,0)$,$(0,0)$,$(0,b)$,(x,y).由 $AC=BD$,有

$$a^2+b^2=x_0^2+y_0^2.$$

GN 上的点应满足方程 $(x-x_0)^2+(y-y_0)^2=x^2+(y-b)^2$,由此得 GN 的方程:

$$x_0x+(y_0-b)y=\frac{a^2}{2}. \qquad ①$$

同理,HM 的方程为 $(x_0-a)x+y_0y=\frac{b^2}{2}$.因 N 在 AB 的中垂线上,故可设 $N\left(\frac{a}{2},N_y\right)$,代入①式,得

$$N_y=\frac{a}{2}\cdot\frac{(a-x_0)}{(y_0-b)}.$$

同理,求得

$$M_x=\frac{b}{2}\cdot\frac{(b-y_0)}{(x_0-a)}.$$

于是,

$$k_{BN}=\frac{N_y-0}{\frac{a}{2}-0}=-\frac{a-x_0}{b-y_0}.$$

而

$$k_{BM}=\frac{\frac{b}{2}-0}{M_x-0}=-\frac{a-x_0}{b-y_0}=k_{BN}.$$

所以 B,M,N 三点共线.

上面证三点共线是证斜率相等,这相当于证了 $\angle MBA=\angle NBA$.于是得如下综合法:

证法 1:由 $BD=AC$,$MD=MA$,$MB=MC$,知 $\triangle BMD\cong\triangle CMA$.从而 $\angle MBC=\angle MCB=\angle MDA=\angle MAD$(注意 $\angle CMB=\angle AMD$).于是

$$\begin{aligned}\angle MBA&=90^\circ-\angle MBC=90^\circ-\angle ACB+\angle ACM\\&=\angle CAB+\angle NBD\qquad(\text{由 }\triangle NBD\backsim\triangle NAC)\\&=\angle CAB+\angle NAC=\angle NAB=\angle NBA.\end{aligned}$$

故,B,M,N 三点共直线.

分析 2:由分析 1 知,$k_{BM}=k_{BN}=-\frac{a-x_0}{b-y_0}$,由此便发现 BM(或 BN)和通过 (a,b),(x_0,y_0) 两点的线段垂直.(x_0,y_0) 就是点 D,在图上作出表示 (a,b) 的点 P,

连 PA，PC，PD，得到 $PABC$ 是矩形. $PB=AC=BD$，即知 P，D 在以 B 为圆心的圆上. 既然 $BM\perp PD$，则 BM 一定和 PD 的垂直平分线重合. BN 亦然. 这样，又得到一简捷综合法证法.

证法 2：作 $PA\perp AB$，$PC\perp BC$，则直线 NE 垂直平分 PC，MF 垂直平分 PA. 连 PD，由于 N 是 CD，PC 之中垂线交点. 故 N 为 $\triangle PDC$ 之外心，即 N 在 PD 的中垂线上. 同理，M 为 $\triangle PDA$ 之外心，即 M 在 PD 的中垂线上. 由题设 $PB=AC=DB$，知 B 也在 PD 之中垂线上，故 B，M，N 三点共 PD 之中垂线上.

分析 3：由分析 2 知，PD 的中垂线应平分 $\angle PDB$，且 BP 与 AC 之交点为 AC 中点，于是又得更简捷综合法证法：

证法 3：设 Q 为 AC 的中点，则 $QB=QA$，又 $NB=NA$，故 $\angle NAC=\angle QBN$，从而 $\angle NBD=\angle NBQ$，即 N 在 $\angle DBQ$ 的平分线上. 同理 M 也在 $\angle DBQ$ 的平分线上. 故 B，M，N 三点共线于 $\angle DBQ$ 的平分线上.

上例由坐标法诱发出了三个综合法. 这是由于坐标法目标明确，可以引导我们走向正确的思考综合法的道路. 所以，我们应注意这种启发解题的有力手段的适时运用.

由坐标法诱发综合法常有三种类型：直接把解析法的语言译成综合法语言；通过考察解析法的证明过程而得到启发，找到综合法的入手途径；用解析法指出努力方向，而后用综合法的手段来实现. 上述例题的三种证法从某个侧面也说明了这三种类型.

1.3　面积法与消点法

1.3.1　面积与面积法证题

面积很早就成为人们认识几何图形性质和证明几何命题的工具. 在求解平面几何问题的时候，根据有关几何量与涉及的有关图形面积之间的内在联系，用面积或面积比表示有关几何量或其比，从而把要论证的几何量之间的关系转化为有关面积之间的关系，并通过图形面积的等积变换对所论问题来进行求解的方法，我们称之为面积法.

面积法证题，常用到如下的几个面积公式、几个等积变形定理和几个面积比定理：

(1) 设在 $\triangle ABC$ 中，角 A，B，C 所对的边长依次为 a，b，c，又 h_a 为 a 边上的高，R 为其外接圆半径，r 为其内切圆半径，$p=\frac{1}{2}(a+b+c)$，则

① $S_{\triangle ABC}=\frac{1}{2}ah_a$；　　② $S_{\triangle ABC}=\frac{1}{2}bc\cdot\sin A$；

③ $S_{\triangle ABC}=\frac{abc}{4R}$；　　④ $S_{\triangle ABC}=\frac{a^2\sin B\sin C}{2\sin A}$；

⑤ $S_{\triangle ABC}=rp$；　　⑥ $S_{\triangle ABC}=\sqrt{p(p-a)(p-b)(p-c)}$.

(2) 在凸四边形 $ABCD$ 中，边长分别为 a,b,c,d，两对角线长为 e,f，两对角线夹角为 θ，$l=\frac{1}{2}(a+b+c+d)$，则

① $S_{ABCD}=\frac{1}{2}ef\cdot\sin\theta$；

② $S_{ABCD}=\frac{1}{4}\sqrt{4e^2f^2-(a^2+c^2-b^2-d^2)^2}$；

③ $S_{ABCD}=\sqrt{(l-a)(l-b)(l-c)(l-d)-abcd\cdot\cos^2\varphi}$，其中 φ 是两个对角之和之半.

(3) $S_{ABCD}=\frac{1}{2}a\cdot h_a$.

(4) $S_{梯形}=\frac{1}{2}$(上底+下底)·高.

(5) 面积分割原理：一个图形的面积等于它的各部分面积和.

(6) 两个全等图形的面积相等.

(7) 等底等高的两个三角形面积相等.

(8) 等积平行定理：$S_{\triangle A_1BC}=S_{\triangle A_2BC}$ 且 A_1,A_2 在 BC 的同侧$\Leftrightarrow A_1A_2/\!/BC$.

(9) 两相似图形的面积比等于其相似比的平方.

(10) 两个等底的三角形(或平行四边形)的面积比等于底边上对应高的比.

(11) 等高的两个三角形(或平行四边形)的面积比等于它们底边的比.

(12) 夹在两条平行线间的两个平面图形，被平行于这两条平行线的任意直线所截，如果截得两条线段之比总等于一个常数 λ，那么这两个平面图形的面积之比为 λ.

(13) 内接于等圆的两个三角形的面积比等于三边乘积的比.

(14) 共边比例定理：若$\triangle PAB$ 与$\triangle QAB$ 的公共边所在直线与直线 PQ 交于 M，则$\frac{S_{\triangle PAB}}{S_{\triangle QAB}}=\frac{PM}{QM}$.

(15) 共角比例定理：若$\triangle ABC$ 与$\triangle A'B'C'$ 的 $\angle A=\angle A'$ 或 $\angle A+\angle A'=180°$，则 $\frac{S_{\triangle ABC}}{S_{\triangle A'B'C'}}=\frac{AB\cdot AC}{A'B'\cdot A'C'}$.

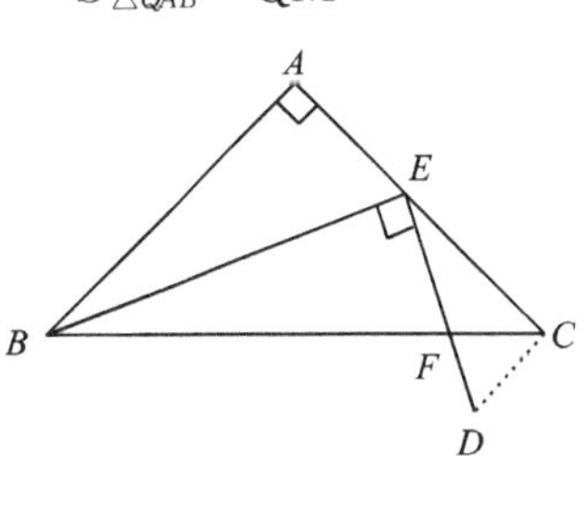

图 1-7

例 1　如图 1-7，在等腰直角$\triangle ABC$ 中，$AB=1$，$\angle A=90°$，点 E 为腰 AC 的中点，点 F 在底边 BC 上，且 $EF\perp BE$. 求$\triangle CEF$ 的面积.

解：过 C 作 $CD\perp CE$ 与 EF 的延长线交于 D. 因为 $\angle ABE+\angle AED=90^\circ$，且 $\angle CED+\angle AED=90^\circ$. 所以 $\angle ABE=\angle CED$. 故 $\mathrm{Rt}\triangle ABE\backsim\mathrm{Rt}\triangle CED$. 于是，$\dfrac{S_{\triangle CED}}{S_{\triangle ABE}}=\left(\dfrac{CE}{AB}\right)^2=\dfrac{1}{4}$，且 $\dfrac{CE}{CD}=\dfrac{AB}{AE}=2$. 又 $\angle ECF=\angle DCF=45^\circ$，则 CF 是 $\angle DCE$ 的平分线，因而 F 到 CD 和 CE 的距离相等，则

$$\frac{S_{\triangle CEF}}{S_{\triangle CDF}}=\frac{CE}{CD}=2.$$

故

$$S_{\triangle CEF}=\frac{2}{3}S_{\triangle CDE}=\frac{2}{3}\cdot\frac{1}{4}S_{\triangle ABC}=\frac{1}{24}.$$

例 2　如图 1-8，P 是 $\triangle ABC$ 的 BC 边上的高 AH 上任一点，直线 CP 交 AB 于 D，直线 BP 交 AC 于 E，连 DH，EH. 求证：$\angle DHP=\angle EHP$.

证明：过点 A 作 BC 的平行线分别交 HD，HE 的延长线于 F，G，则有 $\dfrac{AG}{HC}=\dfrac{AE}{EC}=\dfrac{S_{\triangle PAB}}{S_{\triangle PCB}}$，从而 $AG=HC\cdot\dfrac{S_{\triangle PAB}}{S_{\triangle PCB}}$.

同理，$AF=BH\cdot\dfrac{S_{\triangle PAC}}{S_{\triangle PBC}}$，$BH=HC\cdot\dfrac{S_{\triangle PAB}}{S_{\triangle PAC}}$.

由上述三式，有 $\dfrac{AG}{AF}=\dfrac{HC}{BH}\cdot\dfrac{S_{\triangle PAB}}{S_{\triangle PAC}}=1$.

即 $AG=AF$，从而 AH 是 FG 的中垂线，故 $\angle DHP=\angle EHP$.

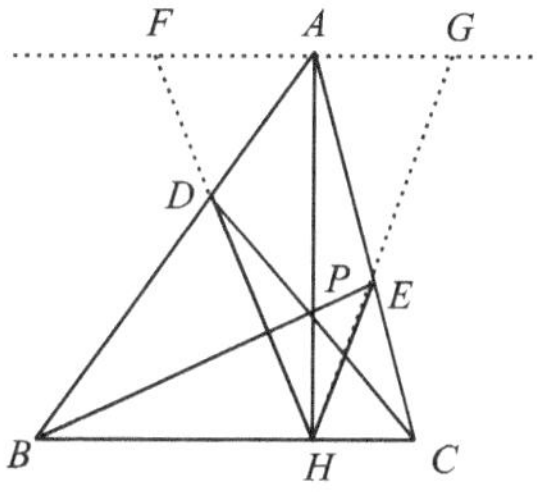

图 1-8

1.3.2　消点思想与消点法证题

在研究几何定理的机器证明中，张景中院士以他多年来所发展的面积法为基础，提出了消点思想. 他和周咸青、高小山合作，于 1992 年实现了可读性证明的自动生成. 这是一种既不以坐标为基础，也不同于传统的综合方法，而是一个以几何不变量为工具，把几何、代数逻辑和人工智能方法结合起来所形成的开发系统，它选择几个基本的几何不变量和一套作图规则，并且建立一系列与这些不变量和作图规则有关的消点公式，当命题的前提以作图语句的形式输入时，程序可调用适当的消点公式把结论中的约束点逐个消去，最后达到水落石出. 消点的过程记录与消点公式相结合，就是一个具有几何意义的证明.

基于此法所编的程序，已在微机上对数以百计的困难的几何定理完全自动生成了简短的可读证明，其效率比其他方法高得多，这一成果被国际同行誉为使计算机能像处理算术那样处理几何的发展道路上的里程碑，是自动推理领域三十多年来最重要的工作. 更重要的是，这种方法也可以不用计算机而由人用笔在纸上执

行,这种方法我们称为证明几何问题的消点法.

消点法把证明与作图联系起来,把几何推理与代数演算联系起来,使几何证题的逻辑性更强了,它结束了两千年来几何证题无定法的局面,把初等几何证题法从四则杂题的层次推进到代数方法的阶段,从而几何证题思路有了以不变应万变的模式.

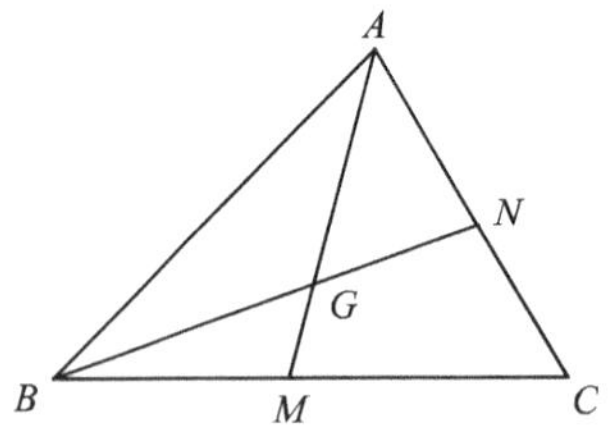

图 1-9

例 3 如图 1-9,设$\triangle ABC$的中线AM,BN相交于G.求证:$AG=2GM$.

分析:弄清作图过程:

(1) 任取不共线的三点A,B,C;

(2) 取AC中点N,取BC中点M;

(3) 取AM,BN的交点G.

要证明$AG=2GM$,即$\dfrac{AG}{GM}=2$.为此,应当顺次消去待证结论式左端的点G,M,A.

证明:
$$\frac{AG}{GM}=\frac{S_{\triangle ABN}}{S_{\triangle BMN}}=\frac{S_{\triangle ABN}}{S_{\triangle BCN}/2}=2\cdot\frac{S_{\triangle ABC}/2}{S_{\triangle ABC}/2}=2,$$
即证.

从上述例子可以看出:只要题目中的条件可以用尺规作图表出,并且结论可以表成常用几何量的多项式等式(常用几何量包括面积、线段及角的三角函数),总可以用消点法一步一步地写出解答.当要消去某点P时,一看P是怎么产生的,即与其他点的关系;二看P处在哪种几何量之中.由于作图法只有有限种(设为n种),几何量也只有有限个(设为m个),故消点方式至多不外$m\times n$种.这就是消点法证几何题以不变应万变模式的基本依据(实际上是几何证题可以机械化的基本依据).

1.4 向量法与复数法

1.4.1 向量法与向量法证题

把向量作为工具来研究与求解有关数学问题的方法称之为向量方法.向量法的特点是形数结合、运算有法可循,因此向量法既有综合法的灵巧,又有坐标法的方便,能把综合法与坐标法有机地结合在一起.因而平面几何问题如用向量法来研究与求解,往往用计算代替演绎论证而显得明快、简捷和容易入手,它克服了几何综合论证中常常要添置若干辅助线而显得不易捉摸的缺点,同时又因为向量公式不依赖于坐标系,故向量法求解平面几何问题较之于坐标法也具有一定的优越性.

运用向量法除运用向量运算法则与性质外,还常用到如下一系列公式:

(1) 设点 P 分有向线段$\overrightarrow{AB}$为定比，即$\dfrac{\overrightarrow{AP}}{\overrightarrow{PB}}=\lambda$，则$\overrightarrow{PA}+\lambda\overrightarrow{PB}=0$，$\vec{P}=\dfrac{\vec{A}+\lambda\vec{B}}{1+\lambda}$.

(2) 在$\triangle ABC$中，点C_1，B_1分别分$\overrightarrow{AB}$，$\overrightarrow{AC}$为定比λ，μ，即$\dfrac{\overrightarrow{AC_1}}{\overrightarrow{C_1B}}=\lambda$，$\dfrac{\overrightarrow{AB_1}}{\overrightarrow{B_1C}}=\mu$，或

$\vec{C_1}=\dfrac{\vec{A}+\overrightarrow{\lambda B}}{1+\lambda}$，$\vec{B_1}=\dfrac{\vec{A}+\overrightarrow{\mu C}}{1+\mu}$，则对于$CC_1$与$BB_1$的交点$P$，有$\overrightarrow{PA}+\lambda\overrightarrow{PB}+\mu\overrightarrow{PC}=0$；

$\vec{P}=\dfrac{\vec{A}+\overrightarrow{\lambda B}+\overrightarrow{\mu C}}{1+\lambda+\mu}$.

(3) 平面上两点A，B间的距离

$$d(A,B)=|\overrightarrow{AB}|^2=|\vec{A}-\vec{B}|=\sqrt{\vec{A}^2+\vec{B}^2-2\vec{A}\cdot\vec{B}}.$$

(4) 平面上点P到直线l的距离

$$d(p,l)=\begin{cases}\dfrac{(\vec{P}-\vec{A})\cdot\boldsymbol{n}}{|\boldsymbol{n}|} & (\text{当 } A\in l,\boldsymbol{n}\perp l \text{ 时}),\\[2ex] \dfrac{|\vec{P}-\vec{A}\times\boldsymbol{n}|}{\boldsymbol{n}} & (\text{当 } A\in l,\boldsymbol{n}\,/\!/\,l \text{ 时})\\[2ex] \dfrac{|\overrightarrow{PA}\times\overrightarrow{PB}|}{|\overrightarrow{AB}|}=\dfrac{|\vec{P}\times\vec{A}+\vec{A}\times\vec{B}+\vec{B}\times\vec{P}|}{|\vec{A}\times\vec{B}|} & (\text{当 } A,B\in l \text{ 时})\end{cases}$$

(5) 设非零向量$\boldsymbol{a}$与$\boldsymbol{b}$的夹角为$\langle\boldsymbol{a},\boldsymbol{b}\rangle$则

$$\sin\langle\boldsymbol{a},\boldsymbol{b}\rangle=\frac{|\boldsymbol{a}\times\boldsymbol{b}|}{|\boldsymbol{a}|\cdot|\boldsymbol{b}|},\quad \cos\langle\boldsymbol{a},\boldsymbol{b}\rangle=\frac{\boldsymbol{a}\cdot\boldsymbol{b}}{|\boldsymbol{a}||\boldsymbol{b}|}.$$

(6) 两直线(不重合)A_1B_1与A_2B_2平行的充要条件是

$$\lambda_1\overrightarrow{A_1B_1}=\lambda_2\overrightarrow{A_2B_2}\quad(\lambda_1,\lambda_2\text{ 为非零实数})$$

$$\Leftrightarrow\overrightarrow{A_1B_1}\times\overrightarrow{A_2B_2}=0$$

$$\Leftrightarrow|\overrightarrow{A_1B_1}\cdot\overrightarrow{A_2B_2}|=|\overrightarrow{A_1B_1}|\cdot|\overrightarrow{A_2B_2}|.$$

(7) 两直线A_1B_1与A_2B_2垂直的充要条件是

$$\overrightarrow{A_1B_1}\cdot\overrightarrow{A_2B_2}=0\Leftrightarrow|\overrightarrow{A_1B_1}\times\overrightarrow{A_2B_2}|=|\overrightarrow{A_1B_1}|\cdot|\overrightarrow{A_2B_2}|.$$

(8)
$$\begin{aligned}S_{\triangle A_1A_2A_3}&=\frac{1}{2}|\overrightarrow{A_1A_2}\times\overrightarrow{A_1A_3}|\\&=\frac{1}{2}|\vec{A_1}\times\vec{A_2}+\vec{A_2}\times\vec{A_3}+\vec{A_3}\times\vec{A_1}|.\end{aligned}$$

(9) A_1，A_2，A_3 三点共线的充要条件是

$$|\overrightarrow{A_1A_2}\cdot\overrightarrow{A_1A_3}|=|\overrightarrow{A_1A_2}|\cdot|\overrightarrow{A_1A_3}|$$

$$\Leftrightarrow\overrightarrow{A_1A_2}\times\overrightarrow{A_1A_3}=0\quad(\overrightarrow{A_1}\times\overrightarrow{A_2}+\overrightarrow{A_2}\times\overrightarrow{A_3}+\overrightarrow{A_3}\times\overrightarrow{A_1}=0)$$

$$\Leftrightarrow\overrightarrow{A_1A_3}=t\,\overrightarrow{A_1A_2},\quad(\overrightarrow{A_3}=(1-t)\overrightarrow{A_1}+t\,\overrightarrow{A_2})$$

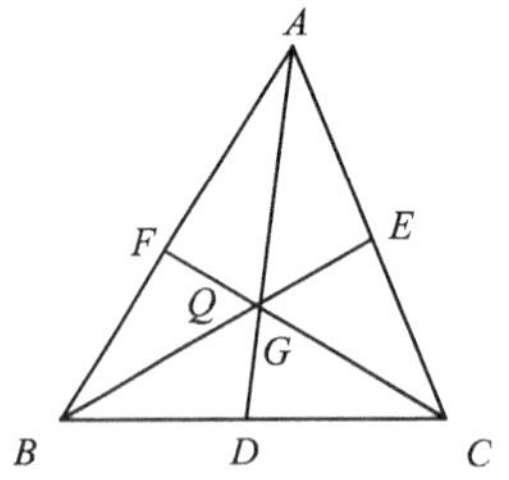

图 1-10

$\Leftrightarrow$存在非零实数 λ_1，λ_2，λ_3 及 $\lambda_1\overrightarrow{A_1}+\lambda_2\overrightarrow{A_2}+\lambda_3\overrightarrow{A_3}=0$，且 $\lambda_1+\lambda_2+\lambda_3=0$.

例 1　如图 1-10，在$\triangle ABC$ 中，AD，BE，CF 是三条中线，R 为外接圆半径. 求证：(1) $AB^2+BC^2+CA^2\leqslant 9R^2$；(2) $AD+BE+CF\leqslant\frac{9}{2}R$.

证明：如图 1-10，设 G，Q 分别为$\triangle ABC$ 的重心和外心，取 G 为原点，即有 $\vec{G}=\frac{1}{3}(\vec{A}+\vec{B}+\vec{C})=\mathbf{0}$，则

$$\begin{aligned}3R^2&=(\vec{A}-\vec{Q})^2+(\vec{B}-\vec{Q})^2+(\vec{C}-\vec{Q})^2\\&=\vec{A}^2+\vec{B}^2+\vec{C}^2+3\vec{Q}-2(\vec{A}+\vec{B}+\vec{C})\cdot\vec{Q}\geqslant\vec{A}^2+\vec{B}^2+\vec{C}^2.\end{aligned}$$

又

$$\begin{aligned}&(\vec{A}-\vec{D})^2+(\vec{B}-\vec{E})^2+(\vec{C}-\vec{F})^2\\=&\frac{1}{4}[(2\vec{A}-\vec{B}-\vec{C})^2+(2\vec{B}-\vec{C}-\vec{A})^2+(2\vec{C}-\vec{A}-\vec{B})^2]=\frac{9}{4}(\vec{A}^2+\vec{B}^2+\vec{C}^2).\end{aligned}$$

$$\begin{aligned}&(\vec{A}-\vec{B})^2+(\vec{B}-\vec{C})^2+(\vec{C}-\vec{A})^2\\=&2(\vec{A}^2+\vec{B}^2+\vec{C}^2)-2(\vec{A}\cdot\vec{B}+\vec{B}\cdot\vec{C}+\vec{C}\cdot\vec{A})\\=&2(\vec{A}^2+\vec{B}^2+\vec{C}^2)-\vec{A}\cdot(\vec{B}+\vec{C})-\vec{B}\cdot(\vec{C}+\vec{A})-\vec{C}\cdot(\vec{A}+\vec{B})\\=&2(\vec{A}^2+\vec{B}^2+\vec{C}^2)+\vec{A}^2+\vec{B}^2+\vec{C}^2\\=&3(\vec{A}^2+\vec{B}^2+\vec{C}^2).\end{aligned}$$

故

$$AB^2+BC^2+CA^2=3(\vec{A}^2+\vec{B}^2+\vec{C}^2)\leqslant 3\times 3R^2=9R^2.$$

$$\begin{aligned}(AD+BE+CF)^2&\leqslant 3(AD^2+BE^2+CF^2)=\frac{27}{4}(\vec{A}^2+\vec{B}^2+\vec{C}^2)\\&\leqslant\frac{27}{4}\times 3R^2=\frac{81}{4}R^2.\end{aligned}$$

例 2　如图 1-11，在$\triangle ABC$ 的外部作正方形 $ABDE$、$ACFG$，M 为 EG 的中点，H 为 BF 与 CD 交点，求证：$AM\perp BC$，$AH\perp BC$.

证明:取 A 为原点,则有

$\vec{E}\cdot\vec{B}=\vec{G}\cdot\vec{C}=0,\vec{C}\cdot\vec{E}=\vec{G}\cdot\vec{B}.$

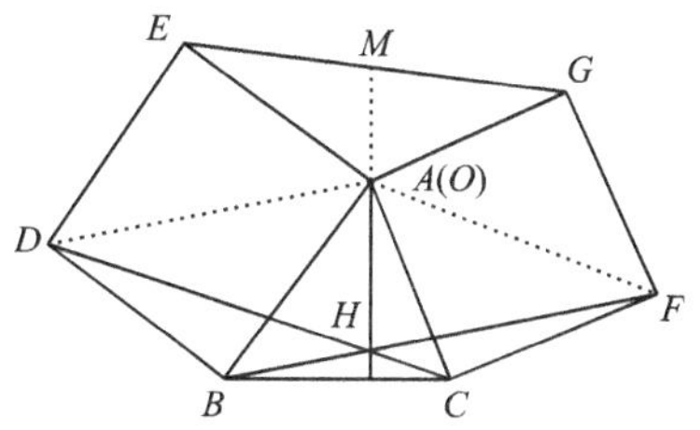

图 1-11

即

$$2\overrightarrow{AM}\cdot\overrightarrow{BC}=(\vec{E}+\vec{G})\cdot(\vec{C}-\vec{B})$$
$$=\vec{E}\cdot\vec{C}-\vec{G}\cdot\vec{B}+\vec{G}\cdot\vec{C}-\vec{E}\cdot\vec{B}=0$$

故 $AM\perp BC$. 又要证 $AH\perp BC$,只要证 $\overrightarrow{AH}/\!/\overrightarrow{AM}$,即 $(\vec{E}+\vec{G})\times\vec{H}=\mathbf{0}$.

注意到 $\vec{D}=\vec{B}+\vec{E},\vec{F}=\vec{C}+\vec{G}$ 并且 D,H,C 及 B,F,H 共线,于是

$$\mathbf{0}=\vec{D}\times\vec{H}+\vec{H}\times\vec{C}+\vec{C}\times\vec{D}$$
$$=(\vec{B}+\vec{E})\times\vec{H}+\vec{H}\times\vec{C}+\vec{C}\times(\vec{B}+\vec{E}),$$

$$\mathbf{0}=\vec{F}\times\vec{H}+\vec{H}\times\vec{B}+\vec{B}\times\vec{F}$$
$$=(\vec{C}+\vec{G})\times\vec{H}+\vec{H}\times\vec{B}+\vec{B}\times(\vec{C}+\vec{G}).$$

以上两式相加,并由 $\vec{C}\times\vec{E}+\vec{B}\times\vec{G}=\mathbf{0}$,得

$$\mathbf{0}=\vec{E}\times\vec{H}+\vec{G}\times\vec{H}=(\vec{E}+\vec{G})\times\vec{H}=2\overrightarrow{AM}\times\overrightarrow{AH},$$

故 $AH/\!/AM$ 成立,从而 $AH\perp BC$ 得证.

从以上运用向量的线性运算、向量的三角形不等式及数量积、向量积等四个方面的例题中我们可以看出,用向量法求解平面几何问题通常需要以下步骤:

首先是建立恰当的向量坐标系,然后将问题中的条件、结论翻译成向量关系式,其次是设置好"媒介向量".很多时候条件中的向量关系式与结论中的向量关系式常常有距离.例如,结论中出现的某些向量,条件中没有,这就需要在图形中选择出若干已知向量以这些向量为基础,将结论中出现的那些向量表示出来,以沟通已知和未知的关系.但媒介向量的个数选取要恰当,少了不能达到证题目的,多了会使问题复杂化而不利于证题.最后是化简或证明向量关系式.从作为条件的向量关系出发应用向量性质,结合有关代数、几何知识,推得表示结论的向量关系式.

1.4.2　复数法与复数法证题

复数 $z=x+y\mathrm{i}(x,y\in\mathbf{R})$ 可以用点 $Z(x,y)$ 和向量 $\overrightarrow{OZ}$(O 为坐标系原点即复平面原点)表示.复数集与复平面上的点集及复平面上从原点出发的向量集(位置向量集)构成一一对应,因而复数的加、减法的几何表示就是向量的加、减法;用一个实数去乘复数的几何表示相当于数乘向量的运算.若设 $z=r(\cos\theta+\mathrm{i}\sin\theta)$,复数 z_1

与向量$\overrightarrow{OZ_1}$对应，则 $z \cdot z_1$ 的几何意义是把向量$\overrightarrow{OZ_1}$绕 O 点逆时针方向旋转 θ 角，再把$|\overrightarrow{OZ_1}|$变为原来的 r 倍，而$\frac{z_1}{z}(z\neq 0)$的几何意义则是把向量$\overrightarrow{OZ_1}$绕 O 点顺时针方向旋转 θ 角，再把$\overrightarrow{OZ_1}$变为原来的$\frac{1}{r}$倍. 根据复数及其运算的几何意义，平面上某些图形的几何关系可以通过复数关系式来刻画，从而一些平面几何问题的求解就可以转化成一系列复数运算，从而巧妙地推导出所需的结果. 我们把这种运用复数知识来求解问题的方法称为复数法.

由此可知，凡是利用向量知识能求解的几何问题，用复数法也可以求解出. 但是，复数乘法的几何表示不同于向量的一般乘法(数量积或向量积)，它表示为向量的拉伸与旋转的合成. 利用这一特点，使得复数法在解决某些几何问题时，比向量法更显得方便.

例 3　已知圆内接六边形 $ABCDEF$ 的边满足关系式 $AB=CD=EF=r$，r 为圆的半径. G，H，K 分别是边 BC，DE，FA 的中点. 试问：$\triangle GHK$ 是否为正三角形？

解：注意到结论：如果$\triangle ABC$ 的三顶点 A，B，C 对应的复数分别为 a，b，c，那么$\triangle ABC$ 为正三角形的充分必要条件是

$$a+wb+w^2c=0\quad(\text{其中 } w=-\frac{1}{2}+\frac{\sqrt{3}}{2}\mathrm{i}).$$

由题意知，各点分别对应的复数为

点 A：$a=1$；　　点 C：$c=\cos\alpha+\mathrm{i}\sin\alpha$；

点 E：$e=\cos\beta+\mathrm{i}\sin\beta$；　　点 B：$b=-\omega^2$；

点 D：$d=-c\omega^2$；　　点 F：$f=-e\omega^2$；

点 G：$2g=b+c$，有 $g\omega^2=-\omega+c\omega^2$；

点 H：$2h=d+e=-c\omega^2+e$；

点 K：$2k=f+a=-ew^2+1$，有 $2kw=w-e$.

所以，$2h+2kw+wgw^2=0$.

从而，知$\triangle HKG$ 为正三角形.

1.5　几类问题的证明方法

1.5.1　线段、角的相等

证明线段或角的相等的途径很多，不胜枚举，常见的有：

(1) 利用全等三角形，寻找或构造两个三角形，使之各含欲证线段(或角)，证

这两三角形全等.

(2) 利用等腰三角形,将两线段化为同一三角形的两边、两边上的中线、高线或角平分线而证这两边之对角相等;将两线段化为被三角形的高线或对角平分线所分、且在同一边上的两线段,而证另两边相等;将相等两角化为一个三角形中的两角而证对边相等,线段相等与角度相等证明的互化多是借助等腰三角形.

(3) 利用平行四边形等特殊的多边形,化所证两线段或角为四边形(或多边形)的对边或对角而证该四边形是平行四边形(或特殊多边形);化两线段为四边形的对角线被另一对角线所截的两段而证四边形为平行四边形.

(4) 利用三角形内、外角平分线性质定理及逆定理,利用相似三角形或平行线性质可获得比例式而证两线段相等.或证两线段之比等于其反比、或证两线段与同一线段等比,或与已知两线段各有等比.

(5) 利用三角形的面积关系:面积相等的两个三角形①若等底,则等高;反之亦真.②若两对应边的乘积相等,则夹角对应相等或互补.

(6) 圆内等量的利用:如①等圆心角对等弧、等弦、等弦心距;反之亦真.②垂直于弦的直径分弦为等线段.③相交两圆的连心线平分公共弦.④圆外一点到一圆的两切线等长.⑤两圆的外(或内)公切线等长.⑥同弧所对圆周角相等,一圆中等圆周角对等弦.⑦圆内接四边形的外角等于其内对角.⑧弦切角与所夹圆周角相等.

(7) 利用等量公理.先证这两线段与已知的两线段各有同样的数量关系;或证两线段各与第三线段有同样的数量关系;角类同.

(8) 利用边角关系计算.如利用正、余弦定理等.

(9) 通过计算、代换等转换途径求解.

(10) 利用几何变换:平移、反射、旋转等.

例 1　如图 1-12,已知$\angle ABD=\angle ACD=60^\circ$,$\angle ADB=90^\circ-\frac{1}{2}\angle BDC$.求证:$\triangle ABC$是等腰三角形.

证明:延长 CD 到 E,使 $DE=BD$,连 AE.因$\angle ADB=90^\circ-\frac{1}{2}\angle BDC$,则 AD 平分$\angle BDE$.

于是$\triangle ABD\cong\triangle AED$,则$\angle ABD=\angle E=60^\circ$,$AB=AE$.

在$\triangle ACE$中,$\angle ACE=\angle E=60^\circ$,则$\triangle ACE$是等边三角形,所以 $AB=AC$,即$\triangle ABC$是等腰三角形.

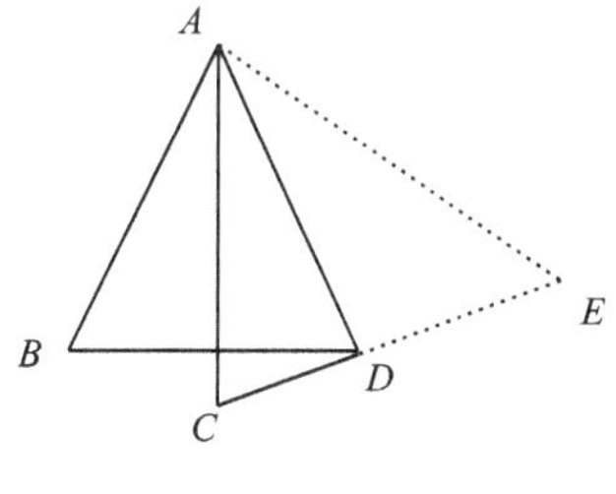

图 1-12

例 2　在锐角$\triangle ABC$中,AD 是 BC 边上的高,H 是线段 AD 上一点,BH 和

CH 的延长线分别交 AC,AB 于 E,F,求证:$\angle EDH=\angle FDH$.

证明:对$\triangle ABC$ 及点 H,应用塞瓦定理,有

$$\frac{AF}{FB}\cdot\frac{BD}{DC}\cdot\frac{CE}{EA}=1 \qquad ①$$

过 A 作 $PQ /\!/ BC$,延长 DF,DE 分别交 PQ 于 P,Q,则 $DA\perp PQ$ 且$\triangle APF\backsim\triangle BDF$,$\triangle AQE\backsim\triangle CDE$,从而 $PA=\frac{AF}{FB}\cdot BD$,$AQ=\frac{EA}{CE}\cdot DC$. 而由①式,有$\frac{AF}{FB}\cdot BD=\frac{EA}{CE}\cdot DC$,故 $PA=AQ$. 由此知 AD 为等腰$\triangle APQ$ 底边 PQ 上的高,故$\angle EDH=\angle FDH$.

1.5.2　平行与垂直

证明两直线(线段)平行的常见思路有:

(1) 利用平行线的基本判定定理:同位角相等或内错角相等或同旁内角互补时,两直线平行;平行(或垂直)于同一直线的两直线平行.

(2) 利用三角形或梯形的中位线性质定理.

(3) 利用平行四边形的性质.

(4) 利用平行线截得比例线段定理的逆定理.

(5) 利用同底等面积的两三角形的底边与另两对应点连线平行.

(6) 利用圆中夹等弧的不相交两弦(或一顶一切线)平行;过相交(或相切)两圆交点的两割线交两圆于四点,同一圆上两点所成弦平行.

(7) 利用几何变换证两线平行.

证明两直线垂直的常见思路有:

(1) 利用两直线垂直的定义(所成夹角为 90°)或判定定理,如垂直于两平行中的一条必垂直于另一条;相交得邻补角相等的两直线垂直.

(2) 利用两边对应垂直的相似三角形的第三边互相垂直.

(3) 利用直角三角形判定定理,如利用勾股定理的逆定理证两边垂直;证三角形一边上的中线是该边的一半证两边垂直.

(4) 利用等腰三角形性质,顶角平分线(或底边中线)与底边垂直;利用菱形对角线互相垂直,利用三角形垂心性质.

(5) 利用圆的有关性质:如半圆上的圆周角是直角或过圆的弦中点的直线垂直于弦;两相交圆连心线垂直于公共弦.

(6) 利用一线段的两端到另一线段两端距离的平方差相等时,此两线段垂直,这是通过计算证明垂直的重要途径.

(7) 利用几何变换证两线垂直.

例 3　如图 1-13,BD 平分$\angle ABC$,$AD\perp BD$,$AE=EC$. 求证 $DE/\!/ BC$.

证明:延长 AD 交 BC 于 F,由 BD 平分$\angle ABC$,且 $AD\perp BD$,即 $BD\perp AF$,则 $AD=DF$.

又 $AE=EC$,即 DE 为$\triangle AFC$ 的中位线,故 $DE\parallel BC$.

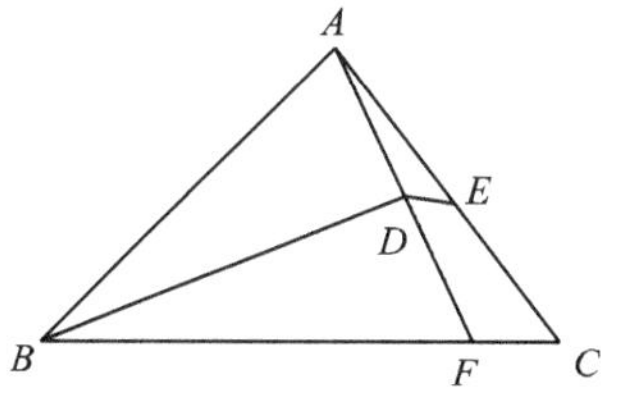

图 1-13

例 4 在正方形 $ABCD$ 中,E 是 AD 的中点,BD 与 CE 交于 F 点.求证:$AF\perp BE$.

证明:设 AF 与 BE 交于点 G.在 $\mathrm{Rt}\triangle ABE$ 和 $\mathrm{Rt}\triangle DCE$ 中,由于 $AB=DC$,$AE=DE$,则 $\mathrm{Rt}\triangle ABE\cong\mathrm{Rt}\triangle DCE$,于是$\angle AEB=\angle DEC$.

又在$\triangle ADF$ 和$\triangle CDF$ 中,由 $AD=CD$,$\angle ADF=45^\circ=\angle CDF$,$DF$ 公用,则$\triangle DAF\cong\triangle DCF$.于是$\angle DAF=\angle DCF$,从而

$$\angle GAE+\angle AEG=\angle DCF+\angle DEC=90^\circ,$$

故$\angle AGE=90^\circ$,即 $AF\perp BE$.

1.5.3 点共线与线共点

证明三点 X,Y,Z 共线的常见思路有:

(1) 适当地选取一条通过其中一点(如 X)的直线 PXQ,并连 XY,XZ,当 Y,Z 两点位于 PQ 的两侧时,则证$\angle PXZ=\angle QXZ$ 或$\angle PXY+\angle PXZ=180^\circ$;当 Y,Z 两点在 PQ 的同一侧时,则证$\angle PXY=\angle PXZ$.

(2) 利用平行或垂直,如证 XY,YZ 平行或垂直于同一直线.

(3) 证明三点在某一定直线上;证明两点连线与某定直线的交点是第三点.

(4) 证三点两两连结的线段有和差关系,或三点所成的三角形面积为零.

(5) 证得其中一点为对称(或位似)中心,其余两点为对称(或位似)图形的一双对应点.

(6) 利用梅涅劳斯定理的逆定理,或斯特瓦尔特定理的逆定理,或张角定理的逆定理;利用西姆松定理、欧拉定理等.

(7) 还可采用其他方法,如反证法等.

证明三直线共点的常见思路有:

(1) 化为点共线问题,即证明三直线中的两直线的交点与第三直线上的两点共线.

(2) 证明两直线的交点必在第三直线上.

(3) 证明构成三角形的巧合点(即外心、内心、重心、垂心、旁心等)利用这些共线点结论.

(4) 利用塞瓦定理的逆定理.

(5) 利用对称(或位似)图形的对应点的连线共点于对称(或位似)中心.

(6) 利用根心定理,即圆心不共线的三圆两两相交(或相切),其公共弦(或切线)所在直线共点.

例 5　圆 O、圆 M 外切于点 C,其直径各为 AC,BC,以 AB 的中点 D 为圆心,以小于 $\frac{1}{2}AB$ 的长度为半径画圆分别交圆 O、圆 M 于点 E,F. 求证:E,C,F 三点共线.

证明:连 CE,CF,DE,DF,OE,MF,由 $OM=\frac{1}{2}AB=DB$ 知 $OD=MB=MF$.

又因 $OE=OC=OD+DC=MB+DC=MC+DC=MD$,$DE=DF$,则 $\triangle OED\cong\triangle MDF$,从而 $\angle EOD=\angle DMF$,即 $\angle EOD=\angle CMF$.

由于 $\triangle EOC$ 和 $\triangle FMC$ 都是等腰三角形,且顶角相等,则底角 $\angle ECO=\angle FCM$. 于是,CE 与 CF 在一条直线上,故 E,C,F 三点共线.

例 6　证明:连接四边形的对边的中点的两条线与连接对角线的中点的线段交于一点,且被此点平分.

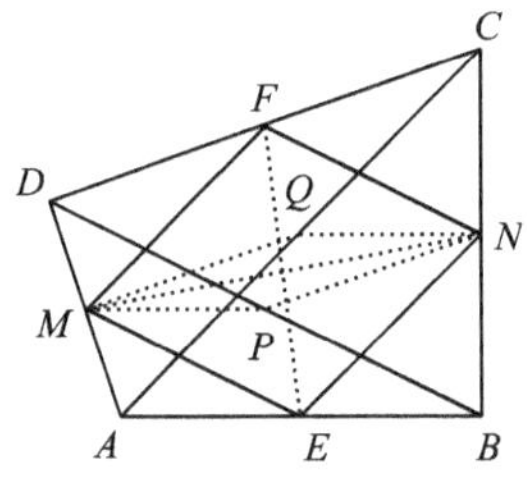

图 1-14

证明:如图 1-14,设在四边形 $ABCD$ 中,E,N,F,M,P,Q 分别是 AB,BC,CD,DA,BD,AC 的中点.

显然,四边形 $MENF$ 是平行四边形,则 EF,MN 互相平分于 O 点.

又四边形 $MPNQ$ 是平行四边形,则 PQ,MN 也互相平分于 O 点.

于是,EF,MN,PQ 三线共点 O 且都被点 O 所平分.

1.5.4　点共圆与圆共点

证明点共圆的途径常有:

(1) 利用圆的定义,证各点均与某一定点等距.

(2) 证连结各点所得凸多边形与某一圆内接凸多边形相似.

(3) 如果各点都在某两点所在直线同侧,且各点对这两点都张等角,则这些点共圆.

(4) 若凸四边形的对角互补或一外角等于内对角,则凸四边形四顶点共圆.

(5) 利用相交弦、切割线、割线定理的逆定理证四点共圆.

(6) 利用托勒密定理的逆定理,或西姆松定理的逆定理等证四点共圆.

(7) 证五点或五点以上的点共圆,可以分别证各四点共圆,且四点中有三点相同.

关于圆共点的证明思路常有:

(1) 证明几个圆共点,先确定可能共的点,然后利用点共圆的证明方法,分别证明该点在各圆上,从而将"圆共点"转化为"点共圆"问题证明.

(2) 证其中某两圆的同一交点在其他各圆上.

(3) 证各圆均过同一特殊点或某一点.

例7 设 O 为 $\triangle ABC$ 内一点,线段 AX,BY 与 CZ 均 O 为中点.求证:$\triangle BCX$,$\triangle CAY$,$\triangle ABZ$ 与 $\triangle XYZ$ 的外接圆共点.

证明:由于 C,A,Y 分别与 Z,X,B 关于 O 点中心对称,所以 $\angle CAY=\angle ZXB$,$ZY\parallel BC$.

设 M 为 $\triangle BCX$ 与 $\triangle XYZ$ 的外接圆的交点(M 不同于 X),则由于圆内接四边形的外角等于它的内对角及 $ZY\parallel BC$,于是

$$\angle YMC=\angle XBC+\angle XZY=\angle ZXB=\angle CAY.$$

从而 M 也在 $\triangle AYC$ 的外接圆上.

同理,M 也在 $\triangle ALB$ 的外接圆上.

于是,四个三角形的外接圆共点.

习 题 1

1. 试给出下列问题的多种证法:

(1) 设 D 是 $\mathrm{Rt}\triangle ABC$ 的斜边 AB 的中点,E 是 BC 上的一点,且 $BE=\frac{1}{3}BC$,$\angle B=30°$,$DE=1$.求 BC 的长.

(2) 过圆外一点 P 作圆的两条切和一条割线,切点为 A,B.所作割线交圆于 C,D 两点,C 在 P,D 之间,在弦 CD 上取一点 Q,使 $\angle DAQ=\angle QBC$.求证:$\angle DBQ=\angle PAC$.

2. 试用坐标法与综合法分别证明下述问题:

(1) 圆内接四边形 $ABCD$ 中,其对角线 AC 与 BD 垂直交于点 Q,其外接圆圆心为 P 取 BC,AD 之中点分别为 E,F,求:$QE=PF$.

(2) 有一个边长为1的正方形,试在这个正方形的内接正三角形中,找出一个面积最大的和一个面积最小的,并求出其面积.

3. 设凸四边形 $ABCD$ 的两边 AB,DC 延长后交于 L,两边 CB,DA 延长后交于 K.对角线 AC,BD 的延长线分别交直线 KL 于 G,F.求证:$\frac{LF}{KF}=\frac{LG}{KG}$.

4. 在 $\triangle ABC$ 的边 AB,AC 上分别取点 D,E,使 $AD=AE$.又设 M 是 BC 的中点,AM 与 DE 交于点 N.求证 $\frac{DN}{NE}=\frac{AC}{AB}$.

5. 设 E 是的 $\angle AOB$ 平分线上一点,C,D 分别在角的两边 OA,OB 上,且 $AD\parallel EB$,$BC\parallel EA$.求证:$AC=BD$.

6. 过正方形 $ABCD$ 的顶点 A 作 $\angle EAF=45°$,角的两边交 BC,DC 于 E,F,又作 $AG\perp EF$ 与 G.求证 $AG=AB$.

7. 过四边形 $ABCD$ 对角线的交点 O 引一截线交 AB，CD 于 P，P' 交 BC，AD 于 Q，Q'，如果 $OP=OP'$. 求证：$OQ=OQ'$.

8. 在$\triangle ABC$ 两边 AB 和 AC 上向外作正方形 $ABDE$ 和 $ACFG$，设 H，K，M 各为 BE，CG，BC 的中点. 证明：(1) $MH\perp MK$；(2) $MH=MK$.

9. 证明：三角形一顶点在其他两角内、外平分线的射影，是共线的四点.

10. 在四边形 $ABCD$ 中，对角线 AC 平分$\angle BAD$，在 CD 上取一点，BE 与 AC 相交于 F，延长 DF 交 BC 于 G. 求证：$\angle GAC=\angle EAC$.

11. $\triangle ABC$ 内接于圆$\odot O$，$\angle B$ 的平分线 BE 交圆 O 于 E，直线 MN 过 E 交圆于 M、N，且与 AC 关于直线 BE 对称. 求证：MN 垂直于过 B 的半径 OB.

12. 在$\triangle ABC$ 中，$\angle ACB=90°$，$CH\perp AB$ 于 H，在 AC 上取中点 D，CE 平分$\angle ACH$ 交 AB 于 E，DE 与 CH 的延长线相交于点 F. 求证：$BF/\!/CE$.

13. 在$\triangle ABC$ 中，$AB=AC$，D 是底边 BC 边上一点，E 是线段 AD 上一点，且$\angle BED=2\angle CED=\angle A$，求证：$BD=2CD$.

14. 以$\triangle ABC$ 的三边为底，分别向形外作三个相似的等腰$\triangle ABC'$，$\triangle BCA'$，$\triangle CAB'$. 求证：AA'，BB'，CC'三直线共点.

15. 试证：过三角形三顶点平分三角形周长的三条直线相交于一点.

16. 在对角线互相垂直的四边形中，过对角线交点向每边引垂线，得四垂足，又各垂线与对边相交得四点. 求证：这八点共圆.

17. 若四条直线相交得四个三角形，则四个三角形的外接圆共点.

18. 通过圆内接四边形一顶点和邻接二边中点作圆，证明这四圆共点.

第 2 章　尺规作图与名题欣赏

2.1　尺规作图的基本知识

2.1.1　基本知识

一、作图工具与作图公法

在传统的几何作图中，尺规作图是指用没有刻度的直尺和圆规两件工具，并用有限次步骤作出合乎预先约定条件的图形．这种作图有时也叫欧几里得作图．

所谓完成了一个尺规作图，就是说能把问题归结为有限次的如下几个认可的简单作图：

(1) 通过两个已知点可作一条直线；

(2) 已知圆心和半径可作一个圆；

(3) 若两已知直线相交，或一已知直线和一已知圆(或圆弧)相交，或两已知圆相交，则可作出其交点．

并且约定，在已知直线上或直线外，均可取不附加任何特殊性质的点．

上面三条叫做作图公法，是尺规作图的理论依据．若一个作图不能有限次根据公法作出图形，则叫做几何作图(或尺规作图)不能问题．数学史上的“化圆为方”，“倍立方体”、“三等分任意角”就是尺规作图不能问题．

二、作图成法

我们把根据作图公法或一些已经解决的作图题而完成的作图，叫做作图成法，它可以在以后的作图中直接应用．下面列举一些：

(1) 任意延长已知线段．

(2) 在已知射线上自端点起截一线段等于已知线段．

(3) 以已知射线为一边，在指定一侧作角等于已知角．

(4) 已知三边，或两边及夹角，或两角及夹边作三角形．

(5) 已知一直角边和斜边，作直角三角形．

(6) 作已知线段的中点．

(7) 作已知线段的垂直平分线．

(8) 作已知角的平分线．

(9) 过已知直线上或直线外一已知点，作此直线的垂线．

(10) 过已知直线外已知点，作此直线的平行线．

(11) 已知边长作正方形．

(12) 以定线段为弦,已知角为圆周角,作弓形弧.

(13) 作已知三角形的外接圆,内切圆,旁切圆.

(14) 过圆上或圆外一点作圆的切线.

(15) 作两已知圆的内、外公切线.

(16) 作已知圆的内接(外切)正三角形、正方形,或正六边形.

(17) 作一线段,使之等于两已知线段的和或差.

(18) 作一线段,使之等于已知线段的 n 倍或 n 等分.

(19) 内分或外分一已知线段,它们的比等于已知比.

(20) 作已知三线段 a,b,c 的第四比例项.

(21) 作已知两线段 a,b 的比例中项.

(22) 已知线段 a,b 作一线段为 $x=\sqrt{a^2+b^2}$ 或作一线段为 $x=\sqrt{a^2-b^2}$ $(a>b)$.

三、作图题的分类与作图步骤

根据题设条件(满足无矛盾性,独立性、存在性)不同,即所作图形的形状、位置、大小的要求不同,一般作图题可分为定位作图(在指定位置上作图)与活位作图.

解作图题的步骤一般分为:写出已知(详细写出题设条件,并用相应符号或图形表示)与求作(说明要作的图形是什么,以及该图形应具有的题设条件),进行分析(寻求作图线索),写出作法,证明,并进行讨论.

2.1.2　常用的作图方法

常用的作图方法有交轨法、三角形奠基法、变换法、代数法等.变换法中又包含变位法、位似法、反演法等.

交轨法:一些作图题,常归结为确定某一点的位置,而点的位置确定,一般需要两个条件,于是可以分别作出只符合一个条件的轨迹,则这两个轨迹的交点即为所求的点.这种利用轨迹的交点来解作图题的方法叫做交轨法.

三角形奠基法:对于某些作图题,若可以先作出所求图形的某一个三角形,便奠定了整个图形的基础.这种用某个三角形为基础的作图方法叫做三角形奠基法.

变位法:把图形中某些元素施行适当的合同变换,然后借助于各元素的新旧位置关系发现作图的方法,叫做变位法.

位似法:作图时,常先舍弃图形的大小、位置条件(或部分位置条件),作出满足形状要求的图形 F,然后选择适当的位似中心和位似比,作出符合大小要求(或位置要求),并与 F 位似的图形.这种利用位似变换性质解作图题的方法,叫做位似法.

反演法:对于与圆有关的一类作图题,利用反演变换的性质来解作图题的方法,叫做反演法.

代数法：有些作图问题的解决常归结为求作一条线段，而这未知线段的量可以用一些已知线段的代数式来表示，于是根据这个代数式先作出所求线段，然后再完成整个图形. 这种借助于代数运算来解作图题的方法叫做代数分析法，简称代数法.

用代数法作图的关键在于寻找能用已知量的代数式来表示所求作的线段. 代数法作图中，根据作图公法和作图成法我们有下列结论：

结论 1　含已知线段 $a_1, a_2, \cdots, a_n$ 的一次齐次式

$$F(a_1, a_2, \cdots, a_n),$$

若其中仅含有限次加、减、乘、除、开平方五种运算，并且 F 在定义域中能取实值，则此值对应的线段可用尺规作图.

结论 2　设 A, B, C 分别是仅含有限次加、减、乘、除、开平方运算的零次齐次式，一次齐次式，二次齐次式，即可以用尺规作出方程 $Ax^2+Bx+C=0$ 的实根.

例　求作一圆，使通过两定点 A, B 并切于已知直线 l.

分析：设问题已解，求作圆切直线 l 于 T，若能确定 T 点的位置，那么通过 A, B, T 的圆就是所求的了.

假设直线 AB 和 l 相交于一点 O，那么 $x=OT$ 满足关系 $x^2=OA \cdot OB$，即 x 是线段 OA 和 OB 的比例中项. 若直线 AB 与 l 不相交，则 AB 的中垂线与 l 相交.

作法：若连 AB 交 l 于 O，则作 OA 和 OB 的比例中项，在 l 上定 T 点使 OT 等于这比例中项，过 A, B, T 所作的圆为所求. 若 AB 所在直线与 l 不相交，则作 AB 中垂线与 l 相交于 T，过 A, B, T 所作的圆为所求.

证明：若连 AB 与 l 交于 O，由作法 $OA : OT = OT : OB$，于是 $\triangle OAT$ 和 $\triangle OTB$ 有一角相等且夹边成比例，这两三角形相似，从而 $\angle ABT = \angle OTB = \angle OTA$，故推出 OT 切于圆，若连 AB 与 l 不相交时，作的圆显然与 l 相切.

讨论：当直线 AB 与 l 相交于一 A，B 点且在 l 同侧时，有二解；A, B 在 l 异侧时无解，当 $AB /\!/ l$ 或 AB 之一在 l 上时，有一解，当 A, B 都在 l 上时无解.

2.2　尺规作图可能性的判断准则

2.2.1　判断准则

任何能用尺规完成的图，无论它多么复杂，都不外乎归结为三条公法的有限次的有序组合. 尺规作图，就是由一些点作直线、作圆，再由直线和圆产生新点. 在直角坐标平面上，这些新点的坐标是由方程 $x+cy+d=0$ 或 $y+d'=0$ 与 $x^2+y^2+ex+fy+d=0$ 的三种不同组合组成的方程组的解. 而这些方程组的解是通过方程系数之间进行加、减、乘、除、开平方运算而得. 可见，由尺规作出的线段，也应满

足上一节中的结论 1，从而，我们有

准则 1 一个作图题中所要求出的线段 x，可由一次齐次式 $x=F(a_1,a_2,\cdots,a_n)$ 表示．那么，这个作图题能用尺规作出的充分必要条件是：F 仅含有关于已和线段 a_i 的有限次加、减、乘、除、开平方运算．

我们也可以用扩域的概念研究判断准则．

定义 1 若数域 P 的数，都属于数域 K，则称 K 为 P 的扩域．

定义 2 若在域 K 存在有限个元素 $a_1,\cdots,a_n$，使得任给 $\beta\in K$，有 $\beta=b_1\alpha_1+b_2\alpha_2+\cdots+b_n\alpha_n$，$b_i\in P$，则称域 K 为 P 的有限扩张，且 $a_1,\cdots,a_n$ 为域 K 在域 P 上的一组基．

域 K 在域 P 上的基可以不同，但所含元素的个数却是相同的，称为域 K 在域 P 上的次数，记作 $[K:P]$．

定义 3 若 α 是 P 上的某个非零多项式的根，由 α 生成扩张 $P(\alpha)$，则称域 $K=P(\alpha)$ 为域 P 的单代数扩张．

可以证明：

定理 1 单代数扩张是有限扩张．

推论 设 $f(x)$ 是域 P 上的一个 n 次不可约多项式．θ 是 $f(x)$ 在 P 的某一扩域内的根，则添加 θ 于 P 后的单代数扩域 $P(\theta)$ 是 P 的一个有限扩域，且 $[P(\theta):P]=n$．

定理 2 设 L 是域 P 的有限扩域，而 K 是 L 的有限扩域，那么 K 是 P 的有限扩域，并且 $[K:P]=[K:L]\cdot[L:P]$．

推论 设 $P_0,P_1,\cdots,P_i$ 都是域，且 P_i 是 P_{i-1} 的有限扩域 $(i=1,2,\cdots,k)$，则 P_k 是 P_0 的有限扩域，且 $[P_k:P_0]=[P_k:P_{k-1}]\cdot[P_{k-1}:P_{k-2}]\cdots[P_1:P_0]$．

定理 3 设 L 是 P 的扩域，若 K 是 P 的有限扩域，则 L 是 P 的有限扩域，K 是 L 的有限扩域，且 $[L:P]$，$[K:L]$ 都整除 $[K:P]$．

定义 4 我们称平面上每个初等几何图形所对应的一次方程 $x+cy+d=0$ 或 $y+d'=0$ 和二次方程 $x^2+y^2+ex+fy+d=0$ 所确定的实系数为图形坐标．

定理 4 设在平面上给定了若干初等几何图形，P 是将这些图形的图形坐标添加到有理数域 Q 上所得到的数域．从这些图形出发，施行几何作图公法中的任何一种，则将所得新图形的图形坐标添加到 P 上后得到的扩域 K 是有限扩域，且 $[K:P]$ 等于 1 或 2．

于是，我们有：

准则 2 在平面上给定若干初等几何图形，P 是将这些图形的图形坐标添加到有理数域 Q 上的数域，若是满足某些条件的一个图形是可用尺规作图的，则总可作出这样的一个合乎要求的图形，使得添上这个图形的任一坐标 α 于域 P 后所得到的单代数扩域 $P(\alpha)$ 是 P 的 2^s 次扩域，其中 s 为非负整数．

证明:由于所求图形可尺规作图,即是说它经过有限次采用作图公法而得到,考察扩域 $P(\alpha)$.

假定作出所求图形共经 k 步(每使用一次作图公法则称为一步),由第 1 步后,所得到的图形为第 1 个新图形,并用 P_1 表示新图形的图形坐标添加到域 P 上后所得到的扩域,由定理 4,显然有$[P_1 : P]=2^{m_1}$,其中 $m_1=0$ 或 1.

另外,第 $i+1$ 个新图形是在已给图形到第 i 个新图形的基础上作出的,因此它所对应的域 P_{i+1}是在 P_i 上添加第 $i+1$ 个新图形坐标后得到的域 P_i 的扩域,由定理 4,同样有

$$[P_{i+1} : P_i] = 2^{m_{i+1}},\text{其中 } m_{i+1} = 0 \text{ 或 } 1, i = 1,2,\cdots,k-1.$$

又由定理 2 的推论,有$[P_k : P]=2^m$(m 为非负整数).又因为 $P(\alpha)$是 P_k 的子域,也是 P 的扩域,由定理 3,立即有$[P(\alpha) : P]=2^s$,其中 s 为非负整数.

2.2.2　几个古典几何作图问题

下面要讨论的历史上三大作图不能问题,均要涉及一个一元三次方程问题.由上述的两个准则,不难得到如下定理.

定理 5　有理系数的三次方程 $ax^3+bx^2+cx+d=0$ 的实根能用尺规作图的充分必要条件是它有一个有理根.

至于判断方程是否有有理根,可参见有关文献.

一、立方倍积问题

求作一立方体,使它的体积等于已知立方体体积的两倍.

设已知立方体棱长为 a,所求作立方体棱长为 x,则有 $x^3=2a^3$,令 $a=1$,即有 $x^3-2=0$.此方程没有有理根,因此立方倍积问题属于尺规作图不能问题.或者由定理 1 的推论知$[Q(\alpha) : Q]=2$ 与准则 2 矛盾,推之属尺规作图不能问题.

二、三等分任意角问题

设 α 是任一角,θ 为所求解,则满足 $\alpha=3\theta$.

由三角公式 $\cos\alpha=\cos3\theta=4\cos^3\theta-3\cos\theta$,并令 $\cos\alpha=\dfrac{x}{2}$,则上述方程化为 $x^3-3x-a=0$,若取 $\alpha=60°$,则 $a=1$,即有 $x^3-3x-1=0$.此方程没有有理根.与立方倍积问题一样,三等分任意问题属尺规作图不能问题.

三、化圆为方问题

求作一个正方形,使它的面积等于一个已知圆的面积.

设已知圆为单位圆,求作的正方形边长为 x,则 $x^2-\pi=0$.由于 π 是超越数,或者$\sqrt{\pi}$不能用已知量经有限加、减、乘、除、开平方运算得出,或者 x 不是代数数,当然不属于有理数域的有限扩域.因此,化圆为方问题属尺规作图不能问题.

四、正多边形的作图

正多边形的尺规作图,归结为方程 $x^n-1=0$ 的 n 次本原单位根(称 1 的某个 n 次单位根叫的 1 的 n 次本原单位根,当且仅当 $m>n$ 时,不是 l 的 m 次单位根)的尺规作图问题.

我们用 $\varphi(n)$(即欧拉函数)表示上述方程的本原单位根的个数,则

$$\varphi(n)=\varphi(2^m\cdot p_1^{s_1}\cdot p_2^{s_2-1}\cdot\cdots\cdot p_r^{s_r})=2^{m-1}\cdot(p_1-1)\cdots(p_r-1)\cdot p_1^{s_1-1}\cdots p_r^{r_1-1}.$$

设 $\eta=\cos\frac{2\pi}{n}+\mathrm{i}\sin\frac{2\pi}{n}$是 $x^n-1=0$ 的一个本原单位根,令 $\lambda=\eta+\eta'=2\cos\frac{2\pi}{n}$,用 $Q(\eta)$和 $Q(\lambda)$分别表示有理数域 Q 的两个单代数扩张,由于 $\eta^2-\lambda\eta+1=0$,由定理 3,$[Q(\eta):Q(\lambda)]=2$,而$[Q(\eta):Q]=\varphi(\eta)$,则

$$[Q(\lambda):Q]=\frac{1}{2}\varphi(n)=2^{m-2}(p_1-1)\cdots(p_r-1)\cdot p_1^{s_1-1}\cdots p_r^{s_r-1}.$$

若 λ 可用尺规作图,按准则 2,则 $s_i=1,p_i-1=2^{k_i}$(其中 p_i 为素数,$i=1,2,\cdots,r$)于是有:

定理 6 圆内接正 $n(\geqslant 3)$边形可用尺规作图的充要条件是:$n=2^m\cdot p_1\cdots p_r$.其中 $m\geqslant 0,p_i=2^{k_i}+1$ 为素数($i=1,2,\cdots,r$).

由定理 6 当 $n\leqslant 100$ 时,我们可作出 24 个正多边形,(2^m 型为 $n=4,8,16,32,64$;$2^{2^k}+1$ 型为 $n=3,5,17$;$2^m\cdot p_1\cdots p_r$ 型为 $n=6,12,24.48,96,10,20,40,80,15,30,60,34,68,51,85$).

值得指出的,在形如 2^k+1 的数中,只有 $k=2^q,q=0,1,2,3,4$ 时才为费马素数,除此之外的数是素数如何判断以及如何作出图形,仍然是很困难的问题,未能得到彻底解决.

最后,还说明一点,前面的三大作图不能问题,若取消限制,则是完全可以作图的,而且也获得了不少作法,有兴趣的读者不妨自己也试一试.

2.2.3 当代作图问题

当代尺规作图问题,有不少新的提法,尤以美国几何学家匹多(Pedoe)1979 年提出“Pedoe 问题”最为著名.

Pedoe 问题:已知 A,B 两点,求作一点 C,使$\triangle ABC$ 为正三角形,但允许使用的作图工具只有一只生锈的圆规,即这个圆规的半径是固定不变的,它只能作一个半径为某固定长度的圆.

当然,这个问题早已解决,但人们又提出许多新的问题.

(1) 只用生锈的圆规,还能作另外的哪些图形?比如能不能确定线段的中点?

(2) 像对“尺规作图”一样,怎样对 Pedoe 生锈圆规的作图进行代数探讨?

(3) 若用几只半径不等的生锈圆规,其结果会怎样?

如此等等,不一而足,形成所谓“当代作图问题”.

2.3　几个著名定理

2.3.1　梅涅劳斯定理

梅涅劳斯定理是解决共线点问题的有力工具. 在本节所出现的比值都是指有向线段的比.

定理 1(梅涅劳斯定理)　若 X,Y,Z 分别为$\triangle ABC$ 三边 BC,CA,AB 或其延长线上的点,则它们共线的充要条件是

$$\frac{BX}{XC}\cdot\frac{CY}{YA}\cdot\frac{AZ}{ZB}=-1.$$

证明:必要性　作 $CD/\!/XYZ$ 交 AB 于 D. 则有

$$\frac{BX}{XC}=\frac{BZ}{ZD},\frac{CY}{YA}=\frac{DZ}{ZA}=\frac{ZD}{AZ}.$$

所以$\dfrac{BX}{XC}\cdot\dfrac{CY}{YA}\cdot\dfrac{AZ}{ZB}=\dfrac{BZ}{ZD}\cdot\dfrac{ZD}{AZ}\cdot\dfrac{AZ}{ZB}=-1.$

充分性　设直线 ZY 与 BC 交于 X',则由上述的证明有

$$\frac{BX'}{X'C}\cdot\frac{CY}{YA}\cdot\frac{AZ}{ZB}=-1,$$

又已知

$$\frac{BX}{XC}\cdot\frac{CY}{YA}\cdot\frac{AZ}{ZB}=-1,$$

所以有$\dfrac{BX'}{X'C}=\dfrac{BX}{XC}$.

由线段的定比分点的唯一性,可知 X'与 X 重合. 故 X,Y,Z 三点共线. 证毕.

注意:在证明过程中,我们假设了点 X'存在. 若 X'不存在,此时 $ZY/\!/BC$,ZY 与 BC 相交于无穷远点 X',这时我们约定$\dfrac{BX'}{X'C}=-1$,这样,命题依然成立.

定理 1 的角元形式:条件同定理 1.

$$\frac{\sin\angle BAX}{\sin\angle XAC}\cdot\frac{\sin\angle CBY}{\sin\angle YBA}\cdot\frac{\sin\angle ACZ}{\sin\angle ZCB}=-1.$$

由$\dfrac{BX}{XC}=\dfrac{S_{\triangle ABX}}{S_{\triangle AXC}}=\dfrac{AB\cdot\sin\angle BAX}{AC\cdot\sin\angle XAC}$等三式相乘即有上式.

梅涅劳斯定理可以作如下推广.

定理 2(向凸 n 边形推广)　一直线 l 截凸 $n(n\geqslant 3)$边形 $A_1A_2\cdots A_n$ 的边

$A_1A_2, A_2A_3, \cdots, A_nA_1$ 或其延长线（不过顶点 A_i）于 $B_1, B_2, \cdots, B_n$，则

$$\frac{A_1B_1}{B_1A_2}\cdot\frac{A_2B_2}{B_2A_3}\cdots\frac{A_nB_n}{B_nA_1}=\begin{cases}1 & (n\ 为偶数)\\ -1 & (n\ 为奇数)\end{cases}.$$

此定理多次运用梅氏定理即证.

顺便指出，当 $n>3$ 时，上述定理的逆命题不成立. 请读者自行举一反例.

定理 3（共线三点推广为不共线三点）　设 D,E,F 分别在$\triangle ABC$ 的边 BC，CA，AB 上，且$\frac{AF}{FB}=\lambda_1$，$\frac{BD}{DC}=\lambda_2$，$\frac{CE}{EA}=\lambda_3$，则 $S_{\triangle EDF}=\frac{S_{\triangle ABC}(1+\lambda_1\lambda_2\lambda_3)}{(1+\lambda_1)(1+\lambda_2)(1+\lambda_3)}$，显然当 D,E,F 共线时，有 $S_{\triangle DEF}=0$，故有 $1+\lambda_1\lambda_2\lambda_3=0\Rightarrow\lambda_1\lambda_2\lambda_3=-1$，即为梅涅劳斯定理.

此定理还可向空间推广.

2.3.2　塞瓦定理

塞瓦定理是解决共点线问题的有力工具. 本节中出现的比值都是指有向线段的比.

定理 4（塞瓦定理）　若 X,Y,Z 分别是$\triangle ABC$ 三边 BC，CA，AB 或其延长线上的点，则 AX，BY，CZ 三线共点或相互平行的充要条件为

$$\frac{BX}{XC}\cdot\frac{CY}{YA}\cdot\frac{AZ}{ZB}=1.$$

略证：必要性　若 $AX /\!/ BY /\!/ CZ$ 时，显然. 若 AX，BY，CZ 相交则应用梅氏定理即证.

充分性　若 $BY /\!/ CZ$，则作 $AX' /\!/ BY$ 交 BC 于 X'；若 $BY\cap CZ=O$，连 AC，令 AO 与 BC 交于 X'，由条件证得 X' 与 X 重合. 即得证.

塞瓦定理也有角元形式，形式与梅涅劳斯定理角元形式相同，只是右边为 1.

塞瓦定理可作如下推广.

定理 5　对于 $2n-1$ 边形 $A_1A_2\cdots A_{2n-1}$（$n\geqslant 2, n\in N$）所在平面上任一点 P，连接 A_iP 并延长交对边 $A_{n-1+i}A_{n+i}$（或其延长线）于 Q_{n-1+i}（$i=1,2,\cdots,n$，$A_{2n}=A_1$，$A_{2n+1}=A_2,\cdots,Q_{2n}=Q_1,Q_{2n+1}=Q_2,\cdots$）. 则

$$\frac{A_1Q_1}{Q_1A_2}\cdot\frac{A_2Q_2}{Q_2A_3}\cdot\cdots\cdot\frac{A_{2n-2}Q_{2n-2}}{Q_{2n-2}A_{2n-1}}\cdot\frac{A_{2n-1}Q_{2n-1}}{Q_{2n-1}A_1}=1.$$

此定理运用线段比与面积比等式相乘即证.

定理 6（推广为三线两两相交）　若 D,E,F 分别为$\triangle ABC$ 三边 BC，CA，AB 上的点，$\frac{AF}{FB}=\lambda_1$，$\frac{BD}{DC}=\lambda_2$，$\frac{CE}{EA}=\lambda_3$，AD，BE，CF 相交得$\triangle PQR$，则

$$\frac{S_{\triangle PQR}}{S_{\triangle ABC}}=\frac{(\lambda_1\lambda_2\lambda_3-1)^2}{(1+\lambda_2+\lambda_1\lambda_2)(1+\lambda_2+\lambda_2\lambda_3)(1+\lambda_3+\lambda_3\lambda_1)}.$$

此定理由梅氏定理可推得

$$S_{\triangle ARC}=\frac{\lambda_1(1+\lambda_2)}{1+\lambda_1+\lambda_1\lambda_2}S_{\triangle ADC}=\frac{\lambda_1}{1+\lambda_1+\lambda_1\lambda_2}S_{\triangle ABC}.$$

再由 $S_{\triangle PQR}=S_{\triangle ABC}-S_{\triangle ARC}-S_{\triangle APB}-S_{\triangle BQC}$ 即可证.

显然当 AD,BE,CF 交于一点时，$S_{\triangle PQR}=0$，有 $\lambda_1\lambda_2\lambda_3=1$，为塞瓦定理(三线共点的情形)；反之，由 $\lambda_1\lambda_2\lambda_3=1$(因 AD,BE,CF 必两两相交)，又导出 $S_{\triangle PQR}=0$，即三线共点.

塞瓦定理还可向空间推广(略).

下面看塞瓦定理与梅涅劳斯定理得统一推广.

设 B_1,B_2,B_3 分别是$\triangle A_1A_2A_3$ 三边所在直线 A_2A_3,A_3A_1,A_1A_2 上的点，并且满足：$A_2B_1=\frac{A_2A_3}{1+b_1}$，$A_3B_2=\frac{A_3A_1}{1+b_2}$，$A_1B_3=\frac{A_1A_2}{1+b_3}$，其中 b_1,b_2,b_3 是任意实数(当 $b_i=-1$ 时，视 B_i 为无穷远点). 易得

$$B_1A_3=\frac{b_1A_2A_3}{1+b_1},\quad B_2A_1=\frac{b_1A_3A_1}{1+b_2},\quad B_3A_2=\frac{b_3A_1A_2}{1+b_3}.$$

于是，$\frac{A_2B_2}{B_1A_3}\cdot\frac{A_3B_2}{B_2A_1}\cdot\frac{A_1B_3}{B_3A_2}=\frac{1}{b_1b_2b_3}$. 所以有：

(1) A_1B_1,A_2B_2,A_3B_3 共点的充分必要条件是 $b_1b_2b_3=1$，即塞瓦定理；

(2) B_1,B_2,B_3 共线的充分必要条件是 $b_1b_2b_3=-1$，即梅涅劳斯定理.

下面引入三个附加点 C_1,C_2 与 C_3，他们分别在直线 A_2A_3,A_3A_1 与 A_1A_2 上，并且满足：$C_1A_3=\frac{A_2A_3}{1+c_1}$，$C_2A_1=\frac{A_3A_1}{1+c_2}$，$C_3A_2=\frac{A_1A_2}{1+c_3}$，其中 c_1,c_2,c_3 是实数. 则塞瓦定理与梅涅劳斯定理可同时推广为

定理 7 C_1B_2,C_2B_3,C_3B_1 共点的充分必要条件是

$$b_1b_2b_3+c_1c_2c_3+b_1c_1+b_2c_2+b_3c_3=1. \qquad ①$$

题设条件有两种可能的情况. 如果 C_1,C_2,C_3 分别与 A_2,A_3,A_1 重合，则 $c_1=c_2=c_3=0$. 于是由①式可导出 $b_1b_2b_3=1$，这就是塞瓦定理. 如果 C_1,C_2,C_3 分别与 B_1,B_2,B_3 重合，则 $b_1c_1+b_2c_2+b_3c_3=1$. 那么①式成为 $b_1b_2b_3=-1$，这就是梅涅劳斯定理. 由此可见，塞瓦定理与梅涅劳斯定理均为定理 3 的特殊情况.

为了证明这一定理，我们采用重心坐标.

平面上任取$\triangle A_1A_2A_3$ 为坐标三角形. P 为平面上任一点，则点 P 为平面上任一点，则点 P 的重心坐标 $P(\alpha,\beta,\gamma)$.

容易得到下述的重心坐标：$B_1(0,b_1,1)$，$B_2(1,0,b_2)$，$B_3(b_3,1,0)$，$C_1(0,1,c_1)$，$C_2(c_2,0,1)$，以及 $C_3(1,c_3,0)$.

设 x_1,x_2,x_3 是一般的重心坐标变量，则直线 B_1C_3,B_2C_1 与 B_3C_2 可分别表

示为

$$\begin{vmatrix} x_1 & x_2 & x_3 \\ 0 & b_1 & 1 \\ 1 & c_3 & 0 \end{vmatrix} = 0, \begin{vmatrix} x_1 & x_2 & x_3 \\ 1 & 0 & b_2 \\ 0 & 1 & c_1 \end{vmatrix} = 0, \begin{vmatrix} x_1 & x_2 & x_3 \\ b_3 & 1 & 0 \\ c_2 & 0 & 1 \end{vmatrix} = 0.$$

由此可分别得出这三条直线的方程. 易知这三条直线共点的充分必要条件是系数行列式值为 0. 整理便得

$$b_1 b_2 b_3 + c_1 c_2 c_3 + b_1 c_1 + b_2 c_2 + b_3 c_3 = 1.$$

2.3.3 托勒密定理

定理 8 凸四边形 $ABCD$ 内接圆的充要条件是

$$AB \cdot CD + BC \cdot AD = AC \cdot BD.$$

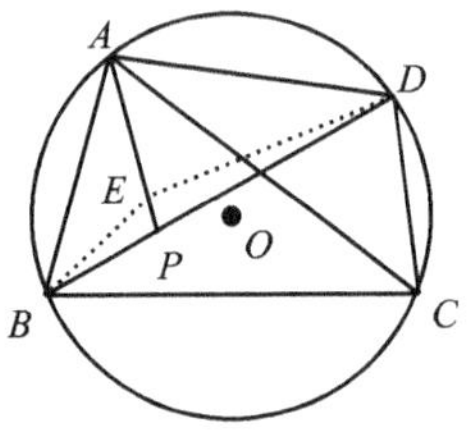

图 2-1

证明:必要性 如图 2-1,四边形 $ABCD$ 内接于⊙O,在 BD 上取点 P,使 $\angle PAB = \angle CAD$,则 $\triangle ABP \backsim \triangle ACD$,于是 $AB \cdot CD = AC \cdot BP$.

又$\triangle ABC \backsim \triangle APD$,有 $BC \cdot AD = AC \cdot PD$. 故

$$AB \cdot CD + BC \cdot AD = AC(BP + PD) = AC \cdot BD.$$

充分性 在凸四边形 $ABCD$ 内取点 E,使$\angle BAE = \angle CAD$,$\angle ABE = \angle ACD$,则$\triangle ABE \backsim \triangle ACD$,即 $\dfrac{AD}{AE} = \dfrac{AC}{AB} = \dfrac{CD}{BE}$,即 $AB \cdot CD = AC \cdot BE$.

又注意$\angle DAE = \angle CAB$ 及上述比例式,有$\triangle ADE \backsim \triangle ACB$,从而 $AD \cdot BC = AC \cdot ED$. 于是

$$AB \cdot CD + BC \cdot AD = AC(BE + ED) \geqslant AC \cdot BD,$$

其中等号当且仅当 E 在 BD 上,即$\angle ABD = \angle ACD$ 时成立,即 A,B,C,D 四点共圆时成立. 证毕.

注:① 定理的必要性为托勒密定理,充分性为托勒密定理的逆定理;

② 从充分性证明可知,对于任意四边形 $ABCD$,均成立托勒密不等式:$AB \cdot CD + BC \cdot AD \geqslant AC \cdot BD$;

③ 由托勒密定理,应用正弦定理将 BD,DC,BC 换掉即得如下三弦定理:AB,AC,AD 是一圆上顺次的三条弦,则

$$AB \cdot \sin\angle CAB + AD \cdot \sin\angle CAB = AC \cdot \sin\angle BAD;$$

④ 由托勒密定理可导出三角形中的加法定理

$$\sin(\alpha + \beta) = \sin\alpha \cdot \cos\beta + \cos\alpha \cdot \sin\beta.$$

2.3.4 斯特瓦尔特定理

定理 9　设 B,P,C 依次分别为从 A 引出的三条射线 AB,AP,AC 上的点，B,P,C 共线的充要条件是

$$AP^2=AB^2\cdot\frac{PC}{BC}+AC^2\cdot\frac{BP}{BC}-BP\cdot PC.\qquad ②$$

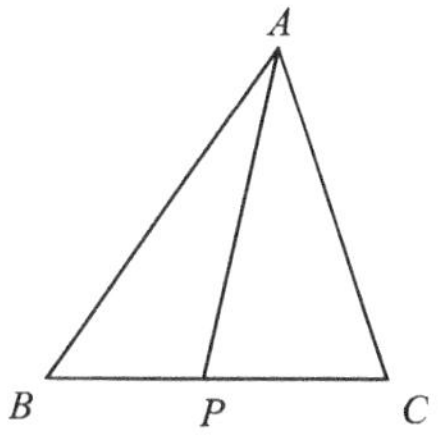

图 2-2

证明：如图 2-2，设 $\angle APB=\theta_1$，$\angle APC=\theta_2$，不失一般性，设 $\theta_2<90°$.

对于△ABP 和△APC 分别应用余弦定理有

$$AB^2=AP^2+BP^2-2AP\cdot BP\cdot\cos\theta_1,$$

$$AC^2=AP^2+CP^2-2AP\cdot CP\cdot\cos\theta_2,$$

将上述两式分别乘以 PC,PB 后相加，得

$$AB^2\cdot CP+AC^2\cdot BP=AP^2(BP+CP)+BP\cdot CP(BP+CP)-2AP\cdot BP\cdot CP(\cos\theta_1+\cos\theta_2),$$

于是

$$B,P,C\text{ 共线}\Leftrightarrow ②\text{式右边}=AP^2=AB^2\cdot\frac{PC}{BC}+AC^2\cdot\frac{BP}{BC}-BP\cdot PC$$

$$\Leftrightarrow AP^2=AB^2\cdot\frac{PC}{BC}+AC^2\cdot\frac{BP}{BC}-BP\cdot PC$$

注：① 定理的必要性即为斯特瓦尔特定理，充分性即为斯特瓦尔特定理的逆定理. 斯特瓦尔特定理还有如下一系列有趣推论：

a. 若 $AB=AC$，则 $AP^2=AB^2-BP\cdot PC$；

b. 若 P 为 BC 中点，则

$$AP^2=\frac{1}{2}AB^2+\frac{1}{2}AC^2-\frac{1}{4}BC^2;$$

c. 若 AP 平分$\angle BAC$，则

$$AP^2=AB\cdot AC-BP\cdot PC;$$

d. 若 AP 平分$\angle BAC$ 的外角，则

$$AP^2=BP\cdot PC-AB\cdot AC.$$

② 斯特瓦尔特定理可以推广到四面体中去(略).

2.3.5 张角定理

定理 10　设 B,P,C 依次分别为从 A 点引出的三条射线 AB,AP,AC 上的点，线段 BP,PC 对点 A 的张角分别为 α,β，且 $\alpha+\beta<180°$，则 B,P,C 共线的充要

条件是

$$\frac{\sin(\alpha+\beta)}{AP}=\frac{\sin\alpha}{AC}+\frac{\sin\beta}{AB}.$$

证明:如图 2-2

B,P,C 三点共线$\Leftrightarrow S_{\triangle ABC}=S_{\triangle ABP}+S_{\triangle APC}$

$$\Leftrightarrow\frac{1}{2}AB\cdot AC\cdot\sin(\alpha+\beta)=\frac{1}{2}AB\cdot AP\cdot\sin\alpha+\frac{1}{2}AP\cdot AC\cdot\sin\beta$$

$$\Leftrightarrow\frac{\sin(\alpha+\beta)}{AP}=\frac{\sin\alpha}{AC}+\frac{\sin\beta}{AB}.$$

注:① 定理的必要性即为张角定理,充分性即为张角定理的逆定理;

② 张角定理可以推广到四面体中去;

③ 由张角定理可以导出斯特瓦尔特定理,反之亦可.

2.3.6　西姆松定理

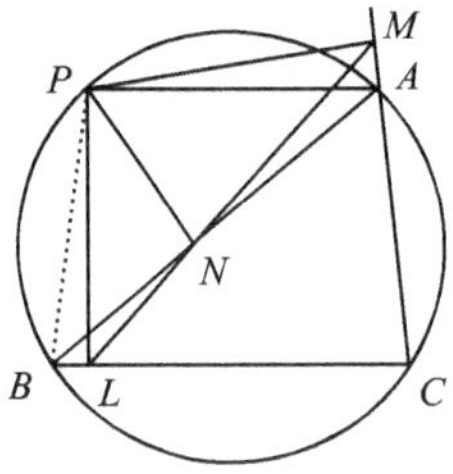

图 2-3

定理 11　三角形外一点在三角形外接圆上的充要条件是该点在三边所在直线上的射影共线.

证明:设$\triangle ABC$外一点 P 在其三边 BC,CA,AB 上的射影分别为 L,M,N(如图 2-3).

分别由 $P,B,L,N;P,N,A,M$ 四点共圆有

$$\angle BNL=\angle BPL,\angle ANM=\angle APM$$

P,B,C,A 共圆

$\Leftrightarrow\angle PBL=\angle PAM\Leftrightarrow\angle BPL=\angle APM\Leftrightarrow\angle BNL=\angle ANM$

$\Leftrightarrow L,M,N$ 共线.

注:① 定理的必要性即为西姆松定理,充分性即为西姆松定理的逆定理. 西姆松定理将三点共线与四点共圆紧密联系起来.

② 西姆松定理中的垂线可改为等角斜线.

2.3.7　九点圆定理

定理 12　任意三角形三条高的垂足、三边的中点以及垂心与顶点的三条连线的中点,这九点共圆.

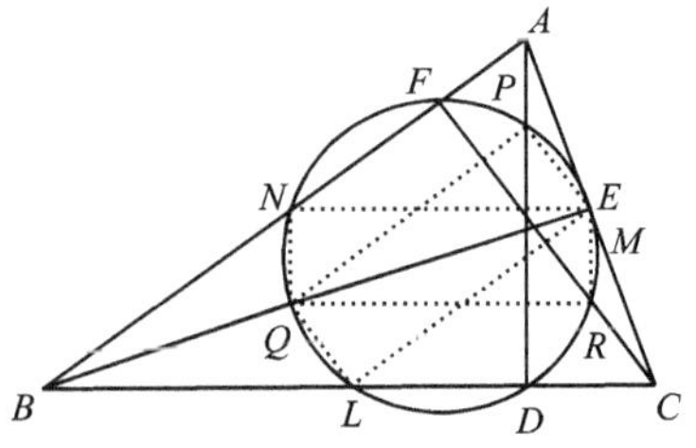

图 2-4

证明:如图 2-4,设 AD,BE,CF 为△ABC 的高,垂心为 H,L,M,N 分别是 BC,CA,AB 的中点,P,Q,R 分别为 AH,BH,CH 的中点.

由 $NM \underline{\underline{/\!/}} QR \underline{\underline{/\!/}} \frac{1}{2}BC$,$NQ \underline{\underline{/\!/}} MR \underline{\underline{/\!/}} \frac{1}{2}AH$,而 $AH \perp BC$,从而 $NQRM$ 为矩形. 同理,$QLMP$ 为矩形.

于是 QM,LP,NR 是同一个圆的三条直径,故有六点共圆. 又∠$PDL=90°$,故点 D 在此圆上. 同理 E,F 在此圆上.

故九点共圆.

注:九点圆还有其他许多有趣的性质,如三角形的九点圆圆心为垂心 H 与外心 O 连线的中点,其半径为△ABC 外接圆半径的 2 倍;三角形的九点圆与内切圆内切且与三个旁切圆外切等. 当人们第一次看到九点圆时,一定会为它的优雅所征服,会认为这是一个神奇的巧合! 后来,关于九点圆,人们还有更多的发现. 某位权威的几何学家指出:"在九点圆上,至少还有 43 个奇特点!"研究九点圆所发现的新的成果,足以编一本厚书,制作出一个小小的数学工业.

由九点圆定理,我们得到三角形外心、垂心、重心及九点圆圆心共线的重要结论:

四心共线定理　三角形的外心、垂心、重心及九点圆圆心共线;且九点圆圆心在外心与垂心连线的中点,垂心在外心与垂心的三等分点处.

2.4　蝴蝶定理

定理 1(蝴蝶定理)　过圆中弦 AB 的中点 M 引任意两弦 CD 和 EF. 连结 CF 和 ED 分别交 AB 于 P,Q,则 $PM=MQ$(图 2-5).

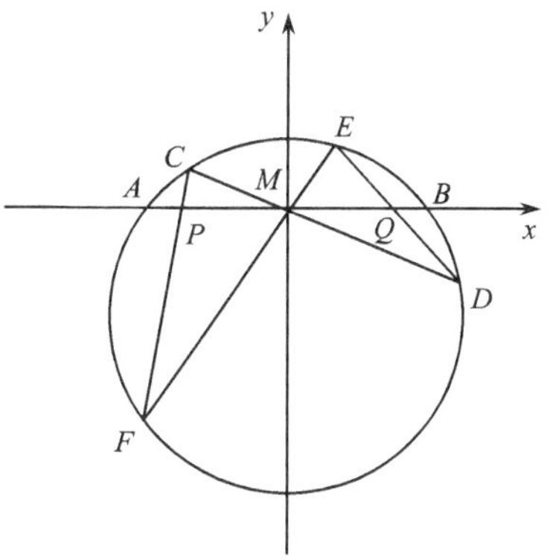

图 2-5

蝴蝶定理因其图形像一只翩翩起舞的蝴蝶而得名,这个定理在 1815 年就被霍纳(Horner)证明了,但至今研究者不断,证明方法很多. 下面的解析证法是单墫博士 1985 年给出的,非常简炼,非常漂亮.

证明:如图 2-5,以 M 为原点,AB 为 x 轴建立平面直角坐标系,设圆的方程为:$x^2+(y+m)^2=R^2$,直线 CD 的方程为:$y=k_1x$,直线 EF 的方程为:$y=k_2x$. 于是圆和两相交直线组成的二次曲线系为

$$\lambda_1[x^2+(y+m)^2-R^2]+\lambda_2(y-k_1x)(y-k_2x)=0,$$

令 $y=0$,则点 P 和点 Q 的横坐标满足二次方程

$$(\lambda_1+\lambda_1k_1k_2)x^2+\lambda_1(m^2-R^2)=0.$$

由于一次项系数为零,则两根 $x_1=-x_2$,所以 $PM=MQ$.

如上证法是蝴蝶定理的十几种证法中最简单的一个证法.不仅如此,我们还可在上述证法中得到更为深刻的结论:例如,若设直线 DF,CE 分别交直线 AB 于 S,R,则 $SM=MR$.又如圆的方程可以改变为椭圆、双曲线和抛物线的方程,从而得到椭圆、双曲线、抛物线中的蝴蝶定理.

定理 2(蝴蝶定理的逆定理)　设 AB,CD,EF 是交于一点 M 的圆 O 的三条不同的弦,CF,ED 交 AB 于 P,Q 两点,若 $PM=QM$,则 M 平分 AB.

此定理的证明由 $\dfrac{S_{\triangle CMP}}{S_{\triangle QEM}}\cdot\dfrac{S_{\triangle QEM}}{S_{\triangle PFM}}\cdot\dfrac{S_{\triangle PFM}}{S_{\triangle QMD}}\cdot\dfrac{S_{\triangle QMD}}{S_{\triangle CMF}}=1$,化简有 $CP\cdot FP\cdot(MQ)^2=EQ\cdot DQ\cdot(PM)^2$.再由条件及相交弦定理即可证明 $AM=BM$.

蝴蝶定理有许多美妙的变化与推广.

定理 3(P,Q 移到圆外)　过圆的弦 AB 中点 M 任意引弦 CD 和 EF,连结 CE 和 DF 交 AB 的延长线 Q',P',则 $P'M=Q'M$.

可由 $\dfrac{S_{\triangle CMP}}{S_{\triangle QEM}}\cdot\dfrac{S_{\triangle QEM}}{S_{\triangle PFM}}\cdot\dfrac{S_{\triangle PFM}}{S_{\triangle QMD}}\cdot\dfrac{S_{\triangle QMD}}{S_{\triangle CMF}}=1$ 及割线定理即证.

定理 4(弦 AB 移到圆外)　AB 为⊙O 外一直线,$OM\perp AB$ 于 M,过 M 任作两条割线 FC,DE,EF 与 CD 分别与 AB 交于 P,Q,则 $PM=MQ$.

略证:考虑轴对称变换.令

$$C\xrightarrow{S(OM)}C',D\xrightarrow{S(OM)}D',E\xrightarrow{S(OM)}E',$$

则直线 $M'D'E$ 是 MDE 关于 OM 的对称直线,证得 M,P,F,D' 四点共圆,再证 C',D',P 三点共线.

再由 $C'D'P\xrightarrow{S(OM)}CDQ$,$P\xrightarrow{S(OM)}Q$ 及 Q,M,P 共线,即有 $PM=MQ$.

定理 5(对中点 M 推广)　设 AB 是⊙O 内一条弦,对 AB 上一点 M 任作两弦 CD,EF,设 CF,ED 交 AB 于 P,Q,并设 $AM=a$,$BM=b$,$PM=x$,$QM=y$,则

$$\frac{1}{a}-\frac{1}{b}=\frac{1}{x}-\frac{1}{y}.$$

此定理证明时,由定理 2 证明中的等式,有 $(a-x)(b+x)y^2=(a+y)(b-y)x^2$,展开化简得结论.

显然,当 M 为 AB 中点时,$a=b$,有 $x=y$ 即为蝴蝶定理.

定理 6(四边形蝴蝶定理)　设四边形 $ABCD$ 中对角线 AC,BD 交于 AC 之中点 M.过 M 作两直线分别交 AB,DC 于 P,Q,交 AD,BC 于 R,S.连 PR 与 QS 分

别交 AM,CM 于 G,H,则 $MG=MH$.

证明:记 $MA=MC=a$,$MG=x$,$MH=y$,则有

$$
\begin{aligned}
\frac{x}{a-x}\cdot\frac{a-y}{y}&=\frac{MG}{AG}\cdot\frac{CH}{MH}=\frac{S_{\triangle MPR}}{S_{\triangle APR}}\cdot\frac{S_{\triangle CQS}}{S_{\triangle MQS}}\\
&=\frac{S_{\triangle MPR}}{S_{\triangle MQS}}\cdot\frac{S_{\triangle CQS}}{S_{\triangle CBD}}\cdot\frac{S_{\triangle CBD}}{S_{\triangle ABD}}\cdot\frac{S_{\triangle ABD}}{S_{\triangle APR}}\\
&=\frac{MP}{MQ}\cdot\frac{MR}{MS}\cdot\frac{CQ}{CD}\cdot\frac{CS}{CB}\cdot\frac{MC}{MA}\cdot\frac{AB}{AP}\cdot\frac{AD}{AR}\\
&=\frac{S_{\triangle PAC}}{S_{\triangle QAC}}\cdot\frac{S_{\triangle RAC}}{S_{\triangle SAC}}\cdot\frac{S_{\triangle QAC}}{S_{\triangle DAC}}\cdot\frac{S_{\triangle SAC}}{S_{\triangle BAC}}\cdot\frac{MC}{MA}\cdot\frac{S_{\triangle BAC}}{S_{\triangle PAC}}\cdot\frac{S_{\triangle DAC}}{S_{\triangle RAC}}\\
&=\frac{MC}{MA}\\
&=1.
\end{aligned}
$$

从而可得 $x=y$,故 $MG=MH$.

注意到条件 $MA=MC$ 是最后用上的,于是立即得到一个更广泛的结果.

定理 7(四边形蝴蝶定理的推广)　设 M 是四边形 $ABCD$ 的对角线的交点.过 M 作两直线分别与 AB,CD 交于 P,Q,与 AD,BC 交于 R,S,连 PR,QS 分别与 MA,MC 交于 G,H,则

$$\frac{MG}{AG}\cdot\frac{CH}{MH}=\frac{MC}{MA}.$$

证明只要把定理 6 的证法去头截尾留中段即可.

有趣的是,定理 7 的结论不仅对凸四边形成立,而且对凹四边形以及星状四边形(有自交点的四边封闭折线)同样成立,并且可依样画葫芦,一定不改地写出证明.读者可以自行验证.

定理 8(向圆锥曲线推广)　设 M 为圆锥曲线 Γ 的弦 AB 上一点,过 M 任作两弦 CD,EF,过 C,F,D,E 的一圆锥曲线与 AB 交于 P,Q,设 $AM=a$,$BM=b$,$MP=p$,$MQ=q$,则

$$\frac{1}{a}-\frac{1}{b}=\frac{1}{p}-\frac{1}{q}.$$

此定理可类似于定理 1 的证法而证.

对于定理 8 中当 M 为 AB 中点时,我们有

定理 9(圆锥曲线蝴蝶定理)　设 M 为圆锥曲线 Γ 的弦 AB 的中点,过 M 任作两弦 CD,EF,过 C,D,E,F 的任一圆锥曲线与 AB 交于 P,Q,则 $PM=MQ$.

如果取一条凸闭曲线的任一弦 AB,通过 AB 的中点 M 任作两弦 CD 和 EF,设线段 ED,CF 分别交 AB 于 Q,P,总有 $PM=MQ$,我们就说这条凸闭曲线具有

“蝴蝶性质”.1969年,查克里恩等三位几何学家还得出:任何具有蝴蝶性质的凸闭曲线必定是椭圆.

定理9可进一步拓广得:

定理10　设O为任意圆锥曲线C的弦AB上任意一点,D,E在直线AB上且关于O点对称,圆锥曲线C_1通过D,E两点且交曲线C于M,N,S,T,过M,N,S,T的任意一条圆锥曲线C_2交直线AB于U,V.

记$DO=OE=d,OA=a,Ob=b,OU=u,OV=v$,则$a,b,d,u,v$满足几何关系

$$(ab-d^2)(u-v)=(uv-d^2)(a-b).$$

定理10也可进一步拓广,得

定理11　设c_1,c_2,c_3为三条均过M,N,S,T四点的二次曲线,它们顺次与有向直线x交于$A,B;D,E;U,V$点,O为有向直线x上任一点,即有向线段数量

$$OA=a,OB=b,OE=e,OU=u,OV=v,$$

且ab,de,uv两两不等,则有

$$\frac{(a+b)-(d+e)}{ab-de}=\frac{(d+e)-(u+v)}{de-uv}=\frac{(u+v)-(a+b)}{uv-ab}.$$

显然,在定理11中若取$d=-e$,再换b为$-b$,换v为$-u$便得定理10.

习　题　2

1. 已知两边的积、夹角的大小,第三边的长,求作三角形.

2. 在定圆内求作内接正十边形.

3. 给定五边形各边中点,求作此五边形.

4. 证明正七边形与正九边形不能用尺规作出.

5. AB为$\odot O$的直径,P为圆上一定点,过P点用尺规作一弦PR,使PR交AB于Q,且$QR=OR$.

6. 已知外心至三边的距离,用尺规求作三角形.

7. 在已知圆中,用尺规求作内接等腰三角形,使一腰上的高落在一条定弦上.

8. 已知两直角边的立方之比和斜边长,用尺规求作直角三角形.

9. 已知内心至三顶点的距离,用尺规求作三角形.

10. 试给出蝴蝶定理的纯几何证法或三角证法.

11. 在“筝形”$ABCD$中,$AB=AD$,$BC=DC$.经过AC与BD的交点O任作两条直线,分别交AD于E,交BC于F,交AB于G,交CD于H.又GF,EH分别交BD于I,J.求证:$OI=OJ$.

12. 在$\triangle ABC$中,点D在BC上,$\frac{BD}{DC}=\frac{1}{3}$,$E$,$G$分别在$AB$,$AD$上,$\frac{AE}{EB}=\frac{2}{3}$,$\frac{AG}{GD}=\frac{1}{2}$,$EG$交$AC$于$F$.求$\frac{AF}{FC}$.

13. 延长凸四边形 $ABCD$ 的对边 AB 与 DC，AD 与 BC 分别相交于 E，F. 求证：$\triangle BCE$，$\triangle CDF$，$\triangle ADE$，$\triangle ABF$ 的四个外接圆共点.

参考文献及进一步阅读的资料

井中. 蝴蝶定理的新故事. 中学数学，1992(1)：1～5

沈文选. 1996. 初等数学研究教程. 长沙：湖南教育出版社

田文宇. 广义蝴蝶定理的进一步推广. 数学通讯，1994(11)

朱履乾. 广义蝴蝶定理. 数学通讯，1994(4)

第3章 立体几何

3.1 点、直线、平面

复杂的立体图形可以分解为若干简单的基本图形.只有学会分解的方法、熟悉基本图形的性质,在解决较复杂的立体几何问题时,才能应付自如.

3.1.1 点、直线、平面的位置关系

一、平面的基本性质

公理1 如果一条直线上的两点在一个平面内,那么这条直线上所有的点都在这个平面内.

公理2 如果两个平面有一个公共点,那么它们有且只有一条通过这个点的公共直线.

公理3 经过不在同一条直线上的三点,有且只有一个平面.

推论1 经过一条直线和这条直线外的一点,有且只有一个平面.

推论2 经过两条相交直线,有且只有一个平面.

推论3 经过两条平行直线,有且只有一个平面.

二、两条直线的位置关系

1. 相交直线——在同一个平面内,有且只有一个公共点;

2. 平行直线——在同一个平面内,且没有公共点;

3. 异面直线——不同在任何一个平面内,且没有公共点.

需要指出,现行教材将三线平行定理作为公理4,这样避免了复杂的证明,对学生学习起来较易接受.但从逻辑系统上,还是应当作为定理,现补证如下:

已知:直线 $a/\!/b$,$c/\!/b$.

求证:$a/\!/c$.

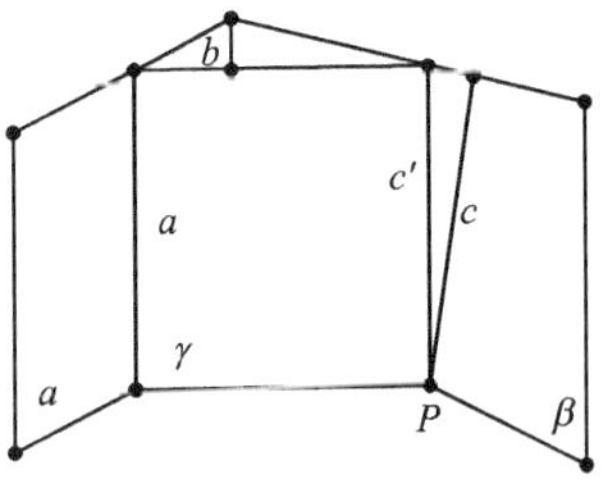

图 3-1

证明:当三直线 a,b,c 共面时,在平面几何中已证,故略.

当 a,b,c 不共面时,过 a,b 所确定的平面 α 与过 b,c 所确定的平面 β 相交于 b.在 c 上任取一点 P(图 3-1),设 a,P 所确定的平面 γ 与 β 相交于 c',则 c' 与 a 可能相交或平行.

若 c' 与 a 相交于 M,则 M 在 α,β 内,必在 b 上,

与 $a/\!/b$ 矛盾.

若 c' 与 a 平行,且 c' 与 b 不平行. 可设 c' 与 b 相交于点 Q,则 Q 在 γ,α 内,必在 a 上,这与 $c'/\!/a$ 矛盾,所以 $c'/\!/b$.

因为 $c'\cap c=P$,$c'/\!/b$,$c/\!/b$,所以 c' 与 c 重合(平行公理).

故 c 与 a 平行.

三、直线和平面的位置关系

1. 直线在平面内——直线与平面有无数个公共点;
2. 直线和平面相交——直线与平面有唯一的公共点;
3. 直线和平面平行——直线与平面没有公共点.

四、两个平面的位置关系

1. 两平面平行——两平面没有公共点;
2. 两平面相交——两平面有一条公共直线.

3.1.2 平行与垂直的判定和性质

一、平行关系的判定定理和性质定理

定理 1 如果平面外一条直线和这个平面内的一条直线平行,那么这条直线和这个平面平行.

定理 2 如果一条直线和一个平面平行,经过这条直线的平面和这个平面相交,那么这条直线和交线平行.

定理 3 如果一个平面内有两条相交直线都平行于另一个平面,那么这两个平面互相平行.

定理 4 如果两个平行平面同时和第三个平面相交,那么它们的交线平行.

二、垂直关系的判定定理和性质定理

定理 5 如果一条直线和一个平面内的两条相交直线都垂直,那么这条直线垂直于这个平面.

定理 6 如果两条直线同垂直于一个平面,那么这两条直线平行.

定理 7 如果一个平面经过另一个平面的一条垂线,那么这两个平面互相垂直.

定理 8 如果两个平面垂直,那么在一个平面内垂直于它们交线的直线垂直于另一个平面.

定理 9(三垂线定理及其逆定理) 平面内的一条直线和这个平面的一条斜线垂直的充要条件是它和斜线在平面上的射影垂直.

3.1.3 度量关系

1. 两条异面直线所成的角是通过平行线的传递性转化为两条相交直线所成

的锐角或直角来度量的.

直线与平面所成的角是通过直线与它在平面内的射影所成的锐角来度量的.

平面与平面的交角是通过二面角的平面角来度量的.

2. 线段 AB(或平面图形 σ)与它在平面 α 内的射影 $A'B'$(或图形 σ')的关系是

$$A'B' = AB\cos\theta, S(\sigma') = S(\sigma)\cos\theta.$$

其中 θ 是 AB(或图形 σ')与平面 α 的夹角,$S(\sigma')$,$S(\sigma)$分别是 σ',σ 的面积.

3. 两点集间的距离是指一点集的任一点与另一点集的任一点之间的距离的下确界. 由于平行线、平行平面、直线与其平行平面间的距离处处相等,故平行线的距离可转化为一直线上任一点到另一直线的距离;平行平面间的距离可转化为一平面上的任一点到另一平面的距离;而互相平行的线面之间的距离,可转化为一直线上的任一点到平面的距离.

4. 求异面直线间的距离常用下列方法:

(1) 作公垂线段; (2)线面平行法;

(3) 面面平行法; (4)极值法;

(5) 体积法; (6)公式法.

现就上述六种方法逐一举例说明.

例 1 正方形 $ABCD-A_1B_1C_1D_1$ 的棱长为 a,求 A_1B 和 B_1D_1 间的距离.

解法 1:如图 3-2 所示,取 A_1B_1 的中点 M,作平面 AC_1M 分别交 A_1B,B_1D_1 于 E,F.

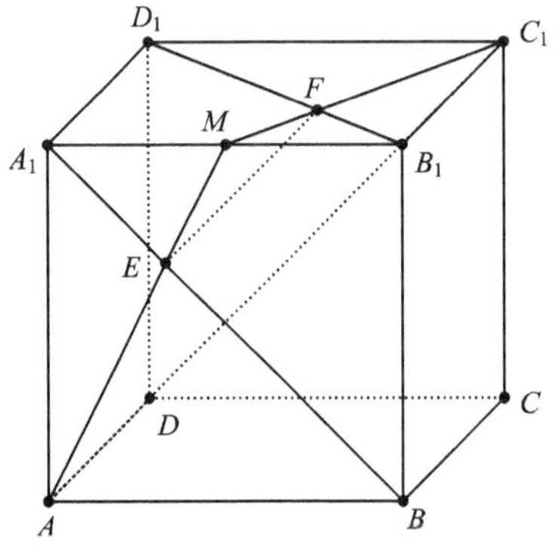

图 3-2

据三垂线定理易知,$AC_1 \perp A_1B$,$AC_1 \perp B_1D_1$,因此只要证明 $EF // AC_1$ 便知 EF 是 A_1B,B_1D_1 的公垂线. 因为

$$\frac{ME}{EA}=\frac{A_1M}{AB}=\frac{1}{2}, \quad \frac{MF}{FC_1}=\frac{MB_1}{C_1D_1}=\frac{1}{2},$$

所以 $EF // AC_1$ 且 $EF=\frac{1}{3}AC_1=\frac{\sqrt{3}}{3}a$.

此法是直接做出公垂线,但作法不易想到,常用的是下面的线面法.

解法 2:如图 3-3 所示,连结 BD,因为 $BD // B_1D_1$,所以平面 $A_1BD // B_1D_1$. 而 B_1D_1 上任一点到平面 A_1BD 的距离即为异面直线 A_1B 与 B_1D_1 间的距离.

作对角面 AC_1 交 BD 于 O,交 B_1D_1 于 O_1,过 O_1 作 $O_1H \perp A_1O$ 于 H. 因为 $BD \perp$ 平面 AC_1,所以 $BD \perp O_1H$,$O_1H \perp$ 平面 A_1BD,故 O_1H 就是 A_1B 与 B_1D_1 间的距离.

又因为 $O_1H \cdot A_1O = OO_1 \cdot A_1O_1 = \frac{\sqrt{2}}{2}a^2$，$A_1O = \sqrt{\frac{3}{2}}a$，所以 $O_1H = \frac{\sqrt{3}}{3}a$.

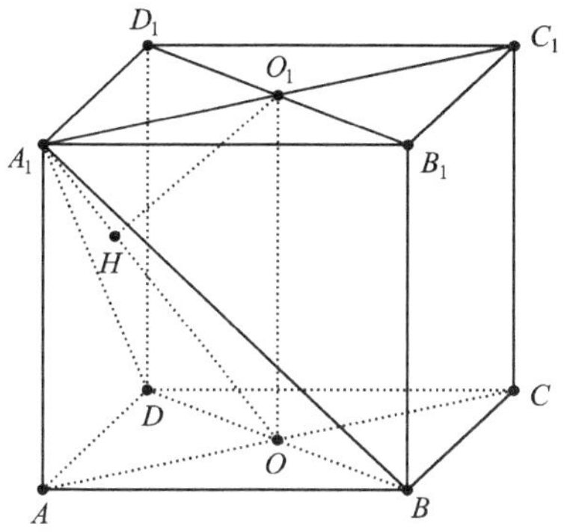

图 3-3

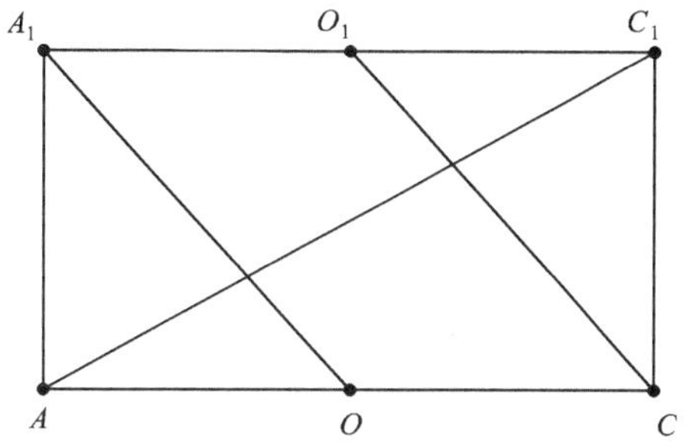

图 3-4

本题还可以采用面面平行法来解：

解法 3：显见，平面 A_1BD // 平面 B_1D_1C，并将对角线 AC_1 三等分（见对角面图 3-4）. 因为

$$AC = \sqrt{2}a, AO = \frac{1}{2}AC,$$

所以

$$A_1A : AO = a : \frac{\sqrt{2}}{2}a = \sqrt{2} : 1 = A_1C_1 : A_1A.$$

又因为 $\angle A_1AO = \angle C_1A_1A = 90°$，所以 $\triangle A_1AO \backsim \triangle C_1A_1A$，$\angle AA_1O = \angle A_1C_1A$. 因此 $A_1O \perp AC_1$.

又因为 $BD \perp AC_1$，故 $AC_1 \perp$ 平面 A_1BD. 因为 $AC_1 \perp A_1B$，$AC_1 \perp B_1D_1$，所以 A_1B 与 B_1D_1 间的距离为 $\frac{1}{3}AC_1 = \frac{\sqrt{3}}{3}a$.

本题若采用体积法来解则要简便些.

解法 4：由图 3-3 知 B_1D_1 // 平面 A_1BD. 设 B_1 到平面 A_1BD 的距离为 h，则 h 即为 A_1B 与 B_1D_1 间的距离. 易知三棱锥 B_1-A_1BD 的体积

$$V_{B_1-A_1BD} = \frac{1}{3}S_{A_1BD} \cdot h = \frac{1}{3}\left[\frac{\sqrt{3}}{4}(\sqrt{2}a)^2\right]h,$$

$$V_{D-A_1B_1B} = \frac{1}{3}S_{A_1B_1B} \cdot DA = \frac{1}{3} \cdot \frac{1}{2}a^2 \cdot a.$$

又因为 $V_{B_1A_1BD} = V_{D-A_1B_1B}$，即

$$\frac{1}{3}\left[\frac{\sqrt{3}}{4}(\sqrt{2}a)^2\right]h = \frac{1}{6}a^3,$$

所以 $h=\frac{\sqrt{3}}{3}a$.

因为异面直线间的距离是两直线上的点之间的距离最小值，所以还可以用求极值的方法来解：

解法 5：在 A_1B 上任取一点 P，作 $PQ\perp A_1B_1$ 于 Q，过 Q 作 $QR\perp B_1D_1$ 于 R. 设 $PQ=x$，则 $A_1Q=x$，$QR:QB_1=A_1D_1:B_1D_1$，因为 $PQ\perp QR$，故

$$PR^2=PQ^2+QR^2=x^2+\frac{1}{2}(a-x)^2$$
$$=\frac{3}{2}\left(x-\frac{a}{3}\right)^2+\frac{a^2}{3}.$$

因此当 $x=\frac{1}{3}a$ 时，PR 即是公垂线段，其长度为 $\frac{\sqrt{3}}{3}a$.

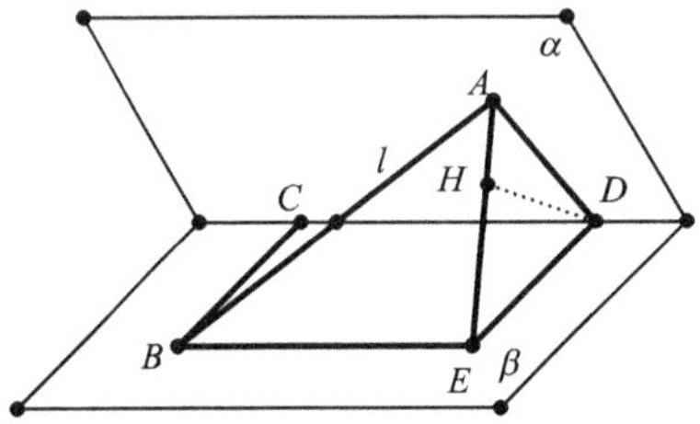

图 3-5

为了便于求异面直线间的距离，下面给出一般的计算公式：设 l，m 是异面直线，A，$B\in l$，A，m 确定平面 α，B，m 确定平面 β（图 3-5）. 若已知直线 l 上两点 A，B 到另一直线 m 的距离分别为 $AD=a$，$BC=b$，二面角 $\alpha-m-\beta$ 的平面角为 θ，则异面直线 l，m 间的距离

$$d=\frac{ab\sin\theta}{\sqrt{a^2+b^2-2ab\cos\theta}}.$$

证明：在 β 内作 $DE\perp m$，且 $DE=BC=b$，连接 BE，再作 $DH\perp AE$ 于 H. 因为 $\angle ADE=\theta$，$m\perp$ 平面 ADE，所以 $m\perp DH$. 因为 $m/\!/BE$，所以 $DH\perp BE$. 又 $DH\perp AE$，所以 $DH\perp$ 平面 ABE. 故 DH 的长就是异面直线 l，m 间的距离 d，

$$d=|DH|=\frac{2S_{\triangle ADE}}{|AE|}=\frac{ab\sin\theta}{\sqrt{a^2+b^2-2ab\cos\theta}}.$$

运用这个公式来解例 1，易知二面角 $A_1-B_1D_1-B$ 为 $90°$，直线 A_1B 上的点 A_1，B 到直线 B_1D_1 的距离分别为 $\frac{\sqrt{2}}{2}a$，a，代入距离公式便得 $d=\frac{\sqrt{3}}{3}a$.

上面通过例 1 介绍了求异面直线间的距离的各种方法，同时也用到了前面列出的若干定理. 下面再看几个例子.

例 2　如图 3-6，斜边为 AB 的直角三角形 ABC，过 A 作 $AP\perp$ 平面 ABC，且 $PA=AB=2$，$AE\perp PB$ 于 E，$AF\perp PC$ 于 F.

(1) 求证：$AF\perp EF$，$PB\perp$ 平面 AEF；

(2) 若 $\angle BPC=\theta$，问 θ 为何值时，$\triangle AEF$ 的面积最大.

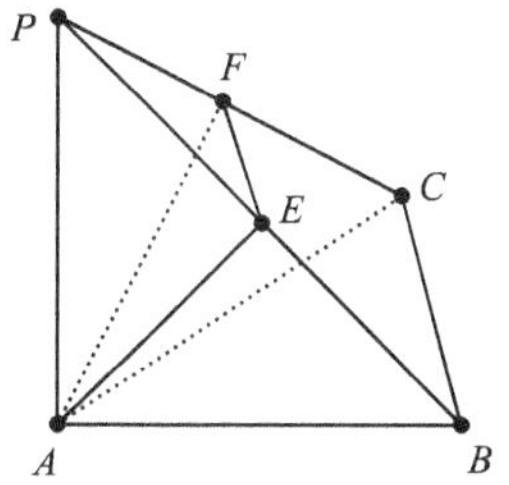

图 3-6

证明:(1) 因为 $BC\perp AC$,$BC\perp PA$,所以 $BC\perp$ 平面 PAC,平面 $PBC\perp$ 平面 PAC. 又因为 $AF\perp PC$,所以 $AF\perp$ 平面 PBC,$AF\perp EF$. 又 $AF\perp PB$,已知 $AE\perp PB$,所以 $PB\perp$ 平面 AEF.

(2) 因为 $PA=AB=2$,所以 $AE=\sqrt{2}$,由于 $\angle PFE=90°$,故当 $AF=EF=1$ 时,$\triangle AEF$ 的面积最大. 这时 $PE=\sqrt{2}$,$\angle PEF=90°$,所以 $\tan\theta=\frac{1}{\sqrt{2}}$.

当 $\theta=\arctan\frac{\sqrt{2}}{2}$ 时,$\triangle AEF$ 的面积最大为 $\frac{1}{2}$.

例 3 把一付如图 3-7(a)的三角板拼接起来. 设 $BC=2\sqrt{3}$,$\angle A=90°$,$AB=AC$,$\angle BCD=90°$,$\angle D=60°$,再把三角板按图3-7(b)折起,使面 $ABC\perp$ 面 BCD.

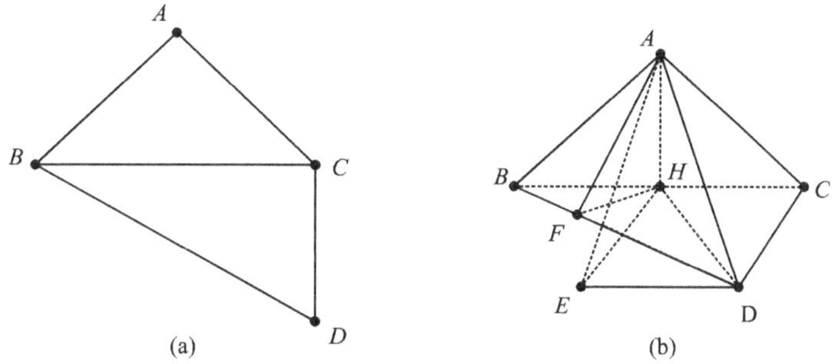

图 3-7

(1) 求直线 AD 与 BC 所成角的角度;

(2) 求 AD 与平面 BCD 所成角的度数;

(3) 求二面角 $A-BD-C$ 的度数;

(4) 求 AD 与 BC 间的距离.

解:已知 $BC=2\sqrt{3}$,则 $AB=AC=\sqrt{6}$,$CD=2$,$BD=4$. 过 A 点作 $AH\perp BC$ 于 H,则 $AH\perp$ 平面 BCD,$AH=HC=\sqrt{3}$,$HD=\sqrt{7}$,$\angle ACD=90°$,$AD=\sqrt{10}$.

(1) 直线 AD 与 BC 异面,过 D 作 $DE\underline{\parallel}CH$. 连接 HE,AE,则 $EH\perp BC$,$EH=CD=2$,$\angle AHE=90°$,$AE=\sqrt{7}$,AD 与 BC 的夹角 $\angle ADE=\arctan\frac{AE}{DE}=\arctan\sqrt{\frac{7}{3}}$.

(2) 因为 $AH\perp$ 平面 BCD，所以 $\angle ADH$ 就是 AD 与平面 BCD 所成的角，它的度数为 $\arctan\dfrac{AH}{HD}=\arctan\sqrt{\dfrac{3}{7}}$.

(3) 过 H 作 $HF\perp BD$ 于 F，连接 AF，则 $\angle AFH$ 就是二面角 $A-BD-C$ 的平面角，它的度数为 $\arctan\dfrac{AH}{HF}=\arctan 2$.

(4) 直线 AD 上点 A,D 到直线 BC 的距离分别为 $\sqrt{3}$，2，二面角 $A-BD-C$ 的平面角 $\theta=90°$，代入异面直线间的距离公式得

$$d=\frac{ab\sin\theta}{\sqrt{a^2+b^2-2ab\cos\theta}}=\frac{2}{7}\sqrt{21}.$$

例 4 已知圆锥的半顶角为 ω，侧面母线长为 l. 一条母线 SA 与底面的一条半径 OQ 垂直，P 为 SA 的中点. 求：

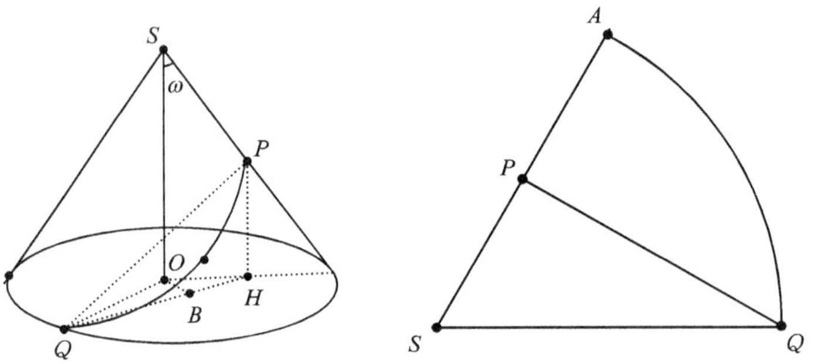

(a) (b)

图 3-8

(1) 直线 PQ 与 SO 间的距离；

(2) 在圆锥侧面上 P 到 Q 间的最短距离.

解：(1) 如图 3-8(a)所示，作 $PH /\!/ SO$ 交 OA 于 H，则 $SO /\!/$ 平面 PQH. 过 O 点作 $OB\perp QH$ 于 B，直线 PQ 与 SO 间的距离等于 OB. 因为

$$OQ=OA=l\sin\omega,OH=\frac{1}{2}l\sin\omega,$$

所以 $QH=\dfrac{\sqrt{5}}{2}l\sin\omega,OB=\dfrac{OH\cdot OQ}{QH}=\dfrac{\sqrt{5}}{5}l\sin\omega$.

(2) 如图 3-8(b)所示，作圆锥的侧面展开图. 圆锥面上的短程线 $\widehat{QP}$(它不是平面曲线)在展开图中应是直线段.

$$\angle QSA = \frac{QA}{|SA|} = \frac{\frac{\pi}{2}l\sin\omega}{l} = \frac{\pi}{2}\sin\omega,$$

$$|PQ| = \sqrt{SQ^2 + SP^2 - 2 \cdot SQ \cdot SP \cdot \cos\angle QSA} = l\sqrt{\frac{5}{4} - \cos\left(\frac{\pi}{2}\sin\omega\right)}.$$

3.2　简单多面体的欧拉公式

由有限多个平面多边形所围成的几何体，叫做多面体.这些多边形连同其内部称为多面体的面.面与面的公共边叫做多面体的棱.若干个面的公共顶点叫做多面体的顶点.由 n 个面所围成的多面体叫做 n 面体.

将多面体的任何一个面伸展为平面，如果所有其他各面都在这个平面的同侧，这样的多面体叫做凸多面体.

某些多面体(如正方体)，假定它的面是橡胶薄膜做成的，并充以气体，那么它就会连续(不破裂)变形，最后可变形为一个球面.

像这样表面连续变形、并可变形为球面的多面体叫做简单多面体.棱柱、棱锥、棱台、凸多面体都是简单多面体.

除简单多面体外，还有不是简单多面体的多面体.它的表面连续变形后就不能变为一个球面，但能变为一个环面或带有一个“耳环”的球.

1750 年欧拉(L. Euler，瑞士，1707～1783)在给哥德巴赫的信中，对多面体的顶点数 V、棱数 E 及面数 F，给出了一个优美的公式：

$$V - E + F = 2$$

当时他对所考虑的多面体没有作任何限制，但实际上这个公式只适用于简单多面体.我们把 $e=V-E+F$ 中的 e 称为多面体的欧拉示性数.

定理　简单多面体的顶点数 V、棱数 E、面数 F，有下面的关系

$$V - E + F = 2.$$

即简单多面体的欧拉示性数为 2.

这个定理叫做欧拉定理，它表明欧拉示性数是多面体在连续变形下的不变数.

证明：将简单多面体的一个面(如图 3-9(a)中的 ABC)去掉，再使它连续变形为平面图形(图 3-9(b)).这时多面体的顶点数 V、棱数 E 与剩下的面数 F_1(即 $F-1$)变形后都没有变.因此要证明简单多面体的欧拉示性数为 2，只需研究对应的平面图形 $V-E+F_1$ 的数值.现按下面两步进行：

1. 由于每去掉一条棱，就减少一个面，从而得到如图 3-9(c)所示的树枝形.这时 F_1-E，V 的值都不变，当然 $V-E+F_1$ 的值也不变.

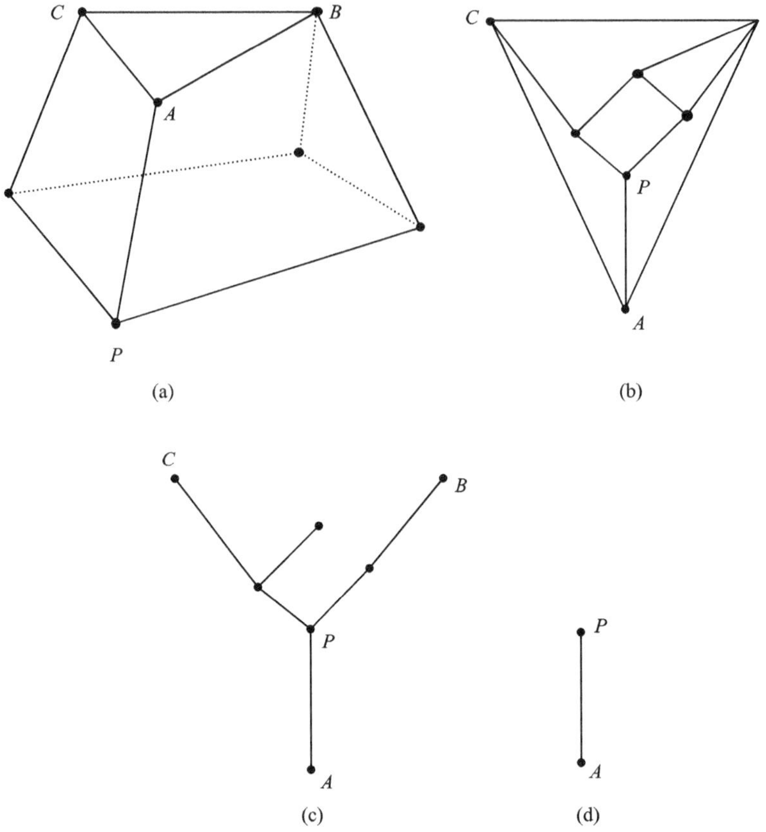

图 3-9

2. 再从剩下的树枝形每去掉一条棱，就减少一顶点，最后剩下一条线段 AP. 在此过程中 $V-E$ 的值都不变. 但这时因面数 F_1 是 0，故 $V-E+F_1$ 的值也不变. 由于最后只剩下 AP，这时 $V-E+F_1=2-1+0=1$，因此得 $V-E+F=2$.

简单多面体还可以定义为满足下列条件的多面体：

(1) 多面体的所有面都是简单多边形；

(2) 任何两棱无公共内点，任何棱与面也无公共内点；

(3) 各顶点不在任何面的内部，也不在任何棱的内部；

(4) 相交于同一点的多面体的面只组成一个多面角.

在欧拉公式的基础上，容易证明正多面体不多于五种.

正多面体是指每个面都是有同边数的正多边形，在每个顶点都有同棱数的凸多面体.

设一个正多面体有 F 个面,每个面是一个正 n 边形,每个顶点处有 m 条棱相遇.则因每个面有 n 条棱,每条棱属于两个面,故有

$$nF = 2E.$$

又因每条棱有两个顶点,V 个顶点共有棱数

$$mV = 2E.$$

将它们代入欧拉公式,消去 V,E 得

$$\frac{nF}{m} - \frac{nF}{2} + F = 2,$$

即

$$F = \frac{4m}{2(m+n)-mn},$$

其中多边形的边数 n 及每个顶点处的棱数 m 都不能少于 3,即 $m \geqslant 3, n \geqslant 3$.

设 $n=3$,则 $F=\frac{4m}{6-m}$,这时 m 只能等于 3,4 或 5.

对于 $n=4$,则 $F=\frac{2m}{4-m}$,这时 m 只能取 3.

对于 $n=5$,则 $F=\frac{4m}{10-3m}$,这时 m 只能取 3.

对于 $n \geqslant 6$,则由 $2(m+n)-mn>0$ 得 $2m>(m-2)n \geqslant 6(m-2)$,这与 $m \geqslant 3$ 矛盾,故 m 无适合的数可取.

综合上述结果,可得正多面体至多有下列五种(表 3.1):

表 3.1

n	m	F	E	V
3	3	4	6	4
3	4	8	12	6
3	5	20	30	12
4	3	6	12	8
5	3	12	30	20

从表 3.1 中可见,若将顶点 V 和面 F 的地位对调,而将棱 E 保持不变,则六面体和八面体是互为对偶图形,十二面体与二十面体是互为对偶图形,而四面体则与自身对偶.

这五种正多面体的存在性，可通过作图来解决（图 3-10 和图 3-11），也可以通过计算验证，正多面体的顶点在空间直角坐标系中的坐标可选择如下：

正四面体：(1,1,1)，(1，−1，−1)，(−1,1，−1)，(−1，−1,1).

正六面体（正方体）：(±1，±1，±1).

正八面体：(±1，0，0)，(0，±1，0)，(0，0，±1).

正二十面体：($\pm a$,±1，0)，(0，$\pm a$，±1)，(±1，0，$\pm a$).

正十二面体：(±1，$\pm a^2$，0)，(0，±1，$\pm a^2$)，($\pm a^2$，0，±1)，($\pm a$,$\pm a$,$\pm a$,).

其中 $a=\dfrac{(\sqrt{5}+1)}{2}$.

例 1　给定棱长为 a 的正八面体（图 3-10），以它的各面重心为顶点构成一个六面体. 求证此六面体为正六面体，它的棱长为 $\dfrac{1}{3}a$.

证明：建立如图 3-10 所示的空间直角坐标系. 设正八面体的六个顶点的坐标为 $A(t,0,0)$，$A'(-t,0,0)$，$B(0,t,0)$，$B'(0,-t,0)$，$C(0,0,t)$，$C'(0,0,-t)$，则面 ABC 的重心 G 的坐标为 $\left(\dfrac{t}{3},\dfrac{t}{3},\dfrac{t}{3}\right)$，面 $AB'C$ 的重心 G' 的坐标为 $\left(\dfrac{t}{3},-\dfrac{t}{3},\dfrac{t}{3}\right)$. 因为 $|AB|=\sqrt{2}t=a$，所以 $|GG'|=\dfrac{t}{3}\sqrt{2}=\dfrac{1}{3}a$. 类似地不难计算出六面体的其他几个顶点的坐标以及这些顶点间的距离，从而易证六面体是棱长为 $\dfrac{1}{3}a$ 的正方体.

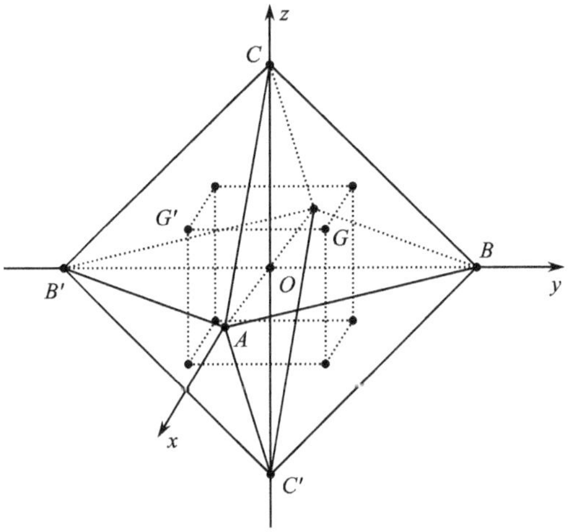

图 3-10

例 2 如图 3-11 所示，以 O 为公共中点，作三个两两垂直的相等线段 XX'，YY'，ZZ'，分别以 X，X' 为中点作平行于 YY' 的线段 AB，$A'B'$. 同样地，分别以 Y，Y' 为中点作平行于 ZZ' 的线段 CD，$C'D'$；以 Z，Z' 为中点作平行于 XX' 的线段 EF，$E'F'$. 且 $XA=YC=ZE=1$. 则以 $A,B,C,D,E,F,A',B',\cdots$ 这十二个点为顶点构成一凸二十面体. 设 $OX=OY=OZ=a$，求当 a 为何值时，该二十面体为正二十面体.

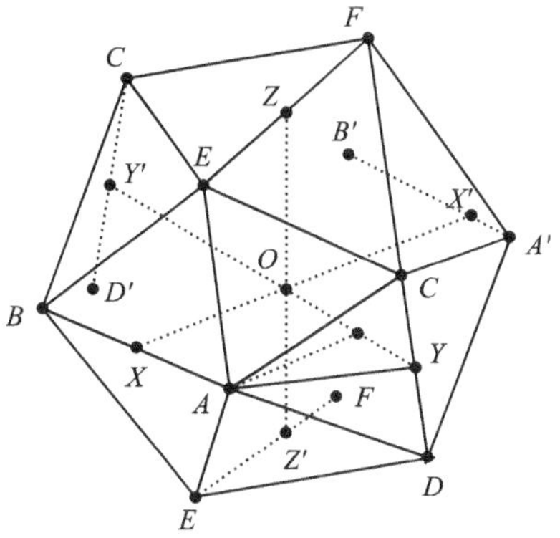

图 3-11

解：由对称性知，$\triangle ACE$ 等八个三角形显然为正三角形，而 $\triangle ACD$ 等十二个三角形为等腰三角形. 只要适当选取 a 的值，使得 $AC=CD$，就能让二十面体成为正二十面体. 因为

$$\begin{aligned}AC^2 &= AY^2+YC^2=OX^2+(OY-XA)^2+YC^2\\&=a^2+(a-1)^2+1\\&=2a^2-2a+2=4,\\CD&=2.\end{aligned}$$

故当 $2a^2-2a+2=4$，$a^2-a-1=0$，即 $a=\dfrac{(\sqrt{5}+1)}{2}$ 时，该二十面体成为正二十面体.

例 3 试证：除了四面体外，不存在其他简单多面体，它的任何两个顶点的连线都是棱.

证明：设简单多面体有 V 个顶点，它的任何两个顶点的连线都是棱，则棱数 $E=C_r^2$. 每一条棱都是两个界面多边形的公共边，而每一个面至少有三条边作为棱，因此多面体的面数 F 与棱数 E 有关系

$$2E\geqslant 3F.$$

将它代入欧拉公式得

$$2=V-E+F\leqslant V-C_r^2+\frac{2}{3}C_r^2,$$

得 $V^2-7V+12\leqslant 0$，即 $(V-3)(V-4)\leqslant 0$.

由于它的整数解只有 $V=3$ 或 $V=4$，但三个顶点不能成为多面体，所以唯一的解是 $V=4$.

3.3　面积与体积

3.3.1　面积概念

平面多边形的面积在平面几何教材中已有论述.立体几何里所说的面积,是指多面体或旋转体的表面积或侧面积.因为多面体和圆柱、圆锥、圆台的表面都是可展曲面,所以它们的表面积可转化为平面图形的面积来解决.但是也有许多曲面,如球面、环面等不是可展曲面.如求它们的面积则需用到极限运算.

必须指出,中学教材出于教学法的考虑,有关面积理论是比较粗糙的,如对极限的存在唯一性就没有深入研究.需要指出:随意用内接多面体的表面来无限逼近某个曲面,并不总能求出该曲面的面积.请看施瓦兹(H. A. Schwarz)的例子:

设一个直圆柱的底面半径和高都等于 1,我们知道它的侧面积 $S=2\pi$.如果像用多边形逼近圆周那样,用内接于圆柱面的小平面块去逼近圆柱面,就会发现问题.

如图 3-12(a)所示,如果把圆柱面用 n 条母线 n 等分,再用 $m-1$ 个与底面平行的圆把圆柱面 m 等分,于是圆柱面被分成全等的 mn 块,每一小块用如图 3-12(b)所示的四个三角形 ABE,BCE,CDE,DAE 去近似地表达小块曲面 $ABCD$ 的面积.于是,整个圆柱的侧面积的近似表达式就是

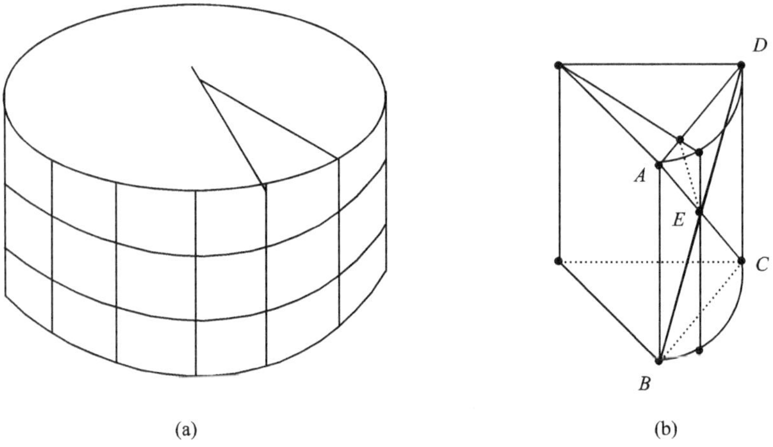

图 3-12

$$S_{m,n}=\left[\frac{2}{m}\sin\frac{\pi}{2n}+2\sin\frac{\pi}{n}\sqrt{\left(\frac{1}{2m}\right)^2+\left(1-\cos\frac{\pi}{n}\right)^2}\right]mn$$

$$= \pi \frac{\sin \frac{\pi}{2n}}{\frac{\pi}{2n}} + \pi \frac{\sin \frac{\pi}{n}}{\frac{\pi}{n}} \sqrt{1 + \pi^4 \frac{m^2}{n^4} \left(\frac{\sin \frac{\pi}{2n}}{\frac{\pi}{2n}} \right)^4},$$

当 $n \to \infty$ 时.

若取 $m = n$,则有 $S_{m,n} \to 2\pi$;

若取 $m = n^2$,则有 $S_{m,n} \to \pi + \pi\sqrt{1+\pi^4}$;

若取 $m = n^3$,则有 $S_{m,n} \to \infty$.

此例表明,在建立面积的度量理论时,应相当慎重.

那么如何求一般曲面的面积呢?下面我们直观地给出一个计算公式.

在空间直角坐标系下,设某曲面 σ 的参数方程为

$$\gamma = \gamma(u,v), \quad (u,v) \in D,$$

即 $x = x(u,v), y = y(u,v), z = z(u,v)$.

过曲面 σ 上每一点 $P(u_0, v_0)$,有一条 u -曲线:$\gamma = \gamma(u, v_0)$ 和 v -曲线:$\gamma = \gamma(u_0, v)$,这两条坐标曲线的切向量分别为

$$\gamma_u = \frac{\partial \gamma}{\partial u}(u_0, v_0), \gamma_v \frac{\partial \gamma}{\partial v}(u_0, v_0).$$

坐标曲线将曲面分成如图 3-13 所示的若干曲边四边形.每一小块曲边四边形的面积可以认为近似地等于过 $P(u_0, v_0)$ 的切平面上以 $\gamma_u du, \gamma_v dv$ 为边的平行四边形的面积

$$d\sigma = |\gamma_u du \times \gamma_v dv| = |\gamma_u \times \gamma_v| du dv.$$

因此,曲面 σ 的面积是 $S = \iint\limits_D |\gamma_u \times \gamma_v| du dv$,其中 $\gamma_u = \left(\frac{\partial x}{\partial u}, \frac{\partial y}{\partial u}, \frac{\partial z}{\partial u}\right)$,$\gamma_v = \left(\frac{\partial x}{\partial v}, \frac{\partial y}{\partial v}, \frac{\partial z}{\partial v}\right)$,故

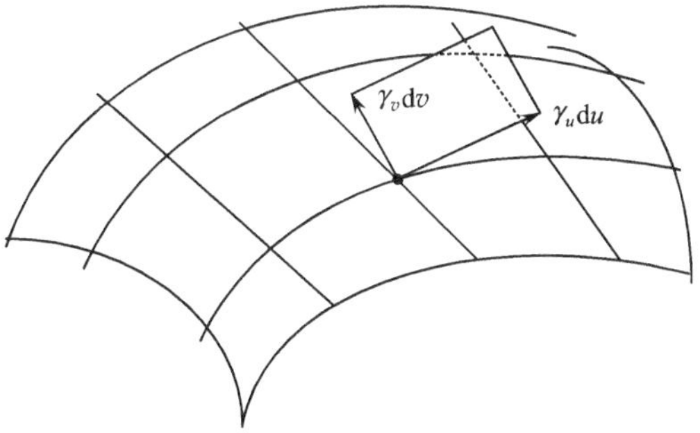

图 3-13

$$|\gamma_u \times \gamma_v|^2 = \begin{vmatrix} \frac{\partial y}{\partial u} & \frac{\partial z}{\partial u} \\ \frac{\partial y}{\partial v} & \frac{\partial z}{\partial v} \end{vmatrix}^2 + \begin{vmatrix} \frac{\partial z}{\partial u} & \frac{\partial x}{\partial u} \\ \frac{\partial z}{\partial v} & \frac{\partial x}{\partial v} \end{vmatrix}^2 + \begin{vmatrix} \frac{\partial x}{\partial u} & \frac{\partial y}{\partial u} \\ \frac{\partial x}{\partial v} & \frac{\partial y}{\partial v} \end{vmatrix}^2.$$

特别地，当 $x=u, y=v, z=f(u,v)$，即曲面的方程为 $z=f(u,v)$ 时，其面积

$$S = \iint_D \sqrt{f_x^2 + f_y^2 + 1}\,\mathrm{d}x\mathrm{d}y.$$

3.3.2　体积概念

在中学教材里，选取了有关长方体的体积和祖暅原理这两条公理作为解决其他几何体体积的基础，这使几何理论体系得到简化，但要注意：

(1) 在希尔伯特公理系统下，这两条公理都是可以证明的定理；

(2) 教材中把“几何体占有空间部分的大小叫做它的体积”，这并不是体积的严格定义.

较严格地讲，所谓几何体的体积，指的是这样的正数，它应满足下面两个性质：

(1) 两个合同的几何体有相等的体积(运动不变性)；

(2) 一个几何体的体积等于它的各部分的体积之和(可加性).

此外还需证明，当体积单位选定后(通常规定单位正方体的体积为 1)，几何体的体积存在且是唯一的.

首先来建立简单多面体的体积度量系统.

在任一四面体中，每一面与其对应的高的乘积相同(如果已经建立了直线段和面积的度量系统).

事实上，四面体 $ABCD$ 的两面 ACD 和 BCD 是有公共底边的三角形. 设与它们对应的高分别为 BB' 和 AA'，则由 $\triangle BB'N \backsim \triangle AA'M$(其中 AM, BM 是 CD 边上的高)可得

$$\frac{S(BCD)}{S(ACD)} = \frac{BN}{AM} = \frac{BB'}{AA'},$$

因此 $AA' \cdot S(BCD) = BB' \cdot S(ACD)$.

令 $V = kAA' \cdot S(BCD)$(这里 k 是某一固定正数，随体积单位选定而确定)，则对于每个四面体都有数 V 与之对应(不妨设退化的四面体，即四顶点在同一平面内的四面体，所对应的数 $V=0$)，而且合同的四面体所对应的是相等的数.

由此我们不难确定，与任一棱锥对应的数是它的底面积与高及常数 k 的乘积，当选取单位正方体作为体积单位后，$k=\frac{1}{3}$.

进一步可以证明，对任一简单多面体，假设以任何方式将它们分解为若干四面体，这些四面体所对应的数 V_i 之和记作 V；而以空间任一点 O 为顶点，多面体各面

为底的每个棱锥所对应的数(若这一棱锥与多面体在它们公共底面的同侧,则规定为正值,反之为负值)的代数和记为 W,那么和数 $W=V$,而且数 W 与点 O 的选择无关,数 V 与多面体分解的方式无关.

于是,对于每个简单多面体,都有数 V 与之对应,而数 V 满足性质(1)、(2),从而建立了简单多面体的体积度量系统.

以简单多面体的体积为基础,可以解决旋转体以及由封闭曲面围成的几何体的体积.

关于曲面所围成的几何体的体积,可叙述如下:如果对于被任意的一些曲面所包围的空间部分 S,都存在两个无穷序列的多面体$\{P_n\}$和$\{Q_n\}$,满足条件:

(1) 对任意的 n,多面体 P_n 中无 S(及其界面)之外的点;

(2) 对任意的 n,空间 S 中无多面体 Q_n 之外的点(S 的界面的任何部分可以在 Q_n 的表面上);

(3) n 无限增大时,足标相同的两个多面体体积差 Q_n-P_n 趋于零(或$\frac{P_n}{Q_n}$趋于1),且与 P_n,Q_n 的选择方式(只要求一类包含 S,而另一类被 S 所包含)无关.

那么称 P_n 的体积与 Q_n 的体积的共同极限 V 为 S 的体积.

这种定义下的体积,同样具有运动不变性和可加性.

3.3.3　拟柱体与辛普生公式

所有的顶点都在两个平行平面内的多面体叫做拟柱体.它在这两个平面内的面叫做拟柱体的底面,其余各面叫做拟柱体的侧面,两底面之间的距离叫做拟柱体的高.

显然,拟柱体的侧面是三角形、梯形或平行四边形.

定理1　如果拟柱体的上、下底面的面积为 S',S,中截面的面积为 S_0,高为 h 那么,它的体积是

$$V=\frac{1}{6}h(S+4S_0+S').$$

这就是著名的辛普生公式(证明略).这个公式不仅适用于作为拟柱体的棱柱和棱台,而且适用于不是拟柱体的棱锥、圆锥和圆台,甚至像椭球体等.更一般地,可表达为下面的定理.

定理2　一个几何体被垂直于其高(或平行于其底)的平面所截.如果截面面积是它到上底(或下底)的距离 x 的二次函数,即

$$S(x)=ax^2+bx+c, \qquad ①$$

则它的体积

$$V_n=\frac{h}{6}\left[S(0)+4S\left(\frac{h}{2}\right)+S(h)\right].\quad ②$$

其中 h 为几何体的高，$S(0)$，$S(h)$是上下底的面积，$S\left(\frac{h}{2}\right)$是中截面面积.

证明：假定某几何体满足条件①，用等距离的平行于其底的 $n-1$ 个截面把它分成 n 部分，而从上底面和这 $n-1$ 个截面为底的面作小柱体，就得到一个 n 层的阶梯状几何体.

阶梯状几何体的体积为

$$V_n=\frac{h}{n}(S_0+S_1+\cdots+S_{n-1}),$$

这里 S_i 是截面的面积. 据题设有

$$S_0=S(0)=a\cdot 0+b\cdot 0+c,$$

$$S_1=S\left(\frac{h}{n}\right)=ah^2\cdot\frac{1}{n^2}+bh\cdot\frac{1}{n}+c,$$

……

$$S_{n-1}=S\left(\frac{n-1}{n}h\right)=ah^2\frac{(n-1)^2}{n^2}+bh\frac{n-1}{n}+c.$$

因此，

$$\begin{aligned}V_n&=\frac{h}{n}\left\{\frac{ah^2}{n^2}[1^2+2^2+\cdots+(n-1)^2]+\frac{bh}{n}[1+2+\cdots+(n-1)]+nc\right\}\\&=\frac{h}{n}\left\{\frac{ah^2}{n^2}\cdot\frac{(n-1)n(2n-1)}{6}+\frac{bh}{n}\cdot\frac{(n-1)n}{2}+nc\right\}\\&=\frac{h}{6}\left[ah^2\left(1-\frac{1}{n}\right)\left(2-\frac{1}{n}\right)+3bh\left(1-\frac{1}{n}\right)+6c\right].\end{aligned}$$

当 $n\to\infty$时，$\frac{1}{n}\to 0$，$V_n\to V$（该几何体体积），即有 $V=\frac{h}{6}(2ah^2+3bh+6c)$. 而

$$S(0)=c,S\left(\frac{h}{2}\right)=a\left(\frac{h}{2}\right)^2+b\cdot\frac{h}{2}+c,S(h)=ah^2+bh+c,$$

故 $S(0)+4S\left(\frac{h}{2}\right)+S(h)=2ah^2+3bh+6c$，因此公式②成立.

读者可以验证：棱锥、棱台、圆锥、圆台、球等都符合辛普生公式的条件(1)，因此它们的体积都可以用辛普生公式导出来. 现以球缺为例来导出它的体积公式：

任作一平行于球缺地面的平面，设其截口到地面的距离为 $h-x$（见截面图 3-14），则截面的面积

$$S(x)=\pi y^2=\pi(2Rx-x^2),$$

因为

$$S(0)=0, S(h)=\pi(2Rh-h^2)=\pi r^2,$$

$$S\left(\frac{h}{2}\right)=\pi\left(Rh-\frac{h^2}{4}\right),$$

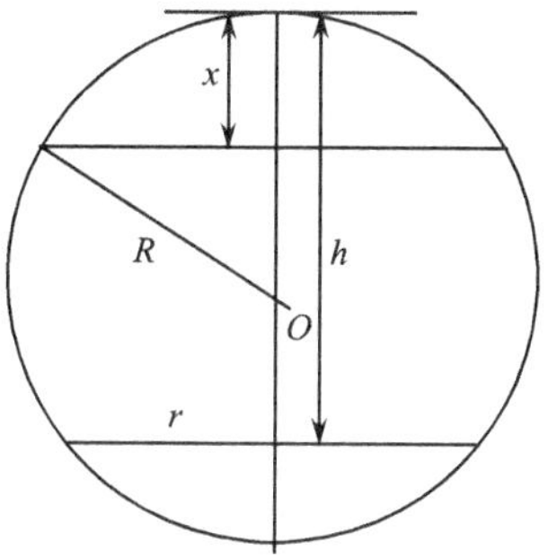

图 3-14

所以

$$\begin{aligned}V&=\frac{h}{6}[0+\pi(2Rh-h^2)+\pi(4Rh-h^2)]\\&=\frac{1}{3}\pi h^2(3R-h)\\&=\frac{1}{6}\pi h(3r^2+h^2).\end{aligned}$$

例 1　直角梯形的两底长为 a 和 $b(a>b)$，以梯形垂直于两底的腰为轴，所得旋转体的体积为 $\frac{\pi}{3}(a^3-b^3)$，求这个梯形以另一个腰为轴旋转所得旋转体的体积.

解：如图 3-15(a)所示，设 $ABCD$ 为直角梯形，$AD /\!/ BC$，$AB\perp BC$，$AD=b$，$AB=h$，以 AB 为轴，所得旋转体的体积

$$V=\frac{1}{3}\pi h(a^2+ab+b^2)=\frac{\pi}{3}(a^3-b^3),$$

$$h=a-b, \angle DCB=45°.$$

如图 3-15(b)所示，以腰 DC 为轴的旋转体的体积 $V=V_{\text{圆台}AB}+V_{\text{圆锥}BC}-V_{\text{圆锥}AD}$.

作 $AE\perp CD$，$BF\perp CD$，交轴 CD 于 E,F，则 $AE=\frac{\sqrt{2}}{2}b$，$BF=\frac{\sqrt{2}}{2}a$，$EF=\frac{\sqrt{2}}{2}AB=$

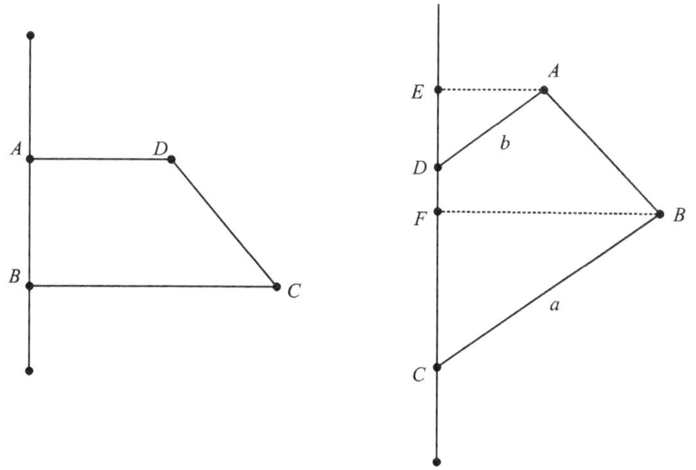

(a)　　(b)

图 3-15

$\frac{\sqrt{2}}{2}(a-b)$，$FC=\frac{\sqrt{2}}{2}a$.

$$V'=\frac{\pi}{3}\left[\frac{\sqrt{2}}{2}(a-b)\right]\left[\left(\frac{\sqrt{2}}{2}a\right)^2+\left(\frac{\sqrt{2}}{2}a\right)\left(\frac{\sqrt{2}}{2}b\right)+\left(\frac{\sqrt{2}}{2}b\right)^2\right]$$
$$+\frac{\pi}{3}\left(\frac{\sqrt{2}}{2}a\right)^2\left(\frac{\sqrt{2}}{2}a\right)-\frac{\pi}{3}\left(\frac{\sqrt{2}}{2}b\right)^2\left(\frac{\sqrt{2}}{2}b\right)$$
$$=\frac{\sqrt{2}}{12}\pi(a^3-b^3)+\frac{\sqrt{2}}{12}\pi a^3-\frac{\sqrt{2}}{12}\pi b^3$$
$$=\frac{\sqrt{2}}{6}\pi(a^3-b^3).$$

例 2　体积和底面形状一定的柱体，当侧面积等于底面积的四倍时，表面积最小.

证明：设柱体的底面周长为 x，柱体的高为 h，则底面积 $S=kx^2$（k 为正的常数），侧面积为 $S'=xh$，柱体体积 $V=Sh=kx^2h$，表面积

$$y=2S+S'=2kx^2+xh$$
$$=2kx^2+\frac{V}{kx}$$
$$=2kx^2+\frac{V}{2kx}+\frac{V}{2kx}$$
$$\geqslant 3\sqrt[3]{2kx^2\cdot\frac{V}{2kx}\cdot\frac{V}{2kx}}=3\sqrt[3]{\frac{V^2}{2k}},$$

其中等号当且仅当$\frac{V}{2kx}=2kx^2$，即 $S'=4S$ 时成立.

注：本例为设计容量一定、底面形状一定的气缸或其他容器提供了理论依据，也为解决一大类极值问题给出了捷径. 例如，设圆柱体底面半径为 r，高为 h，则当 $2\pi rh=4\pi r^2$ 即 $h=2r$ 时，圆柱体积一定而表面积最小，或者圆柱表面积一定而体积最大（图 3-16）.

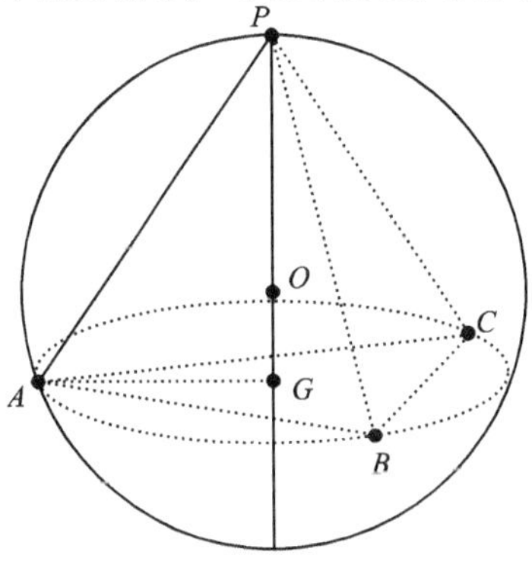

图 3-16

例 3　在半径为 R 的球面上一点 P 引三条相等而彼此夹角为 2α 的弦 PA，PB，PC，当 α 为何值时，三弦所成的三棱锥 $P-ABC$ 的体积最大.

解：设 $PA=PB=PC=x$，$AB=BC=CA=2x\sin\alpha$，又设底面正$\triangle ABC$ 的中心为 G，则

$$AG=\frac{2x\sin\alpha\sqrt{3}}{\sqrt{3}},$$

$$PG=\sqrt{x^2-\frac{4}{3}x^2\sin^2\alpha}.$$

因为

$$PA^2=PG\cdot 2R,$$

所以

$$x^4=\left(x^2-\frac{4}{3}x^2\sin^2\alpha\right)\cdot 4R^2,$$

$$x=2R\sqrt{1-\frac{4}{3}\sin^2\alpha}.$$

三棱锥 $P-ABC$ 的体积

$$\begin{aligned}V&=\frac{1}{3}\cdot\frac{\sqrt{3}}{4}AB^2\cdot PG\\&=\frac{\sqrt{3}}{3}x^2\sin^2\alpha\cdot x\sqrt{1-\frac{4}{3}\sin^2\alpha}\\&=\frac{8\sqrt{3}}{3}R^3\sin^2\alpha\left(1-\frac{4}{3}\sin^2\alpha\right)^2\\&\leqslant\sqrt{3}R^3\left\{\left[\frac{8}{3}\sin^2\alpha+\left(1-\frac{4}{3}\sin^2\alpha\right)+\left(1-\frac{4}{3}\sin^2\alpha\right)\right]/3\right\}^3,\end{aligned}$$

当 $\frac{8}{3}\sin^2\alpha=1-\frac{4}{3}\sin^2\alpha$，即 $\sin^2\alpha=\frac{1}{4}$，$\alpha=30°$ 时，V 有最大值 $\frac{8}{27}\sqrt{3}R^3$，此时三棱锥为正四面体.

例 4　蜂房的形状有些像正六棱柱 $ABCDEF-A_1B_1C_1D_1E_1F_1$，其外口是与棱正交的正六边形 $A_1B_1C_1D_1E_1F_1$，而顶(底)部由三个全等的菱形(如 $SAPC$ 等)所封盖，即 S 是轴线 O_1O 延长线上一点，分别过 SAC，SCE，SEA 作截面截去三个四面体 $ABCP$ 等，再添上一个四面体 $SACE$ 而形成的. 问 S 取在何处时，蜂房有最小的表面积(图 3-17).

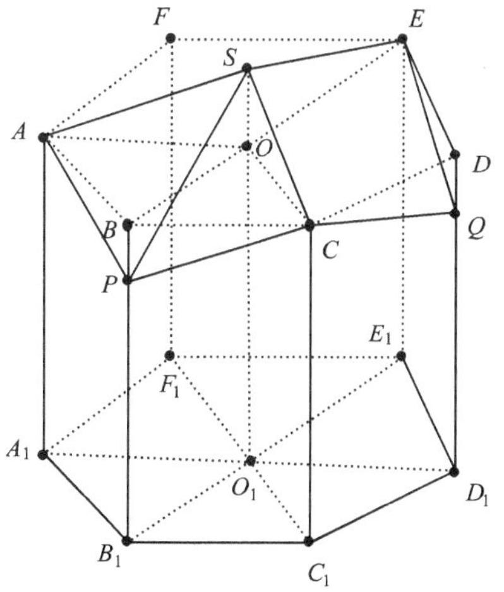

图 3-17

解：因为 $\triangle OAB$、$\triangle OBC$ 等都是正三角形，所以 $BP=OS$，四面体 $SOAC$ 与 $PBAC$ 全等，从而新柱体与原正棱柱的体积相等，只是表面积有所变化：减少的表面积为六边形

$ABCDEF$ 的面积 Δ 和六个直角三角形 PAB，PBC 等的面积 $6\Delta_1$，而增加的表面积为三个全等菱形 $SAPC$ 的面积 $3\Delta_2$，所以节省下来的表面积为

$$y = \Delta + 6\Delta_1 - 3\Delta_2.$$

设 $OS=x$，正六边形边长为 $2a$，则

$$\Delta = 6\sqrt{3}a^2, \Delta_1 = ax, \Delta_2 = 2\sqrt{3}a\sqrt{a^2+x^2},$$

$$y = 6\sqrt{3}a^2 + 6a(x - \sqrt{3}\sqrt{a^2+x^2}),$$

因为 $\sqrt{3}\sqrt{a^2+x^2} > \sqrt{a^2+x^2} > x \geqslant 0$，所以问题转化为当 x 取何值时，$z=(\sqrt{3}\sqrt{a^2+x^2}-x)^2$ 有最小值. 因为

$$\begin{aligned} z &= 3(a^2+x^2)+x^2-2\sqrt{3}x\sqrt{a^2+x^2} \\ &= (\sqrt{3}x-\sqrt{a^2+x^2})^2+2a^2. \end{aligned}$$

所以当 $\sqrt{3}x=\sqrt{a^2+x^2}$，即 $x=\frac{\sqrt{2}}{2}a$ 时，y 有最大值. 此时，$SA=SC=\frac{3\sqrt{2}}{2}a$，$AC=2\sqrt{3}a$，$\cos\angle ASC=-\frac{1}{3}$，$\angle ASC=109°28'$. 这与蜂房实际测量的值完全一致，因此，蜜蜂不愧为天才的"建筑师".

3.4　立体几何证题法

立体几何是从三维空间的角度研究三维图形，而平面几何是从三维空间的角度研究二维图形，而两者既有区别又有联系. 画在纸上的平面几何图形可以准确地表示形状、大小和位置关系；而画在纸上的立体几何图形的直观图只能部分地表示形状、大小和位置关系，需要有空间观念，用透视的眼光去识图和绘图. 我们常常通过作截面或作投影而将立体几何问题转化为平面几何问题.

立体几何证题在推理证明方法上与 1.1 节所讲的完全一样，而在思考方法上则有许多共同之处和不同之处，我们应时时注意立体几何与平面几何的区别和联系，经常运用类比的方法作出猜想或探索解题途径. 现就整体的思考方法举例说明如下.

3.4.1　分解拼补法

一个平行六面体可以分解成为两个三棱柱或六个三棱锥，延长棱台的侧棱可以拼补成一个棱锥. 这种拼补方法对于圆锥、圆台也适用. 因此，这种从几何体之间的内在联系上、相互转化上去寻找解题思路是一种基本方法.

例 1　斜三棱柱的一个侧面积为 S，这个侧面与它所对的棱的距离为 h，求证：

三棱柱的体积 $V=\frac{1}{2}Sh$.

分解法:如图 3-18,设 $S_{ABB'A'}=S$,CC'到平面 AB'的距离为 h,则

$$V=V_{C\text{-}ABB'A'}+V_{C\text{-}A'B'C'}.$$

因为 $V_{C\text{-}A'B'C'}=V_{A'\text{-}ABC}=\frac{1}{2}V_{C\text{-}ABB'A'}$,所以

$$V=\left(1+\frac{1}{2}\right)V_{C\text{-}ABB'A'}=\frac{3}{2}\cdot\frac{1}{3}Sh=\frac{1}{2}Sh.$$

拼补法:将两个三棱柱拼补成平行六面体,则显然可得 $V=\frac{1}{2}Sh$.

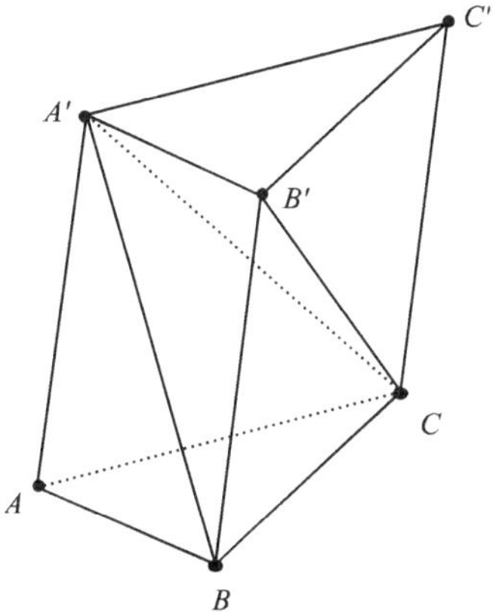

图 3-18

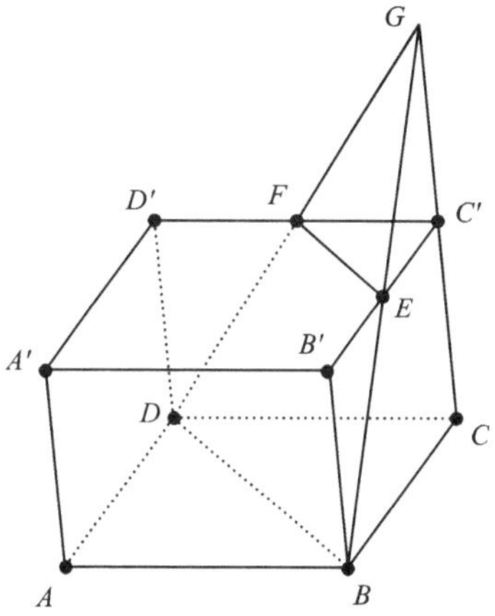

图 3-19

例 2　已知平行六面体 $ABCD-A'B'C'D'$. E 是 $B'C'$的中点,截面 $DBEF$ 把平行六面体分成两部分,求这两部分的体积之和.

解:如图 3-19 所示,延长 BE 与 CC'相交于 G,DG 与 $C'D'$交于 F. 因为

$$EC'\parallel BC,\quad EC'=\frac{1}{2}BC,$$

所以 C'是 CG 中点,$V_{G\text{-}BCD}=8V_{G\text{-}EC'F}$. 故

$$V_{BCD\text{-}EC'F}=\frac{7}{8}V_{G\text{-}BCD},$$

因为 $V_{G\text{-}BCD}=\frac{1}{3}V_{\text{平行六面体}AC'}$,所以

$$V_{BCD\text{-}EC'F}=\frac{7}{24}V_{\text{平行六面体}AC'}.$$

因此,两部分的体积之比为(24－7)∶7＝17∶7.

3.4.2　命题转换法

在立体几何中，常常通过作截面或投影而将立体几何命题转换为平面几何问题来解决. 例如作柱、锥、台的轴截面而得矩形、三角形、梯形就是常用方法.

例 3　AC'是平行六面体$ABCD-A'B'C'D'$的对角线，求证：(1) AC'与截面$A'BD$的交点P是$\triangle A'BD$的重心；(2) AC'被面$A'BD$及面$B'CD'$三等分(图3-20).

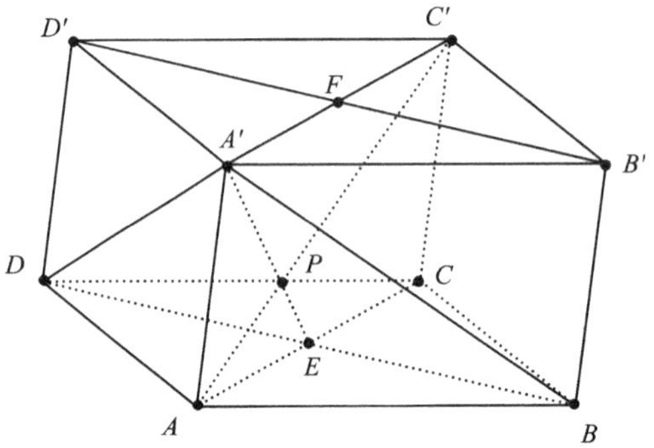

图 3-20

分析：作对角面$ACC'A'$，交BD于E，交$B'D'$于F，点E是BD及AC的中点，则P是$A'E$与AC'的交点.

问题转换为：在平行四边形$ACC'A'$中，E是AC的中点，F是$A'C'$的中点，$A'E$，CF与AC'分别交于点P，Q，求证

$$A'P=\frac{2}{3}A'E,\quad AP=\frac{1}{3}AC'.$$

此命题证明请读者完成.

例 4　已知正三棱台$ABC-A_1B_1C_1$中两底的边长分别等于5cm和8cm，高是3cm. $\triangle A_1BC$为过底面一边BC和顶点A_1所作的截面，求截面$\triangle A_1BC$和底面ABC所成的二面角，以及截面$\triangle A_1BC$的面积.

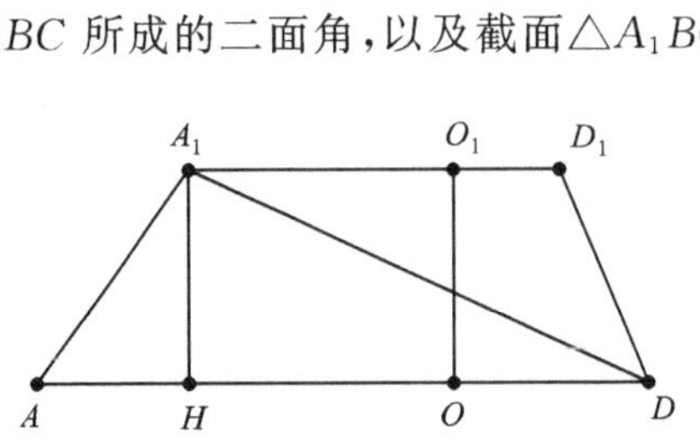

图 3-21

解：过A_1A作正三棱台的轴截面得梯形A_1ADD_1(图 3-21)，OO_1是正三棱台的轴，$AO=2OD$，$A_1O_1=2O_1D_1$，$AD=\frac{\sqrt{3}}{2}\times 8=4\sqrt{3}$，$A_1D_1=\frac{\sqrt{3}}{2}\times 5=\frac{5}{2}\sqrt{3}$，$OO_1=3$，问题转化为求$\angle ADA_1$和$A_1D$.

作 $A_1H\perp AD$ 于 H，则 $HO=A_1O_1=\frac{2}{3}A_1D_1=\frac{5}{3}\sqrt{3}$，$OD=\frac{1}{3}AD=\frac{4}{3}\sqrt{3}$，$A_1H=3$，故

$$\tan\angle ADA_1=\frac{A_1H}{HD}=\frac{3}{\frac{5}{3}\sqrt{3}+\frac{4}{3}\sqrt{3}}=\frac{\sqrt{3}}{3},$$

$$\angle ADA_1=30^\circ,\quad A_1D=6.$$

因此，$\triangle A_1BC$ 和底面 ABC 所成的二面角是 30°，$\triangle A_1BC$ 的面积为 24cm^2.

例 5 过正四面体的高作一个平面，与四面体的三个面交于三条直线，这三条直线与四面体底面的夹角分别为 α,β,γ，求证

$$\tan^2\alpha+\tan^2\beta+\tan^2\gamma=12.$$

分析：设 H 是正四面体 $DABC$ 中由点 D 所作高的垂足，则 H 是底面正 $\triangle ABC$ 的中心.

又设 M,N,P 是通过高 DH 的平面分别与 BC,CA,AB 的交点(图 3-22). 假设 DM,DN,DP 与底面$\triangle ABC$ 的夹角分别为 α,β,γ，故

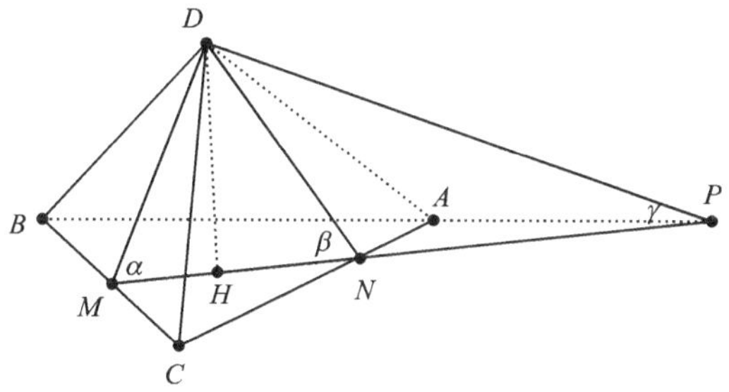

图 3-22

$$\tan\alpha=\frac{DH}{MH},\quad \tan\beta=\frac{DH}{NH},\quad \tan\gamma=\frac{DH}{PH}.$$

设正四面体的棱长为 a，则不难证明 $DH=\sqrt{\frac{2}{3}}a$，因此本题可转化为平面几何问题.

对于边长为 a 的正三角形 ABC，过它的中心 H 的直线与边 BC,CA,AB 或其延长线分别交于点 M,N,P，求证：

$$\frac{1}{MH^2}+\frac{1}{NH^2}+\frac{1}{PH^2}=\frac{18}{a^2}.$$

此命题留给读者证明.

例 6　点 E,F 分别是单位正方体 $ABCD-A'B'C'D'$ 的棱 $B'C'$，$C'D'$ 的中点，过 E,F,A 三点作正方体的截面，并求此截面的面积.

分析：作截面时，既可用截痕法——抓住“迹线”作出截痕，也可用投影法——选定基面作出投影. 下面来比较这两种做法.

图 3-23(a)所示的是截痕法. 直线 EF 与同一平面内的直线 $A'B'$，$A'D'$ 分别交于 P,Q，$AP\cap BB'=M$，$AQ\cap DD'=N$，则五边形 $AMEFN$ 即为所求作的截面.

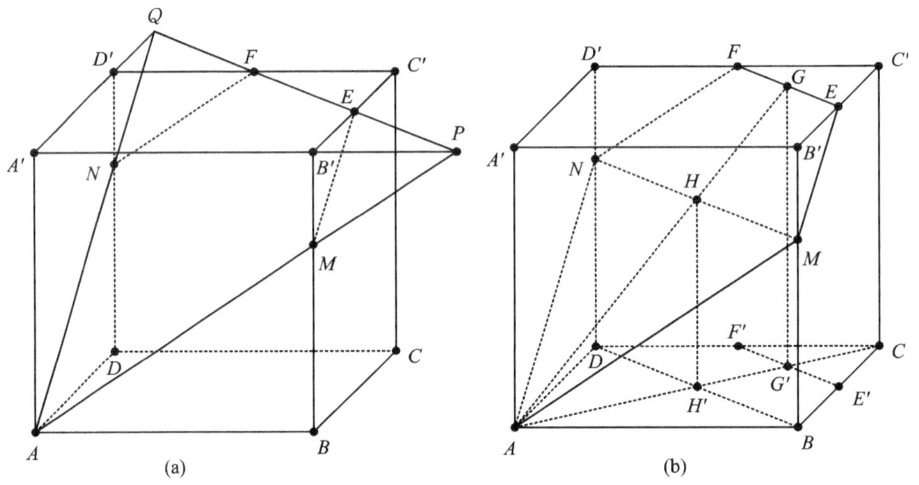

图 3-23

图 3-23(b)所示的是投影法. 取 $A'A$ 为投影方向，底面 $ABCD$ 为投影基面，线段 EF 及其中点 G 在基面上的射影为 $E'F'$ 及其中点 G'. AG' 与 BD 交于 H'，过 H' 作 $H'H\,/\!/\,G'G$，交 AG 于 H. 过 H 作与 EF 平行的直线交 BB' 于 M，交 DD' 于 N，则五边形 $AMEFN$ 即为所求作的截面.

用投影法作截面原理简单，思路清晰，易求出截面的面积 S. 因为

$$S\cdot\cos\varphi=S_{ABE'F'D}=1-\frac{1}{8}=\frac{7}{8},$$

其中 φ 为截面与基面的夹角. 所以

$$\tan\varphi=\frac{G'G}{AG'}=\frac{1}{\frac{3}{4}\sqrt{2}}=\frac{2}{3}\sqrt{2},$$

$$S=\frac{7}{8}\sec\varphi=\frac{7}{8}\sqrt{1+\tan^2\varphi}=\frac{7}{24}\sqrt{17}.$$

3.4.3　类比法

立体几何图形与平面几何图形中，可类比的对象很多. 例如，将一维几何图形

的直线与二维几何图形的平面类比；将平面上边数最少的三角形与空间面数最少的四面体类比；将平面上对边互相平行的四边形与空间对面互相平行的平行六面体类比等.

在立体几何中应用类比法进行思考时，常采用降维法，即考察相应的平面图形某些性质和证明方法来发现空间图形的类似性质和证明方法.

例 7　四面体 $ABCD$ 内任一点 P，连 AP，BP，CP 和 DP 分别和该顶点所对的面 BCD，CDA，DAB 和 ABC 相交于 A'，B'，C' 和 D'. 求证：

(1) $\dfrac{PA'}{A'A}+\dfrac{PB'}{B'B}+\dfrac{PC'}{C'C}+\dfrac{PD'}{D'D}=1$；

(2) $\dfrac{AP}{PA'}$，$\dfrac{BP}{PB'}$，$\dfrac{CP}{PC'}$ 和 $\dfrac{DP}{PD'}$ 四个比值中，至少存在一个不大于 3，并且至少存在一个不小于 3；

(3) $PA+PB+PC+PD\geqslant\left(\sum\limits_{i=1}^{4}\sqrt{t_i}\right)^2-\sum\limits_{i=1}^{4}t_i$，其中 $t_1=PA'$，$t_2=PB'$，$t_3=PC'$，$t_4=PD'$.

分析：将空间的四面体和平面上的三角形类比，我们联想到平面上的类似问题.

$\triangle ABC$ 内任一点 P，连 AP，BP 和 CP，分别交对边于 A'，B' 和 C'（图 3-24），求证：

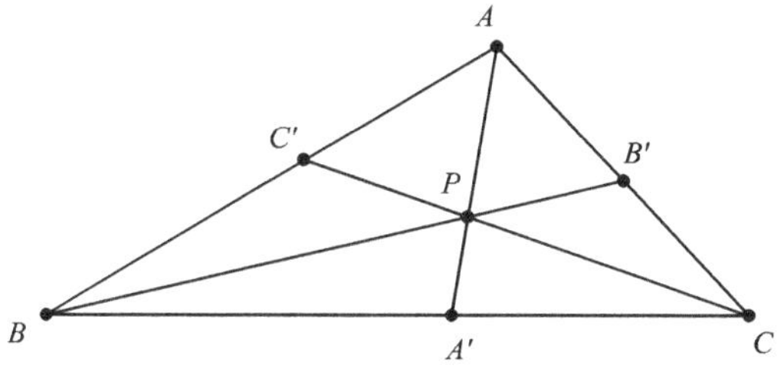

图 3-24

(1) $\dfrac{PA'}{AA'}+\dfrac{PB'}{BB'}+\dfrac{PC'}{CC'}=1$；

(2) $\dfrac{AP}{PA'}$，$\dfrac{BP}{PB'}$ 和 $\dfrac{CP}{PC'}$ 三个比值中至少存在一个不大于 2，至少存在一个不小于 2.

这个平面几何问题，可以通过线段之比转化为面积之比以及根据抽屉原则来解决. 因而本题可试用类似的证法.

至于例 7 的求证(3)，使我们联想到艾多士-莫德尔（Erdös - Mordell）定理：

$\triangle ABC$ 的内部或边上任一点 P 到它的各边距离为 r_1, r_2, r_3，则有

$$PA + PB + PC \geqslant 2(r_1 + r_2 + r_3),$$

且当且仅当$\triangle ABC$ 为正三角形，点 P 为其外心时等号成立.

将此著名的不等式推广到空间，类比得不等式

$$PA + PB + PC + PD \geqslant 3(r_1 + r_2 + r_3 + r_4).$$

但是，这个猜想是错的. 例如对于高为 $2\sqrt{3}$，棱长皆为 $2\sqrt{7}$的正三棱锥，其底面中心 P 到各侧面的距离为$\sqrt{3}$，代入上式得 $2\sqrt{3}+12<9\sqrt{3}$.

因此这一著名不等式(艾多士-莫德尔定理)不能如上述类比地推广到空间，但这里的求证，即是它的一种推广.

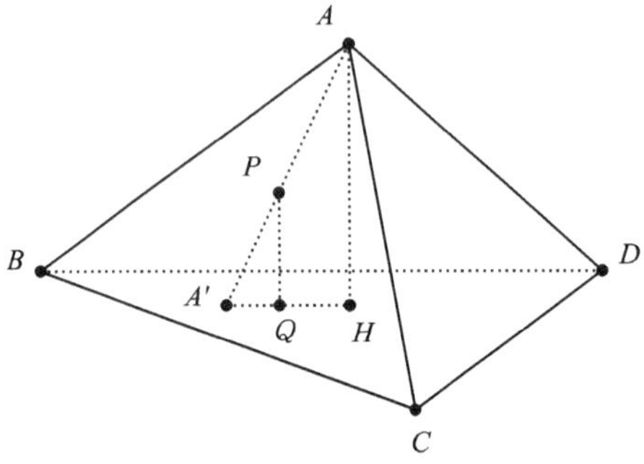

图 3-25

证明：(1) 如图 3-25，过 A 作 $AH\perp$ 平面 BCD 于 H，连 $A'H$，作 $PQ\perp A'H$ 于 Q，则有 $PQ /\!/ AH$，因而 $PQ\perp$ 平面 BCD. 因为

$$\frac{PA'}{A'A}=\frac{PQ}{AH}=\frac{\frac{1}{3}S_{\triangle BCD}\cdot PQ}{\frac{1}{3}S_{\triangle BCD}\cdot AH},$$

所以

$$\frac{PA'}{A'A}=\frac{V_{P\text{-}BCD}}{V_{A\text{-}BCD}}.$$

同样方法可推得

$$\frac{PB'}{B'B}=\frac{V_{P\text{-}CDA}}{V_{B\text{-}CDA}},\quad \frac{PC'}{C'C}=\frac{V_{P\text{-}DAB}}{V_{C\text{-}DAB}},\quad \frac{PD'}{D'D}=\frac{V_{P\text{-}ABC}}{V_{D\text{-}ABC}},$$

所以

$$\begin{aligned}&\frac{PA'}{A'A}+\frac{PB'}{B'B}+\frac{PC'}{C'C}+\frac{PD'}{D'D}\\&=\frac{V_{P\text{-}BCD}}{V_{A\text{-}BCD}}+\frac{V_{P\text{-}CDA}}{V_{B\text{-}CDA}}+\frac{V_{P\text{-}DAB}}{V_{C\text{-}DAB}}+\frac{V_{P\text{-}ABC}}{V_{D\text{-}ABC}}\\&=\frac{V_{P\text{-}BCD}+V_{P\text{-}CDA}+V_{P\text{-}DAB}+V_{P\text{-}ABC}}{V_{A\text{-}BCD}}=\frac{V_{A\ BCD}}{V_{A\text{-}BCD}}=1.\end{aligned}$$

(2) 根据抽屉原则，上式左端的四个比值中，至少有一个不大于 1/4，并且至少有一个不小于 1/4，不妨设

$$\frac{PA'}{A'A}\leqslant\frac{1}{4},\quad \frac{PB'}{B'B}\geqslant\frac{1}{4},$$

于是 $\frac{A'A}{PA'}\geqslant 4, \frac{B'B}{PB'}\leqslant 4$. 两端各减 1，便得

$$\frac{AA'-PA'}{PA'}=\frac{AP}{PA'}\geqslant 3,\quad \frac{BB'-PB'}{PB'}=\frac{BP}{PB'}\leqslant 3.$$

(3) 记 $PA=R_1,PB=R_2,PC=R_3,PD=R_4$，则(1) 即为

$$\sum_{i=1}^{4}\frac{t_i}{R_i+t_i}=1,$$

运用柯西不等式有

$$\begin{aligned}\sum_{i=1}^{4}(R_i+t_i)&=\sum_{i=1}^{4}\left(\sqrt{R_i+t_i}\right)^2\cdot\sum_{i=1}^{4}\left(\sqrt{\frac{t_i}{R_i+t_i}}\right)^2\\&\geqslant\left(\sum_{i=1}^{4}\sqrt{R_i+t_i}\cdot\sum_{i=1}^{4}\sqrt{\frac{t_i}{R_i+t_i}}\right)^2\\&=\left(\sum_{i=1}^{4}\sqrt{t_i}\right)^2.\end{aligned}$$

移项便得所要证的不等式.

3.4.4 体积法

体积法的基本思想类似于代数中列方程解应用题,关键是利用体积的性质(如运动不变性和可加性等).在例7(1)的证明中已用了此法,现再举一例.

例8 三棱锥 $O-ABC$ 中,侧棱 OA,OB,OC 两两互相垂直,长度分别为 a,b,c,点 P 是底面$\triangle ABC$ 内一点,点 P 到三个侧面 OBC,OCA,OAB 的距离分别是 x,y,z,求证:

$$\frac{x}{a}+\frac{y}{b}+\frac{z}{c}=1.$$

证明:连结 PA,PB,PC 得三个三棱锥,它们的体积分别为

$$V_{P\text{-}OBC}=\frac{1}{3}\left(\frac{1}{2}bc\right)\cdot x,V_{P\text{-}OCA}=\frac{1}{3}\left(\frac{1}{2}ca\right)\cdot y,V_{P\text{-}OAB}=\frac{1}{3}\left(\frac{1}{2}ab\right)\cdot z,$$

三式相加得

$$V_{P\text{-}OBC}+V_{P\text{-}OCA}+V_{P\text{-}OAB}=V_{O\text{-}ABC},$$

即

$$bcx+cay+abz=abc,$$

故有

$$\frac{x}{a}+\frac{y}{b}+\frac{z}{c}=1.$$

3.4.5 向量法

欧氏空间既是线性空间,又是内积空间,因而运用向量的加法、数乘和内积运

算来解决立体几何问题不但可行，而且简便. 它把空间结构系统代数化，把空间的研究从“定性”推向到“定量”的深度.

例 9　已知三棱锥 $V-ABC$，G 为底面 ABC 的重心，求证：$3(\overrightarrow{VA}^2+\overrightarrow{VB}^2+\overrightarrow{VC}^2)-(\overrightarrow{AB}^2+\overrightarrow{BC}^2+\overrightarrow{CA}^2)=9\overrightarrow{VG}^2$.

证明：令 $\overrightarrow{VA}=\boldsymbol{a}$，$\overrightarrow{VB}=\boldsymbol{b}$，$\overrightarrow{VC}=\boldsymbol{c}$，则

$$\overrightarrow{VG}=\frac{1}{3}(\boldsymbol{a}+\boldsymbol{b}+\boldsymbol{c}),\overrightarrow{AB}=\boldsymbol{b}-\boldsymbol{a},\overrightarrow{BC}=\boldsymbol{c}-\boldsymbol{b},\overrightarrow{CA}=\boldsymbol{a}-\boldsymbol{c},$$

$$\begin{aligned}&3(\overrightarrow{VA}^2+\overrightarrow{VB}^2+\overrightarrow{VC}^2)-(\overrightarrow{AB}^2+\overrightarrow{BC}^2+\overrightarrow{CA}^2)\\&=3(\boldsymbol{a}^2+\boldsymbol{b}^2+\boldsymbol{c}^2)-[(\boldsymbol{b}-\boldsymbol{a})^2+(\boldsymbol{c}-\boldsymbol{b})^2+(\boldsymbol{a}-\boldsymbol{c})^2]\\&=\boldsymbol{a}^2+\boldsymbol{b}^2+\boldsymbol{c}^2+2\boldsymbol{ab}+2\boldsymbol{bc}+2\boldsymbol{ca}\\&=(\boldsymbol{a}+\boldsymbol{b}+\boldsymbol{c})^2=9\overrightarrow{VG}^2.\end{aligned}$$

例 10　已知 A,B,C,D 是空间四点，求证：$AB^2+BC^2+CD^2+DA^2\geqslant AC^2+BD^2$，并指出等号成立的充要条件.

证明：此题条件太简单，用其他方法难于下手，不妨用向量法证. 令

$\overrightarrow{AB}=\boldsymbol{a}$，$\overrightarrow{BC}=\boldsymbol{b}$，$\overrightarrow{CD}=\boldsymbol{c}$，则 $\overrightarrow{AD}=\boldsymbol{a}+\boldsymbol{b}+\boldsymbol{c}$，$\overrightarrow{AC}=\boldsymbol{a}+\boldsymbol{b}$，$\overrightarrow{BD}=\boldsymbol{b}+\boldsymbol{c}$，

$$\begin{aligned}&\overrightarrow{AB}^2+\overrightarrow{BC}^2+\overrightarrow{CD}^2+\overrightarrow{DA}^2-\overrightarrow{AC}^2-\overrightarrow{BD}^2\\&=\boldsymbol{a}^2+\boldsymbol{b}^2+\boldsymbol{c}^2+(\boldsymbol{a}+\boldsymbol{b}+\boldsymbol{c})^2-(\boldsymbol{a}+\boldsymbol{b})^2-(\boldsymbol{b}+\boldsymbol{c})^2\\&=(\boldsymbol{a}+\boldsymbol{c})^2\geqslant 0,\end{aligned}$$

其中等号当且仅当 $\boldsymbol{a}+\boldsymbol{c}=0$，即 $\overrightarrow{AB}=\overrightarrow{DG}$ 时成立，也就是当且仅当 $ABCD$ 为平行四边形时，有

$$AB^2+BC^2+CD^2+DA^2=AC^2+BD^2.$$

例 11　空间四边形 $P_1P_2P_3P_4$，若 $|P_1P_2|=c$，$|P_2P_3|=a$，$|P_3P_4|=b$，$|P_1P_4|=d$，P_1P_2 与 P_4P_3 的夹角为 θ_1，$\angle P_1P_2P_3=\theta_2$，$\angle P_2P_3P_4=\theta_3$，求证：

$$d^2=a^2+b^2+c^2-2ab\cos\theta_3-2bc\cos\theta_1-2ac\cos\theta_2\geqslant 0,$$

其中等号成立的充要条件是 $\frac{a}{\sin\theta_1}=\frac{b}{\sin\theta_2}=\frac{c}{\sin\theta_3}$，且 $\theta_1+\theta_2+\theta_3=\pi$.

证明：
$$\begin{aligned}d^2&=|P_1P_4|^2=|P_1P_2+P_2P_3+P_3P_4|^2\\&=P_1P_2^2+P_2P_3^2+P_3P_4^2+2P_1P_2\cdot P_2P_3\\&\quad+2P_2P_3\cdot P_3P_4+2P_1P_2\cdot P_3P_4\\&=c^2+a^2+b^2-2ac\cos\theta_2-2ab\cos\theta_3-2bc\cos\theta_1\end{aligned}$$

$$=(b\sin\theta_3-c\sin\theta_2)^2+(a-b\cos\theta_3-c\cos\theta_2)^2$$
$$-2bc[\cos\theta_1+\cos(\theta_2+\theta_3)]\geqslant 0.$$

其中等号成立的充要条件是点 P_1 与 P_4 重合. 这时 $\theta_1+\theta_2+\theta_3=\pi$，且 $b\sin\theta_3=c\sin\theta_2$，$a=b\cos\theta_3+c\cos\theta_2$.

例 12 四面体若有两组对棱分别垂直，则第三组对棱必定互相垂直.

证明：设四面体 $P_0P_1P_2P_3$ 的两组对棱 P_0P_1 与 P_2P_3 垂直，P_0P_2 与 P_1P_3 垂直，则有

$$\overrightarrow{P_0P_1}\cdot\overrightarrow{P_2P_3}=0,\overrightarrow{P_0P_2}\cdot\overrightarrow{P_1P_3}=0,$$
$$(\overrightarrow{P_1}-\overrightarrow{P_0})\cdot(\overrightarrow{P_3}-\overrightarrow{P_2})$$
$$=\overrightarrow{P_1}\cdot\overrightarrow{P_3}+\overrightarrow{P_0}\cdot\overrightarrow{P_2}-\overrightarrow{P_0}\cdot\overrightarrow{P_3}-\overrightarrow{P_1}\cdot\overrightarrow{P_2}=0,$$
$$(\overrightarrow{P_2}-\overrightarrow{P_0})\cdot(\overrightarrow{P_3}-\overrightarrow{P_1})$$
$$=\overrightarrow{P_2}\cdot\overrightarrow{P_3}+\overrightarrow{P_0}\cdot\overrightarrow{P_1}-\overrightarrow{P_0}\cdot\overrightarrow{P_3}-\overrightarrow{P_1}\cdot\overrightarrow{P_2}=0.$$

故

$$\overrightarrow{P_0P_3}\cdot\overrightarrow{P_1P_2}=(\overrightarrow{P_3}-\overrightarrow{P_0})\cdot(\overrightarrow{P_2}-\overrightarrow{P_1}),$$
$$=\overrightarrow{P_3}\cdot\overrightarrow{P_2}+\overrightarrow{P_0}\cdot\overrightarrow{P_1}-\overrightarrow{P_0}\cdot\overrightarrow{P_2}-\overrightarrow{P_3}\cdot\overrightarrow{P_1}=0,$$

即$\overrightarrow{P_0P_3}$与$\overrightarrow{P_1P_2}$互相垂直.

习 题 3

1. 如果两个平面分别垂直于两异面直线中的一条，那么这两个平面的交线就平行于这两条异面直线的公垂线.

2. 过凸多面体的任意三个顶点所得的平面多边形都是这个多面体的一个面，试证这多面体必为四面体.

3. 证明不存在棱数为 7 的多面体.

4. 证明不存在这样的多面体，它有奇数个面，而它的每一个面都有奇数条边.

5. 证明：正四面体各棱的中点是正八面体的顶点；如果正四面体的体积等于 V，求这个正八面体的体积.

6. 以圆锥的顶点为球心且与圆锥底面相切的球面，把圆锥的表面分成面积相等的两部分，求圆锥轴截面的顶角.

7. 一个球内切于底面半径为 R 和 r 的圆台，求球面的面积与圆台侧面积的比.

8. 正六边形的边长为 a，以它的一边所在的直线为轴旋转一周，求所得旋转体的体积.

9. 一个平面分球面为 1∶2 两部分，求这平面把球分成两球缺的体积之比.

10. 已知斜三棱台 $A_1B_1C_1-ABC$ 的上底面积为 a^2，下底面积为 b^2，作截面 AB_1C_1，又 BC

与这个截面的距离等于这个三棱台的高.求证:截面 AB_1C_1 的面积等于 ab.

11. 在棱长为 a 的正方体 $ABCD-EFGH$ 中,由顶点 A 沿着正方体的表面到达正方形 $CDHG$ 的中心 M,试求其最短路径的长度.

12. 试证:在四面体中,它的任一个二面角的平分面分别分对棱所得两线段之比,等于组成这个二面角的两个面(三角形)的面积之比.

13. 在两条异面直线 l,m 上分别有定长的动线段 AB,CD,试证:由这两条线段的端点为顶点的四面体 $ABCD$ 的体积为一定值.

14. 用向量法证明:若四面体的两条高共面,则连结这两条高所含顶点的棱垂直于此四面体内和它相对的棱.

15. 求证:正四面体的一个顶点到对面的高的中点和其他三个顶点连结的三条线段两两互相垂直.

参考文献及进一步阅读的资料

左铨如,季素月.1992.初等几何研究.上海:上海科技出版社

第4章 平面解析几何

4.1 解析几何基本思想方法

4.1.1 曲线与方程的对应关系

在解析几何里，我们所讨论的曲线，都看作是点的轨迹. 又平面解析几何中所指的曲线，是在同一平面上的曲线；所谓方程是指含有两个变数的方程，即二元方程. 我们用 x,y 表示两个变数，又用 $F(x,y)=0$ 表示方程的一般形式.

在平面几何里，我们已知道轨迹的定义是：适合于某种条件的集合叫做适合于这种条件的点的轨迹. 它一般是一条曲线，有时也可能是几条曲线(在这个意义下，直线也作曲线看待). 在平面几何中我们曾讨论过很多轨迹题，最常见的如：

(1) 一点与两定点有相等距离时，这点的轨迹是一条直线，它垂直又平分这两点所连成的线段.

(2) 一点与一个定点的距离等于定长时，这点的轨迹是一个圆，它以定点为圆心，以定长为半径.

在解析几何里，点是对应于一对有序实数(它的坐标)，如点的位置变动，那么，这点的坐标(x,y)也在变动. 点的变动受到所给条件的制约，成为一条曲线，这个关系，可以用一个二元方程 $F(x,y)=0$ 来表达它. 这个方程，我们称它为这轨迹的方程(即曲线的方程). 这就是说，一条曲线，可以用一个代数方程来表达它. 反过来说，在一个二元方程 $F(x,y)=0$ 中，就它的实数解如(x_1,y_1)，(x_2,y_2)，…，把它们作为点的坐标定出各点，连接这些点可得到一条曲线. 这条曲线，我们称它为这个方程的曲线. 也就是说，代数中的一个二元方程可以用一条曲线来表示它.

大家知道，解析几何的核心思想方法就是数与形之间的转换和结合. 运用坐标表示，使几何中的"点"和代数中的"数"之间形成对应关系，进而把曲线上的"几何点集"和满足方程的"坐标数集"对应起来，并且能够相互转换. 解析几何是用代数的方法研究几何问题，同时也要用几何观点分析代数问题. 在解析几何的教学中，我们应同时注重这两个方面，培养提高这种转换能力.

同样的曲线，可以转换成不同的方程. 直角坐标方程、参数方程或极坐标方程. 而参数方程和极坐标方程比较难于掌握，故我们只对它们的基本概念作一概要的陈述.

4.1.2 参数方程

一、定义

在取定的直角坐标系中，如果曲线上任一点的坐标 x,y 都是某个实数 t 的函数

$$\begin{cases} x = f(t), \\ y = \varphi(t). \end{cases} \quad ①$$

反之，对于 t 的每一个允许值，由方程组①所确定的点都在这条曲线上，那么方程组①叫做这条曲线的参数方程，变数 t 叫做参变数，简称参数.

相对于参数方程组①，直接给出曲线上点的坐标关系的方程 $F(x,y)=0$ 叫做曲线的普通方程.

二、几种常见曲线的参数方程

(1) 经过 $P_0(x_0,y_0)$，倾斜角为 α 的直线的参数方程是

$$\begin{cases} x = x_0 + t\cos\alpha, \\ y = y_0 + t\sin\alpha \end{cases} \quad (t\text{ 为参数}),$$

其中 t 是点 $P_0(x_0,y_0)$ 到直线上点 $P(x,y)$ 的有向线段 $\overrightarrow{P_0P}$ 的数量.

(2) 圆心在 (a,b)，半径为 r 的圆(图 4-1)的参数方程是

$$\begin{cases} x = a + r\cos\alpha, \\ y = b + r\sin\alpha \end{cases} \quad (\alpha\text{ 为参数}).$$

(3) 中心在原点，长半轴长为 a，短半轴长为 b，焦点在 x 轴上的椭圆(图4-2)的参数方程是

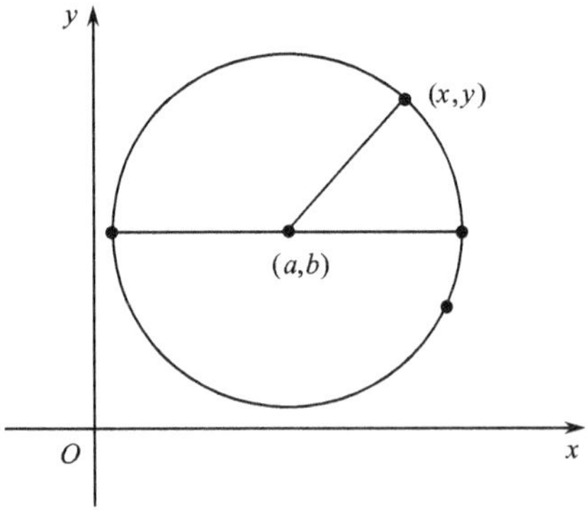

图 4-1

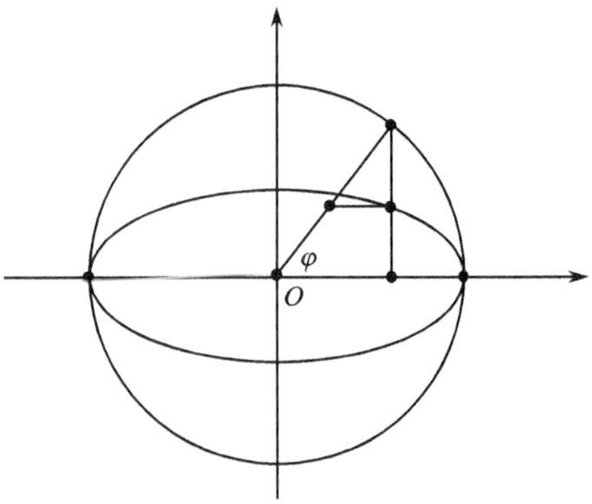

图 4-2

$$\begin{cases} x = a\cos\varphi, \\ y = b\sin\varphi \end{cases} \quad (a > b > 0).$$

(4) 中心在原点,实半轴长为 a,虚半轴长为 b,焦点在 x 轴上的双曲线(图 4-3)的参数方程是

$$\begin{cases} x = a\sec\varphi, \\ y = b\tan\varphi \end{cases} \quad (a > 0, b > 0).$$

(5) 中心在原点,焦点在 x 轴的正半轴上的抛物线的参数方程是

$$\begin{cases} x = 2pt^2, \\ y = 2pt. \end{cases}$$

(6) 圆 $\begin{cases} x = r\cos\varphi, \\ y = r\sin\varphi \end{cases}$ 的渐开线(图 4-4)的参数方程是

$$\begin{cases} x = r(\cos\varphi + \varphi\sin\varphi), \\ y = r(\sin\varphi - \varphi\cos\varphi). \end{cases}$$

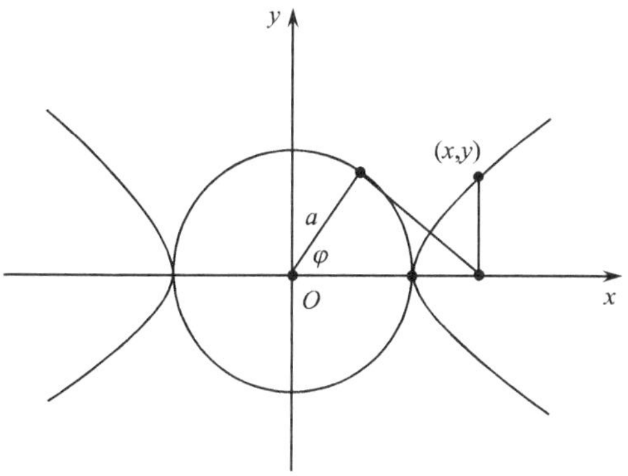

图 4-3

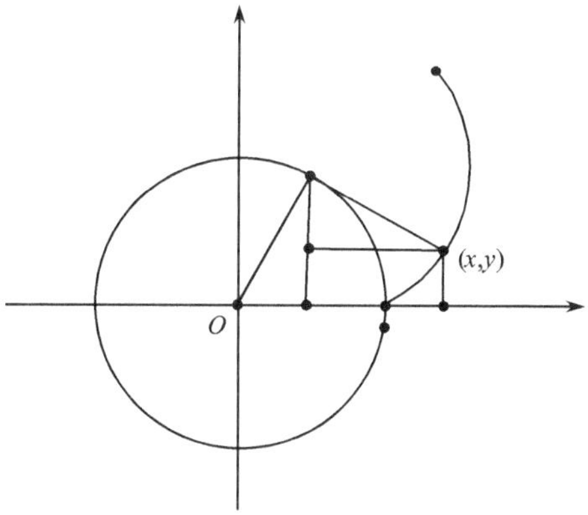

图 4-4

三、参数方程和普通方程的互化

参数方程和普通方程是同一曲线的两种不同表达形式,适当引入参数,可化普通方程为参数方程;如能消去参数方程中的参数,参数方程可化为普通方程.消去参数的常用方法是:①代入法.由一个方程解出参数,代入另一个方程中;②利用代数或三角中的恒等式作恒等变形.

需要注意的是,由于参数方程中的参数可以有多种取法,所以同一曲线的参数方程,可以有各种不同的形式,如果参数选择得适当,方程可能比较简单或者较明显地反映出物理、几何意义.

4.1.3 极坐标

一、极坐标系

在平面内取一定点 O,引射线 Ox,再选定一个单位长度和角度的正方向(通常取逆时针方向为正),这样就确定一个极坐标系,定点 O 叫做极点,射线 Ox 叫做极轴.

在极坐标系中,对极点外任一点 P,把极轴 Ox 旋转角 θ,如果点 P 在角 θ 的终边上,则令 $\rho=|OP|$;如果点 P 在角 θ 的终边的反向延长线上,则令 $\rho=-|OP|$,我们把有序实数对 (ρ,θ) 叫点 P 的极坐标,记作 $P(\rho,\theta)$,其中 ρ 叫做点 P 的极径,θ 叫做点 P 的极角.

依定义,如果 (ρ,θ) 是一个点的极坐标,那么 $(\rho,\theta+2n\pi)$,$[-\rho,\theta+(2n+1)\pi]$ 都可以作为它的极坐标(这里 n 是任意整数).但如果限定 $\rho>0$,$0\leqslant\theta<2\pi$,那么除极点外,平面内的点和极坐标就可以一一对应了.

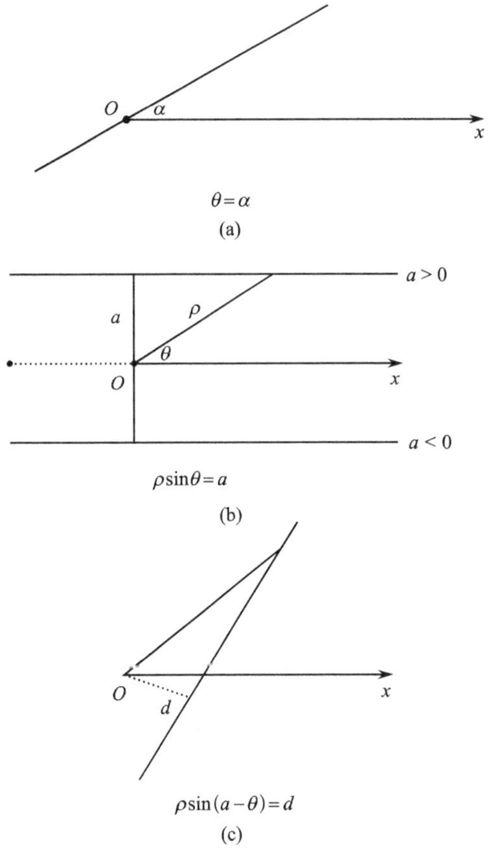

图 4-5

二、曲线的极坐标方程的定义

在极坐标中,称方程 $\varphi(\rho,\theta)=0$ 是曲线 c 的极坐标方程,如果以这个方程的每一个解为坐标的点都是 c 上的点,而且 c 上每一个点的坐标中至少有一个坐标能够满足这个方程.

三、点的极坐标和直角坐标的关系

在直角坐标系与极坐标系中,如果原点与极点重合,x 轴的正方向与极轴重合,并且长度单位相同,则点 P 的直角坐标 (x,y) 与极坐标 (ρ,θ) 的关系是

$$x=\rho\cos\theta,y=\rho\sin\theta$$

或

$$\rho^2=x^2+y^2,\tan\theta=\frac{y}{x}(x\neq0).$$

四、常见曲线的极坐标方程

(1) 直线的极坐标方程(图 4-5).

(2) 圆的极坐标方程 $\rho=a$ $\rho=2a\cos\theta$ $\rho=2a\sin\theta$(图 4-6).

(3) 椭圆、双曲线、抛物线的极坐标方程

$$\rho=\frac{ep}{1-e\cos\theta},$$

其中 $e>0$ 是离心率，p 是极点(焦点)到准线的距离.

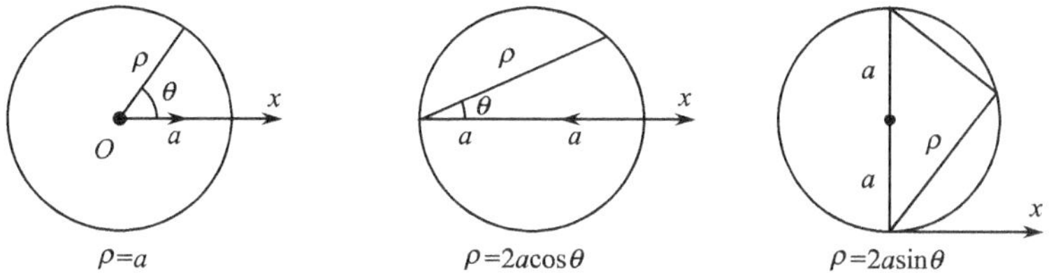

图 4-6

当 $e<1$ 时，方程表示椭圆；当 $e>1$ 时，方程表示双曲线；当 $e=1$ 时，方程表示开口向右的抛物线(图 4-7).

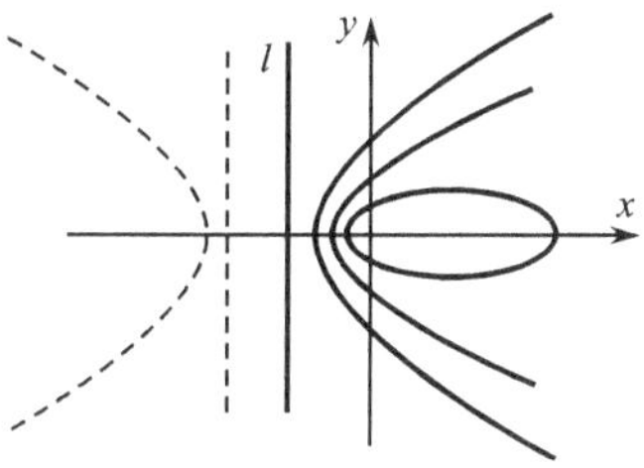

图 4-7

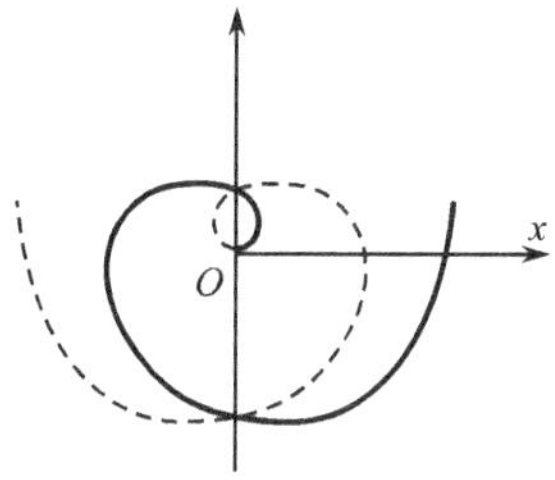

图 4-8

(4) 等连螺线的极坐标方程

$$p=p_0+a\theta,$$

当 $p_0=0$ 时，其图像如图 4-8 所示.

4.2　圆锥曲线的性质相关性

椭圆、抛物线和双曲线，既可看作平面圆锥面所得到的截线，又有统一定义与分别定义，因而，这几种曲线的同一性和特殊性决定了它们的几何性质具有相同性和不同性. 所以，当我们在一种曲线上得到某项性质时，也容易在其他曲线上找到相关的性质.

由于椭圆、抛物线和双曲线可以看作与无穷远直线分别有零个交点、一个交点和两个交点. 又双曲线、椭圆各有唯一的中心且为有穷远点，而抛物线的中心为无穷远点. 由此，可得

$$\frac{x^2}{a^2}+\frac{y^2}{b^2}=1(a>b>0),y^2=2px,\frac{x^2}{a^2}-\frac{y^2}{b^2}=1(a>0,b>0).$$

这三种曲线的互变规律(注意 $e\in(0,1)\Rightarrow e=1\Rightarrow e>1$)：

规律 1　椭圆的两焦点连线先演变成抛物线上自焦点出发的射线(中心 O 由有穷远点演变成右边无穷远点)，继而演变成双曲线上自焦点出发的两条无重合的射线(中心又由无穷远点演变成左边有穷远点)；

规律 2　椭圆内部含焦点区域(或外部不含焦点的区域)，先演变成抛物线的右侧含焦点区域(或左侧不含焦点的外部区域)，继而演变成双曲线左右两支含焦点内部区域(或左右两支间不含焦点的外部区域).

关注三种曲线性质的相关性，可以根据一些已有的知识，通过类比的途径进行探索，发掘出更多的知识，也可以将某些命题适当改编，而得到一些新的相关命题.

例 1　证明：如图 4-9 所示，F_1，F_2 分别为椭圆 $\dfrac{x^2}{a^2}+\dfrac{y^2}{b^2}=1(a>b>0)$ 的左、右焦点，点 P 是椭圆上的一点，则 $\angle PF_1F_2$ 所含的 $\triangle PF_1F_2$ 的旁切圆必切于椭圆的右顶点 A_2，$\angle PF_2F_1$ 所含的 $\triangle PF_1F_2$ 的旁切圆必切于椭圆的左顶点 A_1.

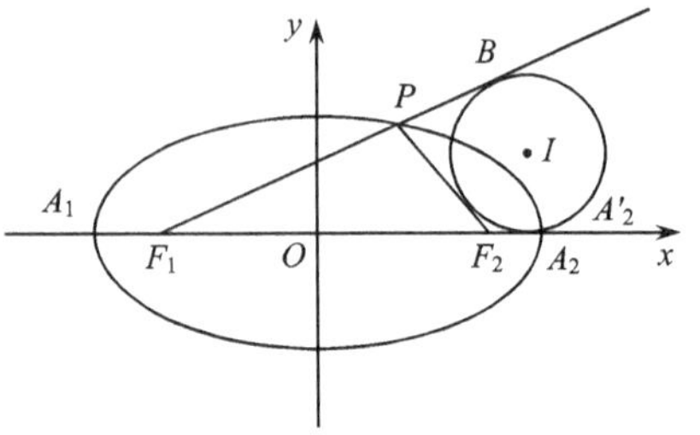

图 4-9

证明：设 A_2'，B 为旁切圆 I 与边 F_1F_2，F_1P 的延长线相切的切点，因

$$|F_1A_2'|=|F_1B|,$$

$$|F_1A_2'|+|F_1B|=|F_1F_2|+|F_1P|+|PF_2|=2(a+c),$$

从而 $|F_1A_2'|=a+c$，故点 A_2' 就是椭圆的右顶点，即 $A_2'=A_2$

同理，可证圆切于左顶点的情形.

由于圆 I 既与椭圆含焦点区域有关，也与不含焦点的区域有关，由互变规律，有对于双曲线、抛物线的如下结论：

结论 1　(1) 若 F_1，F_2 分别为双曲线 $\dfrac{x^2}{a^2}-\dfrac{y^2}{b^2}=1(a>0,b>0)$ 的左、右焦点，点 P 是双曲线右支上的一点，则 $\triangle PF_1F_2$ 内切圆必切于双曲线的右顶点；若点 P 是双曲线左支上的一点，则 $\triangle PF_1F_2$ 的内切圆必切于双曲线的左顶点.

(2) 若 F 为抛物线 $y^2=2px$ 上的一点，点 P 是抛物线上的一点，过点 P 作平行于抛物线的对称轴(x 轴)的直线 l，则与 x 轴、PF、直线 l 同时相切的圆必切于抛物线的顶点.

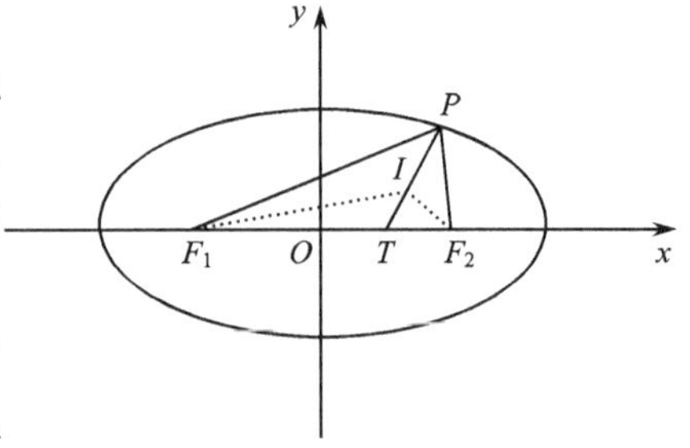

图 4-10

例 2　如图 4-10. 证明：设 P 是椭圆 $\dfrac{x^2}{a^2}+\dfrac{y^2}{b^2}=1(a>b>0)$ 上异于长轴顶点的任一点，F_1，F_2 是椭圆的两个焦点，I 是

$\triangle PF_1F_2$ 的内心，PI 的延长线交于 T，则 $|TI|$ 与 $|IP|$ 的比等于椭圆的离心率.

证明：I 是 $\triangle PF_1F_2$ 的内心，连结 F_1I, F_2I，则有

$$\frac{|TI|}{|IP|}=\frac{|F_1T|}{|F_1P|},\frac{|TI|}{|IP|}=\frac{|F_2T|}{|F_2P|}.$$

由等比定理、椭圆定义及离心率定义，得

$$\frac{|TI|}{|IP|}=\frac{|F_1T|}{|F_1P|}=\frac{|F_2T|}{|F_2P|}=\frac{|F_1T|+|F_2T|}{|F_1P|+|F_2P|}=\frac{2c}{2a}=e.$$

即证.

由互变规律，对于双曲线、抛物线有下述结论：

结论 2　(1) 将例 2 中椭圆、内心分别改为双曲线、旁心即可.

(2) 设 P 是抛物线 $x^2=2py(p>0)$ 上异于顶点任一点，F 为其焦点，Px' 与 x 轴平行且同向，$\angle x'Fx$ 和 $\angle PFx$ 的内角平分线交于 I，PI 交 Fx 于 T，则 $\frac{|TI|}{|IP|}=e$.

例 3　A_1, A_2 分别为椭圆 $\frac{x^2}{a^2}+\frac{y^2}{b^2}=1(a>b>0)$ 的左、右顶点，F_2 为其右焦点，l 为 F_2 对应的准线，P 是椭圆上(除 A_1, A_2 外)任一点. 设 A_1P, A_2P 分别于 l 交于 M, N. 则：(1) $MF_2\perp NF_2$；(2) 以 MN 为直径的圆与 PF_2 相切于 F_2；(3) F_2M 平分 $\angle PF_2A_2$.

证明：如图 4-11.

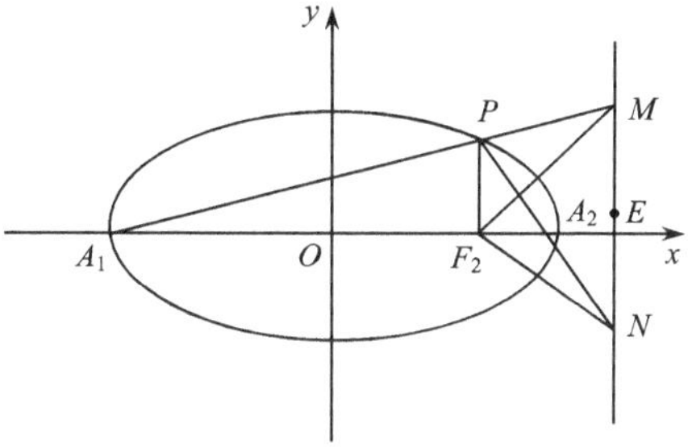

图 4-11

(1) 设 $P(a\cos\theta, b\sin\theta)$, $F_2(c,0)$, $A_1(-a,0)$, $A_2(a,0)$, $l: x=\frac{a^2}{c}$，则 A_1P, A_2P 的方程分别为

$$y=\frac{b\sin\theta}{a(\cos\theta+1)}(x+a),$$

$$y=\frac{b\sin\theta}{a(\cos\theta-1)}(x-a).$$

于是易求得

$$M\left(\frac{a^2}{c},\frac{(a+c)b\sin\theta}{c(\cos\theta+1)}\right),N\left(\frac{a^2}{c},\frac{(a-c)b\sin\theta}{c(\cos\theta-1)}\right),$$

从而

$$k_{MF_2}\cdot k_{NF_2}=\frac{(a+c)b\sin\theta}{b(\cos\theta+1)}\cdot\frac{(a-c)\sin\theta}{b(\cos\theta-1)}=-1,$$

所以 $MF_2\perp NF_2$.

(2) 设 MN 的中点为 E，则 $E\left(\frac{a^2}{c},\frac{b(c-a\cos\theta)}{c\sin\theta}\right)$，由 $k_{EF_2}\cdot k_{PF_2}=\frac{c-a\cos\theta}{b\sin\theta}\cdot\frac{b\sin\theta}{a\cos\theta-c}=-1$，知 $EF_2\perp PF_2$，故圆 E 与 PF_2 相切于 F_2.

(3) 因为 l 垂直于 x 轴，则 $\angle NMF_2$ 与 $\angle MF_2A_2$ 互余. 又 $\angle NMF_2$ 与 $\angle MNF_2$ 互余，所以 $\angle MF_2A_2=\angle MNF_2$. 又弦切角 $\angle PF_2M=\angle MNF_2$，所以 $\angle PF_2M=\angle MF_2A_2$，故 F_2M 平分 $\angle PF_2A_2$.

由互变规律，对于双曲线、抛物线有如下结论：

结论 3　(1) A_1，A_2 分别为双曲线 $\frac{x^2}{a^2}-\frac{y^2}{b^2}=1(a>0,b>0)$ 的左、右顶点，F_2 为右焦点，l 是与 F_2 对应的准线，P 是双曲线右支上异于 A_2 的任一点，设 A_1P，A_2P 分别交 l 于 M，N，则：① $MF_2\perp NF_2$；② 以 MN 为直径的圆与 PF_2 相切于 F_2；③ F_2M 平分 $\angle PF_2A_2$.

(2) A，F，l 分别为抛物线 $y^2=2px$ 的顶点，焦点，准线，P 为抛物线上异于 A 的任一点，AP 交 l 于 N，PM 平行于的对称轴且交 l 于 M，则：① $MF\perp NF$；② 以 MN 为直径的圆与 PF 相切于 F；③ FM 平分 $\angle PFA$.

注：例 3 及结论 3(1)，(2)中的条件若变为：过焦点 F_2 的直线与曲线交于 P，Q(不与 A_1，A_2 重合)，A_1P(抛物线中为 $MP/\!/x$ 轴)和 A_2Q 交于 M，A_2P 和 A_1Q(抛物线中为 $NP/\!/x$ 轴)交于 N，则有：① $MF_2\perp NF_2$；② 以 MN 为直径的圆与 PQ 相切于 F_2；③ F_2M 平分 $\angle PF_2A_2$，F_2N 平分 $\angle QF_2A_2$.

例 4　在椭圆中，①焦点弦的一端点和相应准线上的一点的连线过焦点轴上的一个顶点的充要条件是另一端点和准线上着点的连线过焦点轴的另一顶点；②不过中心及焦点轴顶点的一条弦的两端点和其他轴上的两顶点的连线的交点在准线上的充要条件是这条弦过该准线相应的焦点.

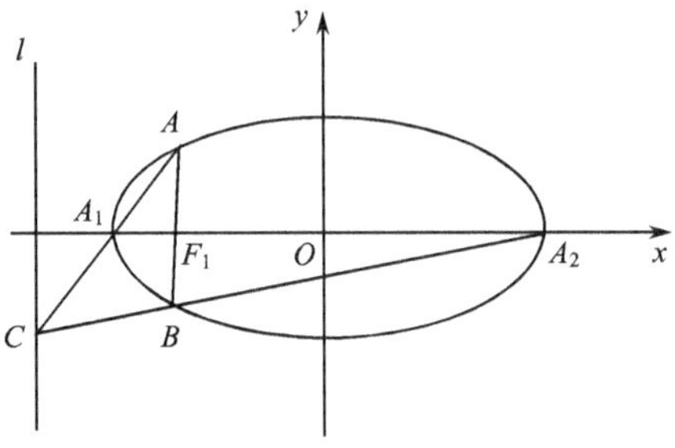

图 4-12

证明：设椭圆方程为 $\frac{x^2}{a^2}+\frac{y^2}{b^2}=1(a>b>0)$，弦$AB$ 的两端点 $A(x_1,y_1)$，$B(x_2,y_2)$，如图 4-12.

又设 $A_1'(a_1,0)$，$A_2'(a_2,0)$，其中 $a_1\neq x_1$，$a_2\neq x_2$(与下面的 $A_1(-a_1,0)$，$A_2(a_2,0)$不同，但最终要证它们分别重合)，则直线 AA_1' 和 BA_2' 的方程分别为 $y=\frac{y_1}{x_1-a_1}(x-a_1)$，$y=\frac{y_2}{x_2-a_2}(x-a_2)$.

联立两方程消去 y 并整理，得

$$[(x_2y_1-x_1y_2)-a_2y_1+a_1y_2]x=a_1x_2y_1-a_2x_1y_2-a_1a_2(y_1-y_2).\qquad ①$$

又设弦 AB 的方程为 $y=k(x-m)(k\neq0,m\neq0)$，代入椭圆方程消去 x 并整理，得

$$(a^2k^2+b^2)y^2+2b^2mky+b^2k^2(m^2-a^2)=0,$$

则

$$y_1+y_2=-\frac{2b^2mk}{a^2k^2+b^2},y_1y_2=\frac{b^2k^2(m^2-a^2)}{a^2k^2+b^2}.$$

于是

$$\begin{aligned}x_1y_2+x_2y_1&=\left(\frac{y_1}{k}+m\right)y_2+\left(\frac{y_2}{k}+m\right)y_1=\frac{2y_1y_2}{k}+m(y_1+y_2)\\&=\frac{a^2}{m}(y_1+y_2).\end{aligned} \quad ②$$

又由 $A,M(m,0),B$ 三点共线，有 $\frac{y_1}{x_1-m}=\frac{y_2}{x_2-m}$，即

$$x_1y_2-x_2y_1=-m(y_1-y_2). \quad ③$$

$$②\text{式}+③\text{式得 } x_1y_2=\frac{1}{2}\left[\frac{a^2}{m}(y_1+y_2)-m(y_1-y_2)\right], \quad ④$$

$$②\text{式}-③\text{式得 } x_2y_1=\frac{1}{2}\left[\frac{a^2}{m}(y_1+y_2)+m(y_1-y_2)\right]. \quad ⑤$$

易见，若 $AB\perp x$ 轴时，斜率 k_{AB} 不存在，设 AB 的方程为 $x=m$，则③、④、⑤式仍成立，把③、④、⑤式代入①式并整理，得

$$\begin{aligned}&[m(y_1-y_2)-a_2y_1+a_1y_2]x\\=&\frac{1}{2}\frac{a^2}{m^2}(a_1-a_2)(y_1+y_2)+\left[\frac{1}{2}(a_1+a_2)m-a_1a_2\right](y_1-y_2).\end{aligned} \quad ⑥$$

（1）在⑥式中，令 $x=-\frac{a^2}{c},m=-c$，整理得

$$\left[a^2c+a_1a_2c+\frac{1}{2}(a_1+a_2)(a^2+c^2)\right](y_1-y_2)=0. \quad ⑦$$

设 C 为准线上的点，则 AC 过

$$\begin{aligned}&A_1(-a,0)\Leftrightarrow a_1=-a\\&\Leftrightarrow\left[ac(a-a_2)+\frac{1}{2}(-a+a_2)(a^2+c^2)\right](y_1-y_2)=0\\&\Leftrightarrow\frac{1}{2}(a_2-a)(a-c)^2(y_1-y_2)=0\Leftrightarrow a_2=a\\&\Leftrightarrow BC\text{ 过点 }A_2(a,0).\end{aligned}$$

（2）在⑥式中，令 $a_1=-a,a_2=a$，得

$$[m(y_1-y_2)-ay_1-ay_2]x=-\frac{a^3}{m}(y_1+y_2)+a^2(y_1-y_2),\text{即}$$

$$x=\frac{a^2}{m}. \quad ⑧$$

则 AB 过焦点 $F(-c,0)\Leftrightarrow m=-c\Leftrightarrow x=-\frac{a^2}{c}\Leftrightarrow AA_1,BA_2$ 的焦点 C 在准线 $x=-\frac{a^2}{c}$.

注:(1) 由例 4 即可推知:椭圆焦点弦的两端点和其焦点轴上的两顶点的连线的交点 c 的轨迹是与该焦点相应的准线.(2)例 4 及(1)中的焦点换成定点$(m,0)$(即用 m 换 c),结论仍成立.

由互变规律,对于双曲线、抛物线有下述结论:

结论 4 (1) 将例 3 中的椭圆改为双曲线(或用$-b^2$ 代 b^2)即可.

(2) 在抛物线中,①焦点弦的一个端点和准线上一点的连线过抛物线顶点的充要条件是该弦的另一端点和准线上这点的连线平行于抛物线的对称轴;②不过顶点的一条弦的一端点和抛物线顶点的连线与过另一端点且平行于抛物线对称轴的直线的交点在准线上的充要条件是这条弦过抛物线的焦点.

注:结论 4(1)、(2)也有例 4 中的注的结论.

4.3 平面解析几何教学问题分析

平面解析几何的基本内容是在引进坐标系的基础上,把由曲线所决定的两个坐标之间的关系用方程表示出来,通过对方程的研究来掌握曲线的性质.解析几何把"数"与"形"统一起来,并引入变数的概念,这是数学史上一项划时代的变革.恩格斯把解析几何称为最重要的数学方法之一,他高度评价了笛卡儿的革新思想,说"数学中的转折点是笛卡儿的变数.有了变数,运动进入了数学,有了变数,辩证法进入了数学,有了变数,微分和积分也就立刻成为必要的了,而他们也就立刻产生了……"

因此,平面解析几何的教学,应突出这是一门方法论课程,应抓住其中的基本数学思想、辩证法等方面来组织教学.

4.3.1 重视基本数学思想的教学

数学中的具体知识是由基本数学思想统率的.教会学生根据基本数学思想探索解题的具体方法,是数学教学的一项重要任务.具体知识长期不用将会逐渐忘记,但基本数学思想可能存在记忆里并长期发挥作用,这就是所谓"数学修养."

一、坐标思想——数形结合和转化思想

在本章的 6.1 节中已经叙述了平面解析几何的基本思想方法:通过坐标系将几何曲线与代数方程联系起来,转化思想、数形结合的思想是解析几何的主导思想.这是几何研究中的重要思想方法,甚至超出几何,也成为物理学、力学和科学技术中的一般方法.正如前苏联著名几何学家波格列洛夫所指出的:"解析几何没有严格确定的内容.对它来说,决定性的因素不是研究对象,而是方法."

在解析几何中,形与数结合的基础是坐标系,确定了坐标系,平面上的点就有了坐标,点与数对建立起一一对应,平面上的曲线与二元方程相联系;图形的几何性质,包括几何关系和几何量,可以由坐标及方程系数之间的代数关系式表示.在处理问题中,用直角坐标系或极坐标系,用参数方程或一般方程,则要具体问题具体分析.不管怎样,通过坐标系使数形结合,并相互转化,这个基本数学思想方法则是需要牢牢掌握的.

二、变换和不变量思想

变换的思想是数学中最基本的思想之一,由于解析几何是以坐标系为基础将几何问题转化为代数问题来研究的,从而当取不同坐标系时,同一点的坐标与同一曲线的方程将发生变化,因此,在解析几何中研究坐标变换及坐标变换的不变量是不可少的.不变量除了 I_1, I_2, I_3 之外,还可以证明两点间的距离公式、两直线的交角公式、点到直线的距离公式、三角形的面积公式以及二直线平行或垂直的条件、三点共线的条件等,都是坐标变换下的不变量.

除了较深刻理解坐标变换及坐标变换下的不变量对于解析几何理论上的重要性以外,选取合适的坐标系及适当地运用坐标变换,在具体解题中也具有重要意义.

三、分类讨论的思想

由于解析几何是用代数方法研究几何,因此,一方面,一个几何关系或几何量由一个代数式表示时,对于各种不同的几何位置是否都适用?另一方面,用代数关系式表示几何关系式时,代数式中系数的各种不同情形表示的几何关系是否相同?这些问题的研究都需要分类讨论.

分类讨论的问题在解析几何中一般表现为两种形式:一种是问题本身就是研究分类.例如讨论由两个二元一次方程组成的方程组,可得到两条直线的位置关系,二元二次方程 $Ax^2+Bxy+Cy^2+Dx+Ey+F=0$ 表示何种曲线的讨论等.另一种虽然问题本身并不是分类问题而是证明问题或轨迹题等,但当一种解法不能适用于各种不同的情形时,为了数学上的严密和全面,必须分情况讨论.

四、待定系数法的思想及运用参数的思想

解析几何的各类型曲线各有其固定形式的方程.求某类曲线的方程时,一般先按其固定形式设出方程,其中某些系数待定,可以变动,实际上是参数.然后根据所给条件,确定这些系数,因为待定系数是参数,含参数的曲线方程表示一个曲线族.例如方程 $y=kx+b$,当 k 为参数时候(b 为实数)时表示过定点$(0,b)$的直线束;当 b 为参数(k 为实数)时表示斜率为定数 k 的平行线束,求直线方程只须根据所给条件求出待定系数,也就是从直线束中确定所求直线.

待定系数法思想的实质是双轨迹法,或者说是轨迹相交的思想.当求满足甲乙两个条件的点时,先放弃条件甲,得满足条件乙的点的轨迹;后放弃条件乙,得满足条件甲的轨迹,这两个轨迹的交点,即为同时满足条件甲乙的点.

在解析几何中,曲线被看成是点运动的结果,方程则是由坐标在一定约束条件下形成的一种关系.因此,运动和变化的思想成为解析几何中另一个基本思想.而运动和变化往往是通过参数表达和刻画的,参数方法是解析几何的重要方法.参数的应用,除待定系数法外,还有其他情形.如设参数作为中间辅助变量,就是常见的一种,它具有参加变化的含义.又如有时可设参数作为中间变量,但不必解出.再如建立曲线的参数方程(组),也是参数的一项重要应用.

4.3.2 认识解析几何是一个双刃工具

解析几何自从诞生以来,就肩负着双重使命:从几何到代数(即几何问题代数方法求解),也从代数到几何(即代数问题几何方法求解),即它是一个双刃工具.然而,在我们的解析几何教学中,一部分人是把"代数到几何"附属于"从几何到代数",即只把解析几何工具看成是用代数方法解决几何问题,而对于解析几何在解决代数问题方面的作用重视不够.

解析几何的重要性在于它的方法.这个方法的实质就是通过坐标系,来将几何问题转化为代数问题解决.又在某些条件下,来将代数问题转化为几何问题解决.认识到解析几何的这两方面的功能,对于解析几何的教学具有重要意义.

首先,因为只有意识到解析几何有将代数问题转化为几何问题的可能,才会用解析几何的眼光来审视代数问题,头脑中有没有这个意识是大不一样的.有一些代数问题,只要我们用解析几何眼光去看,一眼就能看出几何意义,将其转化成几何问题很快就解决了.但如果想不到解析几何,只知用代数方法,其运算可能会繁杂,这样的例子是很多的.

例 1 求二元函数 $f(x,y)=(x-y)^2+\left(x+\frac{1}{y}+1\right)^2$ 的最小值.

分析:用解析几何眼光来看,$f(x,y)=(x-y)^2+\left(x+\frac{1}{y}+1\right)^2$ 可看作直线 $x+y+1=0$ 上的点$(x,-x-1)$和双曲线 $xy=1$ 上的点$\left(y,\frac{1}{y}\right)$的距离的平方式,作图,可知最小值为$\frac{1}{2}$.

对于例 1 这样的问题,关键就在于你想到没想到用解析几何的眼光来看它.这就要求我们在教学中,要通过例题向学生阐明解析几何除了解决几何问题的功能外,还具有解决代数问题的功能.要注意培养学生具有用解析几何的眼光审视数学问题的意识.否则,即使面前这个代数问题有十分明显的几何意义,你也根本不会去发现,更何况对于几何意义不很明显甚至很不明显的问题了.

其次,由于代数问题能用几何方法来解的前提是它具有几何意义,因此在解析几何教学中,还要注意培养学生分析和寻找代数式的几何意义的能力.分析某个代数式所具有的几何意义,最简单的方法是直接翻译法,即在某个坐标系中考虑,观察这个代数表示式是不是某个几何图形的方程,或某个几何图形的某个量或某个关系的代数表示式.如前述例 1,通过直接翻译就可看出几何意义.为此,要求我们在教学中,不仅要训练学生熟悉各种常见曲线的方程,这些曲线的常见的量与关系的代数表示式,而且要训练学生反过来,一看到这些代数表示式,马上就能说出它们的几何意义.更多的时候,我们所遇见的代数问题,其几何意义不是一眼就能看出的,也就是说只靠直接翻译不行了,需要灵活地运用解析几何知识,有时还要适当变形,或进行猜想.总之要想方设法,尽可能地使面前这个代数表达式具有几何意义,从而转化成几何问题来解决.

当然,也应该告诉学生,并不是所有的代数问题都能转化为几何问题的,要具体问题具体分析.

4.3.3 关注几何直观分析的教学

培养学生从几何直观上分析问题的能力,是中学几何教学的任务之一.在平面解析几何教学中,常存在这样的问题:往往容易把注意力全部放在如何教学生用代数方法解几何题上,而对如何教学生注意从几何直观上分析问题重视不够.因此,不少学生拿到一个解析几何题,只知写出方程并计算,不注意从几何直观上进行分析.这样,在遇到一些条件比较复杂、关系比较多的题时,计算繁杂,算了很久也算不出,这种情形在教学中是经常见到的.

例 2 设一组椭圆的左顶点在抛物线 $y^2=x-1$ 上,它们的长轴长都是 4,且都以 y 轴为准线,求离心率达到最大时的椭圆方程.

求解此例时,若根据题目所给条件,写出好多关系式,最后得到关于半焦距 c 的一个很复杂的方程(4 次的),如何求出其最大值就陷入了困境.

如果我们重视几何直观分析,情形就变了.根据题设条件:一组椭圆的左顶点在抛物线 $y^2=x-1$ 上,长轴长是 4,y 轴为左准线,得到椭圆的中心也在一抛物线上,即把左顶点所在抛物线 $y^2=x-1$ 往右平移 2 个单位(半长轴长)所得的抛物线 $y^2=x-3$.画出图来,如图 4-13.

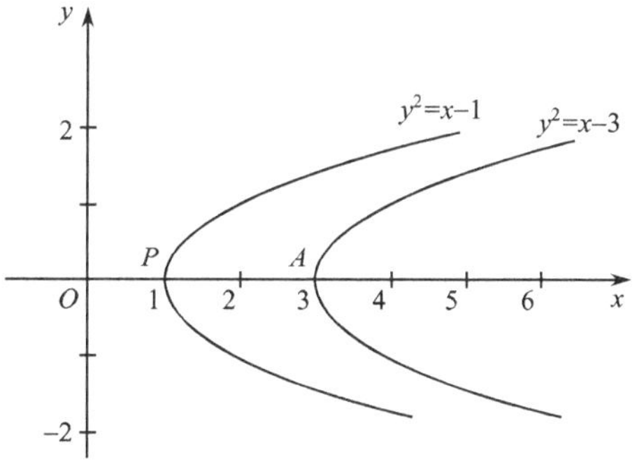

图 4-13

从图中可以看出,由于抛物线 $y^2=x-1$ 及抛物线 $y^2=x-3$ 均关于 x 轴对称,因此符合上述要求的椭圆都是成对出现的.若其中一个其左顶点(及中心)在 x 轴上方的椭圆满足要求,则必同时有一个其左顶点(及中心)在 x 轴下方的椭圆也满足要求.只有一处例外,即左顶点在抛物线 $y^2=x-1$ 的顶点 $P(1,0)$处的椭圆不是成对的. 另一方面,观察抛物线上各点形态的变化趋势,只有在顶点处才有发生改变的可能,例如对于抛物线 $y^2=x-1$ 上的点,其横坐标的值只在越过顶点时,变化趋势发生改变,因此,在顶点取得最(小)值,而在越过其他点时变化趋势不发生改变,因此不可能取得最值.

于是,可猜想所求离心率取得最大值的椭圆是左顶点在抛物线 $y^2=x-1$ 的顶点 $P(1,0)$,中心在抛物线 $y^2=x-3$ 的顶点 $A(3,0)$的那个椭圆(注意,这只是从几何直观分析得到的一个猜想).

为了检验上述猜想对否,我们对几何量离心率 $e=\frac{c}{a}$ 进行分析,由题设 $a=2$,要使 e 最大,只须半焦距 c 最大.

注意到前面的条件,左准线为 y 轴,左顶点在 $y^2=x-1$ 上,中心在 $y^2=x-3$ 上,中心与准线的距离是$\frac{a^2}{c}=\frac{4}{c}$. 当左顶点为 $P(1,0)$,中心为 $A(3,0)$,左准线 $x=0$ 时,中心到准线的距离是 3,得 $c=\frac{4}{3}$.

下面,再看$\frac{4}{3}$是否为 c 的最大值.

当左顶点是抛物线上除顶点 $P(1,0)$以外的其他点 $Q(x,\pm\sqrt{x-1})$时,此时 $x>1$,中心为 $R(x+2,\pm\sqrt{x-1})$,于是中心到准线($x=0$)的距离是 $x+2$,于是有 $\frac{4}{c}=x+2$,即得 $c=\frac{4}{x+2}$. 由于 $x>1$,所以 $c<\frac{4}{3}$,因此,c 的最大值是$\frac{4}{3}$.

这就证明了上述猜想是正确的,从而得所求椭圆方程为$\frac{(x-3)^2}{4}+\frac{y^2}{\frac{20}{9}}=1$.

在上述几何直观分析中,关键的两步是对问题中特殊点情形的猜想和对几何量的运用. 先猜想所求的情形可能在抛物线的顶点处发生. 后注意中心与准线的距离为$\frac{a^2}{c}$而证,猜和证都应用了几何直观分析.

综上,在解析几何中,不仅要教学生会用代数方法解几何题,而且也要教学生重视从几何直观上分析问题,培养从几何直观上分析问题的意义和思维习惯.

4.3.4 领悟辩证唯物主义思想

解析几何从它诞生的那天起,就充满了唯物辩证法. 通过解析几何的教学,应使学生逐步领悟辩证唯物主义思想,渐渐地能够站在辩证唯物主义的高度来观察解析几何中的量和质的复杂变化. 来揭示解析几何中"动"与"静"的相依性,理解对立统一的相对性.

一、量和质的复杂变化

常量与变量是教学中的两个重要的概念，常量反映了事物的相对静止状态，变量则刻画着事物的变化状态，常量和变量在一定条件下可以相互转化.

常量在一定条件下可以任意取值，即具有一定的自由性. 如在直线方程 $y=kx+b$ 及圆锥曲线方程 $\rho=\dfrac{ep}{1-e\cdot\cos\theta}$ 中，常数 k,b 可取任意值，常数 e,p 也可在正数范围内任意取值. 它们虽是常量，但取值却有相当大的自由性.

变量在一定条件下不能任意取值，即具有一定的约束性. 如在直线方程 $y=kx+b$ 及圆锥曲线方程 $\rho=\dfrac{ep}{1-e\cdot\cos\theta}$ 中，变量 y 与 x 之间、变量 ρ 与 θ 之间的具体关系则受到制约，它们虽是变量，但却相互制约而不能随意变动.

当变量在一定范围内变化时，事物虽然也在变化，但不影响事物的本质属性. 然而一旦超过了临界状态，量变就会成为质变，即原事物所固有某些本质属性便不复存在，事物也就变成另一相异事物了. 例如，对于圆锥曲线的离心率 e：e 由零逐渐接近于 1 时，轨迹是椭圆而且椭圆的形态由接近圆逐渐变得很扁平；当 $e=1$ 时，椭圆已开口成为抛物线；当 e 大于 1 时，轨迹变为双曲线，且当 e 趋向无穷大时，双曲线逼近两条相交直线. 这里离心率 e 的数量大小变化引起了圆锥曲线形状的质变.

二、“对立”与“统一”的相对性

直线与圆是对立的，但又是统一的. 直线可看作是中心在无穷远点，半径是无穷大的圆.

设圆的方程为

$$(x-r)^2+y^2=r^2 \qquad ①$$

将①式可以化为

$$\frac{x^2}{r}+\frac{y^2}{r}-2x=0 \qquad ②$$

由①、②两式可知：圆的中心为 $(r,0)$，半径是 $|r|$，且和 y 轴相切. 而当 r 的绝对值渐渐变大而趋近于无穷大时，这圆的中心便沿着 x 轴渐渐远离原点而一直到无穷远. 由方程②，可清楚地看出圆方程将变成 $x=0$. 这恰巧是 y 轴这条直线.

如果是圆的一般方程 $x^2+y^2+Dx+Ey+F=0$，也可以写成 $x^2+y^2+Akx+Bky+Ck=0$，亦即 $\dfrac{x^2}{k}+\dfrac{y^2}{k}+Ax+By+C=0$. 当 $k\to\infty$ 时，方程将变成 $Ax+By+C=0$. 这样，直线便可看为中心在无穷远点，半径是无穷大的圆.

椭圆、双曲线和抛物线是对立的，但也是统一的，这不仅可以由统一的极坐标方程来说明，也可以用直角坐标方程来说明.

设圆锥曲线方程为

$$kx^2 + y^2 - 2x = (k \neq 0), \tag{③}$$

可化为

$$\frac{\left(x-\frac{1}{k}\right)^2}{\frac{1}{k^2}} + \frac{y^2}{\frac{1}{k}} = 1. \tag{④}$$

如果 k 的绝对值逐渐变小，一直趋近于零，这曲线的中心 $\left(\frac{1}{k},0\right)$ 就渐渐远离原点一直趋向无穷远. 从方程③可以看出这曲线将变成

$$y^2 - 2x = 0, \tag{⑤}$$

这时是一条抛物线了. 如果 k 由正值趋近于零，则抛物线便是由椭圆变成；如果 k 由负值趋近于零，则抛物线便是由双曲线变成(图 4-14).

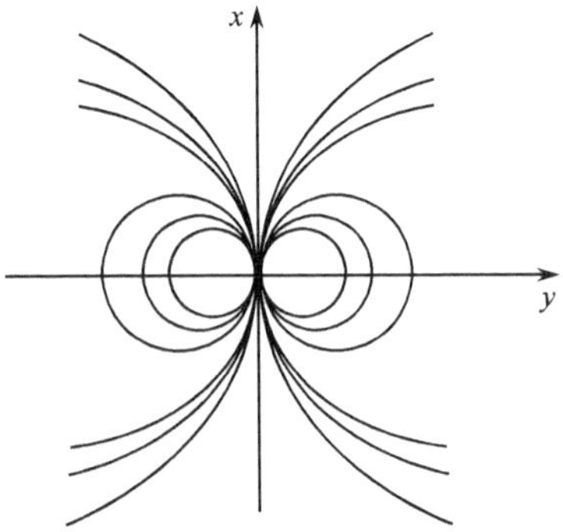

图 4-14

从这里也可以看到，圆锥曲线各类形态的对立统一性，而且这种对立统一是相对的，有条件的.

4.4　平面解析几何问题的求解技巧

解析几何的方法使数形结合，把几何问题化作数、式演算，反过来，把有关数、式问题运用几何方法处理，因而有一定的章程可以遵循，不需要挖空心思去寻找解法.

但是，如果不注意解析几何的基本解法与技巧，陷入一大堆烦琐的演算之中，杂乱没有头绪也是很糟糕的. 解题实践告诉我们，关注下述的一些技巧，常常能取得较好的效果.

(1) 选择合适的原点、坐标轴，选用恰当形式的直线、曲线方程；

(2) 适当地利用平面几何知识，注意各表达式的几何意义；

(3) 选用合适的参数，巧妙地消元，注意整体消参或消元；

(4) 注意对称性、轮换性等结构特征；

(5) 善于运用曲线束(直线束、共轴圆、二次曲线束等)；

(6) 设而不求，善于运用韦达定理等代数结论，注意使计算有条紊，井然有序；

(7) 善于运用向量工具与行列式工具等，以及一些代数技巧.

下面，我们看几个具体的例子.

例 1　求经过两直线 $l_1: 2x-3y-3=0$，$l_2: x+y+2=0$ 的交点，且与直线 l: $3x+y-1=0$ 的直线方程.

解法 1:(构造性解法)联立$\begin{cases}2x-3y-3=0,\\ x+y+2=0.\end{cases}$

又直线 l 的斜率为 -3,从而由直线的点斜式方程求得所求的直线方程为

$$3x+y+\frac{16}{5}=0.$$

解法 2:(非构造性解法)利用过交点的直线束方程,设所求直线方程为 $2x-3y-3+\lambda(x+y+2)=0$,即 $(2+\lambda)x+(\lambda-3)y+2\lambda-3=0$. 而直线 l:$3x+y-1=0$ 与所求直线平行,得 $\lambda=\frac{11}{2}$,故所求直线方程为 $3x+y+\frac{16}{5}=0$.

解法 3:(非构造性解法)利用平行直线束方程,设所求直线方程为 $3x+y+\lambda=0$. 由于此直线与直线 l_1,l_2 共点,有

$$\begin{vmatrix}3 & 1 & \lambda\\ 2 & -3 & -3\\ 1 & 1 & 2\end{vmatrix}=0,$$

求得 $\lambda=\frac{16}{5}$. 故所求直线方程为 $3x+y+\frac{16}{5}=0$.

注:上例中的构造性解法与非构造性解法,是根据解题程序是否与作图步骤相吻合而分的. 构造性解法反映在所使用的思维方式、方法与思维水平上,具有如下特征:第一,(直观性)构造性解法具有直观背景,以作图步骤为依据;第二,(综合性)构造性解法较多地使用了从已知到未知的综合性思维路线;第三,(直单性)构造性解题时,思维路线基本上是单向的,较少含有辩证思维的成分. 因此,解析几何中的构造性解法体现出的思维水平大体上处于理论抽象思维发展阶段,还存在着若干经验型抽象思维的痕迹,尚未达到辩证思维的水平. 由于单纯的构造性解法不能完全适应解析几何问题解法的需要,而需要有各种各样的非构造性解法过度、演变、发展到非构造性解法的过程.

例 2　如图 4-15,设 H 为 $\triangle ABC$ 的垂心,P 是 $\triangle ABC$ 所在平面内任一点. 作 $HL\perp PA$ 于 L,交直线 BC 于 X,作 $HM\perp PB$ 于 M,交直线 CA 于 Y,作 $HN\perp PC$ 于 N,交直线 AB 于 Z,求证:X,Y,Z 三点共线.

解:由于过 H 的直线比较多,所以我们以 H 为原点,建立平面直角坐标系. 点 A 的坐标记为 (x_A,x_A) 等,得直线 PA 的斜率为 $\frac{y_P-y_A}{x_P-x_A}$. 由于 $k_{PA}\cdot k_{HL}=-1$,得直线 HL 的方程为

$$x(x_P-x_A)+y(y_P-y_A)=0. \quad ①$$

由于 $k_{HA}=\frac{y_A}{x_A}$,则直线 BC 的方程的"头"为 $x\cdot x_A+y\cdot y_A$,而 BC 过 B,有

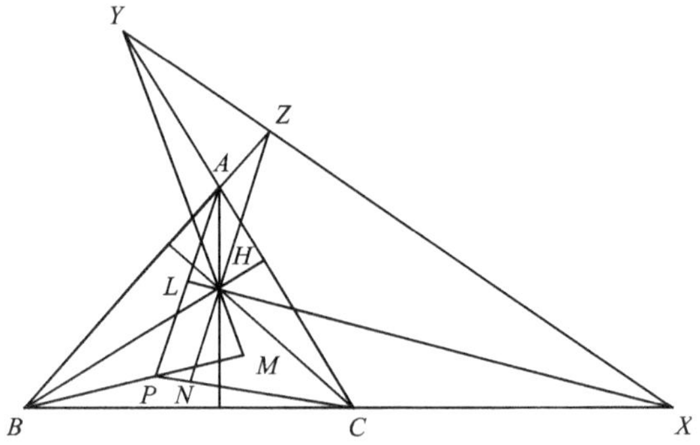

图 4-15

$$x \cdot x_A + y \cdot y_A = x_A \cdot x_B + y_A \cdot y_B. \quad ②$$

BC 也过 C，因此 $x \cdot x_A + y \cdot y_A = x_A \cdot x_B + y_A \cdot y_B$. 由轮换性(或者说“同理”)

$$x_B x_C + y_B \cdot y_C = x_C \cdot x_A + y_C \cdot y_A = x_A \cdot x_B + y_A \cdot y_B. \quad ③$$

又 X 是直线 BC 与 HL 的交点，因此将①、②式相加，所得的直线

$$x \cdot x_P + y \cdot y_P = x_A \cdot x_B + y_A \cdot y_B. \quad ④$$

应当过点 X.

注意到③式，知直线④也是

$$x \cdot x_P + y \cdot y_P = x_B \cdot x_C + y_B \cdot y_C \quad ⑤$$

与

$$x \cdot x_P + y \cdot y_P = x_C \cdot x_A + y_C \cdot y_A. \quad ⑥$$

所以直线④也过 Y，Z，即 X，Y，Z 三点共线.

注：(1)求解此例建坐标系时，只选定原点，而没有选定 x 轴和 y 轴，这是一个技巧. 选择直线 BC 或过 H 与 BC 平行的直线为 x 轴，虽然也能解决这个问题，但由于这样做破坏了对称性(A，B，C 及 X，Y，Z 的地位不平等)，反而麻烦. 注意这种对称性是解析几何的一个重要技巧.

(2) ①与②式相加是为了消去不对称的部分 $x \cdot x_A + y \cdot y_A$，只留下对称的部分 $x \cdot x_P + y \cdot y_P$(与 A，B，C 无关)及 $x_A \cdot x_B + y_A \cdot y_B$(由③式，我们知后者关于 A，B，C 是对称的).

(3) 由④式，我们还知道 $XY \perp HP$.

(4) 如果题目不仅要求 X，Y，Z 共线，还进一步要我们证明 $XY \perp HP$，那么情况对我们更有利. 因为它告诉我们 XY 的“头”必为 $x \cdot x_P + y \cdot y_P$，只要设法从①、②两式把这个“头”凑出来就可以了. 这与归纳法有些类似：要证明的结论越强，归纳假设也就越强，证明往往越方便.

例 3　椭圆的外切四边形的对角线的中点连线必过椭圆的中心.

解:设椭圆的方程为$\frac{x^2}{a^2}+\frac{y^2}{b^2}=1(a>b>0)$. 它的参数方程为

$$\begin{cases}x=a\cdot\cos\theta,\\ y=b\cdot\sin\theta\end{cases}\text{(其中 }\theta\text{ 为离心角)}. \tag{⑦}$$

设外切四边形的四个切点 E,F,G,H 的离心角分别为 $\alpha,\beta,\gamma,\delta$,则过点 E 的切线 AD 的方程为

$$\frac{x\cdot\cos\theta}{a}+\frac{y\cdot\sin\theta}{b}=1. \tag{⑧}$$

过点 F 的切线 AB 的方程为

$$\frac{x\cdot\cos\beta}{a}+\frac{y\cdot\sin\beta}{b}=1. \tag{⑨}$$

由⑧、⑨求得 A 点坐标为

$$\left(\frac{a\cdot\cos\frac{\alpha+\beta}{2}}{\cos\frac{\alpha-\beta}{2}},\frac{b\cdot\sin\frac{\alpha+\beta}{2}}{\cos\frac{\alpha-\beta}{2}}\right).$$

同样,求得点 C 坐标为

$$\left(\frac{a\cdot\cos\frac{\gamma+\delta}{2}}{\cos\frac{\gamma-\delta}{2}},\frac{b\cdot\sin\frac{\gamma+\delta}{2}}{\cos\frac{\gamma-\delta}{2}}\right).$$

于是,AC 的中点 M 的坐标为

$$\left(\frac{a\cdot\left(\cos\frac{\alpha+\beta}{2}\cdot\cos\frac{\gamma-\delta}{2}+\cos\frac{\gamma+\delta}{2}\cdot\cos\frac{\alpha-\beta}{2}\right)}{2\cos\frac{\alpha-\beta}{2}\cdot\cos\frac{\gamma-\delta}{2}},\right.$$
$$\left.\frac{b\cdot\left(\sin\frac{\alpha+\beta}{2}\cdot\cos\frac{\gamma-\delta}{2}+\sin\frac{\gamma+\delta}{2}\cdot\cos\frac{\alpha-\beta}{2}\right)}{2\cos\frac{\alpha-\beta}{2}\cdot\cos\frac{\gamma-\delta}{2}}\right).$$

OM 的斜率为(令 $\varphi=\frac{1}{2}(\alpha+\beta+\gamma+\delta)$)

$$k_{OM}=\frac{b[\sin(\varphi-\alpha)+\sin(\varphi-\beta)+\sin(\varphi-\gamma)+\sin(\varphi-\delta)]}{a[\cos(\varphi-\alpha)+\cos(\varphi-\beta)+\cos(\varphi-\gamma)+\cos(\varphi-\delta)]}. \tag{⑩}$$

同样,设 N 为 BD 的中点,ON 的斜率也是⑩式,于是 AC,BD 的中点连线 MN 过点 O.

注:(1) 椭圆、双曲线、抛物线的参数方程是经常使用的,尤其是⑦式,使用起来颇为便利. 这些参数方程把点(x_i,y_i)在曲线上所需满足的条件作为一个参数 θ

(或其他参数),省去利用原方程来消去两个字 x_i,y_i 的麻烦. 当然,这些麻烦的取消是以一些三角运算为代价的,而本题的三角运算并不困难.

(2) 本例中两次用了"同样",这体现了解析几何的"整齐"之"美".

(3) 本题的特殊情况是圆的外切四边形对角线中点连线过圆心. 用解析几何方法证要比纯几何证法容易一些,但也须注意,解析几何中缺少一种简洁的工具来处理与圆有关的角(圆周角、圆心角、圆外角、圆内角、弦切角等),所以涉及许多角度的问题仍以用纯几何法为好.

由于向量既能体现"形"的直观的位置特征,又具有"数"的良好的运算性质,因此,向量是数形结合和轮换的桥梁. 对于解析几何中图形的重要位置关系(如平行、垂直、相交、三点共线等)和数量关系(如距离、角等),向量都能通过其坐标运算来刻画,这就为在解析几何中充分运用向量方法创造了条件.

例 4 设点 A 和 B 为抛物线 $y^2=4x$ 上原点以外的两个切点,已知 $OA\perp OB$,$OM\perp AB$,求点 M 的轨迹方程,并说明它表示什么曲线.

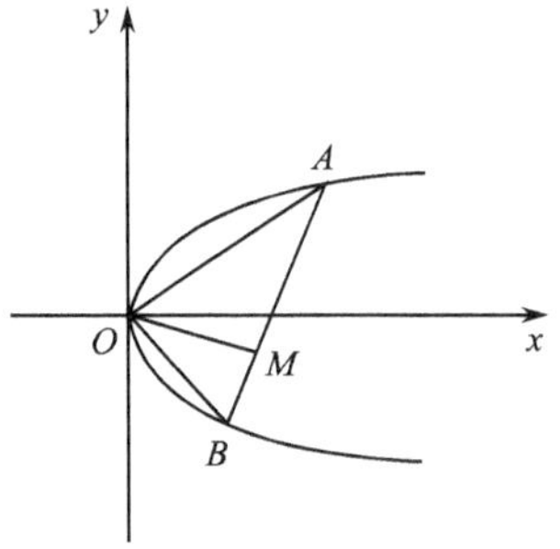

图 4-16

解:如图 4-16,设 $M(x,y)$,$A(4t_1^2,4t_1)$,$B(4t_2^2,4t_2)$,其中 $x>0$,$t_1\cdot t_2\neq 0$ 且 $t_1\neq t_2$. 于是,

$$\overrightarrow{OA}=(4t_1^2,4t_1),\overrightarrow{OB}=(4t_2^2,4t_2),$$

$$\overrightarrow{OM}=(x,y),\overrightarrow{AB}=(4(t_2^2-t_1^2),4(t_2-t_1)).$$

由 $\overrightarrow{OA}\perp\overrightarrow{OB}$,有 $4t_1^2\cdot 4t_2^2+4t_1\cdot 4t_2=0$. 由 $t_1\cdot t_2\neq 0$,可知

$$t_1\cdot t_2=-1. \tag{11}$$

因为 $\overrightarrow{OM}\perp\overrightarrow{AB}$,所以

$$x\cdot 4(t_2^2-t_1^2)+y\cdot 4(t_2-t_1))=0.$$

由 $t_1\neq t_2$,可知

$$t_1+t_2=-\frac{y}{x}. \tag{12}$$

又 A,B,M 三点共线,所以 $\overrightarrow{AM}/\!/\overrightarrow{BM}$,而

$$\overrightarrow{AM}=\overrightarrow{OM}-\overrightarrow{OA}=(x-4t_1^2,y-4t_1).$$

$$\overrightarrow{BM}=\overrightarrow{OM}-\overrightarrow{OB}=(x-4t_2^2,y-4t_2).$$

由向量共线的充要条件,可知

$$(x-4t_1^2)\cdot(y-4t_2)=(x-4t_2^2)\cdot(y-4t_1).$$

化简,得

$$x-(t_1+t_2)y+4t_1 \cdot t_2=0. \qquad ⑬$$

将⑪、⑫式代入⑬式，可得点 M 的轨迹方程为

$$(x-2)^2+y^2=4\ (x>0).$$

它表示与 y 轴切于原点的一个圆(不包括原点).

习 题 4

1. 已知 x,y 适合 $2x-8y-5=0$，求函数

$$f(x,y)=\sqrt{x^2+y^2+4x-2y+5}+\sqrt{x^2+y^2-10x-10y+50}$$

的最小值.

2. 已知，x,y 适合 $x^2+2y^2=8$，求函数 $f(x,y)=x-y$ 的最大值和最小值.

3. 运用几何直观分析求解下列问题：

当 m 取不同的实数时，方程 $4x^2+5y^2-8mx-20my+4m^2-20=0$ 表示不同的椭圆，试求一直线被这些椭圆截得的弦长等于 $\frac{5}{3}\sqrt{5}$.

4. 在解析几何教学中，重视基本数学思想的教学可采用一些什么措施？

5. 根据互变规律，写出下列命题的相关命题：

(1) 若过椭圆一焦点的两条弦 MN 和 PQ 互相垂直，则 $\frac{1}{|MN|}+\frac{1}{|PQ|}$ 为定值.

(2) 椭圆上任意一点的两条焦半径的夹角被该点的法线所平分.

6. 设 A 为定点 $(b,0)$，P 为圆 $x^2+y^2=9$ 上一点，M 是 AP 上的一点，且满足 $\frac{AM}{MP}=\frac{1}{2}$，当点 P 在圆上运动时，求点 M 的轨迹方程.

7. 求以相交两圆 $C_1: x^2+y^2+4x+y+1=0$ 及 $C_1: x^2+y^2+2x+2y+1=0$ 的公共弦为直径的圆的方程.

8. 以抛物线的两条过焦点 F 的弦 AB，CD 为直径各作一圆. 求证：这两个圆的公共弦必过定点 O.

9. 已知二次曲线切直线 $x-2y+3=0$ 于点 $P(-1,1)$，切直线 $5x+2y-6=0$ 于点 $Q(2,-2)$，且经过点 $R(1,0)$，求此二次曲线的方程.

参考文献及进一步阅读的资料

恩格斯. 1971. 自然辩证法，北京：人民出版社，236

王敬庚. 平面解析几何中的基本数学思想初探. 数学通报，1992(11)：9～11

王敬庚. 关于解析几何是一个双刃工具的思想. 数学通报，1993(5)：5～8

王敬庚. 关于重视几何直观分析的思考. 数学通报，1995(12)：23～25

张乃达. 解析几何教学中的思维训练—从构造性解法谈起. 数学通报，1992(8)：11～16

沈文选. 2004. 奥林匹克数学中的几何问题. 长沙：湖南师范大学出版社，294～304

第 5 章　欧氏几何的公理化思想方法

5.1　欧几里得的《几何原本》——公理化思想方法的建立

欧氏几何的公理化思想方法是数学中一个很重要的思想方法.它不仅对数学科学本身的发展发挥了巨大的作用,而且对与其相关联学科的建设和发展都有着重要意义.因此,我们有必要对数学中的欧氏几何的公理化思想方法的起源,有关内容、结构、特征及其意义做一个大致的介绍.

5.1.1　《几何原本》的诞生与传播

从公元前 7 世纪到公元前 3 世纪,希腊数学已经从素材到框架,为建造几何学的理论大厦准备了足够的条件.

根据历史上有关的对于希腊数学著作的评注可获知:泰勒斯(Thales of Miletus,约公元前 625～前 547)所领导的爱奥尼亚学派开了希腊命题证明之先河;从而使泰勒斯获得了第一位数学家和论证几何学鼻祖的美名.希腊论证数学的另一位祖师是毕达哥拉斯(Pythagoras of Samos,约公元前 580～前 500),他所领导的学派对论证数学的成长发挥了重要作用.一般认为,欧几里得《几何原本》前两卷的大部分材料来源于毕达哥拉斯学派.毕达哥拉斯的学生曾先后组建过几何学,但是都没有获得理想的结果.柏拉图(Plato,公元前 427～前 347)曾是师从毕达哥拉斯学派的学者,他也形成了自己的学派,这个学派中的欧多克斯(Eudoxus,约公元前 408～前 347)所开创的在数学上以明确公理为依据的演绎整理,对欧几里得的工作直接起了作用.欧多克斯发现和证明的许多定理,也被欧几里得收入《几何原本》中.

如果说欧多克斯仅是向欧几里得提供了一个可供参考的基本模式的话,那么柏拉图的学生亚里士多德(Aristotle,公元前 384～前 332)却为整个几何大厦的基础构件的选择,制定了合理的标准.他给出了"定义"的定义,指出了给某个概念下定义时所需注意的事项.比如,他说一个定义只能告诉人们某事物是什么,并不说明它一定存在.定义了的东西是否存在有待于证明,除此是极少数的几个第一性的东西,诸如点、直线,它们的存在是同公理一起,事先为人们所接受的.亚里士多德对公理和公设所作的区别,也被欧几里得所采纳.亚里士多德还总结了前人所发现和创立的逻辑知识，以完全三段论作为出发点，用演绎的方法推导出其余 19 个不同格式的所有三段论，创立了人类历史上第一个公理化方法，即逻辑公理化方法，从而为数学公理化方法创造了条件.

对欧几里得《几何原本》有影响的，还有奥托利库斯(Autolycus，约公元前 310 年)，他的《论运动的球》中，采用了一种新的网格——命题按逻辑次序排列. 每个命题先作一般性的陈述，然后再重复，但重复陈述时明确参照附图，到最后给出证明. 这种风格也为欧几里得所采用.

数学家欧几里得是柏拉图的学生，后来在托勒密一世的邀请下，到亚历山大教学. 他是一个温良敦厚的教育家，对有志数学的人，总是循循善诱地教导，反对在学习上不肯刻苦钻研、投机取巧的作风. 据传有一个青年学生，刚开始学第一个命题，就问欧几里得："学了几何学以后，将会得到什么?"欧几里得马上说："给他三个钱币，因为他想在学习中获取实利."另一个传说讲托勒密一世问欧几里得有没有学习几何的捷径，欧几里得规劝道："在几何学中捷径是没有的.""几何无王者之道"成为学习几何的一句箴言.

欧几里得写过不少数学、物理著作，而最重要的是他的巨著《几何原本》. 他以亚里士多德的演绎逻辑为工具，总结了人类长期以来所积累的大量几何知识. 于公元前 300 年完成了《几何原本》.《几何原本》使演绎逻辑第一次成功地应用于数学. 反过来，也推动了形式逻辑的大发展.

欧几里得的《几何原本》是有史以来用公理化思想方法建立起来的第一门演绎数学，而且成为以后很长时期严格证明的典范. 当然，现在看来由于受当时整个科学水平的限制，这种公理化思想方法还是很原始的，所以后来称它为公理化思想方法的初期阶段.

由于在公元前 47 年，罗马军队入侵埃及，烧毁了埃及图书馆，有关欧几里得的大部分著作也被烧毁，欧几里得本人写的手稿也荡然无存. 他的著作只能参考其他作者的许多修订本、评注本和简评重新整理出来.《几何原本》先以手抄本流传，当印刷术传入欧洲以后，仅从 1482 年到 19 世纪末，《几何原本》竟用各种文字出了 1000 多种版本. 在西方，《几何原本》是仅次于《圣经》的出版量最多的书！欧几里得的影响是如此深远，以致欧几里得和几何学成了同义词！

我国最早的译本是 1607 年(明万历丁未年)利玛窦(Metteo Ricci，1552～1610)、徐光启(1562～1633)合译的《几何原本》前六卷和 1857 年(清咸丰年)伟烈亚力(Wylie，1815～1887)、李善兰(1811～1882)合译的后九卷. 徐光启曾对这部著作给以高度评价，他说："此书有四不必：不必疑，不必揣，不必试，不必改. 有四不可得：欲脱之不可得，欲驳之不可得，欲减之不可得，欲前后更置之不可得. 有三至三能：似至晦，实至明，故能以其明明他物之至晦；似至繁，实至简，故能以其简简他物之至繁；似至难，实至易，故能以其易易他物之至难. 易生于简，简生于明，综其妙在明而已.”

5.1.2 《几何原本》的体系与内容

欧几里得《几何原本》的几何体系受到亚里士多德形式逻辑的影响,他认为公理是不证自明的命题,而公设是几何学中假设成立的事项,假设必须大家承认,所谓定义就是几何学中用的词语的意义.欧几里得在《几何原本》中把量和量之间的关系作为公理,把几何图形中大家公认的一些性质作为公设,在公理、公设基础上,建立起几何的公理化体系.

全书共分十三卷,主要内容如下:

《几何原本》第一卷给出全书最初的23个定义、5个公设和5个公理:

定义

(1) 点是没有部分的.

(2) 线有长度没有宽度.

(3) 线的界限是点.

(4) 直线是同其中各点看齐的线.

(5) 面只有长度和宽度.

(6) 面的界限是线.

(7) 平面是与其上直线看齐的那种面.

(8) 平面上的角是在一个平面上的两条相交直线相互的倾斜度.

(9) 当形成一角的两线是一直线时,这个角叫做平角.

定义(10)～(22)是关于直角和垂线、钝角和锐角、圆、圆的中心、直线形、三角形、四边形、等边三角形、等腰三角形、不等边三角形、正方形、直角三角形、菱形等的定义.最后一个定义是:

(23) 平行直线是在同一平面内,而且往两个方向无限延长后在两个方向都不会相交的直线.

公设

(1) 从每个点到每个别的点必定可以引直线.

(2) 每条直线都可以无限延长.

(3) 以任意点作中心可以用任意半径作圆.

(4) 所有直角都相等.

(5) (在一平面上)若一直线与两直线相交,且若同侧所交两内角之和小于两直角,则两直线无限延长后相交于该侧一点.

公理

(1) 等于同量的量相等.

(2) 等量加等量,总量仍相等.

（3）等量减等量，余量仍相等.

（4）能重合的量相等.

（5）整体大于部分.

《几何原本》的这一卷是从定义、公设、公理开始的，接着用 48 个命题讨论了关于直线和由直线构成的平面图形. 分成三组：第一组（命题 1～26）主要讲三角形和垂线；第二组（命题 27～32）主要讲平行线理论；第三组（命题 33～48）通过比较面积讲平行四边形、三角形和正方形.

欧几里得的证明方法思路清晰，整个证明建立在严密的公理化基础上，使几何学成为了真正的科学.

《几何原本》中的命题有两种类型，一类是定理，根据假定、公理、公设和定义利用逻辑推理得出结论. 另一类是作图题，由已知的对象找出或作出所求的对象. 第二卷主要介绍这方面的命题.

第二卷中还讨论线段计算：包括黄金分割定理，共 14 个命题.

第三卷主要讨论有关圆的一些问题和有关命题，共有 37 个命题. 命题 1 到命题 15 讲圆心、弦、直径以及两圆的相交，相切；命题 16 到命题 19 讲切线；命题 20 到命题 24 讲割线；命题 35 到命题 37 讲圆幂. 命题 16 最引人注目，它讨论了一种特殊的角——“牛头角”.

命题 16　在圆的直径的端点所作直径的垂线必在圆外，不能有其他的直线插在这条垂线与圆之间，而且半圆的角大于锐角，其余的角小于任意锐角.

命题指出：切线 TA 与弧 ACE 之间的夹角（图 5-1）即牛头角小于直线的任何锐角，但它的值并不是零. 欧几里得很少谈到曲线之间的夹角，通常讨论的都是直线之间的夹角.

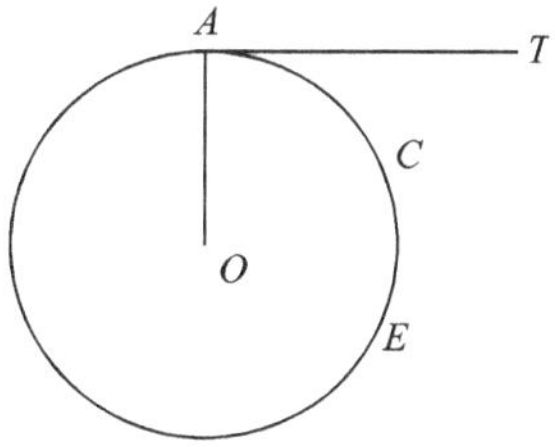

图 5-1

第四卷讨论圆内接、外切多边形，包括正五边形、正六边形、正十五边形的作法，共 16 个命题.

第五卷是《几何原本》中比较精彩的一卷，讲比例理论. 在欧多克斯以前也讲比例的理论，但讲的是可通约量的比例理论，而根据欧多克斯比例理论编写的第五卷，把比例推广到不可通约量. 第五卷共有 18 个定义，讨论了量的比的相等和不等；25 个命题，命题给出比例的一些性质，现作简单介绍如下：

定义

（1）小的量能量尽大的量时，小的量称为大的量的部分. 这里“部分”是指若干分之一.

（2）大的量能被小的量量尽时，大的量称为小的量的倍数. 这里倍数指整数倍数.

(3) 比是两个同类量的大小之间的一种关系.

(4) 可比的两个量,如果一个量的倍数大于另一个量,那么说,这两个量彼此之间构成了比.

注:定义给出了什么样的两个量可以有一个比,这两个量必须是同类量,这两个量不能有无穷小或无穷大的量.尽管在这一卷中,一开始就提到量,但没有对量下定义.

(5) 四个量形成第一个量与第二个量之比以及第三个量与第四个量之比.我们说这两个比是相同的:如果取第一、第三两个量的任何相同的倍数,取第二、四两个量的任何相同的倍数后,从头两个量的倍数之间大于、等于或小于的关系,可以推出后两个量的倍数之间的相应关系.

注:这个定义是说有 a,b,c,d 四个量,m,n 是任意的整数,如果下列关系成立:

对 $ma<nb$,必有 $mc<nd$;

对 $ma=nb$,必有 $mc=nd$;

对 $ma>nb$,必有 $mc>nd$.

则称 $\frac{a}{b}=\frac{c}{d}$.定义(5)为量的比例的代数性质打下了基础,是一个关键性定义.

(6) 有等比的量称为成比例的量.

(7) 如果第一量的倍数大于第二量的倍数,而第三量的倍数不大于第四量的倍数,那么第一量、第二量之比大于第三、第四量之比.

注:这个定义说,只要有一个 m,一个 n 使得 $ma>nb$,而 $mc\leqslant nd$,则 $\frac{a}{b}>\frac{c}{d}$.因此,对于一个不可通约的比 $\frac{a}{b}$,可将它置于两个比之间,即一个比大于 $\frac{a}{b}$,另一个比小于 $\frac{a}{b}$.

(8) 一个比至少要有三项 $\left(\text{指}\frac{a}{b}=\frac{b}{c}\right)$.

(9) 当三个量成比例时,我们说第一量与第三量之比是第一量与第二量的二次比,即若 $\frac{a}{b}=\frac{b}{c}$ 那么 $\frac{a}{c}=\frac{a^2}{b^2}$.

(10) 四个量成连比时,第一量与第四量之比称为第一量与第二量的三重比.以此类推,即若 $\frac{a}{b}=\frac{b}{c}=\frac{c}{d}$ 那么 $\frac{a}{d}=\frac{a^3}{b^3}$.

注:定义(11)到定义(18),定义了相应的一些量:交比、反比、分比、合分比等,这里指从 $\frac{a}{b}$ 形成 $\frac{a+b}{b}$,$\frac{a-b}{b}$ 等一些比.

在定义(18)以后,给出了关于量和量之比的 25 个命题,证明是用文字叙述的.

欧几里得为了帮助读者理解命题和证明的意义，用线段来说明量.

命题 1　任意多个量，分别是同样多个量的相同倍数，那么不管那些个量的倍数是多少，它们总起来也有那么多的倍数. 即 $m(a+b+c\cdots)=ma+mb+mc+\cdots$.

以下命题用现代记号表示就是：

命题 4　若 $\frac{a}{b}=\frac{c}{d}$，则 $\frac{ma}{mb}=\frac{mc}{md}$.

命题 11　若 $\frac{a}{b}=\frac{c}{d}$，则 $\frac{ma}{nb}=\frac{mc}{nd}$.

命题 12　若 $\frac{a}{b}=\frac{c}{d}=\frac{e}{f}$，则 $\frac{a}{b}=\frac{a+c+e}{b+d+f}$.

命题 17　若 $\frac{a}{b}=\frac{c}{d}$，则 $\frac{a-b}{b}=\frac{c-d}{d}$.

命题 18　若 $\frac{a}{b}=\frac{c}{d}$，则 $\frac{a+b}{b}=\frac{c+d}{d}$.

第六卷讨论相似多边形及比例，共 33 个命题.

第七、八、九三卷是数论.

第十卷讨论不可公度量的分类，包括与整数的开方有关的几何运算，共 117 个命题(或 115 个命题).

第十一、十二、十三卷讨论立体几何，包括直线、平面的位置关系，多面角的平面角，棱柱体积，相似体体积之比以及讨论正多面体有且只有五类等.

从以上简单介绍可以看到，目前属于初等几何学的内容和方法，基本上都已包括在《几何原本》中了. 它所以能在两千多年的时间中被长期公认为几何学的标准教科书，就在于它的相当严密的体系和丰富的内容. 欧几里得的工作是伟大的，他是第一个试图建立几何学基础(即提出一些定义和少数公设、公理作为后面逻辑推理的依据和出发点)的数学家. 不过，由于历史的局限性，《几何原本》的逻辑体系并不是最严密的，这主要表现在定义方面和公设、公理的作用方面.

5.1.3 《几何原本》的缺陷

在定义方面，欧几里得试图对一切概念都给予定义，但他在最初的几个定义中用了一些未经定义的概念，如“部分”、“界限”、“长度”和“宽度”等，这些概念意义模糊不清.

在公理、公设的作用方面，如果把它们作为几何学严格的逻辑推理的根据，所列的五条公设和五条公理是不够的. 在证明某些定理时，欧几里得不得不(或明或暗地)采用借助图形直觉与默认的方法. 例如

《几何原本》第一卷第一个命题：“在一定直线上作等边三角形”.

作法：已知直线(即线段)AB，作$\odot(A,AB)$，再作$\odot(B,AB)$，设两圆交于 C，

连 AC,BC,就得等边$\triangle ABC$(图略).

欧几里得在这里是根据直观,假定这样的两圆必定相交,可是根据定义、公理及公设是得不出这个断语的.事实上,交点 C 的存在必须以圆的连续性为前提,而他的公理中没有一处讲到连续性(此处,事实上暗地导入了新的公理).

《几何原本》第一卷第四个命题:"若一个三角形两边和其夹角相应地等于另一个三角形的两边和其夹角,则这两个三角形全等".

证明方法是把一个三角形叠合到另一个上去.但是,要使两图形能够重合,必须求助于运动.运动中图形会不会变形?《几何原本》中既没有明确"运动"的概念,也没有相应的公理,不得不凭直觉假定运动使图形的长度和角度都保持不变.

《几何原本》中也利用了"介于"的概念,如"直线上一点介于另两点之间"、"在直线同一侧的两点"、"在直线不同侧的两点",但欧几里得并没有把这些概念列入公理系统(缺乏顺序公理).因此,对于这些语句的意义也只能依靠图形的直观来理解,证明定理用到它们时,也只得利用图形的直觉来说明.

基于上述缺陷,学习欧几里得几何的学生可能发生因错误作图而得出错误结论的危险.大量的所谓几何诡辩就是这样产生的.诡辩结论都有形式上正确的证明,但都基于错误的几何作图,即与有关"介于"概念的公理相矛盾.如大家较熟知的"每个三角形都是等腰的"几何诡辩的证明即是如此.

综上所述,欧几里得的《几何原本》中的公理系统作为几何学的逻辑推理的基础是不够严密的.应该怎样修改、补充《几何原本》中的定义、公理才能使几何学成为逻辑上完美无缺的科学呢?怎样建立几何学的牢固的逻辑基础呢?这个问题是两千年以来的几何学家研究的重要课题,几乎从《几何原本》写成之日就开始了.数学家从两方面进行研究,一方面是增加或改换公理,另一方面是试证第五公设.前者促进了几何基础的严密化,后者导致了非欧几何的产生.

在改良欧几里得《几何原本》公理系统的漫长的岁月里,首先值得提到的应是古代希腊伟大的数学家、物理学家阿基米德,在其《论球和柱体》著作中提出了五个公理,其中第五个:"两条不等的线,两个不等的面或两个不等的体,只要把可比较的量中的小的扩大到适当的倍数,便会比大的那一个更大".这条公理关于线段的叙述,便是现在所谓的著名的阿基米德公理:"小的线段 a 恒可以增大这样多的整数倍,使它越过大的 b,即存在正整数 h,使 $ha>b$".此乃度量几何的不可缺少的几何根据.

中世纪的数学以有大量公理为其特点,数学家们都把一连串的空间性质写成公理,这些公理的历史作用在于,它们促进了现代公理化思想方法的完善.事实上,直至 18 世纪为止,几何中许多重要概念,如顺序、运动、连续等都还没有得到充分的逻辑加工而明确地建立起来,但数学基础方面很多人的工作为 19 世纪这方面质的飞跃准备了条件,第五公设的试证导致发现非欧几何而引起的几何学上的革命,也促进了几何基础问题的研究.到了 1899 年,伟大的数学家希尔伯特(David Hilbert,1862～1943)的经典作品《几何基础》的问世,原则上标志了欧氏几何公理体系的问题已经解决,后经多次修正和精炼,终于一套完整而简单的最受人们欢迎的公理系统完成了.

5.2　希尔伯特的《几何基础》——公理化思想方法的成熟

希尔伯特在《几何基础》中先取定三个基本元素(原始元素):点、直线和平面.五个基本关系(原始关系):两个结合关系,叙述为"点与直线结合","点与平面结合",也就是日常说的"点在直线上"、"点在平面上"或"直线通过点";一个顺序关系,叙述为"一点在另两点之间";两个合同关系,叙述为"线段与线段合同"、"角与角合同"(线段与角另有定义).同时逐步地提出五组公理共二十条,它们是:结合公理(8 条)、顺序公理(4 条)、合同公理(5 条)、连续公理(2 条)、平行公理(1 条).下面具体介绍并展开一点评论.

第一组　结合公理 Ⅰ(又称关联公理或从属公理):

I_1　对于两个不同的点,恒有一直线结合(通过)其中的每个点;

I_2　对于两个不同的点,至多有一条直线结合其中的每个点;

$\mathrm{I}_{3.1}$　每条直线上至少有两个(不同的)点;

$\mathrm{I}_{3.2}$　至少有三点不在一直线上;

$\mathrm{I}_{4.1}$　对于不在一直线上的三点,恒有一平面通过它们中的每个点;

$\mathrm{I}_{4.2}$　每个平面上至少有一个点;

I_5　对于不在一直线上的三个点,至多有一平面通过它们中的每个点;

I_6　如果直线 a 上的两个点在平面 α 上,则 a 的每个点在 α 上;

I_7　如果两平面有一公共点,则至少有另一公共点;

I_8　至少有四个点不在同一平面上.

由上我们可以看到:

(1) 结合公理保证了直线、平面的存在,其中 $\mathrm{I}_{3.2}$ 和 I_8 保证了点的存在;I_1 和 $\mathrm{I}_{3.2}$ 保证了直线的存在;$\mathrm{I}_{4.1}$ 和 I_8 保证了平面的存在.$\mathrm{I}_{3.1}$、$\mathrm{I}_{4.1}$、$\mathrm{I}_{4.2}$、I_7 等又说明在怎样的条件下存在什么,称之为"条件存在公理".

公理 I_2、I_5、I_6 不涉及存在问题.

(2) 结合公理刻划了点、直线、平面间的结合关系.I_1～I_3 属于点和直线的结合,成为平面结合公理;I_4～I_8 称为空间结合公理.

(3) 结合公理(主要是 I_7、I_8)保证了所研究的空间是三维的.

"直线和平面结合关系"不是基本概念,但可定义如下;

定义 1　若直线上的每个点都在平面 α 上，则称直线 a 和平面 α 互相结合（或 a 在 α 上）.

结合公理可以有如下推论：

定理 1　两直线至多有一个公共点；一平面和不在其上的一直线至多有一个公共点；两个平面或者既无公共点又无公共直线，或者有一条公共直线，它们所有的公共点都在这直线上.

定理 2　过不共线三点恰有一个平面；过一直线及不在其上的一点恰有一平面；过有公共点的两直线恰有一平面.

定理 3　每个平面上至少有三个不在同一条直线上的点.

如上结合公理是中学平面几何与立体几何中有关点、直线、平面间结合关系的理论基础. 其中 I_1、I_2、$\mathrm{I}_{4.1}$、I_5、I_6 都反映在教材中了；关于两个平面的结合关系，传统中学几何教材是采用了结合公理的推论——定理 1 中的部分结论；公理组中的 I_3、$\mathrm{I}_{4.2}$、I_8 在传统中学教材论证中，都作为直观或默认的事实.

第二组　顺序公理Ⅱ（又称介于公理）：

II_1　若点 B 在点 A 和 C 之间，则 A,B,C 是直线上的不同三点，而且 B 也在 C 和 A 之间. 简记为 $A\dot{B}C \Rightarrow C\dot{B}A$

II_2　对于任意两点 A 和 B，直线 AB 上至少有一点 C，使得 B 在 A 和 C 之间.

II_3　在一直线上任意三个点里，至多有一点在其余两点之间.

为介绍公理 II_4，先给出如下定义.

定义 2　直线上无序两点 A,B 间的集合叫线段，记为 AB 或 BA，A 和 B 之间的点叫线段 AB 的内点，或线段 AB 的点，A 和 B 之间所有点的集合叫做一开线段，记为 (AB)，A,B 各叫线段 AB 或 (AB) 的端点，直线 AB 上异于 A,B 且不属于 (AB) 的点叫线段 AB 或 (AB) 外部的点.

定义 3　不共线的点 A,B,C 和三条开线段 (AB)，(BC)，(CA) 的所有点的集合称为一三角形，记为 $\triangle ABC$，A,B,C 称为这三角形的顶点，开线段 (AB)，(BC)，(CA) 各称为这三角形的边.

II_4　（巴士 Pasch 公理）设 A,B,C 不在同一直线上，直线 a 在平面 ABC 上但不过 A,B,C 中的任一点，若 a 过 (AB) 的一点，则它必过 (AC) 的一点或 (BC) 的一点.

巴士公理又可叙述为：与一三角形共面而不过其顶点的直线，若与三角形的一边相交，必与另一边相交.

由上我们可以看到：①公理 $\mathrm{II}_1 \sim \mathrm{II}_3$ 是直线上点的顺序公理，也称为线性顺序公理，II_4 是平面顺序公理. ② II_2 保证线段外部有点，II_3 断言共线三点至多有一点在另二点之间，但是，线段内部是否有点？共线三点中是否必存在一点在另二点之间？这些问题公理中没有直接回答，但答案是肯定的，它们的证明都必须用巴士公理.

顺序公理可以有如下推论：

定理 4　对于任意两点 A,C，直线 AC 上至少有一点 B 在 A,C 之间.（证略.）

定理 5　在一直线上的三个点中，必有且只有一点在其余两点之间.（读者自证.）

定理 6　直线 a 与 $\triangle ABC$ 共面而不过其顶点，若 a 交其一边，则必交其另一边，但不得再交其第三边.（证略.）

定理 7　A,B,C 共线，另一点 P 若在三开线段 (AB)，(BC)，(CA) 之一上，则必在其二上，但不得再在其三上.

定理 8　设 A,B,C,D 为同一直线上四点，则：

(1) $A\dot{B}C$ 且 $B\dot{C}D \Rightarrow A\dot{B}D$ 且 $A\dot{C}D$；

(2) $A\dot{B}C$ 且 $A\dot{C}D \Rightarrow A\dot{B}D$ 且 $B\dot{C}D$；

(3) $A\dot{B}C$ 且 $A\dot{B}D \Rightarrow A\dot{C}D$ 且 $B\dot{C}D$ 或 $A\dot{D}C$ 且 $B\dot{D}C$.

定理 9　线段 AB 内部的点有无穷多个，线段 AB 外部的点有无穷多个.

定义 4　设 O,A,B 共线，若 $A\dot{O}B$，则称 A,B 在这直线上点 O 的异侧；若 O 不在 A 和 B 之间，则称 A,B 在 O 的同侧.

定理 10(剖线定理)　直线 a 上任一点 O 把 a 上所有其余的点分成两类，使得点 O 在异类两点之间，而不在同类两点之间.（证略.）

还有剖面定理、剖分空间定理、空间巴士定理等，此处均略.

下面再给出角的定义.

定义 5　两点 O,A 在直线 a 上，点 A 以及与点 A 在点 O 同侧的所有点的集合称做以 O 为原点（或端点）的一条射线，记作 $\overrightarrow{OA}$.

定义 6　点 O 以及以 O 为端点的无序的两条不共线的射线 h,k 各称为角的边，记为 $\angle(h,k)$ 或 $\angle(k,h)$ 或 $\angle O$.

还可以给出 n 角形、n 边形、半空间等定义（略）.

如上顺序公理在中学教材中没有引入，而是渗透其中的. 我们可以运用结合公理、顺序公理“居高临下”地理解中学教材. 例如，对于射线的定义在平面几何教材中是无法界定的，而由定义 4 则可理解这个概念的意义；对于“线段可以向任意一方延伸”中的“延伸”的意义的揭示也是从 II_2 得到，II_2 保证了“延伸”的可能性；关于两线段、两角大小比较中的内、外部概念、半平面等概念，也只有在 $\text{II}_1 \sim \text{II}_4$ 的基础上才可以从理论上予以严格叙述，等等.

第三组　合同公理Ⅲ

距离大小、角的大小、迭合等许多概念要定义，必须引进新的基本概念——合同关系，并以“≡”记之.

合同关系中的二个基本关系受下述公理(5 条)制约：

III_1　设 A，B 是直线 a 上的两点，A'是同一或另一直线 a'上的一点，则在 a'上 A'的已知一侧恒有一点 B'，使线段 AB 合同于线段 $A'B'$，记为 $AB=A'B'$.

III_2　若两线段(可以相同)都合同于第三线段，则这两线段也合同.

注：易证线段合同关系是等价关系，因此线段合同具有反身性、对称性、传递性.

III_3　开线段(AB)、(BC)均在直线 a 上而无公共点，开线段$(A'B')$、$(B'C')$均在同一直线或另一直线 a'上，亦无公共点，若 $AB\equiv A'B'$，$BC\equiv B'C'$则 $AC\equiv A'C'$.

$\mathrm{III}_{4.1}$　已知平面 α 上的一角$\angle(h,k)$，平面 α'的一直线 a'一侧，以及 a'上以点 O'为原点的一条射线 h'，则 α'上恰有一射线 k'，使$\angle(h,k)$合同于$\angle(h',k')$且 k'在 a'的已知一侧，记为$\angle(h,k)\equiv\angle(h',k')$.

$\mathrm{III}_{4.2}$　$\angle(h,k)\equiv\angle(k,h)$

III_5　(三角形合同公理)对于两个三角形 ABC 和 $A'B'C'$，若 $AB\equiv A'B'$，$AC\equiv A'C'$，$\angle BAC\equiv\angle B'A'C'$，则$\triangle ABC\equiv\triangle A'B'C'$.

由上我们可以看到：III_1 保证线段可移，但未保证移法唯一，但在 $\mathrm{III}_1\sim\mathrm{III}_5$ 的条件下移法唯一；III_4 保证角的可移，且在所设条件下移法唯一；III_3 保证线段可加；III_5 把“线段合同”与“角合同”两个概念联系起来，是证明三角形合同的重要依据.

合同公理有如下推论：

定理 11(线段移法的唯一性)　III_1 中的点 B'是唯一的.

类似地可推得三角形合同的边角边、角边角、边边边定理以及角合同的一系列定理.(略)

定理 12(减线定理)　设 $A\dot{B}C$，点 B'，C'在直线 $A'B'$上点 A'的同侧，且 $AB\equiv A'B'$，$AC\equiv A'C'$，则 $A'\dot{B'}C'$且 $BC\equiv B'C'$.(证略，留作练习.)

由此，便可讨论两线段大小的比较.

定义 7　已知二线段 AB 及 $A'C'$，在$\overrightarrow{A'C'}$上取点 B'使 $AB\equiv A'B'$，若 $A'\dot{B'}C'$，则称 AB 小于 $A'C'$，记为 $AB<A'C'$；若 $A'\dot{B}C'$，则称 AB 大于 $A'C'$，记为 $AB>A'C'$.

定理 13　设 a，b，c 表示任意三线段，下列命题成立.

(1) $a>b\Leftrightarrow b<a$；

(2) $a \equiv b, a > b, a < b$ 恰有一个成立；

(3) $a < b, b < c$ 或 $a < b, b \equiv c$ 或 $a \equiv b, b < c \Rightarrow a < c$.

证明：(1)可用定义 7 与定理 10 得证；

(2)可用定义 7 与定理 5 得证；

(3)可用定义 8 与定理 10 得证.

同样我们可以讨论角的大小比较，并可证明：

定理 14(外角定理)　三角形的每个外角都大于其任意一个不相邻的内角.

推论 1　若共面的两直线被第三直线截得相等的同位角，则此两直线不相交.

推论 2　通过已知直线外一已知点至少可引一直线与移至之线共面而不相交.

还可推得三角形的角边关系结论、三角形合同的角角边、边边角定理及有关角、垂线、角平分线的一系列定理等.

注意，我们这里是直接比较二线段的大小，而并非比较它们的长度，这是因为到目前为止，还不能够证明每条线段都有长度，而只有引用了下面的连续公理之后，才可能做到这一点.

如上合同公理在中学教材中没有直接引入，但我们可以认为“合同的图形”就是“全等的图形”. 教材中阐述全等时用到“运动”的概念，但在前述三组公理的基础上是可以定义“运动”的. 在中学教材中有关“相等”、“全等”问题的论述中，在逻辑上是不严谨的，这只有在公理Ⅲ$_1$～Ⅲ$_5$ 之下才论述得严谨.

由前面三组公理可推导出立体几何中有关直线、垂线、面角的一系列定理.

第四组　连续公理Ⅳ

Ⅳ$_1$(阿基米德公理)　设 AB 和 CD 是任意的两条线段，则在$\overrightarrow{AB}$上存在着有限多个点 $A_1, A_2, \cdots, A_n$，使得 A_1 在 A 和 A_2 之间，A_2 在 A_1 和 A_3 之间，……，A_{n-1} 在 A_{n-2} 和 B 之间，B 在 A_{n-1} 和 A_n 之间，并且线段 $AA_1, A_1A_2, \cdots, A_{n-1}A_n$ 都合同于线段 CD.

Ⅳ$_2$(直线完备性公理)　直线上的点所成的点集，连同其顺序关系和合同关系，不能再行扩充，使得扩充后，仍满足定理Ⅰ、Ⅱ、Ⅲ和Ⅳ$_1$.

连续公理都是条件存在公理，通常称为测量公理. 它们是使任意的线段能够由测量得到长度的理论基础.

在前面三组公理的基础上，与Ⅳ$_1$ 等价的有戴德金命题：

设线段 AB 及其内部的所有点能被分为两类，且具有下列性质：

(1) 每点恰属于一类，A 属第一类，B 属第二类；

(2) 第一类中异于 A 的每个点，在 A 和每个第二类点之间；

则必存在一点 C，使 A, C 间的点都属第一类，而 C, B 间的点都属第二类，点 C 称为戴德金分割点或界点，这种分类称为一个戴德金分划.

连续公理有如下推论：

定理 15　如果选定了长度单位 OO'，则每条线段 AB 有唯一的一个长度 $d(AB)$.

定理 16　对于任何给定的正实数 a，在给定单位长度后，则存在一线段，它的长度等于 a.

定义了角的测量单位和角度后，有

定理 17　取定一角度单位后，每角 $\angle(h,k)$ 必有一个且只有一个度 $\mu(h,k)$.

定理 18　取定一角度单位后，若直角的角度是 ω，则任一数 $\alpha(0<\alpha<2\omega)$，总对应着一个角 $\angle(h,k)$，使 $\mu(h,k)=\alpha$.

还可推得直线的连续性命题、直线交圆命题、圆交圆命题.

对于中学几何来说，连续公理是建立线段和角等图形度量的基础，是几何作图理论的基础，是建立坐标系的理论基础.

以公理Ⅰ～Ⅳ为基础建立起来的几何叫做绝对几何.

第五组　平行公理Ⅴ

Ⅴ(欧氏平行公理)　对于任何直线 a 和不在其上的任何点 A，至多有一直线过 A 且与 a 共面不交.

定义 8　共面而不相交的二直线 a 和 b 称为平行线，记为 $a/\!/b$，若两线段所在的直线平行，则称两线段平行.

公理Ⅴ并不保证平行线存在，平行线的存在性是在公理Ⅰ～Ⅲ的基础上，由定理 14 的推论 1 和推论 2 保证.

平行线的性质，则必须在公理Ⅰ～Ⅴ的基础上才能推出.(定理略.)

公理 Ⅴ 有很多等价命题，下面略作介绍. 此时，我们应明确，在等价概念里，公理基础 $\sum$ 很重要，两个命题 A，B 关于 Σ 等价，却可以关于 Σ' 不等价，凡要证明两命题 A，B 在 Σ 基础上等价，必须证明它们在 Σ 的基础上能够互推才行.

可以证明，公理 Ⅴ 在 $\Sigma=\{$Ⅰ、Ⅱ、Ⅲ$\}$ 上与下列诸命题均是等价的.

命题 P_1："共面不交的二直线被第三直线所截成的同位角相等".

命题 P_2："欧氏第五公设".

命题 P_3：在一平面上，一直线的垂线和斜线必相交.

命题 P_4：过不共线的三点恒有一圆.

命题 P_5：三角形的三高线共点.

命题 P_6：过任何角内一点，必可引直线与此角的两边都相交.

在 $\Sigma=\{$Ⅰ、Ⅱ、Ⅲ、Ⅳ$\}$ 上下列命题均与Ⅴ等价.

命题 P_7：任何三角形内角的和等于 π.

命题 P_8：有两个三角形其三对对应角合同而本身不合同.

命题 P_9：在一平面上有一锐角，其一边之垂线必与另一边相交.

平行公理还与萨氏四边形的上底等于下底、三角形的中位线定理、勾股定理等等价.

至此，我们将《几何基础》中的几何公理系统作了简要介绍，值得指出的是，我们这里将连续公理与平行公理前后调换了一下顺序，目的是为了叙述的方便.

5.3　实体与形式化公理化思想方法及其逻辑特征与意义

5.3.1　实体与形式化公理化思想方法

从上面的介绍，我们可以发现：

欧几里得的公理系统首先提出三个基本元素(点、线、面)作为它的几何对象，然后又提出三个基本关系.这三个基本元素和三个基本关系构成了欧几里得公理系统的基本概念，这些基本概念都有它的具体几何意义，在此基础上又提出反映这些基本概念特有的最基本的性质，即它的公理组(包括逻辑公理)，最后以这些基本性质(公理)出发借逻辑之助推出其他性质(定理).这是一种具体的公理化思想方法，它是将研究的对象，利用逻辑的链条，归纳为最原始的几条原理——公理，而在讨论中，在我们面前一直呈现着具体的形象，常常需要依赖这种直觉的形象来解决问题.这种思想方法也称之为实体公理化思想方法(古典公理法).因为，在这里，一个公理系统所研究的对象的范围、涵义和特征先于公理而被给定，公理又是表达这类特定对象的基本性质，而且必须是自明的.

希尔伯特的公理系统共八个基本概念(点、线、面；属于、介于、合同、连续、平行)和五组公理，从字面上看，它们的主要差别只不过是前者不完备而后者完备而已.其实不然，因为这不是它们的本质差异，而本质差别却是前者的基本概念先于公理而被定义了，也就是说公理受基本概念的制约，而且有明显的几何意义.然而希尔伯特几何系统却完全相反，尽管希尔伯特几何公理系统也借用了欧几里得几何公理系统中的各词来指称或代表它的几何基本概念，但是对它们并未作任何解释及其几何直观说明.具体地说，这些基本概念不是先于公理，而是后由公理组来确定，也就是说，谁能满足公理组所需求的条件，谁就有资格作为该公理系统的对象.例如，我们把希尔伯特几何公理系统中的“点”、“线”解释成几何中的点和线，就可以得到初等几何理论系统；倘若把它解释成代数中的点与线，即数对(x,y)与线性方程 $Ax+By+C=0$，就可以得到一个代数理论系统，这也正是希尔伯特公理系统中公理独立于基本概念而带来的最大优点.所以我们说，尽管希尔伯特几何公理系统从字面上看没有离开几何实体，但从本质上讲，却为现代形式化公理系统奠定了基础，这也正是它被称为公理化方法发展史上一个里程碑的根本原因所在，这种思想方法也称之为形式化公理思想方法(近代公理法). 因为,在这里,一个形式公理系统中所研究的对象的范围、涵义和特征不是先于公理而确定,而是由公理组给以确定.

5.3.2　欧氏几何公理化思想方法的逻辑特征

欧氏几何公理化方法的作用在于,由一组公理作为出发点,以推演规则为工具,把某一范围(或系统)内的真命题推演出来. 只要公理系统正确合理,那么用严密的逻辑证明的结论都是正确的. 至于现实空间是否适合这个公理系,那将由实验(实践)去解决,与公理系本身是否正确无关. 这正是近代公理法的基本思想:先提出几个不予定义的基本概念和若干个不加证明的公理,这些基本概念的性质只是由这些公理来描述和保证,从这些基本概念和公理出发,通过形式逻辑的推理,就导出一系列的结论,同时又可以定义新的概念,并得到新的结论. 这些就构成一个学科的全部内容.

那么怎样的公理系才是正确合理的呢? 在《几何基础》里,希尔伯特对公理系提出了组织和选择公理的三个原则. 一是无矛盾性:即一个公理系经过逻辑推理不能得出相互矛盾的两个结论;二是独立性:要求公理系中每一条公理都有存在的必要,也就是说它不能由公理系的其他公理推导出来. 从这个意义来说公理系应是极小的;三是完备性:要求满足这个公理系的体系本质上只有一个或这个公理系不能再增加一条新的独立的公理而仍然没有矛盾. 从这个意义来说,公理系是极大的.

那么怎样验证一个公理系是满足这三个原则的?《几何基础》对它所叙述的欧氏几何公理系作了典型的讨论.

首先,没有导出矛盾的结论不能说明不存在矛盾的结论. 所以直接从公理系本身进行推导无法验证它是否有矛盾. 但是,如果能够在一个已知的事物上实现所讨论的公理系,那么这个公理系就不可能存在矛盾. 否则,这种矛盾就会反映在已知事物上,而这是不可能的. 这种实现所讨论公理系的已知事物称为该公理系的一个模型或解释,有时亦称它为公理系的实现. 例如,取一个四面体,以它的顶点作为"点"(四面体上其他点都不是所讨论的"点"),它的棱作为"直线",它的面作为"平面",并以顶点、棱和面之间通常的结合关系作为"点"、"直线"和"平面"之间的"结合关系",这样,在这个四面体上就实现了结合公理 $\mathrm{I}_1 \sim \mathrm{I}_8$,所以这个四面体就是结合公理 Ⅰ 的一个模型. 从而也证明了八条结合公理是没有矛盾的. 欧氏几何公理系的最简单的模型是笛卡儿模型. 现介绍平面几何的模型如下:将实数对 (x,y) 作为点;不全为 0 的三个实数之比 $(u:v:\omega)$ 作为直线(如果两组数比值相等,即 $u:v:\omega=u':v':\omega'$,那么 $(u:v:\omega)$ 和 $(u':v':\omega')$ 表示同一条直线;点 (x,y) 在直线 $(u:v:\omega)$ 上,当且仅当 $ux+vy+\omega=0$;点 $B(x_2,y_2)$ 在点 $A(x_1,y_1)$ 和点 $C(x_3,y_3)$ 之间当且仅当 A,B,C 三点共线,而且 x_2 在 x_1 和 x_3 之间或者 y_2 在 y_1 和 y_3

之间；最后，两个线段或两个角合同，如果存在正交变换

$$\begin{cases} x' = a_1x + b_1y + c_1, \\ y' = a_2x + b_2y + c_2 \end{cases} \text{(其中 } a_1b_2 - a_2b_1 = 1\text{)}$$

将其中一个线段(或角)变为另一个，可以验证，在用已知的实数系构成的这个体系上，欧氏平面几何的公理系 $\text{I}_1 \sim \text{I}_3$，Ⅱ，Ⅲ，Ⅳ和Ⅴ都可以实现，所以欧氏平面几何的公理系是没有矛盾的.

其次，也不能用直接推导的方法验证公理系中某个公理是独立的. 双曲几何的发现启发了证明独立性的一个方法：设公理系 Σ 中除去公理 A 后余下的系统为 Σ'，又设 A' 是与 A 矛盾的命题. 如果 A 在 Σ 中不独立，也就是说，A 是公理系 Σ' 的推论，那么公理系 $\Sigma' \cup \{A'\}$ 将是矛盾的. 反之，如果公理系 $\Sigma' \cup \{A'\}$ 没有矛盾，那么 A 在 Σ 中是独立的. 双曲几何学的公理系就是将欧氏几何学公理系中的欧氏平行公理 Ⅴ(它等价于《几何原本》的第五公设）用双曲平行公理(又称罗氏平行公理)Ⅴ′代替而得，而它是和欧氏平行公理相矛盾的. 所以双曲几何学的实现就说明了欧氏平行公理的独立性，也说明了第五公设是不可证明的.

至于完备性，那只要证明公理系的任意两个模型都是同构的，也就是在它们的基本对象之间可以建立起一对一的对应，而且保持所有基本关系. 对于欧氏几何学的公理系，可以像解析几何学一样，在它的每个模型建立笛卡儿坐标系，从而每个模型都与笛卡儿模型同构，这就说明欧氏几何学的公理系是完备的. 而对公理系Ⅰ、Ⅱ、Ⅲ、Ⅳ(即绝对几何学公理系)来说，它加上一个独立的欧氏平行公理Ⅴ而成为无矛盾的欧氏几何学公理系，所以绝对几何学的公理系是不完备的.

对于公理系的这三个要求，无矛盾性是必不可少的. 而对于一个学科来说，公理的独立性和完备性并不是必要的. 独立性仅仅使所讨论的公理系公理最少，但对学科的结论并未发生根本的变化，而且适当增加一些不独立的公理，可以使推导更方便. 在现行中学几何教材中就适当增加了一些公理(虽然没有明确指出)，目的就是为了便于学习. 完备的公理系使所讨论的对象(在同构意义上)是唯一的，这当然很完美，但在许多情况下，正是由于公理系的不完备性，使讨论的内容更丰富，更有意义.

5.3.3　欧氏几何公理化思想方法的意义

欧氏几何公理化思想方法对推动数学发展有着重要意义.

从欧氏几何公理化思想方法的发展历史可以看出，伴随公理化思想方法形成和发展的同时也推动了整个数学的发展. 例如，对其逻辑特征的研究，发现了很多新的数学分支和新的方法：对欧氏几何公理系统第五公设的"审查"发现了非欧几何；对公理系统协调性的研究，希尔伯特等数学家和逻辑学家创立了《元数学或证

明论》;对形式系统与其相适应的模型之间关系的研究,使抽象代数与数理逻辑相结合产生了一个新的边缘学科——《模型论》,等等.

公理化思想方法在数学教学和学习中也有着重要的意义.

由于公理化方法可以揭示一个数学系统或分支的内在规律性,从而使它系统化、逻辑化,有利于人们学习和掌握,有利于人们概括整理数学知识并提高认识水平.又由于公理系统是一个逻辑演绎系统,所以对培养学生的逻辑思维能力和演绎推理能力都有着极其重要的作用.

公理化方法丰富了科学方法论的内容.

数学公理化方法对整个科学方法论的形成和发展起到了示范作用.例如,数学公理化方法对现代理论力学及各门自然科学理论,以至社会科学理论的陈述都起到了积极的借鉴作用.

当然,公理化方法也是有其局限性的.例如,它主要用于“回顾”性的“总结”,对“探索”性的“展望”作用较少;对每一个数学分支都要按公理化三条标准去实现公理化也是不可能的;只能运用到一个发展成熟的数学分支,对不成熟的分支的发展可能有束缚作用等等.

5.4 张景中的几何公理体系

欧氏几何的公理体系不止一种.欧几里得最早提出的公理体系是不严密的,现在大家所用的希尔伯特加以改进之后的公理系统,共五组二十条.后来,又有人提出过欧氏几何的其他公理体系.例如,1984 年,苏联著名几何学家 $A \cdot D \cdot$ 亚历山大洛夫提出过新的几何公理系统.其特点是在公理中只有线段和点而没有直线.

张院士指出:所有这些公理体系,没有一个是着眼于中学数学教育而设立的.他所提出的下列公理体系,主要为了数学教育而创设,特别是为了中学数学教育的需要.他支持这个新体系.

这个新公理体系,是以度量为主体的公理体系.在这个系统中,所谓平面,是由一些名叫“点”的元素组成的集合.这些点之间的关系满足下面的诸公理.

以下,我们用大写拉丁字母,如 A,P,X 表示点.

公理Ⅰ(距离公理) 两点 A,B 决定一个距离 $|AB|$,$|AB|$ 是非负实数.$|AB|=|BA|$,且 $|AB|=0$ 当且仅当 $A=B$ 时成立.

图 5-2

公理Ⅱ(线段连续公理) 若 A、B 是不同的两点,则对任给非负实数 r,有唯一的一个点 P,使得下列两条件同时成立,如图 5-2.

(1) $|AP|=r$.

(2) 当 $r \leqslant |AB|$ 时有 $|AP|+|PB|=|AB|$,

当 $r>|AB|$ 时有 $|AB|+|BP|=|AP|$.

以下为了表达起来方便,引入线段、延长线,射线、直线等概念.

定义1(线段的定义) 设 A,B 是任两个点.一切满足条件 $|AP|+|PB|=|AB|$ 的点 P 组成的集合称为线段 AB.(注意,线段 AB 和线段的长度 $|AB|$ 在不至于混淆时,都可以记作 AB).点 A,B 分别都叫做 AB 的端点.当 $A=B$ 时,说线段 AB 退化为一点.如图5-2的情形.

定义2(延长线的定义) 设 A,B 是不同的两点,一切满足条件 $|AB|+|BP|=|AP|$ 的点 P 组成的集合,叫做 AB(在 B 侧)的延长线.一切满足条件 $|BA|+|AP|=|BP|$ 的点,叫做 BA(在 A 侧)的延长线,如图5-3,定义中写在括弧内的词可省略.

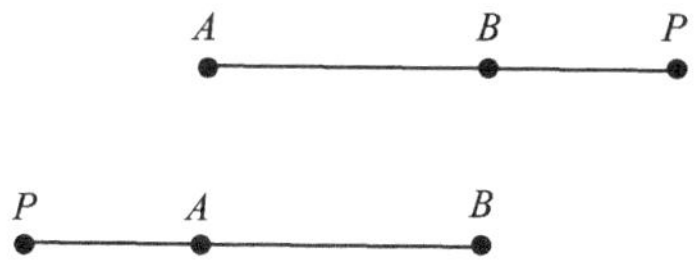

图 5-3

定义3 设 A,B 是不同的两点.线段 AB 和 AB(在 B 侧)的延长线的并集,叫做以 A 为端点,沿 AB 方向的射线.

定义4 设 A,B 是不同的两点,AB 的延长线、BA 的延长线和 AB 之并,叫做由 A,B 确定的一条直线.也称为直线 AB.

换言之,点 P 在直线 AB 上的充要条件是下列三式之一成立

$$\begin{cases} AP+PB=AB, & ① \\ AB+BP=AP, & ② \\ BA+AP=BP, & ③ \end{cases}$$

或者合起来说

$$(AB+AP-BP)(AB-AP+BP)(AB-AP-PB)=0. \qquad ④$$

下面继续叙述公理:

公理Ⅲ(面积公理) 三点 A,B,C 决定一个面积 $|\triangle ABC|$,$|\triangle ABC|$ 是一个非负实数.且 $|\triangle ABC|=|\triangle ACB|=|\triangle BAC|=|\triangle BCA|=|\triangle CAB|=|\triangle CBA|$.当 A,B,C 不在同一条直线上时,$|\triangle ABC|>0$.

公理Ⅳ(非退化公理) 平面上至少有三个点 A,B,C 使 $|\triangle ABC|>0$.

公理Ⅴ(线性公理) 若 A,B,C 三点在一直线上,$AB=\lambda AC$,P 是平面上任一点,则

$$|\triangle PAB|=\lambda|\triangle PAC|. \qquad ⑤$$

(如图5-4所示)

公理Ⅴ是这个公理系统中一条主要公理,即基本命题.它实际上是说:“同

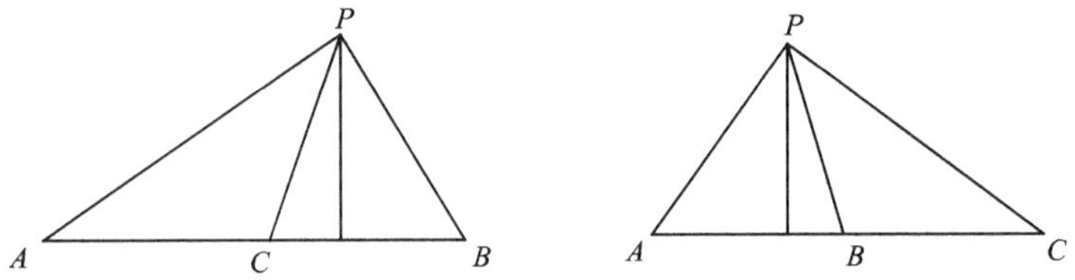

图 5-4

高三角形面积之比等于底之比”．但表面上，既没有提到高，也没有提到三角形，事实上，这里只定义了$|\triangle ABC|$，但却没有定义$\triangle ABC$呢！

公理Ⅵ 平面上四点A,B,C,D如果三对线段AB和CD，AC与BD，AD与BC中每一对都没有异于A,B,C,D的公共点，则四个面积$|\triangle ABC|$，$|\triangle ABD|$，$|\triangle ACD|$，$|\triangle BCD|$中必有一个等于另外三个之和．例如：如图 5-5，

$$|\triangle ABC|=|\triangle ACD|+|\triangle ABD|+|\triangle BCD|. \qquad ⑥$$

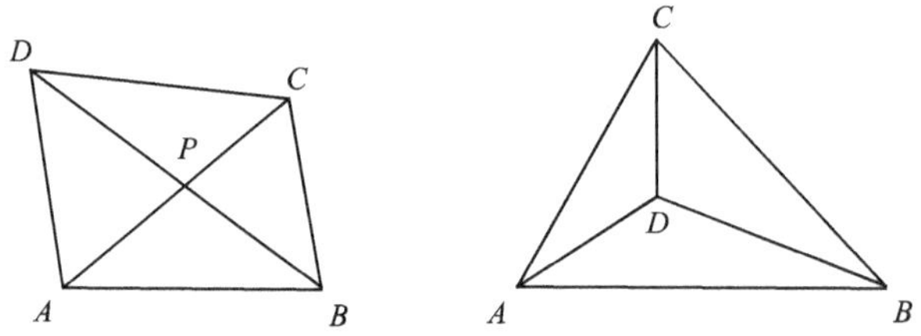

图 5-5

公理Ⅵ刻画了平面的一个重要特征．有了公理Ⅵ，则可以定义三角形、凸四边和凹四边形了．

定义 5 对于给定的三个点A,B,C，所有满足条件

$$|\triangle PAB|+|\triangle PBC|+|\triangle PCA|=|\triangle ABC|>0 \qquad ⑦$$

的点P组成的集合，叫做三角形ABC，记作$\triangle ABC$．若⑦的左端每项都不是 0，则称P是$\triangle ABC$的内点．否则，叫做$\triangle ABC$的边界点．平面上其他点叫做$\triangle ABC$的外点．点A,B,C叫做$\triangle ABC$的顶点．线段AB,BC,CA叫做$\triangle ABC$的三条边．

在不至于引起混淆时，这里也用记号$\triangle ABC$表示．

当$|\triangle ABC|=0$时，线段AB,BC,CA之并，称为退化$\triangle ABC$．一般所说的$\triangle ABC$，均指非退化的三角形．

定义 6 若线段AC和BD有异于A,B,C,D的公共点P，则称$\triangle ABC$和$\triangle ACD$之并为凸四边形$ABCD$（或$BCDA,CDAB,DABC$）．

AC，BD 叫做凸四边形的两条对角线. AB，BC，CD，DA 叫做凸四边形的四条边.

为了证明定义 6 的合理性，应当指出：$\triangle ABC$ 与 $\triangle ACD$ 之并和 $\triangle BDA$ 与 $\triangle BDC$ 之并是同一个集合. 这在直观上是显然的，证起来也不难：只要先把四边形分成 $\triangle PAB$，$\triangle PBC$，$\triangle PCD$，$\triangle PDA$ 就可以了.

定义 7　若 D 在 $\triangle ABC$ 内部，则称 $\triangle ABD$ 和 $\triangle BDC$ 之并为凹四边形 $ABCD$. 线段 AC，BD 叫做凹四边形的对角线，而 AB，CB，CD，DA 叫做凹四边形的四条边.

公理Ⅶ　若 P 是 $\triangle ABC$ 的内点而 Q 是 $\triangle ABC$ 的外点，则线段 PQ 上必有 $\triangle ABC$ 的边界点.

下面，进一步引入角度这个重要度量.

公理Ⅷ（角度公理）　以任一点 A 为公共端点的两条射线组成一个角，记作 $\angle A$，或临时指定一个记号如 $\angle 1$，$\angle 2$，$\angle\alpha$ 或 α，β. 也可以分别在两射线上各取一点 P，Q（均不同于 A），记此角为 $\angle PAQ$ 或 $\angle QAP$. 每个角对应一个非负实数 α，$0\leqslant\alpha\leqslant 180$，叫做这个角的度数. 记号 $\angle PAQ$（或 $\angle A$，$\angle QAP$，$\angle 1$）同时用以表示它的度数，记作 $\angle PAQ=\alpha°$. 当射线 AQ 与 AP 是同一条射线时，$\angle PAQ=0°$. 当 A 在线段 PQ 上时，$\angle PAQ=180°$. 如图 5-6.

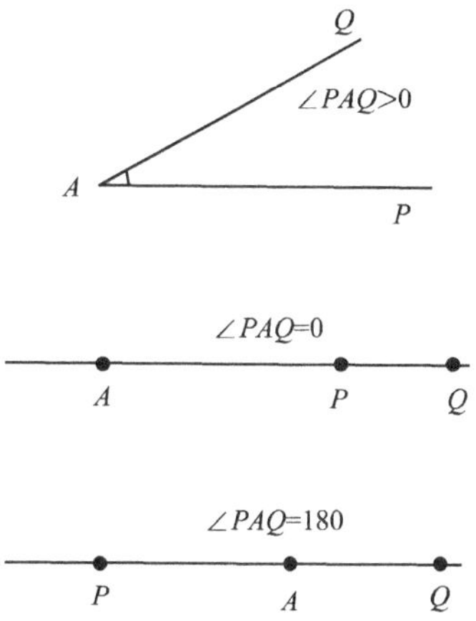

图 5-6

公理Ⅸ　若 $\angle PAQ=180°$，B 是异于 A 的点，则有 $\angle BAQ+\angle BAP=180°$，这时称 $\angle BAQ$ 和 $\angle BAP$ 互为邻补角. 若 $\angle PAQ<180°$，而且 B 在线段 PQ 上，则有 $\angle BAQ+\angle BAP=\angle QAP$. 并且，当 $\angle QAP>0°$ 时，对任意实数 $0\leqslant\lambda\leqslant 1$，在 PQ 上有唯一的一个点 B，使 $\angle BAP=\lambda\angle QAP$. 如图 5-7.

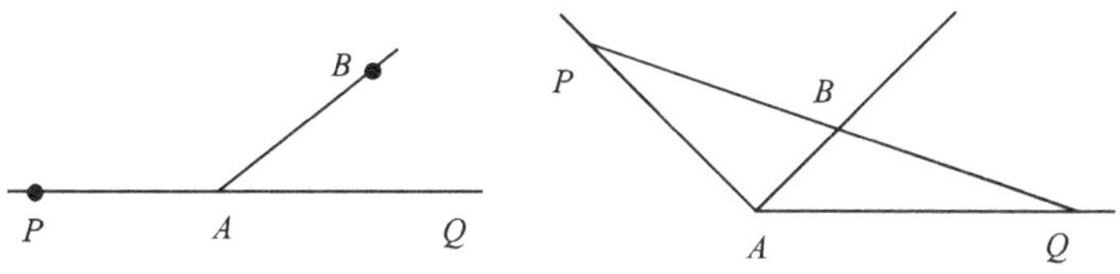

图 5-7

公理Ⅹ　若 $\angle PAQ=\angle P'A'Q'$，且 $PA=P'A'$，$QA=Q'A'$ 则 $\triangle PAQ=\triangle P'A'Q'$.

最后这两条公理，把角度与线段、角度与面积联系起来.

这 10 条公理，是讨论的出发点. 10 条公理中的多数，如Ⅰ、Ⅱ、Ⅲ、Ⅵ、Ⅶ、Ⅷ、Ⅸ都是现行教材中既不叙述，也不证明而实际上默认了的. Ⅴ虽不显然，但却是学过小学数学的孩子易于理解的. 事实上，Ⅴ刻画了欧几里得平面的特点，它相当于平行公理. 如果没有Ⅴ而且不用适当的东西代替它，就只能得到非欧几何了.

有些众所周知的有关面积的性质，很容易从这些公理推证出来，例如：

命题 1　若 A,B,C 三点共直线，则有 $\triangle ABC=0$.

证明：不妨设 $AB=\lambda AC$，则由公理Ⅴ得

$$\triangle ABC = \lambda\triangle ACC,$$

但又由 $CC=2CC(=0)$，故又由公理Ⅴ得

$$\triangle ACC = 2\triangle ACC,$$

故 $\triangle ACC=0$，即 $\triangle ABC=0$.

命题 2　若 P 在线段 AB 上，则对任一点 Q，有

$$\triangle QAB = \triangle QAP + \triangle QBP. \tag{8}$$

证明：设 $AP=\lambda AB$，由 $AP+PB=AB$，可得 $PB=(1-\lambda)AB$.
由Ⅴ得

$$\begin{cases}\triangle QAP = \lambda\triangle QAB, \\ \triangle QPB = (1-\lambda)\triangle QAB.\end{cases} \tag{9}$$

两式相加，即得所求之等式.

命题 3　若 C 在直线 AB 上，C 异于 A，则直线 AC 和直线 AB 相同.

证明：只要证明直线 AC 上任一点 P 也在直线 AB 上，同时直线 AB 上任一点 Q 也在直线 AC 上就够了.

设 P 在直线 AC 上，则 $\triangle PAC=0$. 设 $AB=\lambda AC$. 由公理Ⅴ，

$$\triangle PAB = \lambda\triangle PAC = 0,$$

再由公理Ⅲ，可知 P 在 AB 上. 同理，由 Q 在直线 AB 上可推知 Q 在直线 AC 上.

这个命题的含义正是“两点决定一直线.”在欧几里得的公理体系中是一条公理.

有一些看来很显然的事实，在目前通用的教材体系中，是不好证明的. 常常用默认的办法. 下面是一个例子.

命题 4　如图 5-8，设 P 是 $\triangle ABC$ 的边 AB 上的一点，P 异于 A,B 又 Q 是 PC 线段上异于 P,C 的一点，则 Q 在 $\triangle ABC$ 内部.

证明：由命题 2 得

$$
\begin{aligned}
\triangle ABC &= \triangle PAC + \triangle PBC \\
&= \triangle QAC + \triangle QAP + \triangle QBC + \triangle QPB \\
&= \triangle QAC + \triangle QBC + \triangle QAB.
\end{aligned}
$$

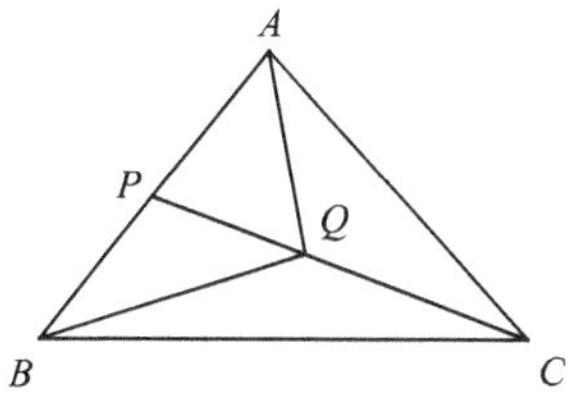

图 5-8

因为 P 不同于 AB，故$\triangle PAC$、$\triangle PBC$ 均非 0. 又因 Q 不同于 P，C，故$\triangle QAC$，$\triangle QAP$，$\triangle QBC$，$\triangle QPB$ 均非 0. 由定义 5 可知 Q 在$\triangle ABC$ 内.

张景中欧氏几何公理系统以面积为中心，不但逻辑结构简单，而且易使教材成放射性，从而使推理途径简捷. 三角形面积公式 $S_{\triangle}=\frac{1}{2}bc\sin A$ 沟通了不变量：长度、角度、面积三者之间的关系. 在高等数学中，面积是向量的叉积，是行列式，是积分，是测度，是外微分形式. 抓住面积，从小学、初中到高中、大学，数学的内容可以一线相串；抓住面积，结合代数和三角，可以使教材精简，解题方法巧妙. 面积方法本质是无坐标的解析法，它起点低而观点高.

5.5　中学数学教材中的公理系统

中学数学知识有一定的系统. 原则上应按公理化思想方法展开. 特别是平面几何、立体几何内容，应明确地列出公理组. 在一般的中学数学教材中，大体上是按照下面的逻辑结构，采用演绎方法展开的：

$$
\left.\begin{array}{l}
\text{原始概念的描述}\\
\text{定义的叙述}\\
\text{公理的叙述}
\end{array}\right\}\Rightarrow \text{命题}\left\{\begin{array}{l}
\text{定理—推论}\\
\text{公式}
\end{array}\right.
$$

各章节教材在具体展开时，为了便于学生接受，一般都增添了便于理解教材内容的实例，采用如下的块状结构：

感性材料 实例、背景	→	设置公理 定义、概念	→	引进并证明 定理、公式	→	应用 举例

从全部教材的逻辑结构和具体内容看，总体上体现了公理化的基本思想，但就其公理系统而论，由于考虑到中学生接受能力和教材的精简，因而对公理化独立性的要求不是那么严格，而且公理化系统也不完备，有时还要借助于直观. 例如，平面几何教材，从它的逻辑结构和具体内容看，基本上沿用了欧氏的不完善的公理系统. 首先选定一批基本元素和一批关系（包括基本关系）作为基本概念，采用扩大公理体系，然后以此为出发点，用形式逻辑方法定义有关概念，推导一系列定理，把有关的几何知识贯穿起来. 其中公理之间是相容（不矛盾）的，但所选取的公理既过剩

又不足，是不独立和不完备的. 20 世纪末我国的平面几何教材中共引进几何公理 16 条，等量公理 5 条，不等量公理 6 条. 在 16 条几何公理中，有 11 条新增公理，5 条强化了的公理."两点之间，线段最短"，"同位角相等，则两直线平行"等都是新增的公理；而"经过直线外一点，有且只有一条直线和这条直线平行"是强化了的平行公理. 教材的这种公理方案，虽然从公理系统来说是不够严格的，有悖于公理体系的完备性和独立性，可以说属于实体公理化思想方法. 但是，这样做能减少初学者的困难，便于学生接受，从教学论的角度来看是有积极作用的.

张景中院士在介绍了它的欧氏几何公理体系后，曾指出："引进了公理系统，是不是在课堂上就要把这个公理系统作为平面几何学习的开端呢？大可不必. 从公理系统入手讲几何，就像学骑自行车先学上车一样. 骑自行车本来先要上车，但学骑时可以先请别人扶着，爬上车学前进. 学会了蹬车前进，回过头来学上车是容易的.

从历史上看，几何公理体系的诞生，是在积累了大量几何知识之后的事. 逻辑上，是先有公理，后有丰富多彩的定理和公式. 人的认识过程恰恰相反，恰恰是先掌握了大量的定理，而后，为了彻底弄清这些定理的依据，才想到了建立公理体系.

对初中生教几何，似乎应当遵循认识的顺序，而不完全依照逻辑的顺序. 先带它们欣赏五光十色的几何园地的美景，最后向他们说明，这个园地的基石在何处. 这样，既符合认识规律，也适应年龄特征.

不但开始不必列出这些公理. 就连命题 1 至命题 4 这些显然的几何事实，也不必在开始就一板一眼地去证. 其实，通常的中学数学教材中也是不强调十分严密的. 等学生有了较多的几何知识，对几何有了感情，回过头来再进行严密化是容易的.

具体地说，前面列出的张景中公理体系中的公理，不过是"立此存照"，表明以面积为中心的体系有自己的逻辑基础. 几何教学的逻辑上的出发点，明确指出的只有公理Ⅴ，其他诸公理仅作为直观的事实应用而已.

至于这个公理系统的协调性、独立性与完备性的研究，就不属于这本教材的任务了.

应当提一提的是，张院士提供的改革方案，是一套富有弹性的改革方案. 教师们可以根据自己的见解和学生的水平，在不同层次上吸取这里奉献的资料.

至少，可以吸取这里提供的解题方法与技巧而不采用推理体系. 这是最容易采取的步骤. 事实上，面积方法在近年来已受到广大中学数学教师的重视和中学生们的喜爱.

中学数学教材中的公理化系统，也是每次教学改革的焦点，特别是在这次基础教育课程改革中，更是焦点中的热点. 如何处理好这个问题，只有大家群策群力，献计献策，才有可能取得较佳的效果.

习　题　5

1. 欧氏几何学的发展经过了哪几个阶段？

2.《几何原本》的主要内容是什么？

3. 对《几何原本》的缺陷你是怎样认识的？

4.《几何基础》中的基本关系有哪些？公理有哪几组？

5. 什么是实质公理化思想方法？什么是形式公理化思想方法？

6. 公理化思想方法的逻辑特征是什么？简述其作用与意义.

7. 张景中欧氏几何公理系统产生的背景是什么？它的特点是什么？

8. 传统中学数学教材中的公理系统应怎样处理？在新课改中，平面几何中的公理组应如何安排？

参考文献及进一步阅读的资料

李炯生，黄国勋. 1992. 中国初等数学研究. 北京：科学技术文献出版社，26～29

沈文选. 1996. 初等数学研究教程. 长沙：湖南教育出版社，378～393

胡杞，周春荔. 1996. 初等几何研究基础教程. 北京：北京师范大学出版社

王仲春等. 1989. 数学思维与数学方法论. 北京：高等教育出版社，151～153

张景中. 1994. 教育数学探索. 四川教育出版社，95～102

李文林. 2002. 数学史概论. 北京：高等教育出版社，32～46

第 6 章　罗巴切夫斯基几何及它与欧几里得几何的比较

6.1　绝对几何学

6.1.1　绝对几何学的公理系统

- 绝对几何学的公理系统
  - 原始概念(8 个)
    - 原始元素(3 个)
      - 点
      - 直线
      - 平面
    - 原始关系(5 个)
      - 点在直线上(或直线通过点)
      - 点在平面上(或平面通过点)
      - 一点在另两点之间
      - 线段合同
      - 角合同
  - 公理(4 组 19 条)
    - 结合公理(8 条)
    - 顺序公理(4 条)
    - 合理公理(5 条)
    - 连续公理(2 条)

从这个公理系统出发,运用逻辑原则所导出的所有概念和所有命题的总和,称为绝对几何学.

6.1.2　列出一批常用的绝对几何学的定理

定理 1　对于任意两点,通过它们的直线有且仅有一条.

定理 2　两条直线至多有一个交点.

定理 3　对于任意三个不在一条直线上的点,通过它们的平面有且仅有一个.

定理 4　对于任一直线和不在其上的任一点,通过它们的平面有且仅有一个.

定理 5　设 A,B,C,D 是一条直线上四点,如果 $A\dot{B}C$ 和 $A\dot{C}D$,则也有 $B\dot{C}D$ 和 $A\dot{B}D$.

定理 6　直线上有无穷多个点且是稠密、连续的.

定理 7　平面上,如果 A,B 两点在直线 a 的异侧,则开线段(AB)必与直线 a 相交.

定理 8　设 A,B 分别为 $\angle POQ$ 两条边上的点，则以此角的顶点 O 为原点且在此角内部的任意射线必与开线段 (AB) 相交；反之，如果有 $A\dot{D}B$，则以此角的顶点 O 为原点且经过点 D 的射线（记作“射线 AD”）必在此角的内部.

定理 9　任意线段有且仅有一个中点.

定理 10　任意角有且仅有一条平分线.

定理 11　线段的合同关系（即相等关系）具有反身性、对称性、传递性. 即

(1)对于任意线段 AB，总有 $AB\equiv AB$；

(2)对于任二线段 AB 和 $A'B'$，如果 $AB\equiv A'B'$，则 $A'B'\equiv AB$；

(3)对于任三线段 AB，$A'B'$ 和 $A''B''$.

如果 $AB\equiv A'B'$，$A'B'\equiv A''B''$，则 $AB\equiv A''B''$.

定理 12　角的合同关系（即相等关系）具有反身性、对称性和传递性.

定理 13　在 $\triangle ABC$ 中，如果 $AB\equiv AC$，则 $\angle B\equiv\angle C$.

定理 14　所有直角都合同.

定理 15　三角形合同的边角边定理（即 SAS）.

定理 16　三角形合同的角边角定理（即 ASA）.

定理 17　三角形合同的三边定理（即 SSS）.

定理 18　三角形合同的角角边定理（即 AAS）.

定理 19　如果二角合同，则它们的邻补角也合同.

定理 20　三角形的任意外角大于与它不相邻的任意内角.

定理 21　对顶角合同.

定理 22　任意角与它的邻补角的角度和为 π.

定理 23　线段具有可加（减）性.

定理 24　角具有可加（减）性.

定理 25　三角形的三内角的角度和不大于 π.

定理 26　平面上，通过直线 a 外的任一点 A，有且仅有一条直线与直线 a 垂直.

定理 27　平面上，通过直线 a 上的任一点 A，有且仅有一条直线与直线 a 垂直.

定理 28　萨开里四边形的上、下底的中点连线垂直与上、下底，两顶角相等，且不大于直角.

定理 29　平面上，设二直线 a，b 与第三条直线 c 相交，所成的内错角（或同位角）相等，则 a 和 b 不相交.

定理 30　平面上，设二直线 a，b 与第三条直线 c 垂直，则 a 和 b 不相交.

定理 31　平面上，通过直线 a 外的任一点，至少有一条直线与 a 不相交.

6.2　罗氏几何学公理系统及它的一些简单推论

6.2.1　罗氏几何学公理系统及它与欧氏几何学公理系统的比较

<table>
<tr><th>罗氏几何学公理系统</th><th>欧氏几何学公理系统</th></tr>
<tr><td>在绝对几何公理系统的基础上，再添加一条罗氏平行公理 V′便构成罗氏几何学公理系统. 罗氏平行公理 V′的内容是：对于任一直线 a 和不在其上的任一点 A，在由它们所确定的平面上，通过点 A 至少有两条直线与直线 a 不相交.
罗氏几何学公理系统
原始概念(8 个)：
　原始元素(3 个)：点；直线；平面
　原始关系(5 个)：点在直线上；点在平面上；一点在另两点之间；线段合同；角合同
公理(5 组 20 条)：
　结合公理(8 条)
　顺序公理(4 条)
　合理公理(5 条)
　连续公理(2 条)
　罗氏平行公理(1 条)
罗氏平行公理示意图：
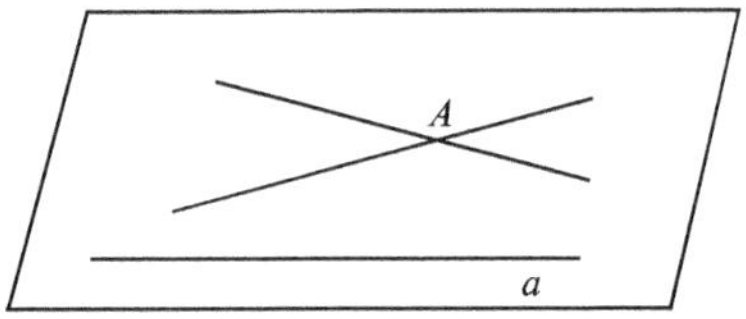

• 由这个公理系统出发，运用逻辑原则，所导出的一切概念和一切命题的总和，称为罗氏几何学</td>
<td>在绝对几何学公理系统的基础上再添加一条欧氏平行公理，便构成欧氏几何学公理系统.
欧氏平行公理 V 的内容是：对于任一直线 a 和不在其上的任一点 A，在由它们所确定的平面上，通过点 A 至多有一条直线与直线 a 不相交.
欧氏几何学公理系统
原始概念(8 个)：
　原始元素(3 个)：点；直线；平面
　原始关系(5 个)：点在直线上；点在平面上；一点在另两点之间；线段合同；角合同
公理(5 组 20 条)：
　结合公理(8 条)
　顺序公理(4 条)
　合理公理(5 条)
　连续公理(2 条)
　欧氏平行公理(1 条)
欧氏平行公理示意图：
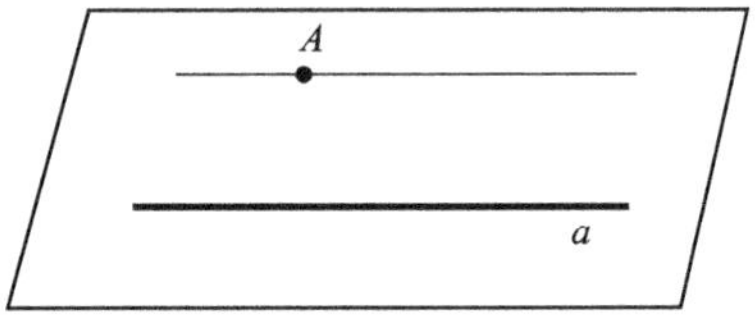

• 由这个公理系统出发，运用逻辑原则，所导出的一切概念和一切命题的总和，称为欧氏几何学</td></tr>
</table>

注意：(1) 由欧氏、罗氏两种几何学公理系统的构成可以看出，绝对几何学的所有命题在这两种几何学中都适用.

(2) 欧氏平行公理 V 和罗氏平行公理 V′是一对矛盾的命题. 欧氏、罗氏两种几何学的根本分歧就在这对矛盾命题上.

6.2.2　罗氏几何学公理系统的一些简单推论及它们与欧氏几何学的比较

罗氏平行公理 V′的等价命题	欧氏平行公理 V 的等价命题
Th1′. 平面上，两条相交直线与第三条直线相交所成的内错角(或同位角)不一定相等. Th2′. 平面上，一直线的垂线和斜线不一定相交. Th3′. 平面上，任一锐角一边的垂线与另一边不一定相交. Th4′. 通过不在一条直线上的三点，不一定能作圆. (注意：该定理表明，在罗氏几何中，存在着没有外接圆的三角形.) Th5′. 三角形的三条高线不一定相交于一点. (注意：该定理表明，在罗氏几何中，存在着没有垂心的三角形.) Th6′. 三角形的三内角的角度和小于 π. Th7′. 凸四边形的四内角的角度和小于 2π. Th8′. 萨开里四边形的二(相等的)顶角为锐角. Th9′. 如果两个三角形的三对对应角相等，则此二三角形合同. (注意：该定理表明，在罗氏几何中，不存在相似形.)	Th1°. 平面上，两条相交直线与第三条直线相交所成的内错角(或同位角)一定相等. Th2°. 平面上，一直线的垂线和斜线一定相交. Th3°. 平面上，任一锐角一边的垂线与另一边一定相交. Th4°. 通过不在一条直线上的三点，一定能作圆. Th5°. 三角形的三条高线一定相交于一点. Th6°. 三角形的三内角的角度和等于 π. Th7°. 凸四边形的四内角的角度和等于 2π. Th8°. 萨开里四边形的二(相等的)顶角为直角. Th9°. 如果两个三角形的三对对应角相等，则此二三角形相似.

注：如果将欧氏平行公理 V 的等价命题作为已知的命题，则 Th1′～Th8′很容易用反证法得以证明. 例如：

(1) Th1′的证明：(反证) 假设平面上的两不相交直线与第三条直线相交所成的内错角(同位角)一定相等，这表明 Th1°在罗氏几何中成立. 从而，欧氏平行公理 V 在罗氏几何中成立. 这与罗氏平行公理 V′矛盾.

(2) Th6′的证明：(反证)假设三角形三内角的角度和不小于 π，则三角形三内角的角度和大于或等于 π. 这时，由绝对几何定理 25 知，三角形三内角的角度和不能大于 π. 所以，三角形三内角的角度和只能等于 π，这表明 Th6°在罗氏几何中成立. 从而，欧氏平行公理 V 在罗氏几何中成立. 这与罗氏平行公理 V′矛盾.

Th9′的证明请读者利用叠合法自行做出.

6.3　罗氏平行线及其性质

6.3.1　罗氏平行线及它与欧氏平行线的初步比较

与欧氏几何的平行线定义相比，罗氏几何的平行线定义要复杂得多. 为了较自然地给出和较直观地理解罗氏平行线的定义，在给出定义之前，先做以下的讨论.

一、给出并证明一个相关的定理

定理 1　平面上，通过已知直线 a 外的任一点 A，有无穷多条直线与直线 a 不相交，也有无穷多条直线与直线 a 相交.

证明中用到的定理和公理有：绝对几何学的定理 26、27、29 和公理 II_4、V'.

证明：(1) 证第一断语，即证通过点 A 有无穷多条直线与直线 a 不相交.

由绝对几何学定理 26 知，在所考虑的平面上，通过点 A 有直线 AD 垂直于直线 a，垂足为 D. 再由绝对几何学定理 27 知，在所考虑的平面上，通过点 A 有直线 m 垂直于直线 AD. 到此，已有两条直线 a 和 m 都垂直于直线 AD. 于是，由绝对几何学定理 30 知，m 和 a 不相交. 这时，由罗氏平行公理 V' 知，在所考虑的平面上，通过点 A 还有另一条直线 n 与直线 a 不相交.

在直线 m 上任取一点 M，使直线 n 上以 A 为原点的两条射线之一在 $\angle DAM$ 的内部，设此射线为 n_1，由于 D，M 分别在 $\angle DAM$ 的两条边上，因此，由绝对几何学定理 8 的第一断语知，射线 n_1 必与开线段 (DM) 相交于一点 N.

设 P 为开线段 (MN) 上的任一点，则有 $M\dot{P}N$. 于是，由绝对几何学定理 8 的第二断语知，射线 AP 必在 $\angle MAN$ 的内部(图 6-1).

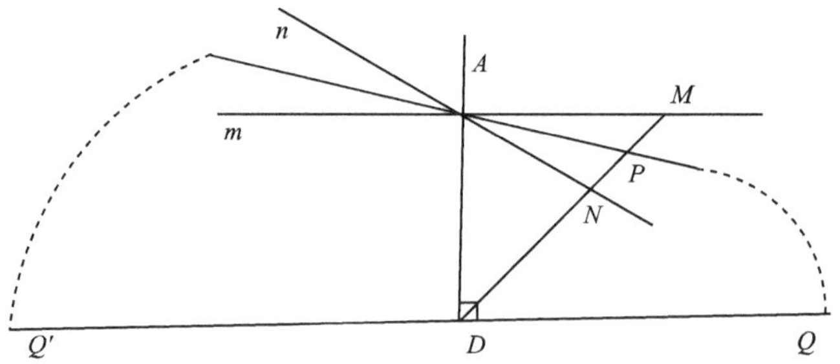

图 6-1

下面证明，通过 A，P 两点的直线与直线 a 不相交：

① 先证射线 AP 与直线 a 不相交：

(反证)假设射线 AP 与直线 a 相交于点 Q. 这时，我们来考察 $\triangle DPQ$ 和直线 n：由于直线 n 与 $\triangle DPQ$ 在一个平面上，且直线 n 不通过 $\triangle DPQ$ 的任何顶点. 又直线 n 与 $\triangle DPQ$ 的边 (DP) 相交于点 M，而与边 (PQ) 不相交(据绝对几何学定理 2)，因此，由公理 II_4 可知，直线 n 必与第三边 (DQ) 相交，这也表明直线 n 必与直线 a 相交. 这与当初 n 的取法矛盾. 所以，原设不真，故射线 AP 与直线 a 不相交.

② 再证射线 AP 的补射线与直线 a 不相交：

(反证)假设射线 AP 的补射线与直线 a 相交于点 Q'. 这时，我们来考察 $\triangle DPQ'$ 和直线 m：由于直线 m 与 $\triangle DPQ'$ 在一个平面上，且直线 m 不通过 $\triangle DPQ'$

的任何顶点，又直线 m 与 $\triangle DPQ'$ 的边(PQ')相交于点 A，而与边(PD)不相交(据绝对几何学定理 2)，因此，由公理 II_4 知，直线 m 必与边(DQ')相交，这表明直线 m 与直线 a 相交. 这与当初 m 的取法矛盾. 所以，原设不真，故射线 AP 的补射线与直线 a 不相交.

③ 由定理的条件知，点 A 不在直线 a 上. 这表明射线 AP 与射线 AP 的补射线的公共原点 A 不在直线 a 上.

把①②③综合起来，便知直线 AP 与直线 a 不相交. 由于点 P 在开线段 MN 上具有任意性，因此，在所考虑的平面上，通过直线 a 外的任一点，有无穷多条直线与直线 a 不相交.

(2) 证第二断语. 即证通过点 A 有无穷多条直线与直线 a 相交.

设 L 为直线 a 上的任一点，则通过点 A，L 的直线(据绝对几何定理 1)就是通过点 A 与直线 a 相交直线. 又由于点 L 在直线 a 上具有任意性. 因此，在所考虑的平面上，通过直线 a 外的任一点 A，有无穷多条直线与直线 a 相交.

二、进一步讨论所给出的重要结论

定理 1 告诉我们通过点 A 所有直线的分类：平面上，通过直线 a 外的任一点 A，有无穷多条直线与直线 a 不相交，也有无穷多条直线与直线 a 相交. 这表明，在所考虑的平面上，通过直线 a 外的任一点 A 的所有直线分成两类：一类与直线 a 不相交，另一类与直线 a 相交.

通过进一步讨论，可以知道，在上述两类直线中有两条界限直线 r_1 和 r_2，并且它们具有以下的性质：

(1) r_1 和 r_2 与 a 不相交；

(2) r_1 和 r_2 关于直线 AD 对称；

(3) r_1 上的 A 为原点的右射线与射线 AD 所成的角与 r_2 上的 A 为原点的左射线与射线 AD 所成的角相等，且为锐角(图 6-2).

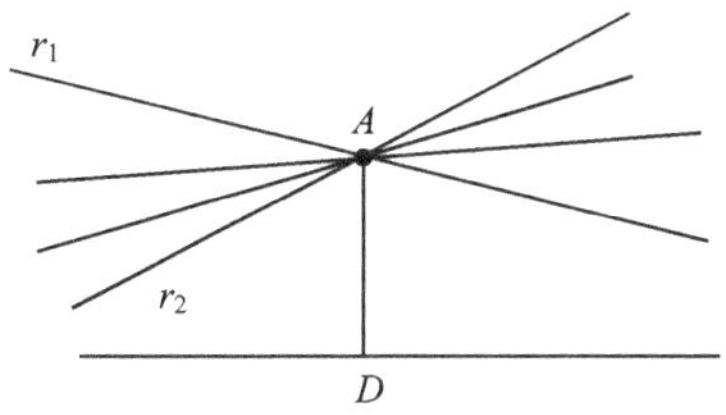

图 6-2

图 6-2 中的 r_1 称为右界限直线，r_2 称为左界限直线.

三、罗氏平行线定义

定义 1　平面上，设 a 为任一直线，A 为 a 外任一点，我们把通过点 A 且与直线 a 不相交的界限直线 r 称为直线 a 的通过点 A 的平行线. 如果 r 是右界限直线，则把 r 称为直线 a 的通过点 A 的右向平行线；如果 r 是左界限直线，则把 r 称为直线 a 的通过点 A 的左向平行线.

注意：以给出定义 1 前的讨论为基础，定义 1 的给出显得较自然，也较易理解. 但是，如果用定义 1 去推断罗氏平行，却很不方便. 为了消除这一弊端，下面给出罗氏平行线的另一个定义，这个定义与定义 1 是等效的.

定义 2　平面上，设 a 为任一直线，A 为 a 外任一点，在 a 上任意取定两点 B 和 C. 如果通过点 A 的直线 AE 满足如下的条件：

(1) 直线 AE 与直线 a 不相交；

(2) E，C 两点在直线 AB 的同侧；

(3) 凡以 A 为原点且在 $\angle BAE$ 内部的射线都与直线 a 相交.

则把直线 AE 称为直线 a 的通过点 A 的从 B 到 C（或从 A 到 E）方向下的平行线（图 6-3）.

图 6-3

四、欧氏平行线与罗氏平行线的初步比较

欧氏平行线	罗氏平行线
欧氏平面上，通过任一直线 a 外的任一点 A，有且仅有一条直线与直线 a 平行. 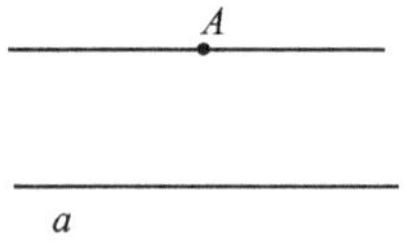	在罗氏平面上，通过任一直线 a 外的任一点 A，有多条直线分别在 a 的两个不同方向下与直线 a 平行. 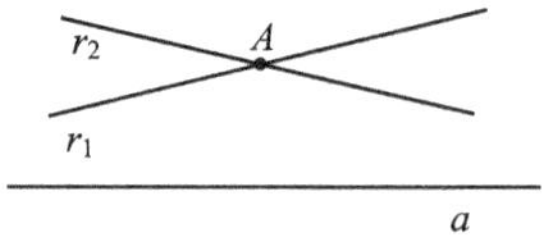 下面说法也是正确的： 在罗氏平面上，通过任一直线 a 外的任一点 A，有且仅有一条直线，在 a 的某一方向下与直线 a 平行. 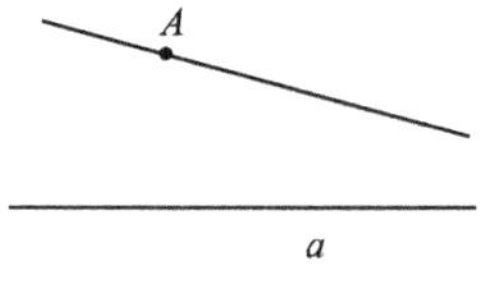 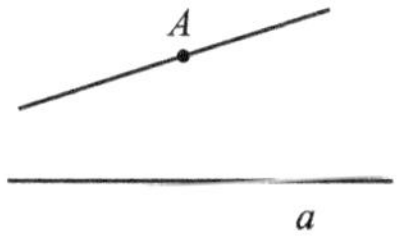
注意：欧氏平行线不强调平行方向，而罗氏平行线必须强调平行方向.	

6.3.2　罗氏平行线性质及其与欧氏平行线的进一步比较

为了下面讨论问题的方便，我们把公理 II_4 表述为如下的形式：

II_4　平面上，设 D 为△ABC 外的一点，d 是以 D 为原点且不通过△ABC 任何顶点的射线，如果射线 d 与△ABC 的一边相交，则它必定还要与其他两边中的一边相交（图 6-4）.

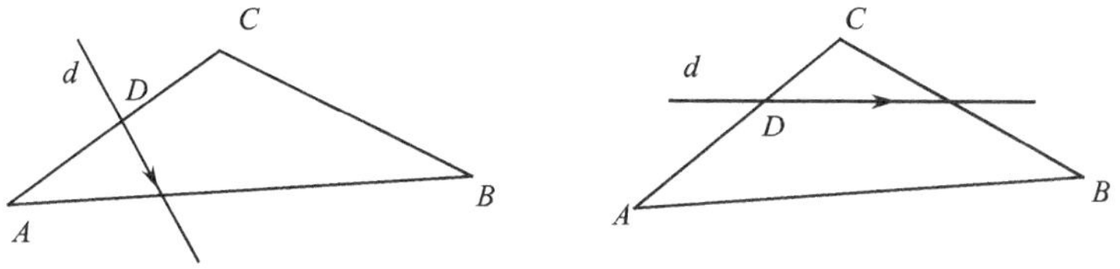

图 6-4

一、罗氏平行线的性质

定理 2（换点定理）　平面上，设 r 是直线 a 的通过 a 外点 A 的右向（或左向）平行线，S 是 r 上异于 A 的任一点，则 r 也是直线 a 的通过点 S 的右向（或左向）平行线.

证明：仅就 r 是 a 的右向平行线的情形给出证明（r 是 a 的左向平行线情形，其证明完全类同）.

就点 S 在直线 r 上的位置而言，有以下的两种情况：①点 S 在点 A 的右侧；②点 S 在点 A 的左侧.

（1）当点 S 在点 A 的右侧时.

在 r 上任取一点 R，使 $A\dot{S}R$，在 a 上任取一点 C. 于是，可得∠CSR 和∠CAS. 设 D 为∠CSR 内部的任一点，且 D 和 S 在 a 的同侧，则易知，射线 SD 必在∠CSR 的内部. 这时，要证明 r 是 a 的通过点 S 的右向平行线，据罗氏平行线定义 2，只需证：

① r 与 a 不相交；② 以 S 为原点且在∠CSR 内部的射线 SD 必与 a 相交（图 6-5）.

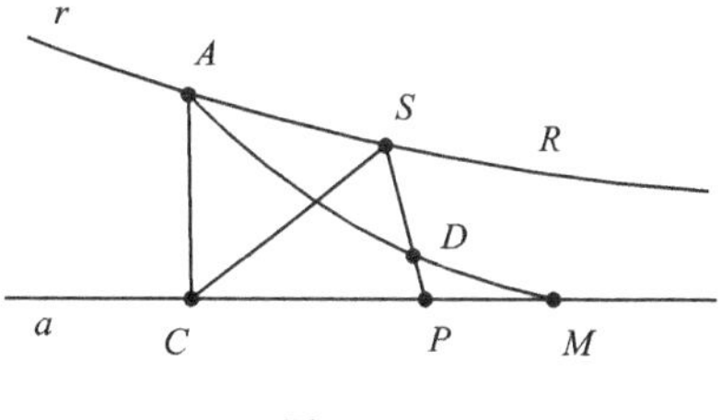

图 6-5

证①：由于 γ 是 a 的通过 A 的右向平行线，因此，由罗氏平行线定义 2 的条件(1)知，r 与 a 不相交.

证②：由点 D 的取法知，D 在∠CSR 的内部. 由此可推知，D 也在∠CAS 的内部（推导过程从略）. 所以，射线 AD 在∠CAS 的内部. 由于 γ 是 a 的通过 A 的右向平行线，因此，由罗氏平行线定义 2 的条件(3)可知，射线 AD 必与直线 a 相交于一点 M.

下面来考察△CAM和射线SD：

易知，点S在△CAM的外部，且射线SD可通过△CAM的任何顶点. 又由于射线SD与△CAM的边(AM)相交与一点D，而与边(AC)不相交. 因此，由公理II_4知，射线SD必与第三边(CM)相交于一点P. 这也表明，射线SD必与直线a相交与点P.

所以，γ是直线a的通过点S的右向平行线.

(2) 当点S在点A的左侧时，其证明从略.

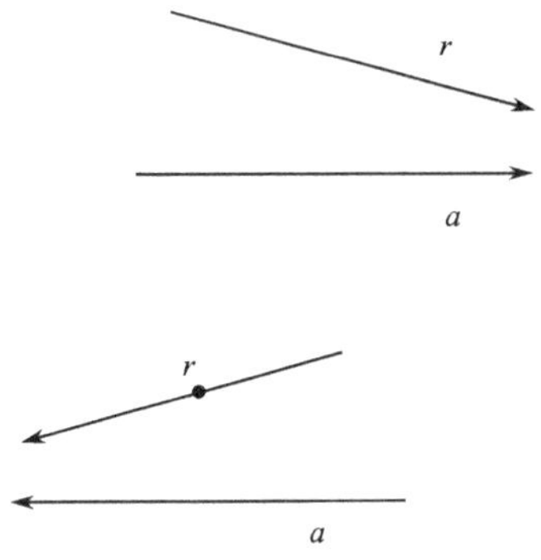

图 6-6

定理 3(对称性定理)　平面上，如果r是直线a的右向(或左向)平行线，则a也是r的右向(或左向)平行线(图 6-6).

证明从略.

定理 4(非严格意义下的传递性定理)　平面上，设a，b的直线都在某一确定方向下与第三条直线c平行，则a和b也在这个方向下互相平行.

证明：就相对于c的位置而言，会有两种情况：(1) a，b在c的同侧(图 6-7)；(2) a，b在c的异侧(图 6-8).

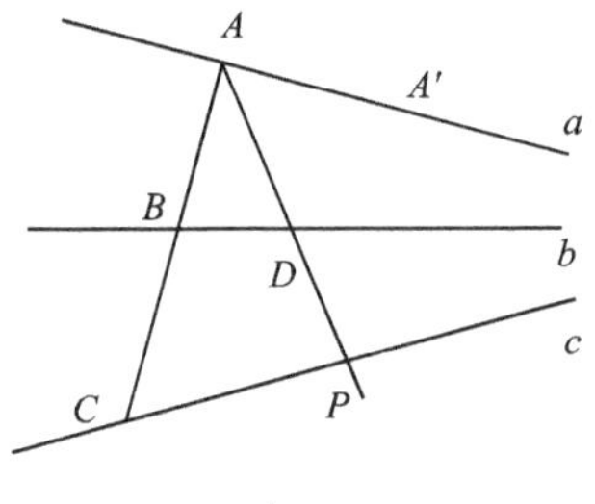

图 6-7

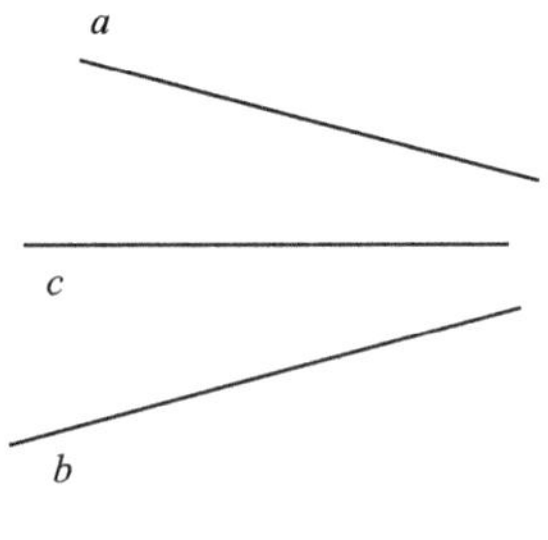

图 6-8

(1) 当a，b在c的同侧时.

这时，不妨设a，c在b的异侧. 在a上任取两点A和A'，使A到A'的方向与平行方向一致. 在c上任取一点C. 由于a，c在b的异侧，因此，由绝对几何定理1.7知，开线段(AC)必与b相交于一点B.

这时，要证明a是b的从A到A'方向下的平行线，按罗氏平行线定义 2，只须证：① a和b不相交；② 凡以A为原点且在$\angle BAA'$内部的射线必与b相交.

证①：(反证)假设a和b相交，则表明在所考虑的平面上，通过c外的一点有两条直线a和b都在同一方向下与c平行. 这与前面已指出的“在罗氏平面上，通过直线外一点，有且仅有一条直线在某一确定方向下与这条直线平行”的结论矛盾. 所以 a 和 b 不相交.

证②由于 a 在 A 到 A' 方向下与 c 平行(已知条件),因此,由罗氏平行线定义 2 的条件(3)知,以 A 为原点且在 $\angle CAA'$ 内部的任一射线必与 c 交于一点 P. 又由于 A,P 二点分别在 a,c 上,而 a,c 在 b 的异侧,因此,A,P 在 b 的异侧,于是由绝对几何定理 7 知,开线段 (AP) 必与 b 相交于一点 D. 这表明,凡以 A 为原点且在 $\angle BAA'$ 内部的射线必与 b 相交.

所以,a 在 A 到 A' 的方向下与 b 平行.

(2) 当 a,b 在 c 的异侧时在 a 上任取两点 A 和 A',使 A 到 A' 的方向与平行方向一致. 在 b 上任取一点 B. 由于 a,b 在 c 的异侧,因此,开线段 (AB) 必与 c 相交于一点 C(图 6-9).

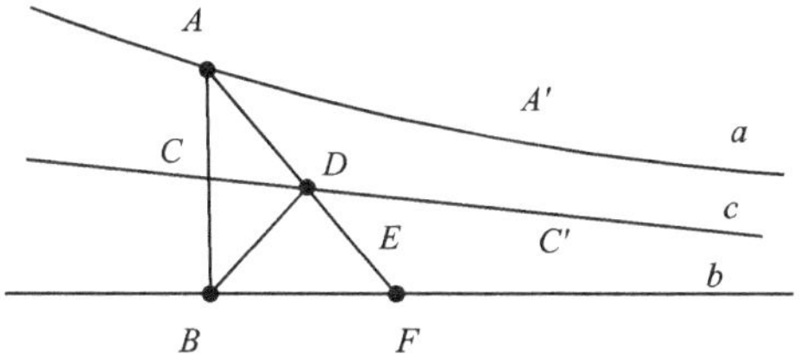

图 6-9

这时,要证明 a 在 A 到 A' 的方向下与 b 平行,据罗氏平行线定义,只须证:① a 与 b 不相交;② 凡以 A 为原点且在 $\angle BAA'$ 内部的射线必与 b 相交.

证①:(反证)假设 a 和 b 相交,则可导出与"a,b 在 c 的异侧"的矛盾. 所以,a 与 b 不相交.

证②:由于 a 在 A 到 A' 方向下与 c 平行(已知条件),因此,由罗氏平行线定义 2 的条件(3)知,以 A 为原点且在 $\angle CAA'$ 内部的任意射线必与 c 交于一点 D.

在 C 上任取一点 C',使 $C\dot{D}C'$,在射线 AD 上任取一点 E,使 $A\dot{D}E$,且 D,E 在 b 的同侧. 可以证明射线 DE 在 $\angle BDC'$ 的内部. 由于 b 在 C 到 C' 方向下与 c 平行,因此,由平行关系的对称性定理(即定理 3)知,c 必在这个方向下与 b 平行. 于是,由罗氏平行线定义 2 的条件(3)知,射线 DE 必与 b 相交于 F. 这也表明,以 A 为原点且在 $\angle BAA'$ 内部的任一射线 AE 必与 b 相交于点 F.

所以,a 在 A 到 A' 方向下与 b 平行.

注释:由定理 3 和定理 4 可以推知:罗氏平行关系具有严格意义下的传递性. 即平面上,如果 $a /\!/ b$(在某一确定方向下),$b /\!/ c$(在同一方向下),则 $a /\!/ c$(在同一方向下).

证明:

$$\left.\begin{array}{l} a /\!/ b(\text{在某一确定方向下}) \\ b /\!/ c(\text{在同一方向下}) \end{array}\right\} \Rightarrow c /\!/ b(\text{在同一方向下}) \Rightarrow c /\!/ b(\text{在同一方向下}).$$

定理 5　平面上,设 a,b 二直线在某一确定方向下互相平行,则 a 和 b 在平行方向下无限地靠近,而在相反的方向下无限地远离(图 6-10)(证明从略).

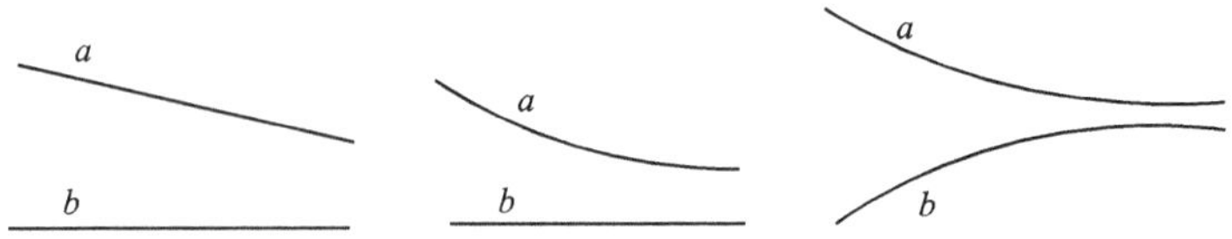

图 6-10

二、罗氏平行线与欧氏平行线的进一步比较

罗氏平行线	欧氏平行线
1. 平面上，设 r 是直线 a 的通过 a 外点 A 的在某一确定方向下的平行线，S 是 r 上任一异于 A 的点，则 r 也是 a 的通过 S 的在同一方向下的平行线(定理 2). 2. 平面上，两条直线的平行关系具有对称性和传递性(定理 3、定理 4). 3. 平面上，两条平行线在平行方向下无限地靠近，而在相反的方向下无限地远离(定理 5).	1. 平面上，设 r 是直线 a 的通过 a 外点 A 的平行线，S 是 r 上任一异于 A 的点，则 r 也是 a 的通过 S 的平行线. 2. 平面上，两条直线的平行关系具有对称性和传递性. 3. 平面上，两条平行线间的距离处处相等.

6.4　罗氏平面上的离散直线

6.4.1　离散直线的定义

定义 1(离散直线)　平面上，如果两条直线既不相交也不平行，则称此二直线是互相离散的.

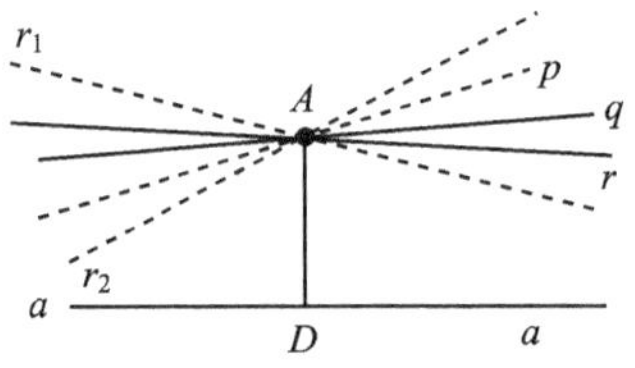

图 6-11

注：(1) 定义 1 中的“互相”二字，表明罗氏直线的离散关系具有对称性.

(2) 平面上，离散直线是存在的，例如，图 6-11 中的 r_1 和 r_2 是直线 a 的通过 a 外点 A 的右向平行线和左向平行线，而 $p,q,r,\cdots$ 都是 a 的离散直线.

(3) 平面上，直线的离散关系不具有传递性. 例如，图 6-11 中的 p 和 a 离散，q 和 a 也离散，但 p 和 q 都是相交的，而不是离散的.

(4) 在绝对几何中，平面上的任二直线的位置关系有两种：①相交；②不相交.

在欧氏几何中，平面上的任二直线的位置关系有两种：①相交；②平行(不相交).

在罗氏几何中，平面上的任二直线的位置关系有三种：①相交；②平行；③离散.

6.4.2 离散直线的判定定理

定理 1　平面上，如果 a,b 二直线都垂直于第三条直线 c，则 a,b 互相离散.

证明：要证 a,b 互相离散，按离散直线的定义 1，只需证：

① a 和 b 不相交；

② a 和 b 不平行.

证①：在所考虑的平面上，由于 a 和 b 都垂直于第三条直线 c，因此，由绝对几何定理 30 知，a 和 b 不相交.

证②：设 a,b 与 c 的交点分别为 A 和 B，再在 a 上任取两点 A' 和 A''，使 $A\dot{A}A''$(图 6-12).

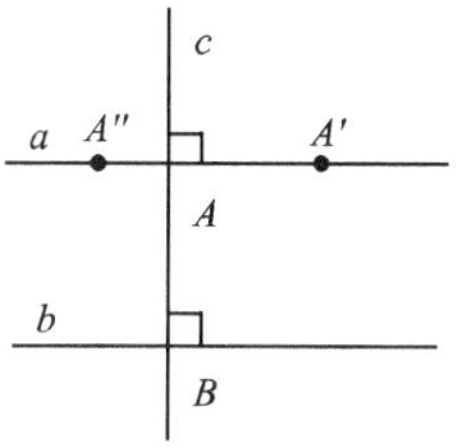

图 6-12

(反证)假设 a 和 b 在 A'(或 A 到 A'')的方向下互相平行，则由给出罗氏平行线定义 1 前的讨论知，$\angle BAA'$(或 $\angle BAA''$)应为锐角. 这与 $a\perp c$ 矛盾. 所以，a 和 b 不互相平行.

注：平面上，设 a,b 二直线与第三条直线都垂直，则：

(1) 在绝对几何中的结论是：a 和 b 不相交；

(2) 在欧氏几何中的结论是：a 和 b 互相平行；

(3) 在罗氏几何中的结论是：a 和 b 互相离散.

定理 2　平面上，如果二直线与第三条直线相交所成的内错角(或同位角)相等，则 a 和 b 互相离散.

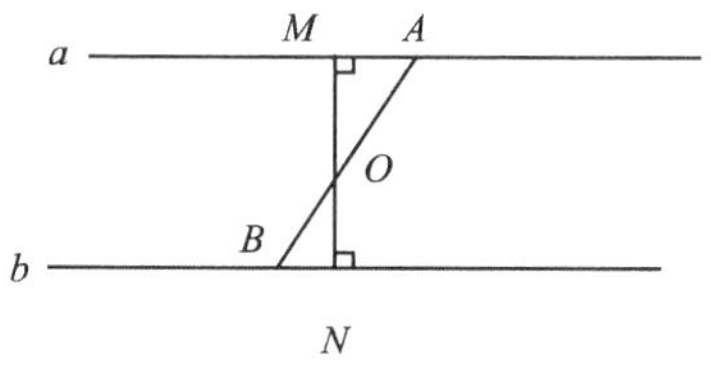

图 6-13

证明：设 a,b 与 c 的交点分别为 A,B，取线 AB 的中点 O(根据绝对几何定理 9)，通过点 O 分别作 a 和 b 的垂线，垂足分别为 M 和 N(根据绝对几何定理 26)(图 6-13).

在 $\triangle OMA$ 和 $\triangle ONB$ 中

$$\left.\begin{array}{l}\angle OAM\equiv\angle OBN(\text{据内错角相等})\\ \angle OMA\equiv\angle ONB(\text{据 }a\perp OM,b\perp ON)\\ OA\equiv OB(\text{据 }O\text{ 是 }AB\text{ 的中点})\end{array}\right\}\Rightarrow\triangle OMA\equiv\triangle ONB$$

$$\Rightarrow\angle AOM\equiv\angle BON$$

$$\Rightarrow M,O,N\text{ 三点共线.}$$

由于 $OM\perp a$，$ON\perp b$(据 OM 和 ON 的取法)，而 M,O,N 三点又共线. 因此，二直线都垂直于第三条直线. 于是，由定理 1 知，a 和 b 互相离散.

注：平面上，设二直线和第三条直线相交所成的内错角(或同位角)相等，则：

(1) 在绝对几何中的结论是：a 和 b 不相交；

（2）在欧氏几何中的结论是：a 和 b 平行；

（3）在罗氏几何中的结论是：a 和 b 互相离散.

6.4.3 平面上的二直线的公垂线

定义 2（公垂线的定义） 平面上，如果直线 c 既垂直于直线 a 又垂直于直线 b，则把 c 称为 a 和 b 的公垂线.

定理 3 平面上，任二直线至多有一条公垂线.

证明：（反证法）假设二直线有两条公垂线，则可得到一个四个内角角度和为 2π 的凸四边形. 这与 6.2 节的定理 $7'$ 矛盾.

注意：定理 3 告诉我们，在罗氏平面上，任意二直线可能有公垂线，也可能没有公垂线；如果有，则只能有一条. 那么在罗氏平面上，究竟什么样的二直线有公垂线，什么样的二直线无公垂线呢？对此，后面的定理 5 和定理 6 将给出回答.

6.4.4 离散直线的性质

定理 4 平面上，互相离散的二直线在它们的两个不同方向下，都无限地远离.

证明从略.

定理 5 平面上，互相离散的二直线有且仅有一条公垂线.

证明从略.

定理 6 平面上，二直线互相离散的充要条件是它们有一条公垂线.

证明：充分性可由定理 1 证明；必要性可由定理 5 证明.

注意：由定理 6 和定理 5 可以看出：在罗氏平面上，二相交直线无公垂线，二平行直线无公垂线，而二离散直线有公垂线，且公垂线只有一条.

6.5 罗巴切夫斯基函数

6.5.1 罗巴切夫斯基函数定义

定义 1 平面上，设 r_1 和 r_2 是直线 a 的通过不在 a 上的点的左向平行线和右向平行线，通过点 A 作 a 的垂线，垂足为 D. 我们把射线 AD 与 r_1 或 r_2 所构成的锐角，称为点 A 对于直线 a 的平行角；把线段 AD 称为相应于这个平行角的点 A 对直线 a 的平行距（图 6-14）.

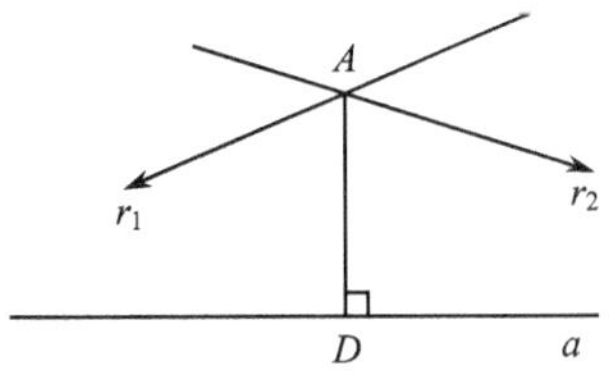

图 6-14

可以证明，两个平行角相等的充要条件是它们相应的平行距相等.

由这个命题可以知道，平面上，一点对于一直线的平行角是随着平行距的变化而变化的.

定义 2　罗巴切夫斯基用记号 $\omega=\Pi(x)$ 来表示平行角的角度 ω 与其相应的平行距的长度 x 之间的函数关系. 我们把 $\omega=\Pi(x)$ 称为罗巴切夫斯基函数.

由定义 1 可以知道，平行角是锐角. 那么对于任意给定的锐角，它是否可以当作平行角呢? 事实上可以证明，任意一个锐角都可以当作平行角即对于任意给定的锐角的角度 ω，必存在一个长度为 x 的线段，使 $\omega=\Pi(x)$.

6.5.2　罗巴切夫斯基函数的性质

定理　罗巴切夫斯基函数 $\omega=\Pi(x)$ 是 $(0,+\infty)$ 上的单调递减的连续函数，并且当 $x\to 0$ 时，$\Pi(x)\to\frac{\pi}{2}$；当 $x\to+\infty$ 时，$\Pi(x)\to 0$.

证明：对于 $(0,+\infty)$ 上的任意两个 x_1 和 x_2（不妨设 $x_2>x_1$），其对应的 ω_1 和 ω_2 必有且仅有如下的三种可能之一成立：$\omega_1=\omega_2$，$\omega_1<\omega_2$，$\omega_1>\omega_2$. 如果能否定前两种情况，则第三种情况必成立，从而可以断定 $\omega=\Pi(x)$ 在 $(0,+\infty)$ 上的单调递减.

下面用反证法来证明前两种情况是不可能成立的.

(1) 如图 6-15 所示，假设 $\omega_1=\omega_2$，则 b_1，b_2 二直线与第三条直线 A_1A_2 相交所成的同位角相等. 于是由定理 2 知，b_1 和 b_2 互相离散. 另一方面，由于 b_1 和 b_2 在同一方向下与直线 a 平行. 因此，由定理 4 知，b_1 和 b_2 也在这个方向下互相平行. 这与前面的断语（b_1 和 b_2 互相离散）矛盾. 所以 $\omega_1\neq\omega_2$.

(2) 如图 6-16 所示，假设 $\omega_1<\omega_2$，则在 $\angle DA_2B_2$ 的内部有射线 A_2C，使 $\angle DA_2C\equiv\angle DA_1B_1$. 于是，由定理 2 知，直线 b_1 与直线 A_2C 互相离散. 另一方面，由于 b_2 是 b_1 在确定方向下的平行线，因此由平行线定义 2 知，射线 A_2C 必与直线 b_1 相交，即直线 A_2C 必与直线 b_1 相交. 这与前面的断语（直线 b_1 与直线 A_2C 互相离散）矛盾. 所以，$\omega_1<\omega_2$ 不成立.

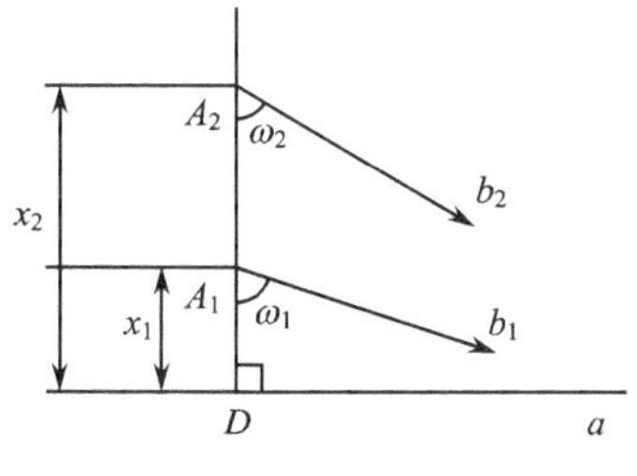

图 6-15

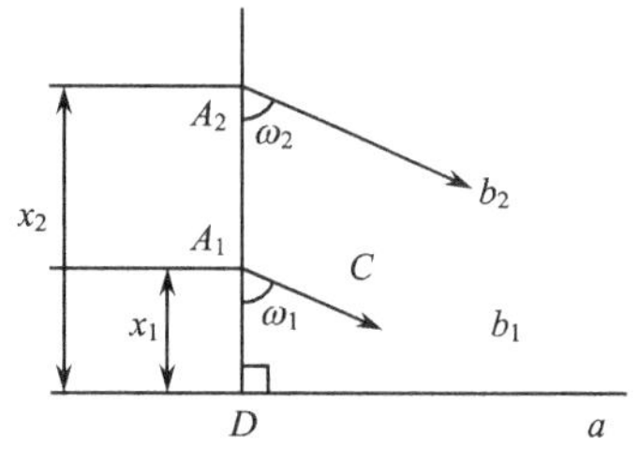

图 6-16

至此，已证得 $\omega=\Pi(x)$ 在 $(0,+\infty)$ 上的单调递减.

又由于 $\Pi(x)$ 的值域是 $\left\{\alpha \mid 0<\alpha<\frac{\pi}{2}\right\}$，而 $\Pi(x)$ 在定义域 $\{x \mid x>0\}$ 上单调递减，因此由数学分析知识可以推知 $\Pi(x)$ 是 $(0,+\infty)$ 上的连续函数，并且

$$\lim_{x\to 0}\Pi(x)=\frac{\pi}{2},\ \lim_{x\to+\infty}\Pi(x)=0.$$

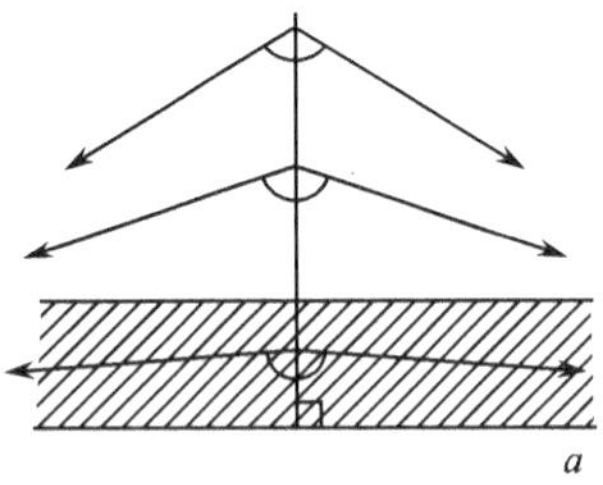

图 6-17

由上面定理所表述的罗巴切夫斯基函数性质可以看出，当平行距的长度 x 充分小时，其对应的平行角充分接近于 $\frac{\pi}{2}$. 这表明，平面上在以直线 a 为边缘的充分狭窄的一个条形区域里，罗氏几何与欧氏几何非常近似，即二者的区别极小；反之，随着 x 的增大，二者的区别越来越显著. 由此可以进一步知道，欧氏几何空间是罗氏几何空间的无穷小部分(图 6-17).

习　题　6

1. 三角形的两边中点连线与第三边所在直线互相离散，且其公垂线通过第三边的中点.

2. 平面上，已知 A,B,C 是直线 a 上的三点，D 是不在直线 a 上的一点，A',B',C' 分别是线段 AD,BD,CD 的中点. 求证：A',B',C' 三点不在一条直线上.

3. 平面上，已知 PP' 是锐角 $\angle AOB$ 的一边 OA 的垂线，垂足为 P，E,F 是边 OA 上的两点，且 $O\dot{E}P$ 和 $O\dot{P}F$. 求证：

(1) 如果直线 PP' 与 $\angle AOB$ 的另一边 OB 相交，则通过点 E 且与边 OA 垂直的直线 EE' 也与边 OB 相交；

(2) 如果直线 PP' 与 $\angle AOB$ 的另一边 OB 不相交，则通过点 F 且与边 OA 垂直的直线 FF' 也与边 OB 不相交.

4. 平面上，设 a,b,c 三直线都与第四条直线 l 垂直，垂足分别为 A,B,C. 在 a,b,c 上各取一点 A',B',C'，使 $AA'\equiv BB'\equiv CC'$，且 A',B',C' 在 l 的同侧. 求证：

(1) A',B',C' 不在一条直线上；

(2) $\triangle A'B'C'$ 的三边的中垂线互相离散.

参考文献及进一步阅读的资料

赵景耀，王家铧. 2005. 高观点下的初等数学讲义. 沈阳：辽宁人民出版社

第7章　几何变换

将几何图形按照某种法则或规律变换成另一种几何图形的过程叫做几何变换.研究几何变换的基本问题是:讨论各种几何变换下的不变性与不变量,并应用于求解几何问题.

已知图形在某个变换下变成一个新图形,有些表示图形特征的数量在这个变换下不变,这个数量叫做已知变换的不变量.有些图形的特性在这个变换下不变,这些性质叫做已知变换的不变性. 本章将系统讨论图形在合同变换、相似变换、仿射变换、反演变换等变换下的不变性与不变量.

1872年德国数学家克莱因在一次著名演讲(后称“Erlangen纲领”)中,首先把几何学与变换群联系起来,将各种几何学看成是各种群的不变量理论.他认为,每一种几何应该有一个主变换群,图形在该变换群的变换下保持不变的性质,就是这种几何所研究的对象.这就为几何研究的目标、对象提出了一个新颖的观点,或者说,用公理化思想方法讨论几何学在某种意义上说是用静的观点来系统研究几何学,而用几何变换群来讨论几何学在某种意义上说是用动的观点来系统研究几何学.

7.1　变换与变换群

定义1　设映射 $f:A\to B$ 若 $A=B$,则称 f 是集 A 上的变换.若 f 是以 A 到自身的一一映射,则称 f 是集 A 上的一一变换.

在初等几何中,主要研究平面点集 A(但也涉及空间点集 A)到其自身的一一变换.

定义2　使得集合 A 中任何元素都不变的变换,叫做集 A 上的恒等变换,记为 I_A 或 I.

定义3　设 f,g 是集 A 上的两个变换,如果对于 A 中任一元素 a,有 $a\xrightarrow{f}a'\xrightarrow{g}a''$,则变换 $a\xrightarrow{\varphi}a''$叫做变换 f,g 的乘积,记为 $\varphi=g\circ f$,显然 $\varphi(a)=g\circ f(a)=g[f(a)]$.

变换的乘积具有下述性质:

(1) 若 f,g 是一一变换,则 $g\circ f$ 也是一一变换;

(2) $f\circ I=f,I\circ f=f$;

(3) 变换的乘法满足结合律;

(4) 变换的乘法不一定满足交换律.

定义 4 设 A 为点集,G 是集合 A 上若干个一一变换的集合,若 G 关于变换的乘法构成一个群,则称 G 为点集 A 上的变换群.

根据定义,要判断点集 A 上的一一变换的集合 H 是否为集合 A 上的变换群,只须证明两点:

(1) 若 $f,g\in H$,则 $f\circ g\in H$;

(2) 若 $f\in H$,则 $f^{-1}\in H$.

定义 5 设 f 是点集 A 上的变换,$F\subseteq A$,若 $f(F)=F$,则称 F 是变换 f 下的不变图形(或二重图形),点集 $F'=\{P\mid f(P)=P,P\in A\}$叫做不变点的集合.

显然,不变点的集合一定是不变图形,反之不一定成立.

定义 6 设 F,F'是点集 A 中两个图形,G 为点集 A 的某个变换群.如果 G 中存在一个变换 f,把图形 F 变为图形 F',那么,称图形 F,F'关于变换群 G 等价,记为 $F\overset{G}{\sim}F'$.

由于 G 是个变换群,所以点集 A 中的图形之间的 $F\overset{G}{\sim}F'$关系满足三个条件:

(1) 反身性:$F\overset{G}{\sim}F$;

(2) 对称性:若 $F\overset{G}{\sim}F'$,则 $F'\overset{G}{\sim}F$;

(3) 传递性:若 $F\overset{G}{\sim}F'$,$F'\overset{G}{\sim}F''$,则 $F\overset{G}{\sim}F''$.

由于“$\overset{G}{\sim}$”关系是个等价关系,利用关系“$\overset{G}{\sim}$”可把点集中所有图形进行分类,同一类的两个图形可以认为在 G 中变换的意义下是“相同”的.凡是同一类中一切图形所共有的性质,叫做关于变换群 G 的不变性质.

于是,对空间(即集合 A)内图形关于某个变换群不变性质的命题系统的研究便称为该空间的几何学,而集合 A 的维数就是几何学的维数.有一个变换群,就有一种与之对应的几何学,例如,等距变换群对应着刚体几何学;相似变换(含等距变换)群对应着欧氏几何学;分式线性变换(保角变换)群对应着罗氏几何学;仿射变换群对应着仿射几何学;射影变换群对应着射影几何学;等等.用群论的观点来研究几何学,可使各种各样的几何学都隶属于同一思想而具有统一的形式,同时,也提供了在抽象空间上建立相应几何学的方法,从而也可产生一些新的几何学分支.

7.2 合同变换

7.2.1 合同变换及其性质

定义 1 一个平面上的到其自身的变换 f,如果对于平面上任意两点 A,B,其

距离 $\rho(A,B)$ 总等于它们的对应点 A', B' 间的距离 $\rho(A',B')$，那么 f 叫做平面上的合同变换(congruent transformation).

从定义可知，合同变换保持两点之间的距离不变. 由定义，可推证如下定理：

定理1　平面上的合同变换由不共线的三双对应点唯一确定.

证明：设 A、A'，B、B'，C、C' 是合同变换 f 的不共线的三双对应点，那么对应于平面上任一点 P，由这三双对应点可以唯一确定 P 的对应点 P' 的位置.

若 P 在直线 AB 上，不妨设在 A、B 之间，则由 $\rho(A,B)=\rho(A,P)+\rho(P,B)$，有 $\rho(A',B')=\rho(A',P')+\rho(P',B')$，即说明 P' 在线段 $A'B'$ 上，且由 $P'A'=PA$，$P'B'=PB$ 唯一确定.

若 P 不在直线 AB 上，不妨设 P 与 C 在 AB 直线同侧，那么 P' 与 C' 也在直线 $A'B'$ 的同侧，且由 $P'A'=PA$，$P'B'=PB$ 知道，P' 点是 $\odot A'(AP)$ 与 $\odot B'(BP)$ 的交点. P' 点的位置唯一确定（图略）.

有上可见，合同变换可以由一对对应三角形完全确定，这样可能出现两种情况：

若对应三角形 ABC，$A'B'C'$，沿三角形周界 $ABCA$，$A'B'C'A'$ 的环绕方向相同(都是顺时针或者都是逆时针方向)，那么，由这一对三角形确定的合同变换称为第一类合同变换(或刚体变换)，其图形称为真正合同(或全等)的；反之，称为第二类合同变换(或镜像变换)，其图形称为镜像合同的.

合同变换有如下性质：

定理2　合同变换是一一变换.(证略.)

定理3　平面上所有合同变换的集合构成一个合同变换群.(证明请读者完成.)

定理4　在合同变换下(1) 两直线的夹角不变；三角形的面积不变；平面图形的面积不变；直线上 A，B，C 三点的简比 $\dfrac{AC}{BC}$ 不变；

(2) 共线点变为共线点，且保持顺序关系不变；

(3) 直线变为直线、线段变为线段、射线变为射线，半平面变为半平面；

(4) 两直线的平行性、正交性不变.

综上所述，两点之间的距离、两直线交角大小是合同变换下的基本不变量. 元素的结合性、同素性、直线上点的顺序、两直线的平行性及正交性是合同变换下的不变性.

下面，我们讨论合同变换的基本形式：平移变换、旋转变换、直线反射变换.

7.2.2　平移变换

定义2　设 $\boldsymbol{a}$ 是已知向量，T 是平面上的变换，如果对于任一双对应点 P，P'，

总有$\overrightarrow{PP'}=\boldsymbol{a}$,那么 T 叫做平移变换(translation transformation).记为 $T(\boldsymbol{a})$,其中 $\boldsymbol{a}$ 的方向叫做平移方向,$|\boldsymbol{a}|$叫做平移距离.

由定义可知,平移变换由一向量或一双对应点所唯一确定.

恒等变换可以看成平移变换,其平移向量是零向量,即 $I=T(\mathbf{0})$.这个平移变换无方向.

在 $T(\boldsymbol{a})$变换下,点 A 变为 A',图形 F 变为 F',可表示为

$$A\xrightarrow{T(\boldsymbol{a})}A',\ F\xrightarrow{T(\boldsymbol{a})}F'.$$

平移变换具有下述性质:

(1) 平移变换是第一类合同变换.因此,平移变换具有合同变换的一切性质.

(2) 平面上所有平移变换的集合对于变换的乘法构成一个交换群,它是合同变换群的子群.(请读者自证.)

(3) 非恒等变换的平移变换没有不变点,但有无数条不变直线,他们都平行于平移方向.

(4) 在平移变换下,直线变成与它平行(或重合)的直线;线段 AB 变为线段 $A'B'$,且$\overrightarrow{AB}=\overrightarrow{A'B'}$.

运用平移变换解题,往往是在有较多的平行线和线段相等的条件下,利用平移变换可将有关元素相对集中,易于发现新的关系而求解.

例 1 A',B',C'分别是$\triangle ABC$ 的边 BC,CA,AB 的中点,O_1,O_2,O_3,I_1,I_1,I_3 分别是$\triangle AB'C'$,$\triangle C'A'B$,$\triangle B'CA'$的外心和内心,求证:$\triangle O_1O_2O_3\cong\triangle I_1I_2I_3$(图 7-1).

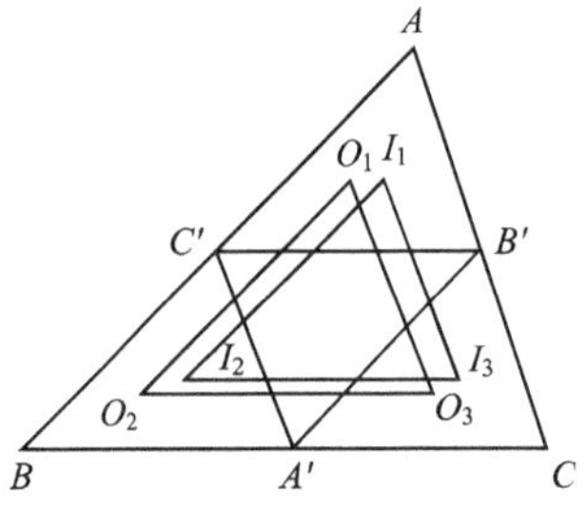

图 7-1

分析:运用全等的判定定理,似乎无路可走.

证明:由三角形中位线性质知,$\overrightarrow{C'B}=\overrightarrow{B'A'}=\overrightarrow{AC'}$,故 $\triangle AB'C'\xrightarrow{T(\overrightarrow{AC'})}\triangle C'A'B$.于是 $O_1\xrightarrow{T(\overrightarrow{AC'})}O_2$,$I_1\xrightarrow{T(\overrightarrow{AC'})}I_2$.所以 $\overrightarrow{O_1O_2}=\overrightarrow{I_1I_2}=\overrightarrow{AC'}$.同理 $\overrightarrow{O_1O_3}=\overrightarrow{I_1I_3}$,$\overrightarrow{O_2O_3}=\overrightarrow{I_2I_3}$.故 $\triangle O_1O_2O_3\cong\triangle I_1I_2I_3$.

7.2.3 旋转变换

定义 3 设 O 为平面上一定点,φ 为已知有向角,R 是平面上的变换.如果对于任一双对应点 P,P',总有 $OP=OP'$,$\angle POP'=\varphi$,那么变换 R 叫做以 O 为旋转中心,φ 为旋转角的旋转变换(rotation transformation).记为 $R(O,\varphi)$,其中有向角$\angle POP'$规定方向是始边 OP 向终边 OP'旋转的方向,一般逆时针方向为正,顺时针方向为负.

显然，旋转变换由旋转中心与旋转角唯一确定.

中心相同，旋转角相差 2π 的整数倍的旋转变换被认为是相同的. 即

$$R(O,\varphi) = R(O,\varphi + 2k\pi), k \in \mathbf{Z}.$$

旋转角为零的旋转变换是恒等变换.

在旋转变换 $R(O,\varphi)$ 下，点 A 变为点 A'，图形 F 变为 F'，可表示为

$$A \xrightarrow{R(O,\varphi)} A', F \xrightarrow{R(O,\varphi)} F'$$

旋转变换具有下述性质：

1. 旋转变换是第一类合同变换. 因此，旋转具有合同变换的一切性质.

2. 具有同一旋转中心的所有旋转变换的集合对于变换的乘法构成一个可换群. 它是合同变换群的子群.（证略.）

3. 非恒等的旋转变换只有一个不变点即旋转中心，当旋转角 $\varphi \neq 180°$ 时，旋转变换没有不变直线.

4. 当旋转角 $\varphi \neq 180°$ 时，直线（线段）与其对应直线（线段）的交角等于 φ.（证略.）

定义 4　旋转角为 180° 的旋转变换称为中心对称变换或中心对称（central symmetry）或点反射. 其旋转中心 O 称为对称中心，其变换记为 $C(O)$，且 $R(O, 180°) = C(O)$.

中心对称变换还具有一些特殊的性质：

1. 中心对称变换是对合变换，即 $R^2(O,180°) = I$.

2. 在中心对称变换下，

(1) 过对称中心的直线是不变直线.

(2) 对应点连线过对称中心且被它平分；对应线段相等且反向平行或共线.

(3) 不过对称中心的直线与其对应的直线平行；反之，若两直线平行，则他们是某个中心对称变换下的两条对应直线.（请读者自证.）

运用旋转变换解题，往往是在题设中涉及正多边形或定角、等边及中点的情形下，采用旋转变换将分散元素集中或将有关条件建立起联系，可收到事半功倍之效.

例 2　在 $\triangle ABC$ 内有一点 P，满足 $\angle APB = \angle BPC = \angle CPA = 120°$，求证：$P$ 是到三顶点距离之和最小的点（即费马点）.

证明：因 $\angle CPA = \angle BPC = 120°$，故对 $\triangle APC$ 施行变换 $R(C, -60°)$，则 $\triangle APC \xrightarrow{R(C,-60°)} \triangle EP'C$（如图 7-2）. 由于 $\angle P'PC = \angle PP'C = 60°$，所以 B, P, P' 共线，且 $BE = BP + PP' + P'E = BP + CP + AP$.

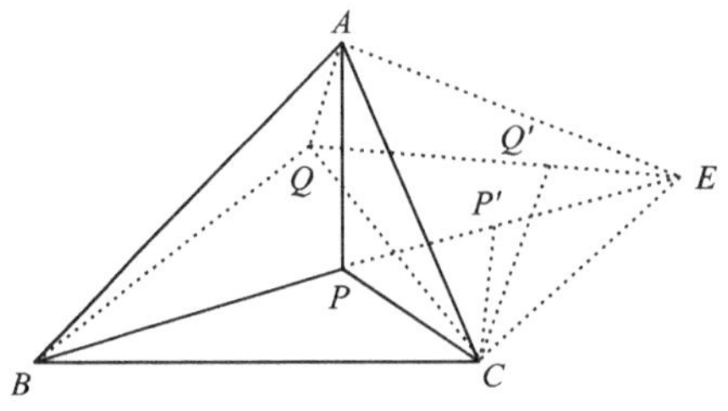

图 7-2

对于$\triangle ABC$内任一点Q，令$\triangle AQC \xrightarrow{R(C,-60^\circ)} \triangle EQ'C$，则$QQ'=QC$，$Q'E=QA$，于是$QA+QB+QC=Q'E+QB+Q'Q \geqslant BE=BP+CP+AP$. 故$P$是到三顶点距离之和最小的点(此点即为费马点).

例 3 在$\triangle ABC$中，M为BC的中点，P，R分别在AB，AC上，Q为AM与PR的交点，证明：若Q为PR的中点，则$PR /\!/ BC$.

证明：以M为中心作中心对称变换，则$C \xrightarrow{C(M)} B$，设$Q \xrightarrow{C(M)} Q'$，$A \xrightarrow{C(M)} A'$，$R \xrightarrow{C(M)} R'$，则$R'Q' \underline{\underline{/\!/}} QR$，但$Q$为$PR$的中点，所以$P'Q'=PQ$，从而$PR' /\!/ AA'$，

于是$BR':R'A'=BP:PA$，但$BR'=CR$，$R'A'=RA$. 因此，$CR:RA=BP:PA$. 故$PR /\!/ BC$.

7.2.4 反射(或直线反射)变换

定义 5 设l是平面上的定直线，S是平面上的变换，P、P'是一双对应点，如果线段PP'被直线l垂直平分，那么S叫做平面上的直线反射(或对称变换)(symmetric transformation)，简称反射，记为$S(l)$，l叫做反射轴.

显然，反射变换由反射轴或一双对应点唯一确定.

在反射变换$S(l)$作用下，点A变为点A'，图形F变为F'，可表示为

$$A \xrightarrow{S(l)} A',\ F \xrightarrow{S(l)} F'$$

反射变换具有下列性质：

(1) 反射式第二类合同变换. 因此反射具有合同变换的所有性质.

(2) 具有同一条反射轴的两个反射的乘积是恒等变换，即

$$S^2(l) = I$$

然而，具有不同反射轴的两个反射的乘积不一定是反射变换，所以平面上所有反射变换的集合不构成变换群.

(3) 在直线反射$S(l)$变换下，反射轴l是不动点的集合，垂直于反射轴的直线是不变直线.

(4) 设P为反射轴l上一点，A，A'是一双对应点，则$\angle APA'$被l平分.

定义 6 一个图形上的任一点关于它上面的某一条(或几条)直线反射的对应点都在这个图形上，这个图形称为轴对称图形. 反射轴即为对称轴.

例如，线段、菱形、矩形是有两条对称轴的对称图形；角、等腰三角形是有一条对称轴的对称图形；直线、圆是有无数条对称轴的对称图形；等等.

运用反射变换解题，就是通过反射变换构成(部分)轴对称图形来处理平面几何问题，特别是求解某些几何最小值时，比较方便.

例 4　设$\triangle DPQ$是锐角$\triangle ABC$的垂足三角形(即D,P,Q是三高线的垂足)，求证：$\triangle DPQ$是$\triangle ABC$中周长最短的内接三角形.

证明：由题设，易知AD,BP,CQ是$\triangle DPQ$的内角平分线，令$\triangle DEF$是$\triangle ABC$中以D为一顶点的任一内接三角形，且$D\xrightarrow{S(AB)}D'$，$D\xrightarrow{S(AC)}D''$. 则D'，D''落在直线PQ上，且$D'Q=DQ$，$D''P=DP$，线段$D'D''$之长等于$\triangle DPQ$之周长.

连结$D'E$，$D''F$，则折线$D'EFD''$之长等于$\triangle DEF$之周长，显然$D'D''\leqslant D'E+EF+FD'$. 不难计算$D'D''\leqslant 2AD\cdot\sin\angle BAC$.

若$\triangle RST$是$\triangle ABC$的任一内接三角形，则用类似方法可以证得$\triangle RST$的周长大于或等于$2AR\cdot\sin\angle BAC$. 由于$AR\geqslant AD$，从而$\triangle RST$的周长$\geqslant\triangle DPQ$的周长. 即垂足三角形$\triangle DPQ$的周长最短.

7.2.5　平移、旋转、反射之间的关系

定理 5　设$S(l_1)$，$S(l_2)$是两个直线反射变换.

(1) 若$l_1\parallel l_2$，$S(l_2)\circ S(l_1)$则是个平移变换；

(2) 若l_1与l_2相交，则$S(l_2)\circ S(l_1)$是个旋转变换，特别地，若$l_1\perp l_2$，则$S(l_2)\circ S(l_1)=R(O,180^\circ)$.

(请读者自证.)

定理 6　(1) 任何一个平移可以表示为两个反射轴平行的反射变换的乘积；

(2) 任何一个旋转可以表示为两个反射轴相交的反射变换的乘积.

证明：(1) 设$T(\boldsymbol{a})$是平移变换，对于平面上任一点P，令$P\xrightarrow{T(\boldsymbol{a})}P''$，则$\overrightarrow{PP''}=\boldsymbol{a}$.

任作一直线l_1垂直于PP''，垂足为P_1，再作直线l_2垂直于PP''，垂足为P_2，使得$\overrightarrow{P_1P_2}=\frac{1}{2}\boldsymbol{a}$.

另外，令$P\xrightarrow{S(l_1)}P'$，则P'在直线PP''上，由$\overrightarrow{P'P_2}=\overrightarrow{P_1P_2}-\overrightarrow{P_1P'}=\frac{1}{2}\boldsymbol{a}-\overrightarrow{PP_1}=\overrightarrow{PP''}-\overrightarrow{P_1P_2}-\overrightarrow{PP_1}=\overrightarrow{P_2P''}$，有$P'\xrightarrow{S(l_2)}P''$，故

$$T(\boldsymbol{a})=S(l_2)\cdot S(l_1).$$

此说明，任一个平移可以分解为两个反射变换的乘积，它们的反射轴垂直于平移方向，反射轴之间的距离等于平移距离的一半，第一条反射轴到第二条反射轴的方向与平移方向相同.

(2) 可类似地证明.(略.)

定理 7　对于两个不同中心的旋转变换 $R(O_1,\varphi_1)$,$R(O_2,\varphi_2)$:

(1) 如果 $\varphi_1+\varphi_2\neq 2k\pi(k\in Z)$,则 $R(O_2,\varphi_2)\circ R(O_1,\varphi_1)$是个旋转变换 $R(O,\varphi_1+\varphi_2)$;

(2) 如果 $\varphi_1+\varphi_2=2k\pi(k\in Z)$,则 $R(O_2,\varphi_2)\circ R(O_1,\varphi_1)$是个平移变换.

证明:由定理 6(2)知 $R(O,\varphi)=S(l_2)\cdot S(l_1)$且$\angle(l_1,l_2)=\frac{1}{2}\varphi$,第一条轴可以任意取,于是可取 O_1O_2 为公共反射轴,记为 l,再作直线 l_1,l_4,使 l_1 过点 O_1,l_4 过点 O_2,且$\angle(l_1,l)=\frac{1}{2}\varphi_1$,$\angle(l,l_4)=\frac{1}{2}\varphi_2$. 于是

$$R(O_1,\varphi_1)=S(l)\cdot S(l_1),$$
$$R(O_2,\varphi_2)=S(l_4)\cdot S(l_1),$$
$$R(O_2,\varphi_2)=R(O_1,\varphi_1)=S(l_4)\circ S(l)\circ S(l)\circ S(l_1)=S(l_4)\cdot S(l_1).$$

若 $\varphi_1+\varphi_2\neq 2k\pi$,则$\frac{1}{2}(\varphi_1+\varphi_2)\neq k\pi$,于是直线 l_1,l_4 必相交,设交点为 O,而$\angle(l_1,l_4)=\frac{1}{2}(\varphi_1+\varphi_2)$,故由定理 5(2)即证.

若 $\varphi_1+\varphi_2=2k\pi$,则$\frac{1}{2}(\varphi_1+\varphi_2)=k\pi$,则,于是直线 l_1,l_4 平行,故由定理 5(1)即证.

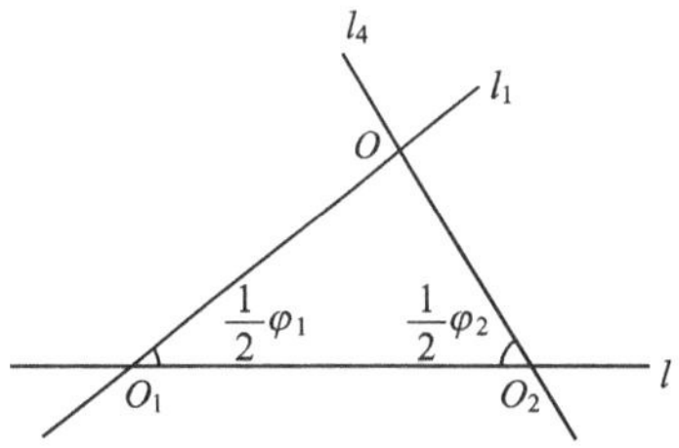

图 7-3

推论　O_1,O_2,O_3 是不共线的三点,若 $\varphi_1+\varphi_2+\varphi_3=2\pi$,且 $R(O_3,\varphi_3)\circ R(O_2,\varphi_2)\circ R(O_1,\varphi_1)=I$,则 $\angle O_3O_1O_2=\frac{1}{2}\varphi_1$,$\angle O_1O_2O_3=\frac{1}{2}\varphi_2$,$\angle O_2O_3O_1=\frac{1}{2}\varphi_3$(图 7-3).

例 5　对于四个不同的且不共线的旋转中心 O_1,O_2,O_3,O_4,接连施行四次旋转变换 $R(O_1,90°)$,$R(O_2,90°)$,$R(O_3,90°)$,$R(O_4,90°)$. 若 $R(O_1,90°)\circ R(O_2,90°)\circ R(O_3,90°)\circ R(O_4,90°)=I$,则 $O_1O_3\perp O_2O_4$,$O_1O_3=O_2O_4$.

证明:因 $\varphi_1+\varphi_2\neq 2k\pi$,则由定理 7(1)有

$$R(O_1,90°)\circ R(O_2,90°)=R(O,180°),$$

这里$\angle O_1OO_2=90°$,$\angle OO_1O_2=45°$,$\angle OO_2O_1=45°$,故 $OO_1=OO_2$.

又由题设条件,即有

$$R(O,180°)\circ R(O_3,90°)\circ R(O_4,90°)=I,$$

并且

$$180^\circ + 90^\circ + 90^\circ = 360^\circ.$$

则由上述推论知，$\angle O_3OO_4 = 90^\circ$，$\angle OO_3O_4 = \angle OO_4O_3 = 45^\circ$，所以

$$OO_3 = OO_4$$

又$\triangle O_4O_2O \xrightarrow{R(O,90^\circ)} \triangle O_3O_1O$，故 $O_2O_4 = O_1O_3$，$O_2O_4 \perp O_1O_3$.

我们还可以证明：

定理 8 (1) 对于第一类合同变换，总可以表示为两个反射的乘积；

(2) 对于第二类合同变换，总可以表示为一个或三个反射的乘积.

证明提示：

(1) 对两合同图形至少一双对应线段分同向平行、反向平行、相交于点讨论而证；

(2) 对两合同图形一双对应线段所在直线与这双线段的对应端点连线的中垂线的交点分重合、不重合讨论而证.

下面，我们介绍一下自对称图形的概念.

定义 7 设 W 是非恒等的合同变换，F 是平面 π 的图形. 如果 $W(F)=F$，则称 F 为平面上的自对称图形(或对称图形).

在初等几何中，一般仅讨论有限对称图形.

命题 1 有限图形不可能经过平移变换后不变.(证略.)

这说明，只存在反射变换和旋转变换下的自对称图形.

在反射变换下，即在 $W=S(l)$下，有轴对称图形；在旋转变换下，即在 $W=R(O,\varphi)$，有旋转对称图形；在 $W=R(O,180^\circ)$下，有中心对称图形.

命题 2 如果图形 F 在旋转变换 $R\left(O,\dfrac{2\pi}{n}\right)(n\geqslant 2, n\in \mathbf{N})$下不变，那么 F 在旋转变换$R\left(O,\dfrac{2k\pi}{n}\right)(k=0,1,\cdots,n-1)$下不变，这时，称 F 为 n 次旋转对称图形.(证略.)

命题 3 当 n 是偶数时，n 次旋转对称图形必为中心对称图形.(证略.)

例如：使得正三角形不变的三个旋转 $I=R(O,0^\circ)$，$R(O,120^\circ)$，$R(O,240^\circ)$和三个直线反射 $S(l_1)$，$S(l_2)$，$S(l_3)$所组成的 6 阶变换群，这个变换群完全刻划了正三角形的对称性.

实际上，正 n 边形既是轴对称图形，又是 n 次旋转对称图形，因而对每一正 n 边形，总有一个阶为 $2n$ 的变换群与之对应.

常见的自对称图形的例子是很多的，请读者自行举出.

7.3 相似变换

合同变换只改变图形的相对位置,不改变其形状和大小.若既改变图形的相对位置,也改变图形的大小,但不改变图形形状,这样的变换则为我们下面讨论的相似变换.

7.3.1 相似变换及其性质

定义 1 一个平面上的到自身的变换,如果对于平面上任意两点 A,B,以及对应点 A',B',总有 $A'B'=kAB$(k 为正实数),那么,这个变换叫做相似变换(similarity transformation),实数 k 叫做相似比,相似比为 k 的相似变换常记为 $H(k)$.

显然,当 $k=1$ 时,$H(1)$就是合同变换.

在相似变换下,点 A 变为 A',图形 F 变为图形 F',可表示为

$$A \xrightarrow{H(k)} A',\ F \xrightarrow{H(k)} F'.$$

此时,称 F,F' 是相似图形,记为 $F \backsim F'$.

与合同图形类似,如果在两个相似图形上,每两个对应三角形沿周界环绕方向相同,则称这两个图形真正相似(或正的相似或本质相似);如果对应三角形沿周界环绕方向相反,那么称这两个图形镜象相似(或负的相似或镜照相似).

相似变换具有下列性质:

1. 平面上所有相似变换构成一个相似变换群.合同变换群是它的一个子群.

2. 在相似变换下

(1) 点与直线的结合关系不变;点在直线上的顺序关系不变;

(2) 直线变为直线,线段变为线段,射线变为射线,具有同素性;

(3) 三点的简比不变;两直线的夹角不变;两三角形面积的比不变,且等于相似比的平方.

7.3.2 位似变换

位似变换是最简单的相似变换.

定义 2 设 O 是平面 π 上一定点,H 是平面上的变换.若对于任意一双对应点 P,P',都有$\overrightarrow{OP'}=k\overrightarrow{OP}$($k$ 为非零常实数),则称 H 为位似变换(homothetic transformation).记为 $H(O,k)$,O 叫做位似中心,k 叫做位似比.

定义中的条件"$\overrightarrow{OP'}=k\overrightarrow{OP}$"等价于如下三个条件:

(1) O,P,P' 共线;

(2) $OP'=|k|\cdot OP$;

(3) 当 $k>0$ 时，P、P'在点 O 同侧(此时 O 叫做外(或正或顺)位似中心)；当 $k<0$时，P，P'在点 O 异侧(此时 O 叫做内(或反或顺逆)位似中心)，此时变换也相应称之为外(或正)、内(或反)位似.

显然，位似变换 $H(O,1)$就是恒等变换；而位似变换 $H(O,-1)$是以 O 为中心的中心对称变换.

位似变换由位似中心与位似比所确定，也可以由一双对应点和位似中心(或位似比)确定. 此外，我们还有如下的判定定理：

定理　设 f 是平面上的非恒等变换，那么 f 是位似变换(或平移变换)的充分必要条件是，对于 f 得任两双对应点 P、P'，Q、Q'，总有$\overrightarrow{P'Q'}=k\,\overrightarrow{PQ}(k\neq 0)$. (或在 f 下，直线变换到自身或与它平行的直线.)

证明：必要性显然，下证充分性.

设 A 为平面上一定点，P 为平面上任一点，且 $A\xrightarrow{f}A'$，$P\xrightarrow{f}P'$，则$\overrightarrow{A'P'}=k\,\overrightarrow{AP}$.

若 $k=1$，则$\overrightarrow{PP'}=\overrightarrow{PA}+\overrightarrow{AA'}+\overrightarrow{A'P'}=\overrightarrow{AA'}$，则 $f=T(\overrightarrow{AA'})$.

若 $k\neq 1$，在直线 AA' 上取点 O，使$\overrightarrow{OA}=\dfrac{1}{k-r}\overrightarrow{AA'}$，则$\overrightarrow{OA'}=k\,\overrightarrow{OA}$.

设 $O\xrightarrow{f}O'$，由$\overrightarrow{O'A'}=k\,\overrightarrow{OA}$知，$O$ 与 O'重合，O 是 f 的不变点.

对于平面上任一点 P 以及对应点 P'，$\overrightarrow{OP'}=\overrightarrow{OA'}+\overrightarrow{A'P'}=k\,\overrightarrow{OA}+k\,\overrightarrow{AP}=k\,\overrightarrow{OP}$，所以 $f=H(O,k)$.

此定理给出了判别位似变换的又一标准. 从证明中可以看出：平移变换是位似变换的一种极端情形，它的位似中心是无穷远点，位似比等于 1.

位似变换具有下述性质：

1. 位似变换是相似变换，所以，位似变换具有相似变换的所有性质.

2. 具有相同位似中心的所有位似变换对于变换的乘法构成一个变换群.

3. 一个反位似是一个中心对称与一个正位似的乘积.

4. 在位似变换下

(1) 位似中心是不变点，过位似中心的直线是不变直线；

(2) 对应线段之比相等；对应角相等且转向相同；不过中心的对应直线平行($k>0$时同向平行；$k<0$ 时，反向平行).

5. 两个不同中心的位似变换的乘积或者是位似变换(此时三个位似中心共线)；或者是平移变换(平移方向平行于两中心所在直线).

下面仅给出性质 5 的证明，其余的证明留给读者完成.

证明：设 $H(O_1,k_1)$，$H(O_2,k_2)$是两个位似变换，对于平面上任意两点 P，Q，令

$$P \xrightarrow{H(O_1,k_1)} P' \xrightarrow{H(O_2,k_2)} P'',$$

$$Q \xrightarrow{H(O_1,k_1)} Q' \xrightarrow{H(O_2,k_2)} Q'',$$

则$\overrightarrow{P'Q'}=k_1\overrightarrow{PQ}$,$\overrightarrow{P''Q''}=k_2\overrightarrow{P'Q'}$,故$\overrightarrow{P''Q''}=k_1k_2\overrightarrow{PQ}$.

如果 $k_1k_2\neq 1$,那么乘积 $H(O_2,k_2)\circ H(O_1,k_1)$是个位似变换 $H(O_3,k_1k_2)$,因为直线 O_1O_2 过位似中心 O_1、O_2,所以 O_1O_2 是 $H(O_3,k_1k_2)=H(O_2,k_2)\circ H(O_1,k_1)$的不变直线,中心 O_3 必在直线 O_1O_2 上,三中心共线.

如果 $k_1k_2=1$,则乘积 $H(O_2,k_2)\circ H(O_1,k_1)$是个平移变换,对于平面上任一双对应点 P,P'',

$$\begin{aligned}PP''&=\overrightarrow{PO_1}+\overrightarrow{O_1O_2}+\overrightarrow{O_2P''}\\&=\frac{1}{k_1}\overrightarrow{P'O_1}+\overrightarrow{O_1O_2}+k_2\overrightarrow{O_2P'}\\&=k_2(\overrightarrow{P'O_1}+\overrightarrow{O_2P'})+\overrightarrow{O_1O_2}=(1-k_2)\overrightarrow{O_1O_2}.\end{aligned}$$

6. 若把平移变换看作是位似变换的特殊情形,则平面内的所有位似变换构成位似变换群.

定义 3　F,F'是两个平面图形,如果存在一个位似变换 $H(O,k)$,使得 $F\xrightarrow{H(O,k)}F'$,那么称图形 F,F'是位似图形. 当 $k>0$ 时,称 F,F'为顺(正)位似图形;当 $k<0$ 时,称 F,F'为逆(反)位似图形,O 点也叫做位似图形 F,F'的位似中心.

位似图形有下述性质:

1. 位似图形一定是相似图形,并且位似图形的对应线段平行,过对应顶点的直线共点于位似中心.

2. 如果三个图形两两位似,那么每两个位似图形的位似中心(共三个)一定共线,这条直线叫做这三个图形的相似轴.(见性质 5(1).)

3. 平面上任意两个不等的圆可以看作是位似图形,并且有两种方法使他们位似,其中

(1) 两圆心是这个位似变换的对应点;

(2) 若两圆心重合,则两圆位似中心与它重合;若两圆心不重合,可将两心间的线段按两圆半径的比外分或内分,外分点是两圆的外位似中心,内分点是内位似中心,两半径的比就是相似比;若两圆相切,则切点是两圆的位似中心,若外切则切点是内位似中心,若内切则切点是外位似中心;

(3) 经过两圆的一个位似中心,且切于其中一圆的直线,必是两圆的公切线;

(4) 有公切线时,则两条外公切线交于两圆的外位似中心,两条内公切线交于内位似中心.

证明提示：先在一圆上取一条半径 OP，再在另一圆上找出与 OP 同向平行和反向平行半径.

由于位似图形具有对应线段平行，对应线段之比等于位似比和对应点的连线过位似中心等性质. 因此，若证图形 F 具有性质 φ，则可改证它的位似图形 F' 具有性质 φ'. 在具体证明时，若位似中心和位似比选得恰当，证法就更简明.

例 1（三角形的九点圆） 设 H 是 $\triangle ABC$ 的垂心，L,M,N 分别是 BC,CA,AB 边的中点，D,E,F 分别是三条高的垂足，P,Q,R 分别是 HA,HB,HC 的中点. 求证：L,M,N,D,E,F,P,Q,R 九点共圆.

略证：如图 7-4，由 $\odot PQR \xrightarrow{H(H,2)} \odot ABC$，$H \xrightarrow{C(D)} D'$，$H \xrightarrow{C(L)} L'$，则 D'、L' 在 $\odot ABC$ 上，从而 D,L 在 $\odot PQR$ 上，同理可证其余点在 $\odot PQR$ 上.

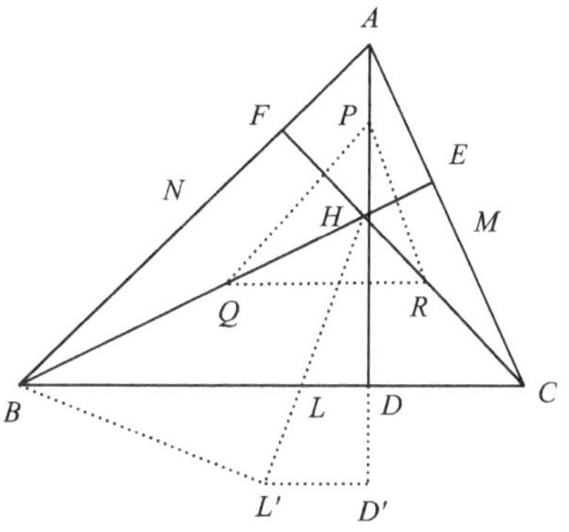

图 7-4

7.3.3 位似旋转变换

定义 4 设 O 为平面上一定点，常数 $k>0$，φ 为有向角，P 为任意点，射线 OP 绕 O 点旋转 φ 角，在此射线上存在一点 P'，有 $OP'=kOP$，称由 P 点到 P' 的变换为以 O 为中心，旋转角为 φ，位似比为 k 的位似旋转变换，记为 $S(O,\varphi,k)$.

P 点经位似旋转变换 $S(O,\varphi,k)$ 变为 P'，可表示为

$$P \xrightarrow{S(O,\varphi,k)} P'.$$

由上述定义知：

(1) $S(O,\varphi,k)=R(O,\varphi)\circ H(O,k)=H(O,k)\circ R(O,\varphi)$；

(2) $S(O,0,k)=H(O,k)$，$S(O,\pi,k)=H(O,-k)\ (k>0)$，$S(O,\varphi,1)=R(O,\varphi)$.

位似旋转变换还具有如下独特性质：

1. 位似旋转变换 $S(O,\varphi,k)$ 把不同的两点 A,B 变为 A',B'. 则 AB 与 $A'B'$ 所成的角为 φ，且 $\overrightarrow{A'B'}:\overrightarrow{AB}=k:1$.

2. 在位似旋转变换下，只要不是恒等变换，位似旋转变换中心是唯一的不动点.

3. 位似旋转变换把两个相似形中的一个变到另一个.

4. 具有共同中心的两个位似旋转之积仍是一个位似旋转，即

$$S(O_1,\varphi_1,k_1)\circ S(O_2,\varphi_2,k_2)=S(O_1,\varphi_1+\varphi_2,k_1k_2).$$

位似旋转变换与相似变换、位似变换、合同变换具有下述关系：

1. 真正相似变换或为恒等变换，或为平移变换，或为位似旋转变换.

2. 两个中心不同的位似旋转 $S(O_1,\varphi_1,k_1)$，$S(O_2,\varphi_2,k_2)$.

(1) $\varphi_1+\varphi_2=2n\pi$，$k_1k_2=1$，其积是恒等变换或平移变换.

(2) $\varphi_1+\varphi_2=2n\pi$，$k_1k_2\neq1$，其积是位似变换.

(3) $\varphi_1+\varphi_2\neq2n\pi$，其积是旋转角为 $\varphi_1+\varphi_2$，位似比为 k_1k_2 的位似旋转变换.

3. 将 2 中的二个位似旋转变换推广到三个位似旋转变换，有类似的结论.

例 2　在$\triangle ABC$外侧，以 BC，CA，AB 为斜边分别作等腰直角三角形 BCD，CAE，ABF，试证：$AD\perp EF$，$AD=EF$.

证明：由 $\angle DBC=\angle CAE=45°$，$BC:BD=\sqrt{2}:1$，$AE:AC=1:\sqrt{2}$，作 $B\xrightarrow{S(AF)}G$，则$\angle ABG=\angle GAF=45°$，$BG:BA=\sqrt{2}:1$，$AF:AG=1:\sqrt{2}$. 所以

$$A\xrightarrow{S(B,45°,\sqrt{2})}G\xrightarrow{S\left(A,45°,\frac{1}{\sqrt{2}}\right)}F,$$

$$D\xrightarrow{S(B,45°,\sqrt{2})}C\xrightarrow{S\left(A,45°,\frac{1}{\sqrt{2}}\right)}E,$$

所以

$$AD\xrightarrow{S\left(A,45°,\frac{1}{\sqrt{2}}\right)\circ S(B,45°,\sqrt{2})}EF.$$

由于 $45°+45°=90°$，$\sqrt{2}\cdot\dfrac{1}{\sqrt{2}}=1$，则这两个位似旋转的积是一个旋转角为 $90°$ 的旋转变换，即证.

7.4　仿射变换

前面我们讨论了合同变换和相似变换，对于这些变换，我们也可以用坐标变换式来表示，也可以运用坐标变换式讨论这些变换的不变性和不变量. 下面，我们仅给出一些坐标变换式来，关于不变性与不变量的讨论留给读者去研究.

在平面直角坐标系中，第一类合同变换由

$$\begin{cases}x'=ax-by+c_1,\\ y'=bx+ay+c_2\end{cases}\quad\left(a,b,c_1,c_2\text{ 是实数，}\begin{vmatrix}a&-b\\ b&a\end{vmatrix}=1\right).\qquad ①$$

所确定.

在①式中取 $c_1=c_2=0$，$a=\cos\theta$，$b=\sin\theta$，则

$$\begin{cases}x'=x\cos\theta-y\sin\theta,\\ y'=x\sin\theta+y\cos\theta,\end{cases}$$

这是以坐标原点为旋转中心，θ 为旋转角的旋转变换的变换式.

在①式中取 $a=1,b=0$,则

$$\begin{cases}x' = x + c_1,\\ y' = y + c_2,\end{cases}$$

这是以(c_1,c_2)为平移向量的平移变换式.

在平面直角坐标系中,第二类合同变换由

$$\begin{cases}x' = -ax + by + c_1,\\ y' = bx + ay + c_2\end{cases}\left(a,b,c_1,c_2 \text{ 是实数}, \begin{vmatrix}-a & b\\ b & a\end{vmatrix} = -1\right) \qquad ②$$

所确定.

在②式中取 $a=1,b=0,c_1=c_2=0$,则

$$\begin{cases}x' = -x,\\ y' = y,\end{cases}$$

这是以 y 轴为反射轴的反射变换式.

在②式中取 $b=1,a=c_1=c_2=0$,则成为以 $y=x$ 为反射轴的反射变换式.

在平面直角坐标系中,相似变换由下式确定

$$\begin{cases}x' = ax + by + c_1,\\ y' = -bx + ay + c_2\end{cases} \qquad ③$$

或

$$\begin{cases}x' = ax + by + c_1,\\ y' = bx - ay + c_2,\end{cases} \qquad ④$$

其中,a,b,c_1,c_2 是实数,$a^2+b^2=k^2\neq 0$.

在③式中取 $a=k\neq 1,b=0$,则

$$\begin{cases}x' = kx + c_1,\\ y' = ky + c_2,\end{cases}$$

这是以点$\left(\dfrac{c_1}{1-k},\dfrac{c_2}{1-k}\right)$为位似中心,$k$ 为位似比的位似变换式.

在③式中取 $a=1,b=0$,则以$(0,0)$为起点(c_1,c_2)为终点的平移向量的平移变换.

由上可知,这些变换都是一些线性变换(平面到自身的把任意直线都变为直线的一一变换就称为线性变换).

我们考虑如下形式的线性变换:

定义 1 设 $P(x,y)$为平面坐标点,如果对于此平面内的点 $P'(x',y')$,变换表达式为

$$\begin{cases}x' = (a_1 - c_1)x + (a_2 - c_1)y + c_1,\\ y' = (b_1 - c_2)x + (b_2 - c_2)y + c_2,\end{cases}$$

且满足$(a_1-c_1)(b_2-c_2)\neq(b_1-c_2)(a_2-c_1)$，则称此变换为仿射变换(affine transformation). 其中(c_1,c_2)为仿射坐标系原点，(a_1,b_1)为仿射轴$O'X'$上单位点坐标，(a_2,b_2)为仿射轴$O'Y'$上单位点坐标.

显然，仿射坐标系与直角坐标系的差别就在于两轴间夹角及轴上单位长度不相同. 直角坐标系是一种特殊仿射坐标系. 仿射变换是把直线变为直线，且保持直线的平行关系的变换.

因而我们前面讨论的合同变换、相似变换均是仿射变换的特殊情形.

当然，仿射变换也可以这样定义：

定义 2 平面上的一一变换，若满足：(1)任意共线三点的对应点仍共线；(2)任意共线三点的简比保持不变. 则称此变换为平面上的仿射变换.

仿射变换有下列性质：

1. 平面上所有仿射变换构成一个仿射变换群.

2. 在仿射变换下，

(1) 点变成点，直线变成直线；

(2) 保持点和直线的结合关系；

(3) 保持直线的平行关系；

(4) 保持两平行(共线)线段的长度比；

(5) 任一封闭凸曲线所围成的图形的面积S和它的对应图形所围成的面积S'之比$S':S$为常数，且此常数等于变换系数行列式的绝对值，即$S':S=|(a_1-c_1)\cdot(b_2-c_2)-(b_1-c_2)(a_2-c_1)|$.

3. 仿射变换可将

(1) 任一三角形变成正三角形；梯形变为等腰梯形；任一平行四边形变为正方形；

(2) 任一椭圆变为圆，相应地椭圆中心变成圆心，椭圆直径变成圆的直径，椭圆切线变成圆的切线.

仿射变换式几何中一种重要的线性变换，它是从运动变换到射影变换的桥梁.

运用仿射变换解题，一方面是借助于仿射坐标系；另一方面是利用图形的仿射性，使得我们把特殊和一般的关系巧妙联系起来，将一般问题化为特殊问题而轻而易举地得到解决.

例 1 设$\triangle ABC$有一内接$\triangle A'B'C'$，A'在BC边上，B'在AC边上，C'在AB边上，且有$\frac{AB'}{B'C}=\frac{BC'}{C'A}=\frac{CA'}{A'B}=k$($k>0$为常数)，连接$AA'$，$BB'$，$CC'$构成$\triangle PQR$. 求证：$S_{\triangle PQR}:S_{\triangle ABC}=(k-1)^2:(k^2+k+1)$.

证明：建立仿射坐标系，取 A 为仿射坐标系原点，AB 和 AC 所在直线分别为 $O'X'$ 轴和 $O'Y'$ 轴. 设 $A(0,0)$，$B(k+1,0)$，$C(0,k+1)$，则 $A'(k,1)$，$B'(0,k)$，$C'(1,0)$. 于是可求得直线 AA'，BB'，CC' 的方程分别为 $y=\frac{1}{k}x$，$y=-\frac{k}{k+1}x$，$y=-(k+1)x+k+1$. 则 $P\left(\frac{k(k+1)}{k^2+k+1},\frac{k+1}{k^2+k+1}\right)$，$Q\left(\frac{k^2(k+1)}{k^2+k+1},\frac{k+1}{k^2+k+1}\right)$，$R\left(\frac{k+1}{k^2+k+1},\frac{k^2(k+1)}{k^2+k+1}\right)$.

由 $S_{\triangle PQR}=\frac{1}{2}\begin{vmatrix} x_P & y_P & 1\\ x_Q & y_Q & 1\\ x_R & y_R & 1\end{vmatrix}=\frac{(k+1)^2(k-1)^2}{2(k^2+k+1)}$，而 $S_{\triangle ABC}=\frac{1}{2}\begin{vmatrix} 0 & 0 & 1\\ k+1 & 0 & 1\\ 0 & k+1 & 1\end{vmatrix}=\frac{1}{2}(k+1)^2$，即可证.

例 2　如图 7-5 所示，$AB\parallel CD_2$，$AC\parallel BD_1$，A 在 D_1D_2 上，求证：$S^2_{\triangle ABC}=S_{\triangle ABD_1}\cdot S_{\triangle ACD_2}$.

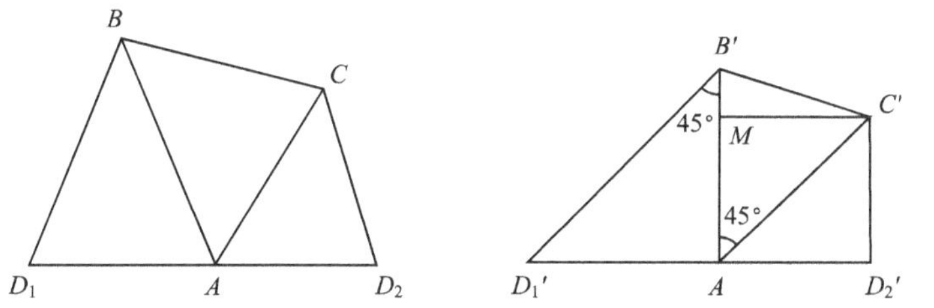

图 7-5

证明：因为梯形是仿射不变形，所以题设中的两个梯形可由两个特殊梯形经仿射变换后得到. 设梯形 $C'B'A'D_2'$ 和梯形 $C'B'D_1'A'$ 皆为直角梯形，且 $C'D_2'=D_2'A'=MB'=1$. 梯形 $A'D_2'C'B'\xrightarrow{\text{仿射}}$梯形 AD_2CB，梯形 $A'C'B'D_1'\xrightarrow{\text{仿射}}$梯形 $ABCD_1$，则 $S_{\triangle A'B'C'}=\frac{1}{2}A'B'\cdot MC'=1$，$S_{\triangle A'B'D_1'}=\frac{1}{2}A'B'\cdot A'D_1'=2$，$S_{\triangle A'C'D_2'}=\frac{1}{2}$，从而 $S_{\triangle A'B'D_1'}\cdot S_{\triangle A'C'D_2'}=S^2_{\triangle A'B'C'}$，故 $S^2_{\triangle ABC}=S_{\triangle ABD_1}\cdot S_{\triangle ACD_2}$.

7.5　反演变换

7.5.1　反演变换及其性质

在位似变换中，我们考察了共线的向量 $\overrightarrow{OP'}$ 与 $\overrightarrow{OP}$ 的比（商）的关系，那么考察共线的$\overrightarrow{OP'}$与$\overrightarrow{OP}$的积的关系又意味着什么呢？这就是下面我们讨论的反演变换.

定义 1 设O是平面π上一个定点，I是平面上的变换.若对于任一双对应点(异于O)，都有$\overrightarrow{OP'}\cdot\overrightarrow{OP}=k$($k$为非零实常数)，则称$I$为反演(inversion)变换，记为$I(O,k)$.$O$点称为反演中心(反演极)，$k$称为反演幂.

定义中的条件"$\overrightarrow{OP'}\cdot\overrightarrow{OP}=k$"等价于如下三个条件：

(1) O,P,P'共线；

(2) $OP'\cdot OP=|k|$；

(3) 当$k>0$时，P,P'在点O同侧；当$k<0$时，P,P'在点O异侧.

由于$k<0$时的反演变换$I(O,k)$是反演变换$I(O,|k|)$和以O为中心的中心对称变换的乘积，我们只就$k>0$讨论反演变换即可.令$r=\sqrt{k}$则$OP'\cdot OP=r^2$.此时，反演变换的几何意义则可由图 7-6 所示.并称以O为圆心，r为半径的圆为反演变换$I(O,r^2)$的基圆(反演圆).

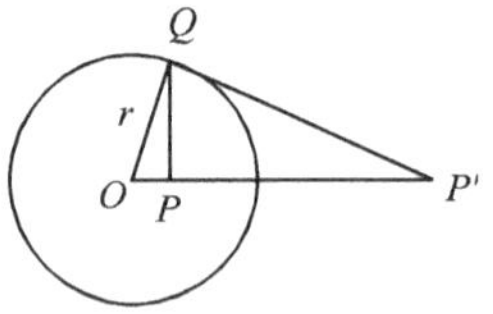

图 7-6

在反演变换$I(O,r^2)$下，点P变为P'，图形F变为F'，可表示为

$$P\xrightarrow{I(O,r^2)}P',F\xrightarrow{I(O,r^2)}F'.$$

此时，P'叫做P的反点，图形F'叫做图形F的反形.

由几何意义可知，反点、反形是相互的.即若P'是P的反点，F'是F的反形，则P也是P'的反点，F也是F'的反形.

在反演变换$I(O,r^2)$下，异于O的任一点P，一定存在一个反点P'，而反演中心在欧氏平面上不存在它的反点.事实上，由于$OP'\cdot OP=r^2$，当P点充分接近点O时，它的反点P'远离O点而去，可以认为，反演中心与无穷远点相对应，所以，在欧氏平面上，反演变换不是一一变换.

由上述几何意义，我们可作出与PP'垂直的过P'点的直线l'及过P点的直线l的反形，分别为图 7-7 中的过P的圆c及过P'点的圆c'，且OP,OP'分别为其直径.反之以OP,OP'为直径的圆c、圆c'的反形分别为与PP'垂直且过P,P'的直线

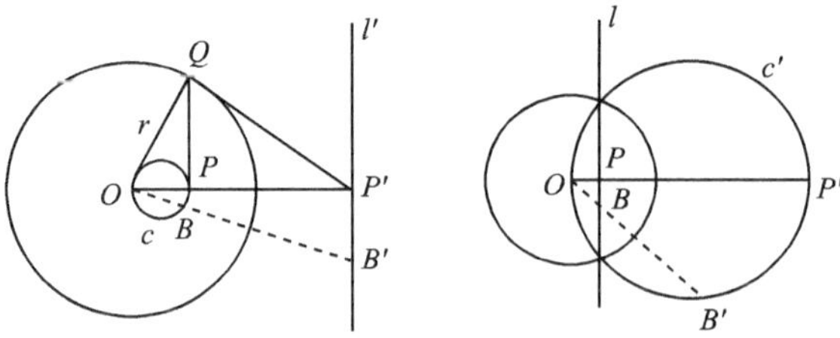

图 7-7

l',l. 从中也看到了在反演变换下,如何作出任一点 B 的反点 B',或 B'的反点 B.

反演变换有下列性质:

1. 反演变换 $I(O,r^2)$是对合变换,即 $I^2(O,r^2)$是恒等变换.

由于没有一个反演变换是恒等变换,所以反演变换的集合不构成群.

2. 在反演变换下:

(1) 基圆是不变点的集合,即基圆上的点仍变为自己;基圆内的点(除中心)变为基圆外的点,反之亦然.

(2) 过反演中心的直线是不变直线(除中心);过反演中心的圆变为不过反演中心的直线;特别地过反演中心的相切两圆(或一圆与直线相切)变为不过反演中心的两平行直线,过反演中心的相交圆变为不过反演中心的相交直线,反之亦然.

(3) 不过反演中心的直线变为过反演中心的圆,且反演中心在直线上射影的反点是过反演中心的直径的另一端点;不过反演中心的圆变为不过反演中心的圆,特别地,(i)以反演中心为圆心的圆变为同心圆,(ii)不过反演中心的相切(交)圆变为不过反演中心的相切(交)圆,(iii)两圆$\odot(O_1,R_1)$和$\odot(O_2,R_2)$若是以 O 为反演中心,反演幂为 $k(k>0)$的一对反形,则

$$R_1=\frac{kR_2}{|OO_2^2-R_2^2|},\ OO_1=\frac{kOO_2}{|OO_2^2-R_2^2|}.$$

(4) 不共线的任意两对反点必共圆;过一对反点的圆必与基圆正交(即交点处两圆的切线相互垂直),特别地,若在反演变换 $I(O,r^2)$下的两对反点 A 与 A',B 与 B',满足 $A'B':AB=r^2:OA\cdot OA$.(注意线段 $A'B'$的反形不是AB.)

(5) 圆和圆、圆和直线、直线和直线的交角保持不变(曲线交角即为交点处两切线的交角),但方向相反.

(6) 共线(直线或圆)的点(中心除外)的反点共反形线(圆或直线),共点(中心除外)线(直线或圆)的反形共反点形.

(7) 对于任意四个不同点 A,B,C,D,交比(即比值 $AC\cdot BC:AD\cdot BC$ 记为(AB,CD))保持不变. 即若 A',B',C',D'是 A,B,C,D 的反点,则$(AB,CD)=(A'B',C'D')$.

下面仅证如下两个性质,其余留给读者.

证明"圆和直线相切,若切点不与反演中心重合,则在反演变换下保持相切,否则得到一对平行直线".

事实上,若切点与反演中心不重合,则反演后圆的反图形与直线的反形仍具有一个公共点,即保持相切,若切点与反演中心重合,则反演后,直线变为自身,以 P 为圆心的圆变为垂直于OP 的直线,即得到一对平行直线.

证明"相交圆之间的交角保持不变".

事实上,两圆相交时,过其一交点分别引两圆的切线 l_1,l_2. 由上所证,圆和直

线相切在反演变换下仍保持，因此，圆的反形之间的交角等于它们的切线的反形之间的交角. 在以 O 为中心的反演下，直线 $l_i(i=1,2)$ 变为自身或者变为与 l_i 平行的直线在点 O 相切的圆. 因此，在以 O 为中心的反演下，直线 l_1 和 l_2 的反形之间的角即是这两条直线之间的交角，证毕.

对于上述性质中的 2(3)(iii)，$\odot(O_1,R_1)$和$\odot(O_2,R_2)$是一对反形时，我们可以看出，反演中心 O 也是其外位似中心. 反之亦真，但两圆圆心只是一对位似对应点，但不是一对反点.

对于一些与圆有关的几何题，可以施行适当的反演变换，利用反演变换的性质来解决.

例 1(查波尔定理或欧拉定理)　设 R,r 分别是$\triangle ABC$ 的外接圆与内切圆的半径，d 是外心 O 与内心 I 之间的距离，则

$$d^2=R^2-2Rr.$$

证明：设 D,E,F 是内切圆切 BC,CA,AB 边的切点，EF,FD,DE 的中点为 A',B',C'. 若以$\odot I(r)$为基圆进行反演变换，则 A',B',C'是 A,B,C 的反点，于是$\odot O$ 的反形是 $\odot A'B'C'$，由于$\triangle A'B'C'\backsim\triangle DEF$，且相似比为 $1:2$，所以$\odot A'B'C'$的半径为$\frac{1}{2}r$，故$\frac{r}{2}:R=r^2:(R^2-d^2)$. 即证.

例 2(费尔巴哈定理)　三角形的九点圆与其内切圆及旁切圆皆相切.

证明：在$\triangle ABC$ 中，A',B',C'分别为BC,CA,AB 的中点. $\odot A'B'C'$是$\triangle ABC$ 的九点圆，$\odot I$ 是$\triangle ABC$ 的内切圆，它切 BC 于 X，$\odot I_a$ 是$\triangle ABC$ 的旁切圆，它切 BC 于 X_a，下面证$\odot A'B'C'$与$\odot I$、$\odot I_a$ 相切.

作$\odot I$，$\odot I_a$ 的另一条公切线分别交 AC,AB 于 B_1,C_1，交 $A'B'$ 于 B''，交 $A'C'$ 于C''，交 BC 于 S.

由于 $BX=CX_a=\frac{1}{2}(a+c-b)$，其中 $BC=a,CA=b,AB=c$，有 $A'X=A'X_a=\frac{1}{2}|b-c|$. 又 I,S,I_a 在$\angle A$ 的平分线上，则 $SC:SB=b:c$，$SC=ab/(c+b)$.

同理 $SB=ac/(c+b)$.

于是 $SA'=\frac{1}{2}|SB-SC|=|a(b-c)/2(b+c)|$. 因为 $A'B'\parallel AB$，从而$\triangle SA'B''\backsim\triangle SBC_1$，

$$A'B'':BC_1=SA':SB=|b-c|:2c,\text{又 } BC_1=|b-c|,$$

所以

$$A'B''=(b-c)^2/2c,A'B''\cdot A'B'=\left(\frac{b-c}{2}\right)^2=r^2.$$

这说明 B''是B'点在 $I(A',r^2)$变换下的反点. 同理可证，C''是C'点在 $I(A',r^2)$

变换下的反点，可见$\odot A'B'C'$的反形是直线$B''C''$，即直线B_1C_1，由于$\odot I$、$\odot I_a$是反演变换$I(A',r^2)$下的不变圆，B_1C_1与$\odot I$、$\odot I_a$相切，所以$\odot A'B'C'$与$\odot I$，$\odot I_a$相切.

最后，我们还说明两点：

1. 用圆与直线的正交性来重新定义直线反射变换与反演变换，可以发现两者的关系；

设l是定直线，若P，P'是两个与直线l正交的圆的交点，则称P，P'是关于直线l反射变换下的一双对应点.

设$\odot O(r)$是定圆，若P，P'是两个与$\odot O(r)$正交的圆的交点，那么称P，P'是以$\odot O(r)$为基圆的反演变换下的一对反点，$\odot O(r)$上的点的反点是其自身.

由此可见，反演变换可以看成圆反射，直线反射可以看作是对半径无穷大的圆的反演.

2. 在直角坐标平面上，若以圆$x^2+y^2=r^2$为基圆进行反演变换，点$P(x,y)$变为点$P'(x',y')$，则反演变换式为

$$\begin{cases} x' = r^2x/(x^2+y^2), \\ y' = r^2y/(x^2+y^2). \end{cases}$$

7.5.2 极点与极线

定义2 已知$\odot O(r)$是定圆，若异于O的点P关于基圆$\odot O(r)$的反点是P'，那么过P'点且垂直于OP的直线l叫做点P关于$\odot O(r)$的极线，P点叫做直线l的极点.（参见图7-7.）

显然，对于平面上不经过O点的直线l，它的极点是从O向直线l所引垂足P'的反点.极点与极线确定了平面上点（除O点）与平面上直线（除过O的直线）之间的一一对应关系.若点P在$\odot O$外，则点P的极线是从P向$\odot O$作的两切线的切点的连线；若P在$\odot O$上，则P的极线是过P点的$\odot O$的切线；若P在$\odot O$内（异于O点），则作以OP为弦心距的弦的端点的两切线，过切线交点与OP垂直的直线即是.

关于极点和极线，有下述重要性质：

1. 已知$\odot O(r)$以及点A，B，直线a，b是点A，B关于$\odot O(r)$的极线.若点A在直线b上，则点B在直线a上.此时称A，B关于$\odot O(r)$共轭.

2. 任意一条直线l（不过圆心O）的极点是直线上在圆外的任意两点的极线的交点；任意一点P（除圆心O）的极线是经过P点的任意两条割线的极点的连线.

3. 对于$\odot O(r)$及两点P、Q，P、Q关于$\odot O(r)$共轭的充要条件是以PQ为直径的圆与$\odot O(r)$正交.

定义 3 若三角形的每一个顶点是对边的极点，则称此三角形为自极三角形.

关于自极三角形，有下述结论：

1. 自极三角形是钝角三角形，钝角顶点在基圆内，另两个顶点在圆外.

2. 基圆圆心 O 是自极三角形的垂心.

3. 任一个钝角三角形唯一决定了一个圆，使得该三角形关于这个圆是自极三角形.

4. 任一个钝角三角形的外接圆和九点圆关于其基圆是一对反形.

7.6 空间几何变换简介

空间几何变换时平面几何变换的推广. 平面几何变换的一些性质、坐标变换式，在空间几何变换中有相应的推广，在此就不一一叙述了. 下面仅就空间几何变换的一些特性作一些讨论.

7.6.1 空间合同变换

定义 1 从空间到它自身的变换下，如果对于任意两点 A 和 B 及它们的对应点 A'，B'，总有 $A'B'=AB$，这个变换称为空间合同变换.

定理 1 空间合同变换由不共面的四双对应点确定.（证略.）

一个空间图形经合同变换，可变为与它合同的图形.

空间存在着两种合同图形，真正合同（每两个对应的四面体有同一定向，并且每两个对应三面角有同一定向）和镜象合同（对应的四面体相反定向，对应三面角相反定向）. 这样，空间合同变换有两类：第一类合同变换把四面体变成与其定向相同的四面体；第二类合同变换把四面体变成与其定向相反的四面体.

空间平移变换、空间旋转变换、空间反射是空间合同变换的三种基本形式.

定义 2 一个空间到它自身的变换，如果对于每个点 P 及其对应点 P'，向量 $\overrightarrow{PP'}$ 总等于一已知向量 $\boldsymbol{a}$，这个变换称为空间平移变换.

平移变换没有二重点，而有无限多二重线与二重面；凡是平行于平移方向的直线与平面都是二重线与二重面.

定义 3 一个空间到其自身的变换，如果它满足下述条件，就叫做绕轴 l，旋转角为 φ 的空间旋转变换.

（1）对于空间的任一点 P 及其对应点 P'，同在垂直于直线 l 的平面 M 上；

（2）两点 P，P' 到直线 l 的距离相等，即 $OP'=OP$；

（3）由 OP 到 OP' 的旋转方向规定为 $\varphi>0$，符合右手法则（右手拧螺旋往轴的正向前进时方向，$\varphi<0$，表示右手拧螺旋往轴的逆向前进时方向），这里 $\angle POP'=\varphi$.

在绕轴旋转角 φ 的空间旋转变换下，平面变成平面，直线变直线，平行的平面或平行的直线其平行性不变.

一个图形 F，若绕某个轴旋转一定角 φ 后仍变为其自身（其中 $\varphi=\frac{360^\circ}{n}$，$n\geqslant 2$ 的自然树），且满足上述条件的最小的旋转角，那么这个图形 F 叫做 n 次旋转自对称图形. 例如，正四棱柱是旋转自对称图形（1 条四次旋转轴，7 条二次旋转轴），正四面体是旋转自对称图形（4 条三次旋转轴，3 条二次旋转轴）.

定义 4　一个空间到其自身的变换，如果存在一个定平面 α，使得对于空间每一点 P 及其对应点 P'，其连线 PP' 总被平面 α 垂直平分，即 $PP'\perp\alpha$，P_0 为垂足，$PP_0=P_0P'$，这个变换称为平面反射，平面 α 叫做反射面.

关于平面的反射变换，使平面变为平面；保持两点之间距离不变；把空间图形变成与它镜象合同的图形.

定义 5　一个空间到其自身的变换，如果存在一定点 O，使得空间每一点 P 及其对应点 P'，其连线 PP' 总被该定点 O 平分，这个变换称为空间的点反射或空间的中心对称. 定点 O 叫做对称中心.

在空间中心对称变换下，两对应直线、对应平面互相平行；保持两点之间距离不变，并把空间图形变成与其镜象合同的图形.

关于空间反射、旋转、平移之间的联系，有

定理 2　对于空间两次平面反射 $S_{(\alpha_1)}$，$S_{(\alpha_2)}$ 的积：

(1) 若两反射面 α_1 与 α_2 重合，则为恒等变换；

(2) 若两反射面 $\alpha_1 /\!/ \alpha_2$，则为平移变换；

(3) 若两反射面 α_1 与 α_2 相交，则为旋转变换.

证略.

对于空间两次轴反射，有 7.2 节中定理 5 的结论外，还有一个结论：若两条反射轴异面，则两次轴反射之积是一个旋转继之一个平移.

7.6.2　空间相似变换

定义 6　一个从空间到其自身的变换，如果对于任意两点 P，Q 及其对应点 P'，Q'，都有 $P'Q'=kPQ(k>0)$，称这个变换为空间相似变换，k 称为相似比.

空间有两种相似图形，本质相似图形（相似图形的每两个对应四面体同向，每两个对应三面角也同向）和镜像相似图形（对应四面体反向，对应三面角反向），因而相应的有两种相似变换.

空间位似变换是一种特殊的空间相似变换.

定义 7　从空间到自身的变换下，如果对于任一点 P 及其对应点 P'，都有 $OP'=kOP$，这里 O 是空间一定点，并且 P' 在 OP 所在直线上，k 是非零常数，这个变换叫空间位似变换.定点 O 叫位似中心,k 叫位似比;当 $k>0$ 时,P,P' 在点 O 同侧,称为正位似,O 叫做外位似中心;当 $k<0$ 时,P,P' 在点 O 异侧,称为反位似,O 叫做内位似中心.

空间位似变换,主要由下述性质:

1. 非恒等变换的空间位似变换,把通过位似中心的直线、平面分别变成其自身;把不通过位似中心的直线、平面分别变成与其平行的直线、平面.

2. 在空间位似变换下,对应的二面角、三面角相等.

3. 在空间位似变换下,球仍变为球,而且两球心是对应点.

任意两个不等的球可以看作位似图形,并且有两种看法.

7.6.3　空间仿射变换

定义 8　从空间到自身的变换,如果将直线变到直线,且保持直线的平行关系,这个变换称为空间仿射变换.

显然,空间直角坐标系是一种特殊的空间仿射坐标系,它们的差别就在于三轴间两面夹角及轴上单位长度不同.

空间仿射变换,还有下述性质:

1. 在空间仿射变换下,任一封闭凸曲面的体积和它的对应曲面的体积的比是常数.

2. 空间仿射变换可将任意四面体、平行六面体、椭球体分别变成直角四面体、正方体、球.

7.6.4　空间反演变换

定义 9　空间两个点 M 及 M',如果满足下列条件:

(1) 点 M 及 M' 在通过 O 点的一条直线上;

(2) $OM' \cdot OM=k$($k\neq 0$ 为常数).

把 M 点按上述条件得到 M' 的变换称为空间反演变换,其中 O 为反演中心,k 称为反演幂.

当 $k>0$ 时,M 和 M' 在点 O 同侧;当 $k<0$ 时,M 和 M' 在点 O 异侧,像平面情形一类,我们只讨论 $k>0$ 时情形,并令 $k=R^2$.

M' 称为 M 的反点.由定义知,空间任一点(除反演中心外)均有反点.

以反演中心 O 为球心,R 为半径的球,在空间反演变换下,它的所有点变成自己;每个通过反演中心,而在 O 被"刺穿"了平面,在空间反演变换下变成自己.

空间反演变换有下述性质:

在空间反演变换下,

1. 不过反演中心的平面,变为通过反演中心的球,并且在反演中心的切面平行于已知平面；

2. 通过反演中心球变为不通过反演中心的平面.并且平行于切已知球于反演中心的平面；

3. 不通过反演中心的球，变为不通过反演中心的球；

4. 球与球、球与平面、平面与平面、曲面与曲面交角（两曲面或一平面与一曲面的交角即为在任一交点处的切面或切面与平面的交角，球面交角即为两球面切点两切面的交角）的大小，分别等于它们的反形交角的大小.

7.7 射影变换

定义 1 设 π_1 和 π_2 是空间的两个平面，O 是不在这两个平面上的一点，对平面 π_1 上的点 A_1，如果直线 OA_1 与平面 π_2 交于点 A_2，就令 A_2 与 A_1 对应，这种映射叫做以 O 为中心的平面 π_1 到平面 π_2 的中心投影. 当 O 为无穷远点时称为平行投影.

在中心投影下，如果平面 π_1 和 π_2 相交于直线 l，那么，过点 O 平行于 π_2 的平面与平面 π_1 的交线 l_1 其映射没有意义. 这条直线成为这个中心投影下的影消线.

显然，在中心投影下，不是影消线的直线的投影仍是直线.

中心投影不是平面 π_1 到平面 π_2 的一一映射. 但是把直线和平面扩充以后，可以把这种映射变成为一一映射.

定义 2 ①平行直线束的交点叫做无穷远点；②如果直线 l 属于对应于无穷远点 A 的平行线束，就叫无穷原点 A 在直线上；③如果无穷远点在平面 α 的一条直线上，就叫这个无穷远点在该平面上；④某个平面（全部空间中）的所有无穷远点的集合叫做无穷远直线（平面）；⑤一直线和这直线上的无穷远点结合在一起叫做扩充的直线；⑥一个平面和它对应的无穷远直线合在一起叫做扩充的平面；⑦空间和无穷远点合在一起叫做扩充的空间；⑧普通点（直线、平面）和无穷远点（直线、平面）一起叫做扩大的点（直线、平面），这时普通点叫有限点.

由上述定义和几何公理易知，通过任意两个广义点有唯一的一条广义直线；在同一广义平面上的任两条广义直线恰有一个广义交点；任意两个广义平面都相交于一条广义直线；通过广义直线和不在它上面的一个广义点，有唯一的广义平面；如果两个广义点在一个广义平面上，则通过这两点引的广义直线在这个平面上. 由此我们可以推出：中心投影对两个扩充平面来说，给出了一一映射. 此时，一个平面的影消线影射为另一个平面的无穷远直线.

定义 3 平面 α 到平面 β 的映射叫做射影变换（projective change），如果它是中心投影与线性变换的合成. 即若存在平面 $\alpha_0=\alpha,\alpha_1,\alpha_2,\cdots,\alpha_n=\beta$ 和平面 α_{i-1} 到 α_i 上的映射 $p_i(i=1,2,\cdots,n)$，它们中的每一个或者是中心投影，或者是线性变换. 同

时，$P=P_n\circ P_{n-1}\circ\cdots\circ P_1$.

特别地，当平面 α 与平面 β 重合时，映射 P 叫做平面 α 的射影变换.

在射影变换下，几何中的广义点仍变为广义点，广义直线仍变为广义直线；有限点与线（共线点、共点线）有限点与面的结合性保持不变；由于映射变换不保持两点间的距离，因而虽有三角形概念但不再有“等边三角形”的概念；直线上三点的简比（两线段的比）不再保持，但直线上 A,B,C,D 四点（共点四直线、共轴四平面）的交比 $AC/BC:AD/BD=AC\cdot BD:AD\cdot BC$ 保持不变，且交比不变是射影几何的基本不变量.

我们还有如下结论：

定理 1　(1) 变无穷远直线为无穷远直线的平面射影 P 是线性变换；

(2) 若点 A,B,C,D 是平面 α 上同一直线 l 上的四点，$l/\!/l_0$，l_0 是平面 α 的射影变换 P 的影消线，则 $P(A)P(B):P(C)P(D)=AB:CD$.

(3) 若射影变换变 P 平行直线 l_1 和 l_2 为平行直线，那么或者 P 是线性变换，或者 P 的影消线平行于直线 l_1 和 l_2.

证明：(1) 因为变换 P 是扩充平面到扩充平面的一一映射，而无穷远直线变为无穷远直线，所以 P 把有限点的集合一一映射为有限点的集合. 应为映射 P 下直线变为直线，所以 P 是线性变换.

(2) 取平面 α 外任意一点 O，设平面 β 是过直线 l 且平行于由 l_0 和点 O 决定的平面. Q 是以 O 为中心，平面 α 到平面 β 的中心投影与以 l 为轴变平面 β 为平面 α 的空间旋转的合成. 变换 Q 的影消线也是 l_0，所以平面 α 的射影变换 $R=Q^{-1}\circ P$ 变无穷远直线为无穷远直线. 由(1)它是线性变换，应保持直线 l 上线段的比例关系. 又在变换 Q 下，直线 l 是不动直线，所以在变换 $P=Q\circ R$ 下，比例式成立.

(3) 由于平行直线 l_1 和 l_2 变为平行直线，既说明这些直线的无穷远点 A 变作无穷远点，亦即 A 在无穷远直线的逆像 l 上. 因此，或者 l 是无穷远直线，这时由(1)知变换 P 是线性的；或者 l 平行于直线 l_1 和 l_2.

定理 2　在平面内已知圆及圆内一点，则：

(1) 存在射影变换，它变已知圆为一个圆，而已知点为这个圆的中心.

(2) 若射影变换变已知圆为一个圆，而已知点变为它的中心，则影消线垂直于通过已知点的直径.

（证明留给读者.）

定理 3　存在映射变幻，变已知圆为圆，变已知的弦为它的直径.（证略.）

定理 4　在平面上给出一个圆和不与这圆相交的一条直线，则存在射影变换变已知圆为一个圆，而变已知直线为无穷远直线.（证略.）

定理 5（德沙格定理）　空间中两个三角形 ABC 和 $A'B'C'$，若其对应顶点的连线 AA',BB',CC' 共点，则对应边 AB 与 $A'B'$，BC 与 $B'C'$，CA 与 $C'A'$ 的三个交点

共线.(证略.)

下面,我们看利用射影变换解答的一道几何题.

例　三角形 ABC 的旁切圆切边 BC 于 D,分别切边 AB 和 AC 的延长线于 E 和 F,设 T 是直线 BF 与 CE 的交点,证明:点 A,D,T 共线.

思路:如果存在一个射影变换使得点 A、D 和 T 的对应点共直线,则可断言问题获证.三点共线可以使这种情形:其中一点是某个平行线束相对应的无穷远点,另外两点的连线却是这个平行线中的某一条.

根据定理3,存在一个射影变换变三角形 ABC 的旁切圆为一个圆,而弦 EF 变成为圆的直径,在这个变换下,设 $A',B',\cdots$ 是点 $A,B,\cdots$ 的对应点,则 A' 是垂直于直径 $E'F'$ 的直线束相对应的无穷远点.只须证 $D'T'$ 确是这个直线束中的一条即可.

如图7-8,因 $\triangle T'B'E' \backsim \triangle T'F'C'$,所以 $C'T' : T'E' = C'F' : B'E'$,但由一点所引圆的两条切线长相等,即有 $C'D' = C'F'$,$B'D' = B'E'$,因此 $C'T' : T'E' = C'D' : D'B'$,从而 $D'T' \parallel B'E'$,即证.

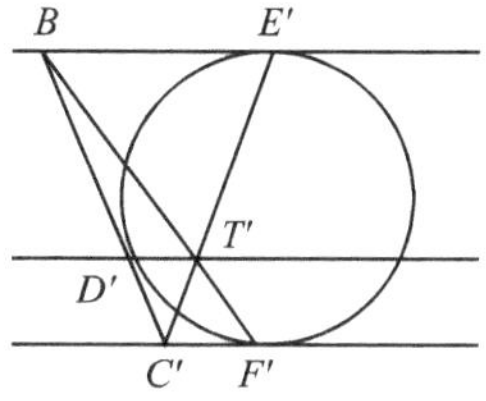

图7-8

由上面的讨论,我们可以看到:所谓平面上的射影变换,我们可以直观地把它理解为连续施行有限次中心投影所得到的平面到自身的一个变换.射影变换的一个特例是仿射变换,仿射变换我们也可以直观地把它理解为连续施行有限次平行投影所得到的变换.仿射变换的一个特例是相似变换.这就告诉了我们,欧氏几何在几何学中的地位.

在射影平面的解析模型里,射影变换可表示为

$$\begin{cases}\rho x_1' = a_{11}x_1 + a_{12}x_2 + a_{13}x_3, \\ \rho x_2' = a_{21}x_1 + a_{22}x_2 + a_{23}x_3, \\ \rho x_3' = a_{31}x_1 + a_{32}x_2 + a_{33}x_3\end{cases} \quad (\rho \cdot | a_{ij} | \neq 0).$$

从这个坐标变换式立即可以知道,射影平面的映射变换全体构成群,成为射影变换群.它有几个重要的子群,从这些子群可以引入双曲平面几何、椭圆平面几何以及欧氏平面几何的新的模型.这样,与欧氏几何并列的罗巴契夫斯基几何和椭圆几何,三种几何表面上相互矛盾,相互排斥,但他们在射影几何中得到统一,它们分别是射影几何的三种不同的特殊情形,都是射影几何的子几何学.只是他们各有自己的适用范围而已.

7.8　拓扑变换

7.8.1　拓扑变换定义

在给出拓扑变换的定义之前,先看一个实际例子.

如图 7-9，把一个圆画在一块橡皮膜上. 如果把这块橡皮膜任意拉抻、压缩、扭曲，但是不能拉断、折裂、重叠，则橡皮膜上的圆便会变成大小、形状各不相同的封闭曲线 F.

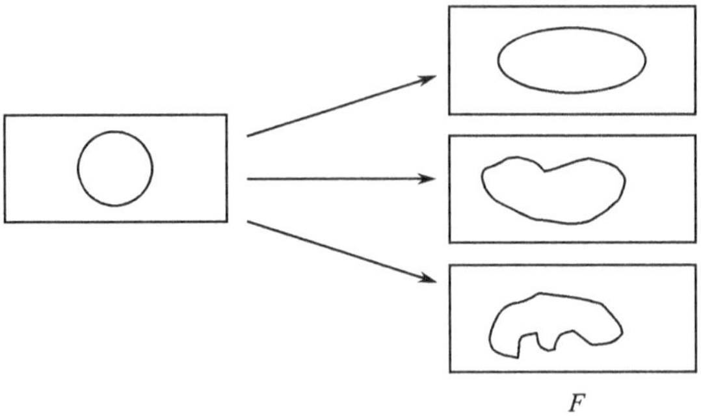

图 7-9

容易看出，在这样的变形中：

(1) 圆上的每一点变成 F 上的一个点，不会一个点变成两个点，也不会两个点变成一个点. 这个性质就是“一一对应”；

(2) 圆上任意两个非常接近的点变成 F 上的两个非常接近的点；反过来，F 上两个非常接近的点，在原来的圆上也是两个非常接近的点. 这个性质就是“正逆两个方面的连续变换”.

定义 1　正逆两个方面都是单值且连续的变换，称为拓扑变换.

注释：

(1) 定义 1 表明，拓扑变换具有两个特征：

① 变换是一一对应的；

② 变换把邻域变成邻域.

(2) 我们所熟悉的射影变换、仿射变换和正交变换都属于拓扑变换. 也就是说，射影变换、仿射变换和正交变换都是拓扑变换的特例.

拓扑变换之例：

1. 如图 7-10，圆、椭圆、三角形、简单四边形、简单 n 边形通过拓扑变换可以互

图 7-10

相转换.

2. 如图7-11,抠去一点N的圆C,通过中心投影(点N为投射中心)这个拓扑变换,可以变成一条欧氏直线l.

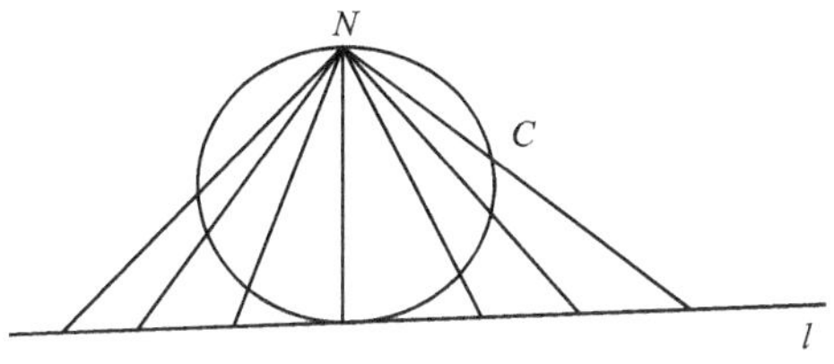

图7-11

3. 如图7-12,抠去一点N的球面,通过中心投影(点N为投射中心)这个拓扑变换,可以变为一个欧氏平面π.

4. 如图7-13,半球面Σ,通过垂直投影这个拓扑变换,可以变成一个圆面S.

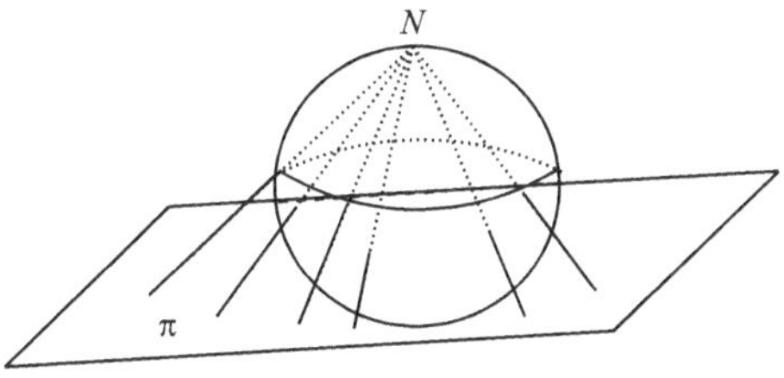

图7-12

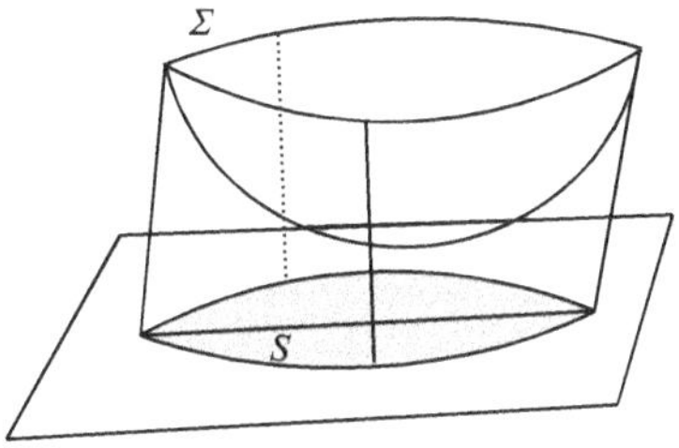

图7-13

5. 如图7-14,圆面,环面和由8字形曲线围成的面,不能通过拓扑变换互相转换.

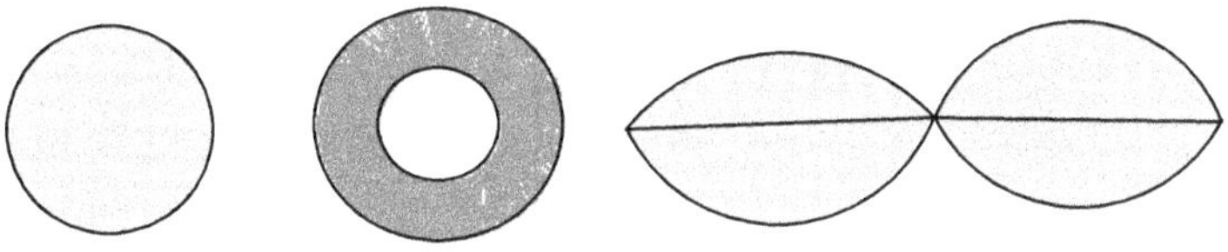

图7-14

7.8.2　同胚

定义2　如果能够通过一个拓扑变换,使两个图形中的一个变为另一个,则称这两个图形同胚.

注:同胚是拓扑变换的一个基本问题,由同胚定义可以看出,如果两个图形同胚,则它们可以通过拓扑变换互相转换;否则就不能通过拓扑变换互相转换.由此定义容易断定:

拓扑变换之例 1 中的 5 个图形同胚;2 中的 c 与 l 同胚;3 中的 S 与 π 同胚;4 中的 Σ 与 S 同胚;5 中的三个面不同胚.

练习题:

在如图 7-15 所示的 10 个图形中,找出彼此同胚的图形.

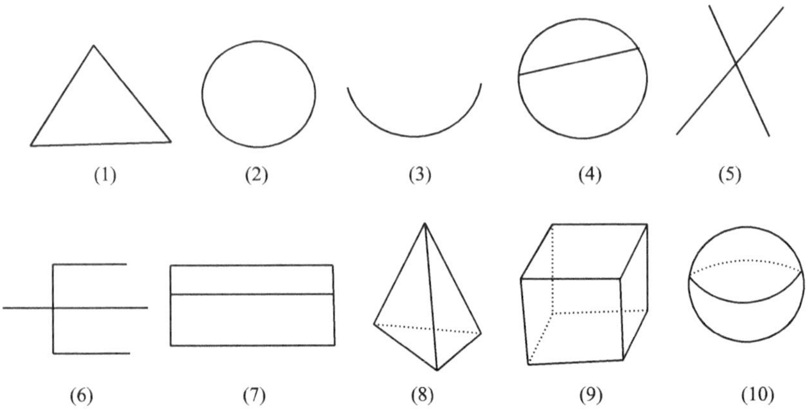

图 7-15

7.8.3　拓扑群、拓扑性质(量)和拓扑学

可以证明,所有拓扑变换组成的集合构成群.称它为拓扑变换群,简称拓扑群.易知,它与射影群、放射群及正交群的关系为

$$拓扑群\supset射影群\supset仿射群\supset正交群.$$

拓扑群保持不变的性质(量)称为拓扑性质(量).

研究拓扑群不变性质(量)的学科,称为拓扑学.它属于几何学范畴.易知,就拓扑学、射影几何学、仿射几何学和欧氏几何的研究范围而言,后者是前者的子几何,即

$$拓扑学\supset射影几何\supset仿射几何\supset欧氏几何.$$

拓扑学的一些内容,早在 18 世纪就已经出现.例如,著名的哥尼斯城堡河上的七座桥问题、四色问题,关于多面体的欧拉定理,等等.人们常把这些问题称为拓扑学的先声.19 世纪,拓扑学正式建立,成为一个数学分支.

拓扑学的英文名称是"Topology",直译成汉语是"地表学",意思是:与研究地形、地貌相类似的有关学科.我国最早曾把它译为"形势几何学","连续几何学",

"一对一的连续变换群下的几何学". 由于在这三个译名中的前两个不大好理解，而第三个译名又太长，因此后来都没有采用. 1956 年，我国在统一的《数学名词》一书中，把译名改为"拓扑学"，它是英文名称的音译.

著名的庞加莱猜想就是拓扑学中一个基本的问题. 数学家们在庞加莱猜想提出之前已经知道这样的事实：任意一个单连通闭曲面都与二维球面同胚. 单连通是一种拓扑性质：在曲面上任意画一个闭圈，如果能在不离开曲面的情况下将这个闭圈缩成一点，这叫该曲面是单连通曲面. 二维球面是单连通曲面，环面则不是. 因此，对闭曲面而言，单连通性完全是球面的特性. 1904 年，著名法国数学家庞加莱猜测：任意一个三维的单连通闭流形(闭曲面)必与三维球面同胚. 这就是庞加莱猜想.

2006 年 6 月 3 日，世界著名华裔数学家丘成桐教授在中国科学院数学所宣布：我国数学家中山大学朱熹平教授和旅美数学家曹怀东教授在美国数学家汉密尔顿和俄国数学家派罗蒙工作的基础上彻底证明了庞加莱猜想这一世纪难题. 世界著名数学期刊之一——《亚洲数学期刊》全文发表了两人长达 300 多页的文章. 丘成桐说："这是我国在基础研究领域取得的一项国际领先的重大成果，这两位数学家对于科学的贡献是划时代的！" 庞加莱猜想是七大"数学世纪"难题之一，是全世界数学家都梦寐以求想要攻克的科学堡垒. 这个猜想被证实后，将对物理、天体学、动力系统等科学的发展都有非常重要的意义.

高维空间的庞加莱猜想于上个世纪分别被美国数学家证明，有三位数学家因此获得了菲尔兹数学奖，但是三维空间的庞加莱猜想却始终是个困扰数学界的难题. 三维空间是人类生存的空间，是 21 世纪科学研究的重点领域，因此，庞加莱猜想的解决其意义也就更为重大.

习　题　7

1. 合同变换有哪些不变量与不变性？

2. P 为$\square ABCE$ 内一点，试证以 PA,PB,PC,PD 为边，可以构成一个凸四边形，其面积恰为$\square ABCD$ 面积的一半.

3. AT 为$\triangle ABC$ 的角平分线，M 为 BC 的中点，$ME /\!/ AT$ 交 CA 于 E，交 AB 于 D，求证：$BD=CE$.

4. 设点 P 与矩形 $ABCD$ 的顶点 A，D 所连的两线段都与 BC 边相交，由点 B 向直线 PD 所作的垂线与由点 C 向直线 PA 所作的垂线交于点 Q. 证明：如果 P,Q 不重合，则 $PQ\perp AD$.

5. 平面上三个等圆两两相交，交点 $A,B;C,D;E,F$ 分别为同一个圆的点，求证，弧 AB，弧 CD，弧 EF 的和为 $180°$.

6. 用旋转变换证明勾股定理.

7. 在 Rt$\triangle ABC$ 中，M 为斜边 AB 之中点，过 M 引二射线交 AC，BC 于 P，Q，则 $AP^2+BQ^2=PQ^2$.

8. 在$\triangle ABC$外侧作正方形$ABEF$和$ACGH$，M和N各是BC、FH的中点，P、Q各是所做的两个正方形的中心，试证：$MQNP$是一个正方形.

9. 在$\triangle ABC$中，$\angle A=90°$，$AB=AC$，D为BC边上一点，试证：$BD^2+DC^2=2AD^2$.

10. 在$\triangle ABC$中，$\angle A\geqslant 120°$，P是任意点，试证：$PA+PB+PC\geqslant AB+PC$.

11. 一圆交$\triangle ABC$的边BC，CA，AB分别于A_1和A_2，B_1和B_2，C_1和C_2. 如果过点A_1，B_1，C_1分别引BC，AC，AB的垂线，并且相交于一点，试证过A_2，B_2，C_2分别引BC，AC，AB的垂线也相交于一点.

12. $\triangle ABC$和$\triangle ADE$是两个不等的等腰直角三角形，现固定$\triangle ABC$，将$\triangle ADE$绕点A在平面内旋转. 试证，不论$\triangle ADE$旋转到什么位置，线断EC上必存在一点M，使$\triangle BMD$为等腰直角三角形.

13. PT，PB是$\odot O$的切线，AB是直径，H为T在AB上的摄影，求证：PA平分TH.

14. 在$\triangle ABC$中，$AB=AC$，$\odot O_1$与$\triangle ABC$的外接圆$\odot O$内切于D，与AB，AC切于P，Q，求证：PQ的中点M是$\triangle ABC$的内心.

15. $\triangle ABC$中，$AE:EB=1:2$，$AD:DC=2:1$，BD与CE交于F，求$S_{\triangle BEF}:S_{\triangle CFD}$.

16. 设H为非直角三角形ABC的垂心，A'，B'，C'分别是$\triangle BHC$，$\triangle CHA$，$\triangle AHB$的外心，试证：AA'，BB'，CC'相交于一点.

17. 四边形$ABCD$中，以一对边的比$AB:CD$内分另一对边AD，BC于E，F，延长BA，CD与EF的延长线分别相交于G，H. 求证$\angle BGF=\angle FHC$.

18. 一直线交$\triangle ABC$的BC，CA，AB边或其延长线于D，E，F. 试证$\dfrac{DB}{DC}\cdot\dfrac{EC}{EA}\cdot\dfrac{FA}{FB}=1$（梅氏定理）.

19. $\odot O_1$，$\odot O_2$，$\odot O_3$是三个相等的圆，它们相交于一点K. 并且都在一个已知$\triangle ABC$内，每一个圆都与这个三角形的两边相切，试证这个三角形的内心I、外心O与K共线.

20. 点P在$\odot ABC$的弧BC上，$\angle APB$、$\angle APC$的平分线分别交AB，AC于Q，R，求证：Q，R与$\triangle ABC$的内心I共直线.

21. 四边形$ABCD$的对边AD、BC延长后交于E，AB、CD延长后交于F，O为其对角线交点，过O作AB的平行线OQ交EF于Q，则$OG=GQ$.

22. M为$\triangle ABC$的边BC的中点，如果$\triangle ABD$与$\triangle ACM$是负的相似. 求证：$DM/\!/AC$.

23. 圆内接四边形中. 试证：$AB\cdot CD+AD\cdot BC=AC\cdot BD$（托勒密定理）.

24. 用位似旋转变换证习题2中12题.

25. 平面上有一凸多边形$A_1A_2\cdots A_n$，面积为S，又有一点M，M饶A_i旋转α角后得点$M_i(i=1,2,\cdots,n)$，求多边形$M_1M_2\cdots M_n$的面积.

26. 设AD为$\triangle ABC$边BC的中线，引任一直线CFE交AD于E，交AB于F，求证$AE:ED=2AF:FB$.

27. 在$\triangle ABC$的边BC的中线上任取一点P，连BP，CP交AB，AC于M，N，求证$MN/\!/BC$.

28. 证明：点O是$\triangle ABC$的重心的充要条件是：$S_{\triangle AOB}=S_{\triangle AOC}=S_{\triangle BOC}$.

29. 在$\triangle ABC$的三边BC，CA，AB上分别取异于端点的点K，L，M. 证明：$\triangle AML$，$\triangle BKM$，

$\triangle CLK$ 中至少有一个其面积小于或等于 $\frac{1}{4}S_{\triangle ABC}$.

30. 从椭圆外一点 P 引椭圆两切线 PA、PB, A、B 为切点, O 是椭圆中心, 射线 OP 交椭圆于 C. 求证: $S_{\triangle AOP}=S_{\triangle BOP}$.

31. 设 M 是椭圆的一条弦 UV 的中点, 过 M 再任作两弦 AB 和 CD, 设 AC、BD 与 UV 分别交于 P, Q 两点. 求证: M 也是线段 PQ 的中点.

32. 用反演变换证托勒密定理.

33. 设 H 是 $\triangle ABC$ 的垂心, P 是其内任一点, 由 H 向 PA, PB, PC 引垂线 HL, HM, HN 与 BC, CA, AB 的延长线相交于 X, Y, Z. 求证: X, Y, Z 共直线.

34. 已知 A 为平面上两半径不等的相交圆 $\odot O_1$ 和 $\odot O_2$ 的一个交点, 两外公切线 P_1P_2, Q_1Q_2 分别切两圆于 P_1、P_2, Q_1、Q_2 (Q_1、Q_2 在 $\odot O_2$ 上, P_1、P_2 在 $\odot O_1$ 上), M_1, M_2 分别是 P_1Q_1, P_2Q_2 中点, 则 $\angle O_1AO_2=\angle M_1AM_2$.

35. 在四个圆中, 每一个圆都和其他的两个圆外切, 证明四个切点共圆.

36. 已知 $\odot O_1$, $\odot O_2$, $\odot O_3$ 交于 P, $\odot O_1$, $\odot O_2$ 的公共弦 PN 过 O_3, $\odot O_1$, $\odot O_3$ 的公共弦 PM 过 O_2, 求证: $\odot O_2$, $\odot O_3$ 的公共弦 PL 过 O_1.

37. 从 P 点向 $\odot O$ 引二切线, A, B 为切点, 如果从弦 AB 的延长线上一点向 $\odot O$ 又引二切线, D、E 为切点, 则 P, D, E 三点共直线.

38. $ABCD$ 为圆外切四边形, AB, BC, CD, DA 边上的切点依次为 G, H, K, L. AB, DC 延长后交于 E, AD, BC 延长后交于 F, GK, HL 交于 P, 设圆的中心为 O, 试证 $OP\perp EF$.

39. 设 A_1, A_2, $\cdots$, A_9 是凸多面体 P_1 的九个顶点, P_i 是由 P_1 平移而得的多面体, 即移动 $A_1\to A_i$ $(i=2,3,\cdots,9)$. 求证在 P_1, P_2, $\cdots$, P_9 中至少有两个多面体有一公共内点.

40. 设 P 为正四面体 $ABCD$ 外部一点, 则自 P 到四面体各侧面的垂线长 h_1, h_2, h_3, h_4 与四面体的高 h 之间有关系式: $h_1+h_2+h_3+h_4>h$.

41. 四个半径为 2 的球两两相切, 求其外接四面体的边长.

42. 已知 DD_0 是四面体 $ABCD$ 的顶点 D 和底面 $\triangle ABC$ 的重心 D_0 的连线, 过 A, B, C 作 DD_0 的平行线分别与该点相对的面相交于 A_1, B_1, C_1, 证明: $V_{A_1B_1C_1D_0}=3V_{ABCD}$.

43. 已知四面体 $ABCD$ 被一个平行于 AB, CD 的平面 π 截成两部分, 已知 AB, CD 到平面 π 的距离之比为 k, 求这两部分的体积之比.

44. 已知三角形 ABC 和其内一点 T, 设 P 和 Q 是由点 T 向直线 AB 和 AC 分别引垂线的垂足, 而 R 和 S 是由点 A 向直线 TC 和 TB 分别引垂线的垂足. 证明: 直线 PR 和 QS 的交点 X 在直线 BC 上.

45. 设 O 是四边形 $ABCD$ 对角线的交点, E, F 分别是边 AB 和 CD, BC 和 AD 延长线的交点, 直线 EO 交边 AD 和 BC 于点 K 和 L, 直线 FO 交边 AB 和 CD 于点 M 和 N. 证明: 直线 KN 和 LM 的交点 X 在直线 EF 上.

46. 在一个平面中, C 是一个圆周, 直线 l 是此圆的一条切线, M 为 l 上的一点, 试求出具有如下性质的所有点 P 的集合: 在直线 l 上存在两个点 Q 和 R, 使得 M 是线段 QR 的中点, 且 C 是 $\triangle PQR$ 的内切圆心.

47. 列举几个现实生活中、生产实践中及中学数学中拓扑变换的实例.

参考文献及进一步阅读的资料

张奠宙，邹一心. 1990. 现代数学与中学数学. 上海：上海教育出版社
赵景耀，王家铧. 2005. 高观点下的初等数学讲义. 沈阳：辽宁人民出版社
李文林. 2000. 数学史概论. 北京：高等教育出版社

第 8 章　球面几何简介

8.1　球面几何的有关概念

定义 1　三维空间中与一个定点 O 的距离等于 r 的点的轨迹叫做球面. 定点 O 叫球心，等距离的长度 r 叫球的半径(或者半径为 r 的半圆绕直径旋转一周所得旋转面叫球面). 记为 S_r^2.

定义 2　通过球心的平面截球面所得截口是一个圆，它叫做大圆；不过球心的平面截球面所得的截口也是一个圆，它叫做小圆.

显然，大圆把球面分成相等的两部分. 而通过球面上不在同一直径两端的两个点，能作并且只能作一个大圆.

定义 3　两大圆相交所成之角，叫做球面角，其交点叫做球面角的顶点，大圆弧叫做这球面角的边.

一般，球面角是以过顶点的圆弧的二切线所夹的角来度量的(或与两顶点的连线垂直的圆面与两大圆所成的二面角的平面角来度量).

定义 4　球面上两个大圆的半圆所包围的球面部分叫球面二角形.

定义 5　球面上相交于三点的三个大圆弧所围成的球面上的部分，叫做球面三角形. 这三个大圆弧叫做球面三角形的边，通常用小写拉丁字母 a，b，c 来表示. 各大圆弧所成的球面角，叫做球面三角形的角，通常用大写拉丁字母 A，B，C 来表示. 这三个边与三个角统称为球面三角形的六个元素.

将球面三角形 ABC 的各顶点与球心 O 连结，则构成球心三面角 $O\text{-}ABC$. 显然，由于圆的中心角与所对的弧同度，有 $a=\angle BOC$，$b=\angle AOC$，$c=\angle AOB$.

又根据球面角的度量，知球面三角形的边与所对应的球心三面角的二面角同度，而球面三角形的角与球心三面角的二面角同度.

为了方便和切合实用，在讨论球面三角形时，其边与角都限于小于 $180°$.

下面引入球面上的圆的极的概念：

定义 6　垂直于已知球面的圆(不论大圆或小圆)所在平面的球直径的端点，叫做这个圆的极，这个圆上的点到极的球面距离都相等，这距离叫做球面半径. 如果球面半径等于 $90°$，则大圆弧叫做极点的极线. 因而极是垂直于极线的大圆的交点. 过球面三角形 ABC 各边的极作大圆弧构成另一个球面三角形 $A'B'C'$ 叫做原球面三角形的极三角形.

可推证：极三角形的边与原球面三角形之对应角互补，极三角形的角与原球面三角形之对应边互补.

由上述定义可得球面三角形的边和角的基本性质：

性质 1　球面三角形两边之和大于第三边.

推论　球面三角形两边之差小于第三边.

性质 2　球面三角形三边之和大于 0°而小于 360°.

性质 3　球面三角形三角之和大于 180°而小于 540°.

性质 4　球面三角形的两角之和减第三角小于 180°.

性质 5　若球面三角形的两边相等，则这两边的对角也相等；反之若两角相等，则这两角的对边也相等.

性质 6　球面三角形中，大角对大边，大边也对大角.

定义 7　在同球或等球面上，若两球面三角形的对应边和角分别相等，而且排列顺序相同，则称这两个球面三角形全等.

因此，在同球或等球上两个球面三角形，满足下列条件之一，且相等部分排列顺序相同，则这两个球面三角形全等：

(1) 两边及其夹角彼此相等.

(2) 两角及其夹边彼此相等.

(3) 三边彼此相等.

(4) 三角彼此相等.

定义 8　球面上两点 A,B 间大圆弧（劣弧）的长叫做球面距离，记为$\overset{\frown}{AB}$.

我们可以证明：在球面上连结 A,B 两点的所有曲线（弧）之长以球面距离为最短.

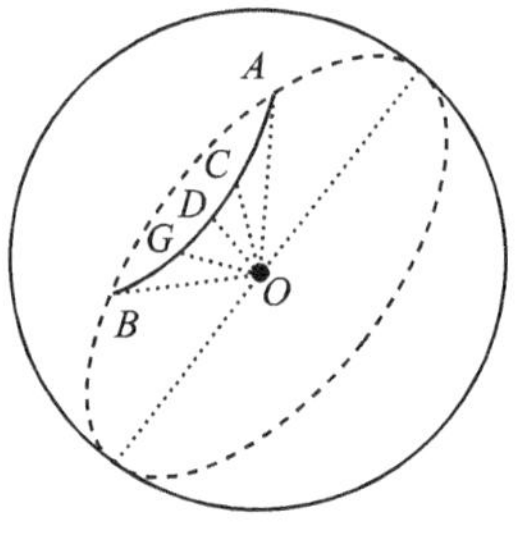

图 8-1

事实上，过 A,B 两点作任意曲线弧 $ACD\cdots GB$ 如图 8-1，而以 $C,D,\cdots,G$ 各点分这曲线弧为无穷个无穷小的弧，$\overset{\frown}{AC},\overset{\frown}{CD},\cdots,\overset{\frown}{GB}$由于这些弧非常小，我们可以把它们看作是大圆弧，把 $A,C,D,\cdots,G,B$ 各点与球心 O 联结起来，于是便得到多面角 $O\text{-}ACD\cdots GB$，由多面角的性质，知，$\angle AOB<\angle AOC+\angle COD+\cdots+\angle GOB$.

由于圆的中心角与所对的圆弧同度，有$\overset{\frown}{AB}<\overset{\frown}{AC}+\overset{\frown}{CD}+\cdots+\overset{\frown}{GB}$. 即$\overset{\frown}{AB}<$曲线弧长$\overline{ACD\cdots GB}$.

这就是说，连接两点 A,B 的所有曲线弧之长，以球面距离 AB 为最短（注：用微分几何中的测地线原理来证明，则更为清楚）.

对于上面的概念和有关性质，若建立三维直角坐标系则可方便地运用度量来描述或推证.

以球心 O 为坐标系原点，建立三维直角坐标系，则点集 $S_r^2=\{X\mid X=(x_0,x_1,x_2),x_0^2+x_1^2+x_2^2=r^2,x_0,x_1,x_2\in\mathbf{R}\}$称为球面，其中$(x_0,x_1,x_2)$称为点 X 的标准

化齐次坐标，简称点 X 的坐标. 有了点的坐标，可引入向量运算，对矢量 $\overrightarrow{OX}$（简记为 $\boldsymbol{X}$）引进运算：

设 $\boldsymbol{A}=(a_0,a_1,a_2)$，$\boldsymbol{B}=(b_0,b_1,b_2)$ 规定：

$$\boldsymbol{A}\cdot\boldsymbol{B}=a_0b_0+a_1b_1+a_2b_2,$$

$$\boldsymbol{A}\times\boldsymbol{B}=\left[\begin{vmatrix}a_1 & a_2\\ b_2 & b_2\end{vmatrix}\begin{vmatrix}a_2 & a_0\\ b_2 & b_0\end{vmatrix}\begin{vmatrix}a_0 & a_2\\ b_0 & b_2\end{vmatrix}\right].$$

分别称为矢量 $\boldsymbol{A}$ 与 $\boldsymbol{B}$ 的数量积和向量积. 关于数量积与向量积还有拉格朗日恒等式：

$$(\boldsymbol{A}\times\boldsymbol{B})\cdot(\boldsymbol{X}\times\boldsymbol{Y})=\begin{vmatrix}\boldsymbol{A}\cdot\boldsymbol{X} & \boldsymbol{A}\cdot\boldsymbol{Y}\\ \boldsymbol{B}\cdot\boldsymbol{X} & \boldsymbol{B}\cdot\boldsymbol{Y}\end{vmatrix}.$$

对于球面 S_r^2，则可规定任两点 $A=(a_0,a_1,a_2)$，$B=(b_0,b_1,b_2)\in S_r^2$ 之间的球面距离为

$$\widehat{AB}=r\cdot\arccos\left(\frac{a_0b_0+a_1b_1+a_2b_2}{r^2}\right),\ \frac{\widehat{AB}}{r}\in[0,\pi].$$

这样规定了距离的点集 S_r^2 称为二维球面空间，常数 $r(r>0)$ 称为球面空间的曲率半径.

为方便计，取 $r=1$，即把曲率半径取作单位长度，并将 S_r^2 就记作 S^2. 遇到实际问题时，如果球面半径 $r\neq1$，只须将有关公式中与长度有关的量全部 r 倍即可.

可以验证，球面空间是度量空间，即球面距离满足距离三公理：

（Ⅰ）$\widehat{AB}\geqslant0$，且 $\widehat{AB}=0$ 的充要条件是 $\boldsymbol{A}=\boldsymbol{B}$；

（Ⅱ）$\widehat{AB}=\widehat{BA}$；

（Ⅲ）$\widehat{AX}+\widehat{XB}\geqslant\widehat{AB}$.

（Ⅰ）（Ⅱ）两条显然成立. 注意：$\widehat{AB}\in[0,\pi]$，且 $\widehat{AB}=\pi$ 的充要条件是 $\boldsymbol{A}=-\boldsymbol{B}$，这样的两点 A,B 称为对径点.

根据规定可知，当 $A,B\in S^2$ 时，有

$$\cos\widehat{AB}=\boldsymbol{A}\cdot\boldsymbol{B},\qquad \sin\widehat{AB}=|\boldsymbol{A}\times\boldsymbol{B}|$$

$$\left(\text{因 } |\boldsymbol{A}\times\boldsymbol{B}|^2=(\boldsymbol{A}\times\boldsymbol{B})\cdot(\boldsymbol{A}\times\boldsymbol{B})=\begin{vmatrix}1 & \boldsymbol{A}\cdot\boldsymbol{B}\\ \boldsymbol{B}\cdot\boldsymbol{A} & 1\end{vmatrix}\right).$$

现在来验证球面距离满足不等式（Ⅲ）.

据柯西不等式，有

$$(\boldsymbol{A}\times\boldsymbol{X})\cdot(\boldsymbol{X}\times\boldsymbol{B})\leqslant|\boldsymbol{A}\times\boldsymbol{X}||\boldsymbol{X}\times\boldsymbol{B}|, \qquad ①$$

其中等号成立的充要条件是

$$\lambda(\boldsymbol{A}\times\boldsymbol{X})=\mu(\boldsymbol{X}\times\boldsymbol{B}),\ (\boldsymbol{A}\times\boldsymbol{X})\cdot(\boldsymbol{X}\times\boldsymbol{B})\geqslant0. \qquad ②$$

①式即为

$$\begin{vmatrix} \boldsymbol{A}\cdot\boldsymbol{X} & \boldsymbol{A}\cdot\boldsymbol{B} \\ \boldsymbol{X}\cdot\boldsymbol{X} & \boldsymbol{X}\cdot\boldsymbol{B} \end{vmatrix} \leqslant |\boldsymbol{A}\times\boldsymbol{X}||\boldsymbol{X}\times\boldsymbol{B}|. \tag{③}$$

由于 $A,B,X\in S^2$，有 $\boldsymbol{A}\cdot\boldsymbol{X}=\cos\widehat{AX}$，$|A\times X|=\sin\widehat{AX}$ 等代入③式得

$$\cos\widehat{AX}\cos\widehat{XB}-\cos\widehat{AB}\leqslant\sin\widehat{AX}\sin\widehat{XB},$$

即 $\cos(\widehat{AX}+\widehat{XB})\leqslant\cos\widehat{AB}$.

因 $\widehat{AX},\widehat{XB},\widehat{AB}\in[0,\pi]$，有 $\widehat{AX}+\widehat{XB}\in[0,2\pi]$.

当 $\widehat{AX}+\widehat{XB}\leqslant\pi$ 时，有 $\widehat{AX}+\widehat{XB}\geqslant\widehat{AB}$.

当 $\widehat{AX}+\widehat{XB}>\pi$ 时，有 $\widehat{AX}+\widehat{XB}>\widehat{AB}$.

这就证明了(Ⅲ)式.

值得特别注意的是在上面的证明过程中，使(Ⅲ)式中等号成立(即 $\widehat{AX}+\widehat{XB}=\widehat{AB}$)的充要条件是

$$\lambda(\boldsymbol{A}\times\boldsymbol{X})=\mu(\boldsymbol{X}\times\boldsymbol{B}),(\boldsymbol{A}\times\boldsymbol{X})\cdot(\boldsymbol{X}\times\boldsymbol{B})\geqslant 0,$$

且 $\widehat{AX}+\widehat{XB}\leqslant\pi$，即有 $(\lambda\boldsymbol{A}+\mu\boldsymbol{B})\times\boldsymbol{X}=0$，$\lambda\mu\geqslant 0$. 因此，或者有

$$\lambda\boldsymbol{A}+\mu\boldsymbol{B}=0, \tag{④}$$

或者有

$$\boldsymbol{X}=\lambda\boldsymbol{A}+\mu\boldsymbol{B}\neq 0. \tag{⑤}$$

由④式得 $|\lambda\boldsymbol{A}|=|-\mu\boldsymbol{B}|$，即 $|\lambda|=|\mu|$，注意到 $\lambda\mu\geqslant 0$，可推得 $\boldsymbol{A}=-\boldsymbol{B}$，即点 A 与 B 是对径点. 这就是说，球面 S^2 上任一点到一双对径点的距离之和总等于 π.

⑤式中的 λ,μ 可由下面的方程组确定：

$$\begin{cases} \boldsymbol{A}\cdot\boldsymbol{X}=\lambda\boldsymbol{A}\cdot\boldsymbol{A}+\mu\boldsymbol{A}\cdot\boldsymbol{B}, \\ \boldsymbol{X}\cdot\boldsymbol{B}=\lambda\boldsymbol{A}\cdot\boldsymbol{B}+\mu\boldsymbol{B}\cdot\boldsymbol{B}. \end{cases} \tag{⑥}$$

记 $\widehat{AB}=\alpha<\pi$(因 $A\neq-B$)，$\widehat{AX}=t\alpha$，又 $\widehat{AX}+\widehat{XB}=\widehat{AB}$，故 $\widehat{XB}=(1-t)\alpha$，$0\leqslant t\leqslant 1$. ⑥式即为

$$\begin{cases} \cos t\alpha=\lambda+\mu\cos\alpha, \\ \cos(1-t)\alpha=\lambda\cos\alpha+\mu. \end{cases}$$

解之得 $\lambda=\dfrac{\sin(1-t)\alpha}{\sin\alpha}$，$\mu=\dfrac{\sin\alpha}{\sin\alpha}$(满足 $\lambda\mu\geqslant 0$). 这就得到了如下定理：

定理 1　S^2 上到两点 A,B(以后总是指非对径点)距离之和等于 $\widehat{AB}$ 的点的集合(称为大圆弧或球面线段 AB)的参数方程为

$$X=[A\sin(1-t)\alpha+B\sin t\alpha]/\sin\alpha, \tag{⑦}$$

在方程⑦中，当 $t\in(0,1)$ 时，点 X 称为球面线段 AB 的内点，A,B 称为线段的端点，线段的两端点间的距离称为该线段的长. 其中 $\alpha=\widehat{AB}\in(0,\pi)$，$t\in[0,1]$.

在方程⑦中,当 $t=\frac{\pi}{\alpha}>1$ 时,$X=-A$ 即点 A 的对径点必在线段 AB 的延长线上.我们把 $t\in\left(0,\frac{\pi}{\alpha}\right)$时的⑦式称为球面射线 AB 的参数方程,称点 A 为射线 AB 的端点.

由⑦式消去参数 t 得球面直线(大圆)AB 的方程

$$(\boldsymbol{A}\times\boldsymbol{B})\cdot\boldsymbol{X}=0,\text{即}\begin{vmatrix}a_0 & b_0 & x_0\\ a_1 & b_1 & x_1\\ a_2 & b_2 & x_2\end{vmatrix}=0. \tag{⑧}$$

可见,球面直线的方程是关于齐次坐标 x_0,x_1,x_2 的一次齐次方程,其中 $x_0^2+x_1^2+x_2^2=1$.

球面 S^2 上的任一直线 AB 分 S^2 为两个半球面:

$$S_1=\{X\mid(\boldsymbol{A}\times\boldsymbol{B})\cdot\boldsymbol{X}>0,X\in S^2\},$$
$$S_2=\{X\mid(\boldsymbol{A}\times\boldsymbol{B})\cdot\boldsymbol{X}<0,X\in S^2\}.$$

直线 AB 的方程⑧即为 $n_0x_0+n_1x_1+n_2x_2=0$,它的系数满足条件:

$$n_0:n_1:n_2=\begin{vmatrix}a_1 & a_2\\ b_1 & b_2\end{vmatrix}:\begin{vmatrix}a_2 & a_0\\ b_2 & b_0\end{vmatrix}:\begin{vmatrix}a_0 & a_1\\ b_0 & b_1\end{vmatrix},$$

可以规定 $n_0^2+n_1^2+n_2^2=1$ 为标准系数,这样一条直线的标准化系数只有$\pm(n_0,n_1,n_2)=\pm N$ 两组.直观上看,这样的$\pm N$ 所对应的点是垂直于球面大圆 AB 所在平面的直径的两个端点.因此我们有以下定义.

定义 9　点 $\boldsymbol{N}=\frac{\boldsymbol{A}\times\boldsymbol{B}}{|\boldsymbol{A}\times\boldsymbol{B}|}\in S^2$ 称为球面射线 AB(或有向直线 AB)的极.

显然,球面射线 BA 的极为$-N$.球面直线 AB 的极是两个对径点 N 和$-N$.

球面上任意两条直线 $\boldsymbol{N}_1\cdot\boldsymbol{X}=0,\boldsymbol{N}_2\cdot\boldsymbol{X}=0(\boldsymbol{N}_1\neq\pm\boldsymbol{N}_2)$必定相交.事实上,它们的交点就是$\pm\frac{\boldsymbol{N}_1\times\boldsymbol{N}_2}{|\boldsymbol{N}_1\times\boldsymbol{N}_2|}\in S^2$.换句话说,球面上没有不相交的直线,球面上两直线相交于一双对径点.

定理 2　球面直线 AB 上任一点到它的极的距离恒等于$\frac{\pi}{2}$.

证明　直线 AB 的极 $\boldsymbol{N}=\frac{\boldsymbol{A}\times\boldsymbol{B}}{|\boldsymbol{A}\times\boldsymbol{B}|}$(或$-\boldsymbol{N}$)到 AB 上任一点 $\boldsymbol{X}=\lambda\boldsymbol{A}+\mu\boldsymbol{B}$ 的距离

$$\widehat{NX}=\arccos\boldsymbol{N}\cdot\boldsymbol{X}=\arccos\frac{\boldsymbol{A}\times\boldsymbol{B}}{|\boldsymbol{A}\times\boldsymbol{B}|}\cdot(\lambda\boldsymbol{A}+\mu\boldsymbol{B})=\arccos 0=\frac{\pi}{2}.$$

定理 3　若球面上一点 P 与两个非对径点 A,B 的距离皆为$\frac{\pi}{2}$,则点 P 必为直

线 AB 的极.

证明:若 $\widehat{PA}=\widehat{PB}=\frac{\pi}{2}$,则 $\boldsymbol{P}\cdot\boldsymbol{A}=\boldsymbol{P}\cdot\boldsymbol{B}=0$,即 $\boldsymbol{P}=\lambda(\boldsymbol{A}\times\boldsymbol{B})$.

又 $P\in S^2$,$|\boldsymbol{P}|=|\lambda|\,|\boldsymbol{A}\times\boldsymbol{B}|=1$,$|\boldsymbol{A}\times\boldsymbol{B}|\neq 0$,所以 $\boldsymbol{P}=\pm\frac{\boldsymbol{A}\times\boldsymbol{B}}{|\boldsymbol{A}\times\boldsymbol{B}|}$,即 P 为直线 AB 的极.

定义 10　球面上如果一条直线 l_1 通过另一条直线 l_2 的极,那么称直线 l_1 垂直于 l_2,记作 $l_1\perp l_2$.

设 l_1,l_2 的极分别为 $\pm N_1,\pm N_2$,则 l_1,l_2 的方程分别为 $\boldsymbol{N}_1\cdot\boldsymbol{X}=0,\boldsymbol{N}_2\cdot\boldsymbol{X}=0$,由于 l_1 过 $\pm N_2$,有 $\boldsymbol{N}_1\cdot\boldsymbol{N}_2=0$,故 l_2 也过 l_1 的极 $\pm N_1$,即 $l_1\perp l_2$.所以垂直关系具有对称性.

定理 4　设球面直线 AB 的极为 $\pm N$,过球面上任一非极的点 P(即 $P\neq\pm N$)与 AB 垂直的直线是唯一的,且点 P 到直线 AB 的距离等于

$$\frac{\pi}{2}-\widehat{PN}\quad(\text{设}\widehat{PN}\leqslant\frac{\pi}{2}).$$

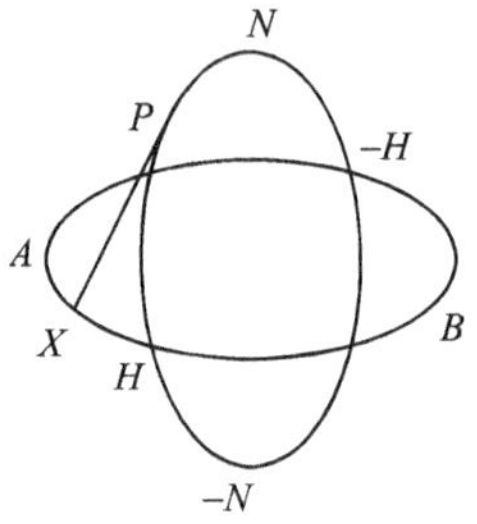

图 8-2

证明:与直线 AB 垂直的直线 l 必定过它的极 $\pm N$,l 又要过点 P,而 $P\neq\pm N$,过非对径点的两点确定唯一的直线,因此与 AB 垂直的直线是唯一的,就是直线 PN(图 8-2).设直线 PN 与 AB 交于点 H 和 $-H$,点 X 是直线 AB 上任一点,设 $\widehat{PN}\leqslant\frac{\pi}{2}$,据三角形不等式有

$$\widehat{XP}+\widehat{PN}\geqslant\widehat{XN}=\frac{\pi}{2},$$

即 $\widehat{XP}\geqslant\frac{\pi}{2}-\widehat{PN}$. 故直线 AB 上任一点 X 到点 P 的距离的最小值为 $\frac{\pi}{2}-\widehat{PN}$.

定义 11　球 S^2 上一点 A 和以这点为公端点的两条射线 AP,AQ 所成集合叫做球面角,记作 $\angle PAQ$ 或 $\angle QAP$ 点 A 称为角的顶点,射线 AP,AQ 称为球面角的两边.

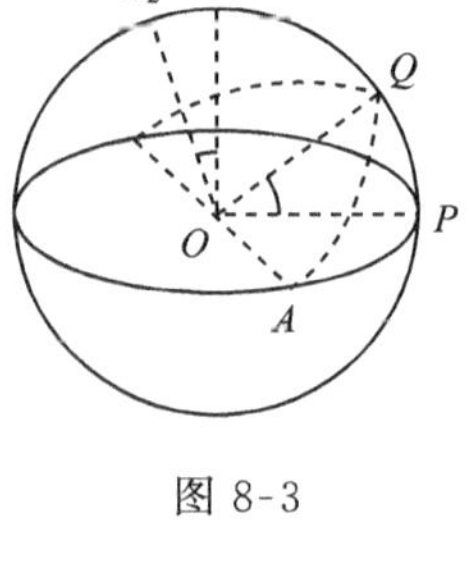

图 8-3

球面角的大小可以用它的两边的极之间的距离来度量(图 8-3).球面角 $\angle PAQ$ 的两边 AP,AQ 的极 N_1,N_2 间的距离叫做 $\angle PAQ$ 的弧度数,即

$$\angle PAQ=\widehat{N_1N_2}.$$

下面先来证明,这样定义的角的弧度数具有可加性.

给定 $\angle PAQ$,若点 X 是球面线段 PQ 的内点,即有

$$\boldsymbol{X}=\lambda\boldsymbol{P}+\mu\boldsymbol{Q}, \text{其中 } \lambda,\mu>0,$$

则称$\angle PAQ$为$\angle PAX$与$\angle XAQ$的和.

设射线AP,AQ,AX的极分别为$\boldsymbol{N}_1,\boldsymbol{N}_2,\boldsymbol{N}$,即有

$$\boldsymbol{N}_1=\frac{\boldsymbol{A}\times\boldsymbol{P}}{|\boldsymbol{A}\times\boldsymbol{P}|},\ \boldsymbol{N}_2=\frac{\boldsymbol{A}\times\boldsymbol{Q}}{|\boldsymbol{A}\times\boldsymbol{Q}|},$$

$$\begin{aligned}\boldsymbol{N}&=\frac{\boldsymbol{A}\times\boldsymbol{X}}{|\boldsymbol{A}\times\boldsymbol{X}|}=\frac{\boldsymbol{A}\times(\lambda\boldsymbol{P}+\mu\boldsymbol{Q})}{|\boldsymbol{A}\times\boldsymbol{X}|}\\&=\frac{\lambda(\boldsymbol{A}\times\boldsymbol{P})+\mu(\boldsymbol{A}\times\boldsymbol{Q})}{|\lambda(\boldsymbol{A}\times\boldsymbol{P})+\mu(\boldsymbol{A}\times\boldsymbol{Q})|}=\lambda'\boldsymbol{N}_1+\mu'\boldsymbol{N}_2,\end{aligned}$$

其中$\lambda',\mu'>0$.

故点N是线段N_1,N_2的内点,有

$$\widehat{N_1N_2}=\widehat{N_1N}+\widehat{NN_2},$$

即两角和的弧度数等于这两个角的弧度数之和(角的可加性).

推论 球面S^2上的夹角公式为

$$\cos\angle PAQ=\frac{\boldsymbol{A}\times\boldsymbol{P}}{|\boldsymbol{A}\times\boldsymbol{P}|}\cdot\frac{\boldsymbol{A}\times\boldsymbol{Q}}{|\boldsymbol{A}\times\boldsymbol{Q}|}.$$

定义12 球面S^2上到定点Q的球面距离等于定值$r\left(r<\dfrac{\pi}{2}\right)$的点的集合称为球面小圆,$Q$称为小圆的球面中心(或极),$r$称为小圆的球面半径.

定理5 球面上不在一直线上的三点A,B,C(不妨设$(\boldsymbol{A}\times\boldsymbol{B})\cdot\boldsymbol{C}>0$)确定一个小圆,且小圆的中心为

$$\boldsymbol{Q}=\frac{\boldsymbol{A}\times\boldsymbol{B}+\boldsymbol{B}\times\boldsymbol{C}+\boldsymbol{C}\times\boldsymbol{A}}{|\boldsymbol{A}\times\boldsymbol{B}+\boldsymbol{B}\times\boldsymbol{C}+\boldsymbol{C}\times\boldsymbol{A}|}.$$

证明:可以验证点A,B,C到Q的球面距离皆等于

$$\arccos\frac{(\boldsymbol{A}\times\boldsymbol{B})\cdot\boldsymbol{C}}{|\boldsymbol{A}\times\boldsymbol{B}+\boldsymbol{B}\times\boldsymbol{C}+\boldsymbol{C}\times\boldsymbol{A}|}=r,$$

且因$(\boldsymbol{A}\times\boldsymbol{B})\cdot\boldsymbol{C}>0$,故$0<r<\dfrac{\pi}{2}$.

例 (φ,θ)称为点的经度、纬度,求证:S^2上两点$A=(\cos\theta_1\cos\varphi_1,\cos\theta_1\sin\varphi_1,\sin\theta_1)$与$B=(\cos\theta_2\cos\varphi_2,\cos\theta_2\sin\varphi_2,\sin\theta_2)$之间的球面距离

$$\widehat{AB}=\arccos\left[\cos(\theta_1-\theta_2)-2\cos\theta_1\cos\theta_2\sin^2\frac{\varphi_1-\varphi_2}{2}\right].$$

证明:

$$\begin{aligned}&\cos\widehat{AB}\\&=\cos\theta_1\cos\varphi_1\cos\theta_2\cos\varphi_2+\cos\theta_1\sin\varphi_1\cos\theta_2\sin\varphi_2+\sin\theta_1\sin\theta_2\end{aligned}$$

$$= \cos\theta_1\cos\theta_2\cos(\varphi_1-\varphi_2)+\sin\theta_1\sin\theta_2$$

$$= \cos\theta_1\cos\theta_2\left(1-2\sin^2\frac{\varphi_1-\varphi_2}{2}\right)+\sin\theta_1\sin\theta_2$$

$$= \cos(\theta_1-\theta_2)-2\cos\theta_1\cos\theta_2\sin^2\frac{\varphi_1-\varphi_2}{2}.$$

8.2 球面三角与对偶原则

球面三角形有如下一系列公式，均可运用向量运算来推证.

在球面三角形 ABC 中，设 $\widehat{BC}=a$，$\widehat{CA}=b$，$\widehat{AB}=c$ $\angle CAB=A$，$\angle ABC=B$，$\angle BCA=C$，且 $a,b,c,A,B,C\in(0,\pi)$.

定理 1(余弦公式)

$$\cos a=\cos b\cos c+\sin b\sin c\cos A,$$
$$\cos b=\cos c\cos a+\sin c\sin a\cos B,$$
$$\cos c=\cos a\cos b+\sin a\sin b\cos C.$$

证明：

$$\cos A=\cos\angle CAB=\frac{\boldsymbol{A}\times\boldsymbol{C}}{|\boldsymbol{A}\times\boldsymbol{C}|}\cdot\frac{\boldsymbol{A}\times\boldsymbol{B}}{|\boldsymbol{A}\times\boldsymbol{B}|}=\frac{1}{\sin AC\cdot\sin AB}\begin{vmatrix}\boldsymbol{A}\cdot\boldsymbol{A} & \boldsymbol{A}\cdot\boldsymbol{B}\\ \boldsymbol{C}\cdot\boldsymbol{A} & \boldsymbol{C}\cdot\boldsymbol{B}\end{vmatrix}$$

$$=\frac{1}{\sin b\sin c}\begin{vmatrix}1 & \cos c\\ \cos b & \cos a\end{vmatrix},$$

即 $\sin b\sin c\cos A=\cos a-\cos b\cos c$.

这就是定理 1 中的第一式，同法可证明其余两式.

利用余弦公式可推证如下半角公式：

$$\sin\frac{A}{2}=\sqrt{\frac{\sin(p-b)\cdot\sin(p-c)}{\sin b\sin c}},\cos\frac{A}{2}=\sqrt{\frac{\sin p\sin(p-a)}{\sin b\sin c}},$$

其中 $p=\frac{1}{2}(a+b+c)$.

定理 2(正弦公式)

$$\frac{\sin a}{\sin A}=\frac{\sin b}{\sin B}=\frac{\sin c}{\sin C}=\frac{\sin a\sin b\sin c}{2\Delta},$$

其中 $\Delta=\sqrt{\sin p\sin(p-a)\sin(p-b)\sin(p-c)}$，这里 $p=\frac{1}{2}(a+b+c)\in(0,\pi)$.

证明：

$$\sin^2 b\sin^2 c\sin^2 A=\sin^2 b\sin^2 c(1-\cos^2 A)$$

$= \sin^2 b\sin^2 c - (\cos a - \cos b\cos c)^2$

$= (\sin b\sin c + \cos a - \cos b\cos c)(\sin b\sin c - \sin a + \cos b\cos c)$

$= [\cos a - \cos(b+c)][\cos(b-c) - \cos a]$

$= 4\sin p\sin(p-a)\sin(p-b)\sin(p-c)$

$= 4\Delta^2 \in (0,1]$.

即有 $\Delta=\frac{1}{2}\sin b\sin c\sin A$. 同理 $\Delta=\frac{1}{2}\sin c\sin a\sin B=\frac{1}{2}\sin a\sin b\sin C$.

故正弦公式成立. 其中因 $a,b,c\in(0,\pi)$,有 $p-a,p-b,p-c\in(0,\pi)$,故 $\sin p>0$,又 $2p\in(0,3\pi)$,因此 $p\in(0,\pi)$.

推论 1　对于球面直角三角形$\left(\angle C=\frac{\pi}{2}\right)$,有:

（Ⅰ）$\cos c=\cos a\cos b$;　　（Ⅱ）$\sin A=\frac{\sin a}{\sin c}$;

（Ⅲ）$\cos A=\frac{\tan b}{\tan c}$;　　（Ⅳ）$\tan A=\frac{\tan a}{\sin b}$.

例 1　试证:球面三角形 ABC 的内切小圆的球面半径 r 满足 $\tan r=\frac{\Delta}{\sin p}$,其中 $\Delta=\sqrt{\sin p\sin(p-a)\sin(p-b)\sin(p-c)}$,$p=\frac{1}{2}(a+b+c)$.

证明:三角形内切小圆的圆心 I 到各边的距离$\overset{\frown}{ID}=\overset{\frown}{IE}=\overset{\frown}{IF}=r$. 连结 AI,BI,CI,则 BDI 为球面直角三角形,据公式（Ⅳ）有 $\tan\frac{B}{2}=\frac{\tan r}{\sin\overset{\frown}{BD}}$,即 $\tan r=\sin\overset{\frown}{BD}\tan\frac{B}{2}$.

令$\overset{\frown}{AE}=\overset{\frown}{AF}=x$, $\overset{\frown}{BD}=\overset{\frown}{BF}=y$,$\overset{\frown}{CD}=\overset{\frown}{CE}=z$,则 $x+y+z=p$,$x+z=b$. 所以$\overset{\frown}{BD}=y=p-b$. 据半角公式:

$$\tan\frac{B}{2}=\sqrt{\frac{\sin(p-c)\sin(p-a)}{\sin p\sin(p-b)}}.$$

因此

$$\begin{aligned}\tan r&=\sin(p-b)\sqrt{\frac{\sin(p-c)\sin(p-a)}{\sin p\sin(p-b)}}\\&=\sqrt{\frac{\sin(p-b)\sin(p-c)\sin(p-a)}{\sin p}}\\&=\frac{\Delta}{\sin p}.\end{aligned}$$

例 2　球面三角形 ABC 的外接圆（即过点 A,B,C 的小圆）的球面半径 R 满足：$\tan R=\dfrac{2\sin\dfrac{a}{2}\sin\dfrac{b}{2}\sin\dfrac{c}{2}}{\Delta}$.

证明：据上节定理 5 的证明可知

$$\cos R=\frac{(\boldsymbol{A}\times\boldsymbol{B})\cdot\boldsymbol{C}}{|\boldsymbol{A}\times\boldsymbol{B}+\boldsymbol{B}\times\boldsymbol{C}+\boldsymbol{C}\times\boldsymbol{A}|},R\in\left(0,\frac{\pi}{2}\right)$$

故

$$\begin{aligned}\tan R&=\sqrt{\frac{1}{\cos^2R}-1}\\&=\sqrt{\frac{|\boldsymbol{A}\times\boldsymbol{B}+\boldsymbol{B}\times\boldsymbol{C}+\boldsymbol{C}\times\boldsymbol{A}|^2-[(\boldsymbol{A}\times\boldsymbol{B})\cdot\boldsymbol{C}]^2}{[(\boldsymbol{A}\times\boldsymbol{B})\cdot\boldsymbol{C}]^2}}\end{aligned}$$

由

$$\begin{aligned}[(\boldsymbol{A}\times\boldsymbol{B})\cdot\boldsymbol{C}]^2&=\begin{vmatrix}a_0&a_1&a_2\\b_0&b_1&b_2\\c_0&c_1&c_2\end{vmatrix}\begin{vmatrix}a_0&b_0&c_0\\a_1&b_1&c_1\\a_2&b_2&c_2\end{vmatrix}\\&=\begin{vmatrix}\boldsymbol{A}\cdot\boldsymbol{A}&\boldsymbol{A}\cdot\boldsymbol{B}&\boldsymbol{A}\cdot\boldsymbol{C}\\\boldsymbol{B}\cdot\boldsymbol{A}&\boldsymbol{B}\cdot\boldsymbol{B}&\boldsymbol{B}\cdot\boldsymbol{C}\\\boldsymbol{C}\cdot\boldsymbol{A}&\boldsymbol{C}\cdot\boldsymbol{B}&\boldsymbol{C}\cdot\boldsymbol{C}\end{vmatrix}\\&=\begin{vmatrix}1&\cos c&\cos b\\\cos c&1&\cos a\\\cos b&\cos a&1\end{vmatrix}\\&=(2\Delta)^2.\end{aligned}$$

$$\begin{aligned}|\boldsymbol{A}\times\boldsymbol{B}+\boldsymbol{B}\times\boldsymbol{C}+\boldsymbol{C}\times\boldsymbol{A}|^2&=|\boldsymbol{A}\times\boldsymbol{B}|^2+|\boldsymbol{B}\times\boldsymbol{C}|^2+|\boldsymbol{C}\times\boldsymbol{A}|^2\\&\quad+2(\boldsymbol{A}\times\boldsymbol{B})\cdot(\boldsymbol{B}\times\boldsymbol{C})+2(\boldsymbol{A}\times\boldsymbol{B})\cdot(\boldsymbol{C}\times\boldsymbol{A})\\&\quad+2(\boldsymbol{B}\times\boldsymbol{C})\cdot(\boldsymbol{C}\times\boldsymbol{A})\\&=\sin^2c+\sin^2a+\sin^2b+2\begin{vmatrix}\boldsymbol{A}\cdot\boldsymbol{B}&\boldsymbol{A}\cdot\boldsymbol{C}\\\boldsymbol{B}\cdot\boldsymbol{B}&\boldsymbol{B}\cdot\boldsymbol{C}\end{vmatrix}\\&\quad+2\begin{vmatrix}\boldsymbol{A}\cdot\boldsymbol{C}&\boldsymbol{A}\cdot\boldsymbol{A}\\\boldsymbol{B}\cdot\boldsymbol{C}&\boldsymbol{B}\cdot\boldsymbol{A}\end{vmatrix}+2\begin{vmatrix}\boldsymbol{B}\cdot\boldsymbol{C}&\boldsymbol{B}\cdot\boldsymbol{A}\\\boldsymbol{C}\cdot\boldsymbol{C}&\boldsymbol{C}\cdot\boldsymbol{A}\end{vmatrix}\\&=\sin^2c+\sin^2a+\sin^2b+2(\cos c\cos a-\cos b)\\&\quad+2(\cos b\cos c-\cos a)+2(\cos a\cos b-\cos c).\end{aligned}$$

有

$$|\boldsymbol{A}\times\boldsymbol{B}+\boldsymbol{B}\times\boldsymbol{C}+\boldsymbol{C}\times\boldsymbol{A}|^2-[(\boldsymbol{A}\times\boldsymbol{B})\cdot\boldsymbol{C}]^2$$

$$= 2(\cos c\cos a - \cos b) + 2(\cos b\cos c - \cos a) + 2(\cos a\cos b - \cos c)$$
$$+ 2 - 2\cos a\cos b\cos c$$
$$= 2(1-\cos a)(1-\cos b)(1-\cos c)$$
$$= 2^4\sin^2\frac{a}{2}\sin^2\frac{b}{2}\sin^2\frac{c}{2}.$$

可见结论成立.

推论 2　正弦公式可以改记为

$$\frac{\sin a}{\sin A} = \frac{\sin b}{\sin B} = \frac{\sin c}{\sin C} = 2\cos\frac{a}{2}\cos\frac{b}{2} = \cos\frac{c}{2}\tan R.$$

对于球面三角形 ABC，不妨设 $(\boldsymbol{A}\times\boldsymbol{B})\cdot\boldsymbol{C}>0$（称它为正向三角形 ABC），若 A',B',C' 分别是射线 BC,CA,AB 的极，则球面三角形 $A'B'C'$ 叫做球面三角形 ABC 的极三角形.

由 $\boldsymbol{A}'=\frac{\boldsymbol{B}\times\boldsymbol{C}}{|\boldsymbol{B}\times\boldsymbol{C}|}$，$\boldsymbol{B}'=\frac{\boldsymbol{C}\times\boldsymbol{A}}{|\boldsymbol{C}\times\boldsymbol{A}|}$，可得 $\boldsymbol{A}'\times\boldsymbol{B}'=\frac{(\boldsymbol{A}\times\boldsymbol{B})\cdot\boldsymbol{C}}{|\boldsymbol{B}\times\boldsymbol{C}||\boldsymbol{C}\times\boldsymbol{A}|}$，故 $\boldsymbol{C}=\frac{\boldsymbol{A}'\times\boldsymbol{B}'}{|\boldsymbol{A}'\times\boldsymbol{B}'|}$，即点 C 也是射线 $A'B'$ 的极. 同理，A,B 分别是射线 $B'C',C'A'$ 的极. 因此，球面三角形 ABC 也是 $A'B'C'$ 的极三角形，即它们是互相对偶的，所以极三角形也称为对偶三角形.

定理 3　球面三角形 ABC 角(或边)与其对偶三角形 $A'B'C'$ 的边(或角)互补. 即有 $A+a'=B+b'=C+c'=\pi$，$A'+a=B'+b=C'+c=\pi$.

证明:

$$\cos a' = \boldsymbol{B}'\cdot\boldsymbol{C}' = \frac{\boldsymbol{C}\times\boldsymbol{A}}{|\boldsymbol{C}\times\boldsymbol{A}|}\cdot\frac{\boldsymbol{A}\times\boldsymbol{B}}{|\boldsymbol{A}\times\boldsymbol{B}|} = -\frac{\boldsymbol{A}\times\boldsymbol{C}}{|\boldsymbol{A}\times\boldsymbol{C}|}\cdot\frac{\boldsymbol{A}\times\boldsymbol{B}}{|\boldsymbol{A}\times\boldsymbol{B}|}$$
$$= -\cos A = \cos(\pi - A).$$

又因 $a',\pi-A\in(0,\pi)$，则 $a'=\pi-A$. 余类推.

将上节有关球面三角形的所有公式应用于对偶三角形 $A'B'C'$，再应用定理 3，可得到与之对应的对偶对式. 例如由边的余弦公式：$\cos a'=\cos b'\cos c'+\sin b'\sin c'\cos A'$，可得

$$\cos(\pi-A) = \cos(\pi-B)\cos(\pi-C) + \sin(\pi-B)\sin(\pi-C)\cos(\pi-a)$$

而有下述定理.

定理 4(角的余弦公式)

$$\cos A = -\cos B\cos C + \sin B\sin C\cos a,$$
$$\cos B = -\cos C\cos A + \sin C\sin A\cos b,$$
$$\cos C = -\cos A\cos B + \sin A\sin B\cos c.$$

定理 5(正弦公式)

$$\frac{\sin A}{\sin a}=\frac{\sin B}{\sin b}=\frac{\sin C}{\sin c}=\frac{\sin A\sin B\sin C}{2\Delta'},$$

其中

$$\Delta'=\sqrt{-\cos P\cos(P-A)\cos(P-B)\cos(P-C)},$$

$$P=\frac{1}{2}(A+B+C).$$

推论 1　对于球面三角形的三条边长 $a,b,c\in(0,\pi)$,有 $a+b>c>|a-b|$,$0<a+b+c<2\pi$.

推论 2　对于球面三角形的三个角 $A,B,C\in(0,\pi)$,有 $\pi-A>|B-C|$,$\pi<A+B+C<2\pi$.

即球面三角形的任一个外角,大于与它不相邻的两个角之差,而小于与它不相邻的两内角之和.

注:球面三角形的一个外角可以大于、等于或小于与它不相邻的内角.

例 3　证明球面三角形的边与角的基本性质 5 与 6:即在一个球面三角形中,等边所对的角相等,大边所对的角较大,其逆亦真.

证明:据余弦公式有

$$\begin{aligned}\cos A-\cos B&=\frac{\cos a-\cos b\cos c}{\sin b\sin c}-\frac{\cos b-\cos c\cos a}{\sin c\sin a}\\&=\frac{[\sin c\cos a-\sin b\cos b+(\cos a\sin b-\cos b\sin a)\cos c]}{\sin a\sin b\sin c}\\&=\frac{1}{\sin a\sin b\sin c}[\sin(a-b)\cos(a+b)+\sin(b-a)\cos c]\\&=\frac{-2\sin(a-b)}{\sin a\sin b\sin c}\sin\frac{a+b+c}{2}\sin\frac{a+b-c}{2}.\end{aligned}$$

当 $a=b$ 时,$\cos A-\cos B=0$;

当 $a>b$ 时,$\cos A-\cos B<0$.

又 $\angle A,\angle B\in(0,\pi)$,所以分别有 $\angle A=\angle B$,$\angle A>\angle B$.

例 4　球面 S^2 上的四边形 $ABCD$,设 $\widehat{AB}=a$,$\widehat{BC}=b$,且 $a,b\in\left(0,\frac{\pi}{2}\right)$,$\angle A=\angle B=\angle C=\frac{\pi}{2}$ 求证:$\cos\angle D=-\sin a\sin b$.

本题相当于:三维欧氏空间中,已知四面角 $O\text{-}ABCD$ 的两个面角 $\angle AOB=a$,$\angle BOC=b$,各以 OA,OB,OC 为棱的三个二面角皆为直角,求二面角 $A\text{-}OD\text{-}C$ (图 8-4).

证法 1:作对角线 AC,设 $\widehat{AC}=c$,$\angle ACB=\alpha$,$\angle BAC=\beta$.

由 $a,b\in\left(0,\frac{\pi}{2}\right)$，$\alpha,\beta$ 必为锐角，$\angle DCA=\frac{\pi}{2}-\alpha$；$\angle DAC=\frac{\pi}{2}-\beta$，对于$\triangle ACD$ 运用关于角的余弦公式，得

$$\begin{aligned}\cos\angle D&=-\cos\angle DCA\cos\angle DAC\\&\quad+\sin\angle DCA\sin\angle DAC\cos c\\&=-\sin\alpha\sin\beta+\cos\alpha\cos\beta\cos c.\end{aligned}$$

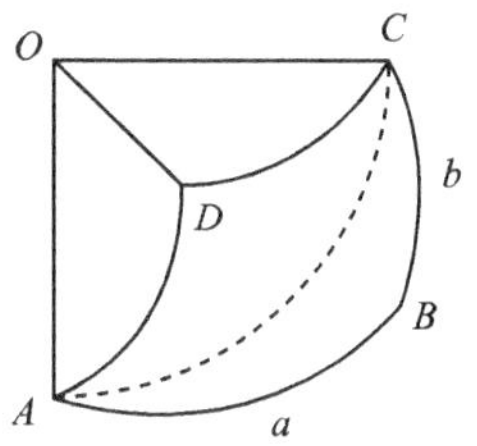

图 8-4

对于直角$\triangle ABC$，有

$$\cos c=\cos a\cos b,\tan\alpha=\frac{\tan a}{\sin b},\tan\beta=\frac{\tan b}{\sin a}.$$

将它们代入

$$\begin{aligned}\cos\angle D&=\cos\alpha\cos\beta(\cos c-\tan\alpha\tan\beta)\\&=\frac{1}{\sqrt{1+\tan^2\alpha}\sqrt{1+\tan^2\beta}}\left(\cos a\cos b-\frac{\tan a\tan b}{\sin b\sin a}\right)\\&=\frac{\sin a\sin b}{\sqrt{(\sin^2 b+\tan^2 a)(\sin^2 a+\tan^2 b)}}\left(\cos a\cos b-\frac{1}{\cos a\cos b}\right)\\&=\frac{\sin a\sin b(\cos^2 a\cos^2 b-1)}{[(\cos^2 a\sin^2 b+\sin^2 a)(\cos^2 b\sin^2 a+\sin^2 b)]^{\frac{1}{2}}}=-\sin a\sin b.\end{aligned}$$

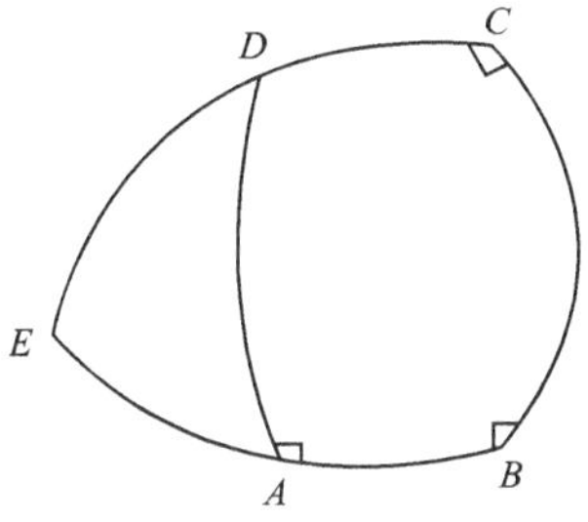

图 8-5

证法 2：边 BA 与 CD 的延长线必相交，设交点为 E(图 8-5)，则 E 为 BC 的极(因为直线的垂线必过直线的极)，$\widehat{EB}=\widehat{EC}=\frac{\pi}{2}$，$\angle E=b$（由 $\cos b=\cos\widehat{EB}\cos\widehat{EC}+\sin\widehat{EB}\sin\widehat{EC}\cos\angle E=\cos\angle E$).

在直角$\triangle ADE$ 中，有 $\cos\angle ADE=\sin\angle E\cdot\sin\left(\frac{\pi}{2}-\widehat{AE}\right)$，即 $-\cos\angle D=\sin b\sin a$.

8.3　椭圆运动　图形相等

如果存在着一个从 S^2 到 S^2 上的变换 f，使得 S^2 的任两点 A',X'之间的球面距离总等于它们的原象 $A,X\in S^2$ 之间的球面距离，即有$\widehat{A'X'}=\widehat{AX}$，其中 $A'=f(A)$，$X'=f(X)$.

那么称这样的变换 f 为椭圆运动. 对于两个图形 Σ 与 $\Sigma'\subset S^2$ 的所有点之间，如果存在着一个椭圆运动，则称图形Σ与Σ'相等，记作 $\Sigma=\Sigma'$.

显然，若 $X\neq A$，即 $\widehat{AX}\neq 0$，则 $A'\neq X'$，因此椭圆运动是一一变换.

我们先来考虑从球面 S^2 到 S^2 的椭圆运动 f，并选取 S^2 的点的标准化齐次坐标.

设 $A=(a_0,a_1,a_2)$，$X=(x_0,x_1,x_2)$，$A'=(a'_0,a'_1,a'_2)$，$X'=(x'_0,x'_1,x'_2)$，则有

$$\arccos(a'_0x'_0+a'_1x'_1+a'_2x'_2)=\arccos(a_0x_0+a_1x_1+a_2x_2).$$

故 $a'_0x'_0+a'_1x'_1+a'_2x'_2=a_0x_0+a_1x_1+a_2x_2$，即 $A'\cdot X'=A\cdot X$. 依次取 A 为 $(1,0,0)=E_0$，$(0,1,0)=E_1$，$(0,0,1)=E_2$，设 $f(E_i)=(g_{0i},g_{1i},g_{2i})(i=0,1,2)$，可得

$$\begin{cases}x_0=g_{00}x'_0+g_{10}x'_1+g_{20}x'_2,\\ x_1=g_{01}x'_0+g_{11}x'_1+g_{21}x'_2,\\ x_2=g_{02}x'_0+g_{12}x'_1+g_{22}x'_2.\end{cases}$$

由 $f(E_i)\cdot f(E_j)=E_i\cdot E_j$，　$i,j=0,1,2$. 有

$$g_{0i}g_{0j}+g_{1i}g_{1j}+g_{2i}g_{2j}=\delta_{ij}=\begin{cases}1, & i=j,\\ 0, & i\neq j.\end{cases}$$

这就得到如下定理：

定理 1　对球面空间 S^2，如果选取点的标准化齐次坐标，则椭圆运动 f:$(x_0,x_1,x_2)\to(x'_0,x'_1,x'_2)$ 可表示为

$$\begin{bmatrix}x'_0\\ x'_1\\ x'_2\end{bmatrix}=\begin{bmatrix}g_{00} & g_{01} & g_{02}\\ g_{10} & g_{11} & g_{12}\\ g_{20} & g_{21} & g_{22}\end{bmatrix}\cdot\begin{bmatrix}x_0\\ x_1\\ x_2\end{bmatrix}, \text{即 } X'=GX.$$

其系数满足正交条件 $g_{0i}g_{0j}+g_{1i}g_{1j}+g_{2i}g_{2j}=\delta_{ij}$，即 $G^{-1}=G^T$.

可以验证：所有的椭圆运动的集合构成一个群，称之为椭圆运动群. 因此，两图形的相等关系具有反射性、对称性、传递性.

下面就一些特殊图形给出相等的判别定理.

定理 2　长度相等的两条线段相等.

证明：要找出任意两长度皆为 α 的某一条线段之间存在着椭圆运动就行了.

设任一线段 AB 的端点 $A=(a_0,a_1,a_2)$，$B=(b_0,b_1,b_2)$，因为 $\widehat{AB}=\alpha$，所以 $a_0b_0+a_1b_1+a_2b_2=\cos\alpha$.

给定端点为 $C=(1,0,0)$，$D=(\cos\alpha,\sin\alpha,0)$ 的线段，CD 的长度显然为 α. 运用定理 1，用待定系数法不难找出线段 CD 到线段 AB 的变换 f：

$$\begin{bmatrix}x'_0\\ x'_1\\ x'_2\end{bmatrix}=\begin{bmatrix}a_0(b_0-a_0\cos\alpha)/\sin\alpha & \pm(a_1b_2-a_2b_1)/\sin\alpha\\ a_1(b_1-a_1\cos\alpha)/\sin\alpha & \pm(a_2b_0-a_0b_2)/\sin\alpha\\ a_2(b_2-a_2\cos\alpha)/\sin\alpha & \pm(a_0b_1-a_1b_0)/\sin\alpha\end{bmatrix}\cdot\begin{bmatrix}x_0\\ x_1\\ x_2\end{bmatrix}.$$

读者不难验证，这个变换是椭圆运动，而且 $f(C)=A$，$f(D)=B$. 它将线段 CD

上的任一点 $X=\lambda C+\mu D$ 变换为线段 AB 上的点 $X'=\lambda A+\mu B$.

类似地,可以证明任两条射线总是相等的.

定理 3　如果两个球面三角形的三条边长对应相等,那么这两个三角形相等.

如果椭圆运动的系数行列式 $|G|=1$,就说它们本质相等;如果 $|G|=-1$,就说这两个三角形镜照相等.

推论　弧度数相等的两个角相等.

正因为这样,我们在前面不少地方,把线段和线段的长、角和角的弧度数不加区分地使用了同一个记号. 其实,前者是几何图形,后者是描述其长短、大小的实数. 引进度量的目的就是要对图形进行定量的分析.

有了定理 3,根据球面三角形公式,易证下面关于三角形相等的判定定理.

定理 4　如果两个球面三角形具备下列条件之一:

(1)两边一夹角;(2)两角一夹边;(3)三个角;对应相等,那么这两个球面三角形相等.

习　题　8

1. 证明球面三角形的边和角的性质 2 与性质 3.

2. 计算上海($\varphi_1=121.5°, \theta_1=31.2°$)与乌鲁木齐($\varphi_2=88°, \theta_2=44°$)间的最短距离. 这里 φ 和 θ 分别表示点的经度和纬度,地球半径 $r=6400$ 公里.

3. 给定球面 S^2 上不在一直线上三点 A,B,C. X 是线段 AB 的内点,Y 是线段 CX 的内点,求证:$\widehat{AB}+\widehat{AC}>\widehat{YB}+\widehat{YC}$.

4. 设点 X 为线段 AB 的内点,$\widehat{AX}=t\widehat{AB}=t\alpha$,$P$ 为任意一点,求证:

(1) $\cos\widehat{PX}=[\sin(1-t)\alpha\cos\widehat{PA}+\sin t\alpha\cos\widehat{PB}]/\sin\alpha$;

(2) 线段 AB 的中点 M 到任一点 P 的距离 m 满足:

$$\cos m=(\cos\widehat{PA}+\cos\widehat{PB})/2\cos\frac{\widehat{AB}}{2}.$$

5. 求证:球面 S^2 上到定点 N 的距离等于 $\frac{\pi}{2}$ 的点的集合是以 $\pm N$ 为极的球面直线.

参考文献及进一步阅读的资料

左铨如等. 1992. 初等几何研究. 上海:上海教育科技出版社

第9章　凸体几何简介

凸体几何是以凸体为主要研究对象的现代几何的一个重要分支.著名数学家陈省身在祝贺我国自然科学基金设立10周年的讲话(载《数学进展》25卷5期(1996))中提出:"凸体几体是一个重要而困难的方面,C_{60}研究(1966年获诺贝尔化学奖)显示了它在化学中的作用,它当然对固态物理也有重大作用".由此可见,凸体几何的研究不仅具有深刻的理论意义,也有广泛的应用价值.

高维单形、高维平行体及凸多胞形(polytope)等是凸体几何的主要研究对象,研究这些几何体的度量理论、嵌入问题以及相关的几何不等式和几何极值问题,成为凸体几何研究的重要内容.本章仅对三角形的一种推广——n维欧氏空间E^n中的高维单形的概念及有关优美结论作一点简介.

9.1　向量的基本定理与运算

9.1.1　从平面向量的基本定理到 *n* 维空间向量的基本定理

平面向量的基本定理　如果$\boldsymbol{e}_1,\boldsymbol{e}_2$是同一平面内的两个不共线向量,那么对于这一平面的任一向量$\boldsymbol{\alpha}$,有且只有一对实数λ_1,λ_2,使得

$$\boldsymbol{\alpha}=\lambda_1\boldsymbol{e}_1+\lambda_2\boldsymbol{e}_2. \qquad ①$$

其中不共线的向量$\boldsymbol{e}_1,\boldsymbol{e}_2$叫做表示这一平面内向量的一组基底.

证明:先证一对实数λ_1,λ_2的存在性.由实数与向量的积的意义,给定一对实数λ_1,λ_2及向量$\boldsymbol{e}_1,\boldsymbol{e}_2$后,则可作出$\lambda_1\boldsymbol{e}_1,\lambda_2\boldsymbol{e}_2$.再由向量加法的定义,可作出$\lambda_1\boldsymbol{e}_1+\lambda_2\boldsymbol{e}_2$,故任给两个不共线向量$\boldsymbol{e}_1,\boldsymbol{e}_2$,则可表示出向量$\boldsymbol{\alpha}=\lambda_1\boldsymbol{e}_1+\lambda_2\boldsymbol{e}_2$,$(\lambda_1,\lambda_2\in\mathbf{R})$.

再证一对实数λ_1,λ_2的唯一性.若有两对实数λ_1,λ_2与k_1,k_2,且$\lambda_1\neq k_1,\lambda_2\neq k_2$,使得$\boldsymbol{\alpha}=\lambda_1\boldsymbol{e}_1+\lambda_2\boldsymbol{e}_2,\boldsymbol{\alpha}=k_1\boldsymbol{e}_1+k_2\boldsymbol{e}_2$,此两式相减得:$(\lambda_1-k_1)\boldsymbol{e}_1+(\lambda_2-k_2)\boldsymbol{e}_2=0$.

若$\lambda_1\neq k_1$,则$\boldsymbol{e}_1=\dfrac{k_2-\lambda_2}{\lambda_1-k_1}\boldsymbol{e}_2$,则$\boldsymbol{e}_1,\boldsymbol{e}_2$共线,与$\boldsymbol{e}_1,\boldsymbol{e}_2$不共线矛盾.若$\lambda_2\neq k_2$,则$\boldsymbol{e}_2=\dfrac{k_1-\lambda_1}{\lambda_2-k_2}\boldsymbol{e}_1$,则$\boldsymbol{e}_1$与$\boldsymbol{e}_2$共线,与$\boldsymbol{e}_1,\boldsymbol{e}_2$不共线矛盾.

这就证明了λ_1,λ_2的唯一性.

我们还可得上述定理的推论:

推论1　当$\boldsymbol{e}_1$与$\boldsymbol{e}_2$不共线时,若

$$\lambda_1 \boldsymbol{e}_1 + \lambda_2 \boldsymbol{e}_2 = k_1 \boldsymbol{e}_1 + k_2 \boldsymbol{e}_2 \quad (\lambda_1, \lambda_2, k_1, k_2 \in \mathbf{R}),$$

则 $\lambda_1 = k_1, \lambda_2 = k_2$.

推论 2　当 $\boldsymbol{e}_1$ 与 $\boldsymbol{e}_2$ 不共线时，若 $\lambda_1 \boldsymbol{e}_1 + \lambda_2 \boldsymbol{e}_2 = 0$，则 $\lambda_1 = \lambda_2 = 0$.

显然，若 $\boldsymbol{e}_1$ 与 $\boldsymbol{e}_2$ 共线时，则与 $\lambda_1 \boldsymbol{e}_1 + \lambda_2 \boldsymbol{e}_2 = \boldsymbol{\alpha}$ 共线.

特别地，如果 $\boldsymbol{e}_1, \boldsymbol{e}_2$ 是平面直角坐标轴上的两个单位向量时，则 $\boldsymbol{e} = (\lambda_1, \lambda_2)$. 这就是平面向量的坐标表示.

为了讨论问题的方便，将上述平面向量的基本定理，改述为：

如果向量 $\boldsymbol{e}_1, \boldsymbol{e}_2$ 是二维空间的两个不共一维超平面的向量，那么这个二维空间中的任一向量 $\boldsymbol{\alpha}$，有且只有一个实数对 (λ_1, λ_2)，使得 $\boldsymbol{\alpha} = \lambda_1 \boldsymbol{e}_1 + \lambda_2 \boldsymbol{e}_2$.

有了上述形式，我们可将其直接推广到 n 维空间中去，得到该空间中的向量的基本定理及其证明与推论.

***n* 维空间向量的基本定理**　如果向量 $\boldsymbol{e}_1, \boldsymbol{e}_2, \cdots, \boldsymbol{e}_n$ 是 n 维空间的 n 个不共 $n-1$ 维超平面的向量，那么这个空间中的任一向量 $\boldsymbol{\alpha}$，有且只有一组有序实数 $(\lambda_1, \lambda_2, \cdots, \lambda_n)$，使得

$$\boldsymbol{\alpha} = \lambda_1 \boldsymbol{e}_1 + \lambda_2 \boldsymbol{e}_2 + \cdots + \lambda_n \boldsymbol{e}_n. \qquad ②$$

此定理中有序实数组 $(\lambda_1, \lambda_2, \cdots, \lambda_n)$ 的存在性，唯一性均可类同于平面向量的基本定理的证明而证得（略）. 也有如下两个推论：

推论 3　当 $\boldsymbol{e}_1, \boldsymbol{e}_2, \cdots, \boldsymbol{e}_n$ 不共 $n-1$ 维超平面时，若 $\lambda_1 \boldsymbol{e}_1 + \lambda_2 \boldsymbol{e}_2 + \cdots + \lambda_n \boldsymbol{e}_n = k_1 \boldsymbol{e}_1 + k_2 \boldsymbol{e}_2 + \cdots + k_n \boldsymbol{e}_n (\lambda_i, k_i \in \mathbf{R}, i = 1, 2, \cdots, n)$，则 $\lambda_i = k_i (i = 1, 2, \cdots, n)$.

推论 4　当 $\boldsymbol{e}_1, \boldsymbol{e}_2, \cdots, \boldsymbol{e}_n$ 不共 $n-1$ 维超平面时，若 $\lambda_1 \boldsymbol{e}_1 + \lambda_2 \boldsymbol{e}_2 + \cdots + \lambda_n \boldsymbol{e}_n = 0$，则 $\lambda_1 = \lambda_2 = \cdots = \lambda_n = 0$.

特别地，如果 $\boldsymbol{e}_1, \boldsymbol{e}_2, \cdots, \boldsymbol{e}_n$ 是 n 维空间笛卡儿直角坐标轴上的 n 个单位向量时，则 $\boldsymbol{\alpha} = (\lambda_1, \lambda_2, \cdots, \lambda_n)$. 这就是该空间中的 n 维向量 $\boldsymbol{\alpha}$ 的空间笛卡儿坐标表示.

9.1.2　点的向量表示　向量的运算

在 n 维空间内取一定点 O，作为 n 维空间笛卡儿坐标系的原点，那么空间中任一点 $P(x_1, x_2, \cdots, x_n)$ 与有向线段 $\overrightarrow{OP}$ 一一对应，我们称有向线段 $\overrightarrow{OP}$ 为点 P 的向量表示. 于是，我们有

定义 1　把有序 n 实数组 $(x_1, x_2, \cdots, x_n)$ 叫做一个 n 维向量，并以 $\boldsymbol{\alpha}$ 记之，其中 $x_i (i = 1, 2, \cdots, n)$ 称为 n 维向量的分量.

定义 2　如果 n 维向量 $\boldsymbol{\alpha} = (x_1, x_2, \cdots, x_n)$，$\boldsymbol{\beta} = (y_1, y_2, \cdots, y_n)$ 的对应分量都相等，即 $x_i = y_i (i = 1, 2, \cdots, n)$，则称这两个向量是相等的，记作 $\boldsymbol{\alpha} = \boldsymbol{\beta}$.

n 维向量之间的基本关系是用向量的加法和数量乘法（即线性性质）表示的.

定义 3　n 维向量 $\boldsymbol{\gamma} = (x_1 + y_1, x_2 + y_2 + \cdots + x_n + y_n)$ 称为两个 n 维向量 $\boldsymbol{\alpha} =$

$(x_1, x_2, \cdots, x_n)$，$\boldsymbol{\beta}=(y_1, y_2, \cdots, y_n)$的和. 记为 $\boldsymbol{\gamma}=\boldsymbol{\alpha}+\boldsymbol{\beta}$.

由定义立即推出 n 维向量的加法满足：

交换律　$\boldsymbol{\alpha}+\boldsymbol{\beta}=\boldsymbol{\beta}+\boldsymbol{\alpha}$.　③

结合律　$\boldsymbol{\alpha}+(\boldsymbol{\beta}+\boldsymbol{\gamma})=(\boldsymbol{\alpha}+\boldsymbol{\beta})+\boldsymbol{\gamma}$.　④

定义 4　分量全为零的向量$(0,0,\cdots,0)$称为零向量. 记为$\mathbf{0}$；向量$(-x_1, -x_2, \cdots, -x_n)$称为向量 $\boldsymbol{\alpha}=(x_1, x_2, \cdots, x_n)$的负向量，记为$-\boldsymbol{\alpha}$.

显然，对任意的 n 维向量 $\boldsymbol{\alpha}$，有

$$\boldsymbol{\alpha}+\mathbf{0}=\boldsymbol{\alpha}. \quad ⑤$$

$$\boldsymbol{\alpha}+(-\boldsymbol{\alpha})=\mathbf{0}. \quad ⑥$$

以上③～⑥式是向量加法的四条基本运算规则.

利用负向量，我们可以定义 n 维向量的减法：

定义 5　$\boldsymbol{\alpha}-\boldsymbol{\beta}=\boldsymbol{\alpha}+(-\boldsymbol{\beta})$.

定义 6　设 k 为实数，则 n 维向量$(kx_1, kx_2, \cdots, kx_n)$称为 n 维向量 $\boldsymbol{\alpha}=(x_1, x_2, \cdots, x_n)$与数 k 的数量乘积，记为 $k\boldsymbol{\alpha}$.

由上述定义立即推出 n 维向量的数量乘法满足

$$k(\boldsymbol{\alpha}+\boldsymbol{\beta})=k\boldsymbol{\alpha}+k\boldsymbol{\beta}. \quad ⑦$$

$$(k+l)\boldsymbol{\alpha}=k\boldsymbol{\alpha}+l\boldsymbol{\alpha}. \quad ⑧$$

$$k(l\boldsymbol{\alpha})=(kl)\boldsymbol{\alpha}. \quad ⑨$$

$$1\cdot\boldsymbol{\alpha}=\boldsymbol{\alpha}. \quad ⑩$$

以上⑦～⑩式是关于数量乘法的四条基本运算规则. 由此不难推出：

$$0\cdot\boldsymbol{\alpha}=\mathbf{0},\ (-1)\boldsymbol{\alpha}=-\boldsymbol{\alpha}, k\,\mathbf{0}=\mathbf{0}.$$

如果 $k\neq 0$，$\boldsymbol{\alpha}\neq\mathbf{0}$，那么 $k\boldsymbol{\alpha}\neq\mathbf{0}$.

关于 $r(r>2)$个 n 维向量的加法、数量乘法规则，均可由上述定义及运算规则而推出.

根据如上的向量加法、数量乘法规则，我们可以讨论 $r(r>2)$个 n 维向量间的一种关系.

设 $\boldsymbol{\alpha}_1, \boldsymbol{\alpha}_2, \cdots, \boldsymbol{\alpha}_r$ 为 r 个 n 维向量，$k_1, k_2, \cdots, k_r$ 是 r 个实数(亦可为复数)，对于 n 维向量 $\boldsymbol{\beta}$，若有 $\boldsymbol{\beta}=k_1\boldsymbol{\alpha}_1+k_2\boldsymbol{\alpha}_2+\cdots+k_r\boldsymbol{\alpha}_r$，则称 $\boldsymbol{\beta}$ 为向量组 $\boldsymbol{\alpha}_1, \boldsymbol{\alpha}_2, \cdots, \boldsymbol{\alpha}_r$ 的一个线性组合，或称 $\boldsymbol{\beta}$ 可以用向量组 $\boldsymbol{\alpha}_1, \boldsymbol{\alpha}_2, \cdots, \boldsymbol{\alpha}_r$ 线性表出.

如果 $k_1, k_2, \cdots, k_r$ 不全为零，使得

$$k_1\boldsymbol{\alpha}_1+k_2\boldsymbol{\alpha}_2+\cdots+k_r\boldsymbol{\alpha}_r=\mathbf{0}, \quad ⑪$$

则称向量 $\boldsymbol{\alpha}_1, \boldsymbol{\alpha}_2, \cdots, \boldsymbol{\alpha}_r$ 线性相关.

如果向量 $\boldsymbol{\alpha}_1,\boldsymbol{\alpha}_2,\cdots,\boldsymbol{\alpha}_r$ 不线性相关，就称为线性无关；或者说，如果向量组 $\boldsymbol{\alpha}_1,\boldsymbol{\alpha}_2,\cdots,\boldsymbol{\alpha}_r$ 称为线性无关，由等式⑪可以推出 $k_1=k_2=\cdots=k_r=0$.

n 维向量之间的结构关系是用向量的内积（或数积）、外积（或矢积）等表示的（即度量性质）.

定义 7　设 $\boldsymbol{\alpha}=(x_1,x_2,\cdots,x_n)$，$\boldsymbol{\beta}=(y_1,y_2,\cdots,y_n)$ 为两任意 n 维向量，称数量 $x_1y_1+x_2y_2+\cdots+x_ny_n$ 为 $\boldsymbol{\alpha}$ 与 $\boldsymbol{\beta}$ 的内积，记为 $\boldsymbol{\alpha}\cdot\boldsymbol{\beta}$.

由上述定义，立即推出向量的内积满足

交换性

$$\boldsymbol{\alpha}\cdot\boldsymbol{\beta}=\boldsymbol{\beta}\cdot\boldsymbol{\alpha}. \tag{⑫}$$

与数的结合性

$$(k\boldsymbol{\alpha})\cdot\boldsymbol{\beta}=k(\boldsymbol{\alpha}\cdot\boldsymbol{\beta}). \tag{⑬}$$

分配性

$$(\boldsymbol{\alpha}+\boldsymbol{\beta})\cdot\boldsymbol{\gamma}=\boldsymbol{\alpha}\cdot\boldsymbol{\gamma}+\boldsymbol{\beta}\cdot\boldsymbol{\gamma}. \tag{⑭}$$

自内积非负性 $\boldsymbol{\alpha}\cdot\boldsymbol{\alpha}\geqslant 0$，当且仅当 $\boldsymbol{\alpha}=\mathbf{0}$ 时，

$$\boldsymbol{\alpha}\cdot\boldsymbol{\alpha}=0. \tag{⑮}$$

以上⑫～⑮式是四条内积运算性质.

对于 $r(r>2)$ 个 n 维向量的内积，可由如上定义与运算性质（或运算规则）及数量乘法定义而推出.

对于向量的外积、混合积，我们在此仅考虑三维向量的情形.

定义 8　设 $\boldsymbol{\alpha}=(x_1,x_2,x_3)$，$\boldsymbol{\beta}=(y_1,y_2,y_3)$ 是两个任意三维向量，称向量 $(x_2y_3-y_2x_3,x_3y_1-y_3x_1,x_1y_2-y_1x_2)$ 为 $\boldsymbol{\alpha}$ 与 $\boldsymbol{\beta}$ 的外积，这个向量与 $\boldsymbol{\alpha},\boldsymbol{\beta}$ 都垂直，且 $\boldsymbol{\alpha},\boldsymbol{\beta}$ 与这个向量按此顺序构成右手系，记这个向量（或 $\boldsymbol{\alpha}$ 与 $\boldsymbol{\beta}$ 的外积）为 $\boldsymbol{\alpha}\times\boldsymbol{\beta}$.

由上述定义，立即推出三维向量的外积具有

反交换性

$$\boldsymbol{\alpha}\times\boldsymbol{\beta}=-\boldsymbol{\beta}\times\boldsymbol{\alpha}. \tag{⑯}$$

与数乘结合性

$$(l\boldsymbol{\alpha})\times\boldsymbol{\beta}=l(\boldsymbol{\alpha}\times\boldsymbol{\beta}). \tag{⑰}$$

分配性

$$\boldsymbol{\alpha}\times(\boldsymbol{\beta}\times\boldsymbol{\gamma})=\boldsymbol{\alpha}\times\boldsymbol{\beta}+\boldsymbol{\alpha}\times\boldsymbol{\gamma}. \tag{⑱}$$

自外积为零性

$$\boldsymbol{\alpha}\times\boldsymbol{\alpha}=\mathbf{0}. \tag{⑲}$$

以上⑯～⑲式是四条外积运算性质.

对于 $r(r>2)$ 个三维向量的外积，由上述定义、性质及内积性质不难推出.

定义 9　在已给的 3 个三维向量 $\boldsymbol{\alpha},\boldsymbol{\beta},\boldsymbol{\gamma}$ 中,任取它们之中两个向量作外积,再和第三个作内积,所得结果是一个数量,称为这三个向量的混合积.

由上述定义,给出 3 个向量 $\boldsymbol{\alpha}=(x_1,x_2,x_3)$,$\boldsymbol{\beta}=(y_1,y_2,y_3)$,$\boldsymbol{\gamma}=(z_1,z_2,z_3)$的混合积有 12 个,它们是

$$\boldsymbol{\alpha}\cdot(\boldsymbol{\beta}\times\boldsymbol{\gamma}),\boldsymbol{\beta}\cdot(\boldsymbol{\gamma}\times\boldsymbol{\alpha}),\boldsymbol{\gamma}\cdot(\boldsymbol{\alpha}\times\boldsymbol{\beta});\tag{Ⅰ}$$

$$(\boldsymbol{\beta}\times\boldsymbol{\gamma})\cdot\boldsymbol{\alpha},(\boldsymbol{\gamma}\times\boldsymbol{\alpha})\cdot\boldsymbol{\beta},(\boldsymbol{\alpha}\times\boldsymbol{\beta})\cdot\boldsymbol{\gamma};\tag{Ⅱ}$$

$$\boldsymbol{\alpha}\cdot(\boldsymbol{\gamma}\times\boldsymbol{\beta}),\boldsymbol{\beta}\cdot(\boldsymbol{\alpha}\times\boldsymbol{\gamma}),\boldsymbol{\gamma}\cdot(\boldsymbol{\beta}\times\boldsymbol{\alpha});\tag{Ⅲ}$$

$$(\boldsymbol{\gamma}\times\boldsymbol{\beta})\cdot\boldsymbol{\alpha},(\boldsymbol{\alpha}\times\boldsymbol{\gamma})\cdot\boldsymbol{\beta},(\boldsymbol{\beta}\times\boldsymbol{\alpha})\cdot\boldsymbol{\gamma}.\tag{Ⅳ}$$

显然(Ⅰ)中三个依次等于(Ⅱ)中的三个,(Ⅲ)中的三个依次等于(Ⅳ)中的三个,又(Ⅰ)中三个与(Ⅲ)中三个只差一个负号,故我们只须注意(Ⅱ)中三个即可.由定义 8 及 7 便可推得混合积的计算结果.

9.2　n 维欧氏空间

9.2.1　n 维欧氏空间的有关概念与基本性质

本节介绍 n 维欧氏空间中的基本概念与简单性质.

定义 1　如果对所有的如前定义的 n 维向量,引进如前定义的加法、数乘运算,则此空间称为 n 维向量空间(或线性空间),并记作 L^n.

定义 2　对于如上定义的 n 维向量空间 L^n,引进如前定义的内积,则这样的向量空间称为欧几里得空间,简称为欧氏空间,记为 E^n.

由 9.1 节定义 7 知,$\boldsymbol{\alpha}\cdot\boldsymbol{\alpha}\geqslant 0$,当且仅当 $\boldsymbol{\alpha}=\mathbf{0}$时 $\boldsymbol{\alpha}\cdot\boldsymbol{\alpha}=0$,因而对于任意的向量 $\boldsymbol{\alpha}$,$(\boldsymbol{\alpha}\cdot\boldsymbol{\alpha})^{\frac{1}{2}}$是有意义的.所以,我们有:

定义 3　在 E^n 中,非负实数$(\boldsymbol{\alpha}\cdot\boldsymbol{\alpha})^{\frac{1}{2}}$称为向量 $\boldsymbol{\alpha}$ 的长度,记为$|\boldsymbol{\alpha}|$.

显然,向量的长度一般是正数,只有零向量的长度才是零.这样定义的长度符合熟知的性质:$|k\boldsymbol{\alpha}|=|k||\boldsymbol{\alpha}|$,其中 $k\in\mathbf{R},\boldsymbol{\alpha}\in E^n$.

事实上,$|k\boldsymbol{\alpha}|=(k\boldsymbol{\alpha}\cdot k\boldsymbol{\alpha})^{\frac{1}{2}}=(k^2\boldsymbol{\alpha}\cdot\boldsymbol{\alpha})^{\frac{1}{2}}=|k||\boldsymbol{\alpha}|$.

定义 4　称长度为 1 的向量为单位向量.

特别地,若 $\boldsymbol{\alpha}\neq\mathbf{0}$,则$\dfrac{1}{|\boldsymbol{\alpha}|}\boldsymbol{\alpha}$ 就是一个单位向量.

由 9.1 节定义 7 及 9.1 节定义 3,我们有:

性质 1(柯西-布涅柯夫斯基不等式)　对于任意 n 维向量 $\boldsymbol{\alpha},\boldsymbol{\beta}$ 有

$$|\boldsymbol{\alpha}\cdot\boldsymbol{\beta}|\leqslant|\boldsymbol{\alpha}|\cdot|\boldsymbol{\beta}|.\tag{①}$$

当且仅当 $\boldsymbol{\alpha},\boldsymbol{\beta}$ 线性相关时,等号才成立.

证明:当 $\boldsymbol{\beta}=\mathbf{0}$时,①式显然成立.以下 $\boldsymbol{\beta}\neq\mathbf{0}$,令 t 是一个实变数,作向量

$\boldsymbol{\gamma}=\boldsymbol{\alpha}+t\boldsymbol{\beta}$，且不论 t 取何值，均有

$$\boldsymbol{\gamma}\cdot\boldsymbol{\gamma}=(\boldsymbol{\alpha}+t\boldsymbol{\beta})\cdot(\boldsymbol{\alpha}+t\boldsymbol{\beta})\geqslant 0,$$

即 $\boldsymbol{\alpha}\cdot\boldsymbol{\alpha}+2\boldsymbol{\alpha}\cdot\boldsymbol{\beta}t+\boldsymbol{\beta}\cdot\boldsymbol{\beta}t^2\geqslant 0$.

由上述式知其判别式非正，即 $(\boldsymbol{\alpha}\cdot\boldsymbol{\beta})^2-(\boldsymbol{\alpha}\cdot\boldsymbol{\alpha})(\boldsymbol{\beta}\cdot\boldsymbol{\beta})\leqslant 0$. 亦即 $|\boldsymbol{\alpha}\cdot\boldsymbol{\beta}|\leqslant|\boldsymbol{\alpha}|\cdot|\boldsymbol{\beta}|$.

由①式，我们有：

定义 5　在 E^n 中，n 维非零向量 $\boldsymbol{\alpha},\boldsymbol{\beta}$ 的夹角 $\langle\boldsymbol{\alpha},\boldsymbol{\beta}\rangle$ 规定为

$$\langle\boldsymbol{\alpha},\boldsymbol{\beta}\rangle=\arccos\frac{\boldsymbol{\alpha},\boldsymbol{\beta}}{|\boldsymbol{\alpha}|\cdot|\boldsymbol{\beta}|},\quad 0\leqslant\langle\boldsymbol{\alpha},\boldsymbol{\beta}\rangle<\pi. \qquad ②$$

由定义 5，我们有：

定义 6　如果 n 维向量 $\boldsymbol{\alpha},\boldsymbol{\beta}$ 的内积为零，即 $\boldsymbol{\alpha}\cdot\boldsymbol{\beta}=0$，则 $\boldsymbol{\alpha},\boldsymbol{\beta}$ 称为正交或互相垂直，记为 $\boldsymbol{\alpha}\perp\boldsymbol{\beta}$.

由上可知，两个向量正交的充分必要条件是它们的夹角为 $\frac{\pi}{2}$；只有零向量才与自己正交.

下面来看正交向量组的问题.

定义 7　设 $\boldsymbol{\varepsilon}_1,\boldsymbol{\varepsilon}_2,\cdots,\boldsymbol{\varepsilon}_n$ 是 E^n 中 n 个线性无关的向量，当 E^n 中任一量 $\boldsymbol{\alpha}=(x_1,x_2,\cdots,x_n)$ 是向量组 $\boldsymbol{\varepsilon}_1,\boldsymbol{\varepsilon}_2,\cdots,\boldsymbol{\varepsilon}_n$，的线性组合时，即

$$\boldsymbol{\alpha}=x_1\boldsymbol{\varepsilon}_1+x_2\boldsymbol{\varepsilon}_2+\cdots+x_n\boldsymbol{\varepsilon}_n,$$

则称 $\boldsymbol{\varepsilon}_1,\boldsymbol{\varepsilon}_2,\cdots,\boldsymbol{\varepsilon}_n$ 为 E^n 中的一组基.

定义 8　若在 E^n 中取一组基 $\boldsymbol{\varepsilon}_1,\boldsymbol{\varepsilon}_2,\cdots,\boldsymbol{\varepsilon}_n$，对 E^n 中任意两向量 $\boldsymbol{\alpha}=(x_1,x_2,\cdots,x_n)$，$\boldsymbol{\beta}=(y_1,y_2,\cdots,y_n)$ 可表示为 $\boldsymbol{\alpha}=\sum\limits_{i=1}^{n}x_i\boldsymbol{\varepsilon}_i$，$\boldsymbol{\beta}=\sum\limits_{i=1}^{n}y_i\boldsymbol{\varepsilon}_i$，则称 $\boldsymbol{\alpha}\cdot\boldsymbol{\beta}=\sum\limits_{i=1}^{n}\sum\limits_{j=1}^{n}(\boldsymbol{\varepsilon}_i\cdot\boldsymbol{\varepsilon}_j)x_iy_i=\boldsymbol{\alpha}^{\mathrm{T}}A\boldsymbol{\beta}$ 中的正方形数表 $A=(a_{ij})_{n\times n}=(\boldsymbol{\varepsilon}_i\cdot\boldsymbol{\varepsilon}_j)_{n\times n}$ 为基 $\boldsymbol{\varepsilon}_1,\boldsymbol{\varepsilon}_2,\cdots,\boldsymbol{\varepsilon}_n$ 的度量矩阵.

由此，我们得到以下性质：

性质 2　度量矩阵完全确定了两 n 维向量的内积；不同基的度量矩阵合同（即有 n 阶可逆矩阵 C，使 $B=C^{\mathrm{T}}AC$，则两 n 阶矩阵 A,B 合同）；且度量矩阵正定$\left(\text{即所有顺序主子式}\begin{vmatrix}a_{11}&\cdots&a_{1i}\\\vdots&&\vdots\\a_{i1}&\cdots&a_{ii}\end{vmatrix}\text{全大于零}\right)$.

定义 9　E^n 中的一组非零向量，若它们两两正交，则称为一正交向量组. 特别地，只含一个非零向量的向量组也叫正交向量组.

性质 3　正交向量组是线性无关的. 且两两正交的非零向量个数不能超过空间的维数.

定义 10　E^n 中,由 n 个向量组成的正交向量组称为正交基. 由单位向量组成的正交基称为标准正交基.

对一组正交基进行单位化就得到一组标准正交基. 由此,我们知

性质 4　一组基为标准正交基的充分必要条件是:它的度量矩阵为单位矩阵 E^n(主对角线元素为 1,其余元素均为 0 的矩阵).

性质 5　在 E^n 中,标准正交基是存在的.

用数学归纳法我们还可证得

性质 6　在 E^n 中,任何一个向量组都可扩充成一组正交基.

定义 11　若 n 阶实数矩阵 A,满足 $A^{\mathrm{T}}A=E^n$,则称 A 为正交矩阵(其中 A^{T} 为矩阵 A 的行与列互换后的矩阵).

性质 7　由标准正交基到标准正交基的过渡矩阵是正交矩阵;反过来,若第一组基标准正交,同时过渡矩阵是正交矩阵,则第二组基一定也是标准正交的.

由①式,我们还有:

性质 8　(三角形不等式)对于任意 n 维向量 $\boldsymbol{\alpha}$ 与 $\boldsymbol{\beta}$,有

$$|\boldsymbol{\alpha}+\boldsymbol{\beta}|\leqslant|\boldsymbol{\alpha}|+|\boldsymbol{\beta}|. \tag{③}$$

略证　由

$$\begin{aligned}|\boldsymbol{\alpha}+\boldsymbol{\beta}|^2&=(\boldsymbol{\alpha}+\boldsymbol{\beta})\cdot(\boldsymbol{\alpha}+\boldsymbol{\beta})\\&=\boldsymbol{\alpha}\cdot\boldsymbol{\alpha}+2\boldsymbol{\alpha}\cdot\boldsymbol{\beta}+\boldsymbol{\beta}\cdot\boldsymbol{\beta}\leqslant|\boldsymbol{\alpha}|^2+2|\boldsymbol{\alpha}|\cdot|\boldsymbol{\beta}|+|\boldsymbol{\beta}|^2\\&=(|\boldsymbol{\alpha}|+|\boldsymbol{\beta}|)^2.\end{aligned}$$

由③式的证明及定义 6,我们有:

性质 9(勾股定理) 设 n 维向量　$\boldsymbol{\alpha},\boldsymbol{\beta}$ 正交,则

$$|\boldsymbol{\alpha}+\boldsymbol{\beta}|^2=|\boldsymbol{\alpha}|^2+|\boldsymbol{\beta}|^2. \tag{④}$$

推论　设 n 维向量 $\boldsymbol{\alpha}_1,\boldsymbol{\alpha}_2,\cdots,\boldsymbol{\alpha}_m$ 两两正交,则

$$|\boldsymbol{\alpha}_1+\boldsymbol{\alpha}_2+\cdots+\boldsymbol{\alpha}_m|^2=|\boldsymbol{\alpha}_1|^2+|\boldsymbol{\alpha}_2|^2+\cdots+|\boldsymbol{\alpha}_m|^2. \tag{⑤}$$

再由定义 3,即知向量 $\boldsymbol{\alpha}-\boldsymbol{\beta}$ 的长度为

$$\begin{aligned}|\boldsymbol{\alpha}-\boldsymbol{\beta}|&=((\boldsymbol{\alpha}-\boldsymbol{\beta})\cdot(\boldsymbol{\alpha}-\boldsymbol{\beta}))^{\frac{1}{2}}\\&=\sqrt{(x_1-y_1)^2+(x_2-y_2)^2+\cdots+(x_n-y_n)^2}.\end{aligned} \tag{⑥}$$

上式表明,E^n 中两向量 $\boldsymbol{\alpha},\boldsymbol{\beta}$ 对应的点 X,Y,其中 $X=(x_1,x_2,\cdots,x_n),Y=(y_1,y_2,\cdots,y_n)$之间的距离

$$\begin{aligned}\rho(X,Y)&=|\boldsymbol{\alpha}-\boldsymbol{\beta}|\\&=\sqrt{(x_1-y_1)^2+(x_2-y_2)^2+\cdots+(x_n-y_n)^2}\end{aligned}$$

$$=\sqrt{\sum_{i=1}^{n}x_i^2+\sum_{i=1}^{n}y_i^2-2\sum_{i=1}^{n}x_iy_i}.$$

由此即知，$|\boldsymbol{\alpha}|=\sqrt{x_1^2+x_2^2+\cdots+x_n^2}$ 表示定点 O 与点 X 之间的距离 $\rho(O,X)$.

$$\rho^2(X,Y)=\rho^2(O,X)+\rho^2(O,Y)-2\boldsymbol{\alpha}\cdot\boldsymbol{\beta}$$

或

$$\boldsymbol{\alpha}\cdot\boldsymbol{\beta}=\frac{1}{2}[\rho^2(O,X)+\rho^2(O,Y)-\rho^2(X,Y)].$$

表示 α 与 β 的内积与点 X,Y,O 之间的关系.

由上可知，E^n 是特殊的度量空间，满足距离三公理：

(1)对于任意两点 X 和 Y，都有一个非负实数 $|XY|$ 与之对应，这个数称为从点 X 到点 Y 的距离. 当且仅当点 X 和点 Y 重合时，距离 $|XY|$ 等于零.

(2)从点 X 到点 Y 的距离等于从点 Y 到点 X 的距离：

$$|XY|=|YX|.$$

(3)对于任意三点 X,Y,Z，从 X 到 Z 的距离不大于从 X 到 Y 与从 Y 到 Z 的距离和：

$$|XZ|\leqslant|XY|+|YZ|. \quad ⑦$$

⑦式亦即为三角形不等式，类似于③式而证. 但值得注意的是其中等号成立的充要条件为

$$\lambda|XY|+\mu|YZ|=\lambda\cdot|X-Y|+\mu|Y-Z|=0,\ \lambda,\mu \text{ 不全为零},$$

且 $(X-Y)\cdot(Y-Z)\geqslant 0$ 亦即 $Y=\dfrac{\lambda X+\mu Z}{\lambda+\mu}$，$\lambda\mu\geqslant 0$，$\lambda+\mu\neq 0$，令 $\dfrac{\mu}{\lambda+\mu}=t$，则 $\dfrac{\lambda}{\lambda+\mu}=1-t$，则上式可改记为

$$Y=(1-t)X+tZ,t\in[0,1]. \quad ⑧$$

定义 12　集合 $\{Y|Y=(1-t)X+tZ,0\leqslant t\leqslant 1\}$ 称为以 X,Z 为端点的线段 XZ，⑧式称为线段 XZ 的方程，参数为 $t=\dfrac{|Y-X|}{|Z-X|}=\dfrac{\rho(X,Y)}{\rho(Z,X)}$，$\rho(Z,X)$ 称为线段 XZ 的长度.

在⑧式中，如果允许 t 分别在 $(0,+\infty)$ 和 $(-\infty,+\infty)$ 中取值，则相应点 Y 的集合称为射线 XZ 和直线 XZ.

下面我们介绍 n 维欧氏空间中的 $n-1$ 维超平面等概念与性质(以下用 $\boldsymbol{X}$ 表示点 X 对应的向量).

定义 13　E^n 的子集合 $\{\boldsymbol{X}|\boldsymbol{N}\cdot\boldsymbol{X}|=p\}$ 称为 $n-1$ 维超平面，记作 π_{n-1}，$\boldsymbol{X}$ 为 n 维向量，$\boldsymbol{N}$ 和 p 是已知的 n 维向量和实数. 这样 $n-1$ 维超平面亦称 $n-1$ 维定向超平面，$\boldsymbol{N}\neq 0$ 称为 $n-1$ 维超平面的法向量.

显然，二维空间的超平面就是直线，三维空间的超平面就是一般的平面.

对任意非零实数 λ，有 $\{\boldsymbol{X}|\boldsymbol{N}\cdot\boldsymbol{X}=p\}=\{\boldsymbol{X}|\lambda(\boldsymbol{N})\cdot\boldsymbol{X}=\lambda p\}$，因此我们总可以限取 $|\boldsymbol{N}|=1, p\geqslant 0$. 这样的方程 $\boldsymbol{N}\cdot\boldsymbol{X}-p=0$ 称为 $n-1$ 维超平面的法线式方程.

定义 14　对任意实数 $p\neq p'$ 及 $\boldsymbol{N}\neq\boldsymbol{N}'$，超平面 $\pi_{n-1}=\{\boldsymbol{X}|\boldsymbol{N}\cdot\boldsymbol{X}=p\}$ 与 $\pi'_{n-1}=\{\boldsymbol{X}|\boldsymbol{N}'\cdot\boldsymbol{X}=p'\}$ 没有公共点，则称为互相平行. 记为 $\pi_{n-1}//\pi'_{n-1}$.

定义 15　两个 $n-1$ 维超平面 $\boldsymbol{N}_1\cdot\boldsymbol{X}=p_1$ 与 $\boldsymbol{N}_2\cdot\boldsymbol{X}=p_2$ 的法向量 $\boldsymbol{N}_1,\boldsymbol{N}_2$ 间的夹角 θ 称为这两个超平面的夹角. 这里 $\theta\in[0,\pi)$，且

$$\cos\theta=\frac{\boldsymbol{N}_1\cdot\boldsymbol{N}_2}{|\boldsymbol{N}_1|\cdot|\boldsymbol{N}_2|}.\tag{⑨}$$

其中 $\theta=0$ 时，两超平面平行.

性质 10　E^n 中的一定点 A（其对应的向量记为 A，以下均同）到 $n-1$ 超平面 $\boldsymbol{N}\cdot\boldsymbol{X}=p$ 上任一点 X 的距离的最小值点对应的向量为

$$\boldsymbol{X}_{(\min)}=\boldsymbol{A}-\frac{\boldsymbol{N}\cdot\boldsymbol{A}-p}{|\boldsymbol{N}|^2}\boldsymbol{N},\tag{⑩}$$

其最小值为

$$d=\frac{|\boldsymbol{N}\cdot\boldsymbol{A}-p|}{|\boldsymbol{N}|}.\tag{⑪}$$

证明：由①式，有

$$\begin{aligned}|\boldsymbol{A}-\boldsymbol{X}|&=\frac{|\boldsymbol{A}-\boldsymbol{X}||\boldsymbol{N}|}{|\boldsymbol{N}|}\geqslant\frac{|(\boldsymbol{A}-\boldsymbol{X})\boldsymbol{N}|}{|\boldsymbol{N}|}\\&=\frac{|\boldsymbol{NA}-\boldsymbol{NX}|}{|\boldsymbol{N}|}=\frac{|\boldsymbol{NA}-p|}{|\boldsymbol{N}|}.\end{aligned}$$

其中等号成立的充要条件是

$$\begin{cases}\boldsymbol{A}-\boldsymbol{X}=\lambda\boldsymbol{N},\\\boldsymbol{NX}=p.\end{cases}$$

即 $\boldsymbol{X}=\boldsymbol{A}-\dfrac{\boldsymbol{N}\cdot\boldsymbol{A}-p}{|\boldsymbol{N}|^2}|\boldsymbol{N}|$.（它是点 N 在超平面上的射影，亦即取得最小值的点）.

因此，点 A 到超平面上任一点的距离有最小值

$$d=\frac{|\boldsymbol{N}\cdot\boldsymbol{A}-p|}{|\boldsymbol{N}|}.$$

定义 16　E^n 中的点 A 到超平面 $\boldsymbol{N}\cdot\boldsymbol{X}=p$ 上的任一点 X 的距离的最小值 $d=\dfrac{|\boldsymbol{N}\cdot\boldsymbol{A}-p|}{|\boldsymbol{N}|}$，称为点 A 到超平面 $\boldsymbol{N}\cdot\boldsymbol{X}=p$ 上的距离.

例如，点 $A=(a_1,\cdots,a_n)$ 到超平面 $x_i=0$ 的距离为 $|a_i|$，这就是点 A 的坐标分量 a_i 的几何意义.

下面再讨论 E^n 中两平行超平面之间的距离.

设 n 维欧氏空间中两平行 $n-1$ 维超平面的方程为

$$\pi_{n-1}: \boldsymbol{N}\cdot\boldsymbol{X}-p_1=0,\ \pi'_{n-1}: \boldsymbol{N}\cdot\boldsymbol{X}-p_2=0.$$

或

$$\pi_{n-1}: a_1x_1+a_2x_2+\cdots+a_nx_n=p_1,$$
$$\pi'_{n-1}: a_1x_1+a_2x_2+\cdots+a_nx_n=p_2.$$

又设点 $A(x'_1,x'_2,\cdots,x'_n)$，$B(x''_1,x''_2,\cdots,x''_n)$，分别是 π_{n-1}，π'_{n-1} 上任意点，则

$$a_1x'_1+a_2x'_2+\cdots+a_nx'_n=p_1, \tag{12}$$

$$a_1x''_1+a_2x''_2+\cdots+a_nx''_n=p_2. \tag{13}$$

由⑫式－⑬式，得

$$a_1(x'_1-x''_1)+a_2(x'_2-x''_2)+\cdots+a_n(x'_n-x''_n)=p_1-p_2.$$

由①式，知

$$(a_1^2+a_2^2+\cdots+a_n^2)\cdot[(x'_1-x''_1)^2+(x'_2-x''_2)^2+\cdots+(x'_n-x''_n)^2]$$
$$\geqslant[a_1(x_1-x'_1)+a_2(x_2-x'_2)+\cdots+a_n(x_n-x'_n)]^2,$$

即

$$|AB|=\sqrt{(x'_1-x''_1)^2+(x'_2-x''_2)^2+\cdots+(x'_n-x''_n)^2}$$
$$\geqslant\frac{|p_1-p_2|}{\sqrt{a_1^2+a_2^2+\cdots+a_n^2}},$$

当且仅当$\frac{x'_1-x''_1}{a_1}=\frac{x'_2-x''_2}{a_2}=\cdots=\frac{x'_n-x''_n}{a_n}$(即点 A，B 所在直线是两平面的法线)时等号成立，故两平行 $n-1$ 维超平面之间的距离为

$$d=|AB|_{\min}=\frac{|p_1-p_2|}{\sqrt{a_1^2+a_2^2+\cdots+a_n^2}}. \tag{14}$$

此即为所求 π_{n-1} 之与 π'_{n-1} 之间的距离公式.

从如上公式中知，当 $n=2$ 和 $n=3$ 时，它即为欧氏二维平面解析几何和欧氏三维空间解析几何中熟知的两平行直线与两平行平面之间的距离公式.

9.2.2　基本图形的度量方程

下面我们介绍杨路、张景中先生于 1980 年提出的 E^n 中基本图形的度量方程

定义 17　把 E^n 中的点和 $n-1$ 维定向超平面都叫做 E^n 的基本元素，用 e_i 记基本元素. 有限个基本元素之集 $\sigma_k=\{e_1,e_2,\cdots,e_n\}$ 叫 k 元基本图形.

用 $\rho(e_i,e_j)$ 表示两点的距离，$\langle e_i,e_j\rangle$ 表示两超平面 e_i，e_j 之夹角；若 e_i，e_j 中一个为点，另一个为面，则以 $d(e_i,e_j)$ 记点到面的带号距离，并引入

定义 18　E^n 中两个基本元素 e_i，e_j 之间的抽象距离定义为

$$g_{ij}=g(e_i,e_j)$$

$$=\begin{cases}-\dfrac{1}{2}\rho^2(e_i,e_j), & (\text{若 } e_i,e_j \text{ 都是点});\\ \cos\langle e_i,e_j\rangle, & (\text{若 } e_i,e_j \text{ 都是超平面});\\ d(e_i,e_j), & (\text{若 } e_i,e_j \text{ 一为点,一为面}).\end{cases}$$

下述性质揭示出基本图形诸元素间的相关性:

性质 11　设 $\sigma_m=\{e_1,e_2,\cdots,e_n\}$ 是 E^n 中的基本图形,令 $\delta_i=1-g_{ii}$,并令

$$D[\sigma_m]=D(e_1,e_2,\cdots,e_m)=\begin{vmatrix}0 & \delta_1 & \cdots & \delta_m\\ \delta_1 & & & \\ \vdots & & \boxed{g_{ij}} & \\ \delta_m & & & \end{vmatrix},$$

其中 $\boxed{g_{ij}}$ 为 m 阶方阵,则当 $m>n+1$ 时,

$$D(e_1,e_2,\cdots,e_m)=0. \qquad ⑮$$

证明:若 σ_m 中没有点,则式(9.2.13)显然成立.

不失一般性,设 $e_1,e_2,\cdots,e_l$ 是面,$e_{l+1},e_{l+2},\cdots,e_m$ 是点,$l<m$;取 e_m 为笛卡儿坐标原点,设 $e_1,e_2,\cdots,e_l$ 的单位法向量为 $\boldsymbol{\alpha}_1,\boldsymbol{\alpha}_2,\cdots,\boldsymbol{\alpha}_l$;由 e_m 引至 $e_{l+1},e_{l+2},\cdots,e_m$ 的向量为 $\boldsymbol{\alpha}_{l+1},\boldsymbol{\alpha}_{l+2},\cdots,\boldsymbol{\alpha}_m$. 又设由 e_m 垂直引至 $e_1,e_2,\cdots,e_l$ 的向量 $\boldsymbol{\beta}_1,\boldsymbol{\beta}_2,\cdots,\boldsymbol{\beta}_l$,则有:

当 $1\leqslant i\leqslant l,1\leqslant j\leqslant l$ 时,$g_{ij}=\boldsymbol{\alpha}_i\cdot\boldsymbol{\alpha}_j$;

当 $1\leqslant i\leqslant l,1\leqslant j\leqslant m$ 时,$g_{ij}=\boldsymbol{\alpha}_i\cdot(\boldsymbol{\alpha}_j-\boldsymbol{\beta}_i)$;

此时,

$$D[\sigma_m]=D(e_1,e_2,\cdots,e_m)$$

$$=\left|\begin{array}{c:c} \begin{matrix}0 & \vdots & 0\\ \vdots & \boldsymbol{\alpha}_i\cdot\boldsymbol{\alpha}_j & \\ 0 & & \end{matrix} & \begin{matrix}1 & \cdots & 1\\ & \boldsymbol{\alpha}_i\cdot(\boldsymbol{\alpha}_j-\boldsymbol{\beta}_i) & \\ & & \end{matrix}\\ \hdashline \begin{matrix}1 & & \\ \vdots & \boldsymbol{\alpha}_j\cdot(\boldsymbol{\alpha}_i-\boldsymbol{\beta}_j) & \\ 1 & & \end{matrix} & -\dfrac{(\boldsymbol{\alpha}_i-\boldsymbol{\alpha}_j)^2}{2} \end{array}\right| \begin{matrix}(i=1,\cdots,l)\\ \\ (i=l+1,\cdots,m)\end{matrix}$$

$$(j=i,\cdots,l)\qquad\qquad (j=l+1,\cdots,m)$$

对上式作如下不改变行列式值的变换:对 $k\leqslant l$,把第 0 行(列)乘 $\boldsymbol{\alpha}_k\cdot\boldsymbol{\beta}_k$ 加到第 k 行(列)上;对 $k>l$,把第 0 行(列)乘 $\dfrac{1}{2}\boldsymbol{\alpha}_k^2$ 加到第 k 行(列)上;得到

$$D(e_1,e_2,\cdots,e_m)=\begin{vmatrix} 0 & \delta_1 & \cdots & \delta_m \\ \delta_1 & & & \\ \vdots & & \boxed{\boldsymbol{\alpha}_i\boldsymbol{\alpha}_j} & \\ \delta_m & & & \end{vmatrix}.$$

但 $\boldsymbol{\alpha}_m=\mathbf{0}$，故末行(列)除 $\sigma_m=1$ 外均为 0，故得

$$D(e_1,e_2,\cdots,e_m)=(-1)\,|\,\boldsymbol{\alpha}_i\boldsymbol{\alpha}_j\,|\quad(i,j=1,2,\cdots,m).$$

设 $\boldsymbol{\alpha}_i=(a_{i1},a_{i2},\cdots,a_{im})$，由于 $m>n+1$，以及在笛卡儿坐标系中的内积公式(见 9.1 节定义 7)

$$\boldsymbol{\alpha}_i\cdot\boldsymbol{\alpha}_j=\sum_{k=1}^{n}a_{ik}\cdot a_{jk},$$

得到

$$D[\sigma_m]=-\begin{vmatrix} a_{11} & \cdots & a_{1n} & 0 & \cdots & 0 \\ \vdots & & \vdots & \vdots & & \vdots \\ a_{m-1,1} & \cdots & a_{m-1,n} & 0 & \cdots & 0 \end{vmatrix}\cdot\begin{vmatrix} a_{11} & a_{21} & \cdots & a_{m-1,1} \\ \vdots & \vdots & \cdots & \vdots \\ a_{1n} & a_{2n} & \cdots & a_{m-1,n} \\ 0 & \cdots & \cdots & 0 \\ \vdots & \cdots & \cdots & \vdots \\ 0 & \cdots & \cdots & 0 \end{vmatrix}=0.$$

在性质 11 中，取 $l=0$，可导出

Cayley 定理　E^n 中任意 m 个点 $P_1,P_2,\cdots,P_m$ 的(Cayley-Menger)行列式(常简写成 C-M 行列式)

$$D(P_1,P_2,\cdots,P_m)=\begin{vmatrix} 0 & 1 & \cdots & 1 \\ 1 & & & \\ \vdots & & \boxed{\rho_{ij}^2} & \\ 1 & & & \end{vmatrix}.\qquad ⑯$$

其中 $\rho_{ij}=|P_iP_j|$，$i,j=1,2,\cdots,m$.

当 $m>n+1$ 时(由⑮式)，有

$$D(P_1,P_2,\cdots,P_m)=0.\qquad ⑰$$

形如⑮式的方程，叫做 E^n 中的基本图形的度量方程. 它推广了 Cayley-Menger 的结果，在球面型空间与双曲型空间中，杨路、张景中也建立了类似的结

果.这类方程在我们后面的讨论中,扮演着极为重要的角色.

形如式⑰的方程,叫做 E^n 中的点距关系方程,关于 E^n 中的点距关系及其应用,我们将在第 9.3 节中具体介绍.

9.2.3 子空间

定义 19 对于有序 $k(k\leqslant n)$ 实数组 $(x_1,x_2,\cdots,x_k)$ 所得 k 维向量组成的集合,引进上节中所定义的向量加法、数乘、内积运算,则此空间称为欧氏空间 E^n 的子空间,记为 E^k.

注:① 任何一个子空间 E^k 的维数不能超过整个空间 E^n 的维数.

② 由单个零向量组成的子集合是一个子空间,叫做零子空间;E^n 本身也是 E^n 的一个子空间.

定义 20 设 E^k,E^l 是 E^n 中两个子空间,如果对于任意的 $\boldsymbol{\alpha}\in E^k,\boldsymbol{\beta}\in E^l$,恒有 $\boldsymbol{\alpha}\cdot\boldsymbol{\beta}=0$,则称 E^k,E^l 为正交的,记为 $E^k\perp E^l$.一个 k 维向量 $\boldsymbol{\alpha}$,如果对于任意的 $\boldsymbol{\beta}\in E^k$,恒有 $\boldsymbol{\alpha}\cdot\boldsymbol{\beta}=0$,则称 $\boldsymbol{\alpha}$ 与子空间 E^k 正交,记为 $\boldsymbol{\alpha}\perp E^k$.

注:因为只有零向量与它自身正交,所以由 $E^k\perp E^l$ 可知 $E^k\cap E^l=\{0\}$;由 $\boldsymbol{\alpha}\perp E^k,\boldsymbol{\alpha}\in E^k$,可知 $\boldsymbol{\alpha}=\mathbf{0}$.

关于正交的子空间,我们有:

定义 21 如果子空间 $E^k,E^l,\cdots,E^s$ 两两正交,那么和 $E^k+E^l+\cdots+E^s$ 称为直和.

定义 22 如果 $E^k\perp E^l$,并且 $E^k+E^l=E^n$,则子空间 E^k 为子空间 E^l 的一个正交补.记为 $E^l_{\perp}=E^k$.

显然,如果 E^k 是 E^l 的正交补,则 E^l 也是 E^k 的正交补.并且我们有:

性质 12 E^n 中的每一个子空间 E^k 都有唯一的正交补,且 $E^l_{\perp}$ 恰由所有与 E^k 正交的向量组成.

由分解式 $E^n=E^k+E^l$ 可知,E^n 中任一向量 $\boldsymbol{\alpha}$ 都可唯一地分解成 $\boldsymbol{\alpha}=\boldsymbol{\alpha}_1+\boldsymbol{\alpha}_2$,$\boldsymbol{\alpha}_1\in E^k,\boldsymbol{\alpha}_2\in E^l_{\perp}$;且称 $\boldsymbol{\alpha}_1$ 为向量 $\boldsymbol{\alpha}$ 在子空间 E^l 上的内射影.

定义 23 如果一个固定向量和一个子空间中各向量垂直时,则称固定向量和子空间各向量间的距离为向量到子空间的距离.

可以证明,向量到子空间各向量间的距离以垂线最短.

事实上,现给定 $\boldsymbol{\beta}$,设 $\boldsymbol{\gamma}$ 是子空间 E^k 中的向量,满足 $(\boldsymbol{\beta}-\boldsymbol{\gamma})\perp E^k$,则对 E^k 中任一向量 $\boldsymbol{\delta}$,则 $(\boldsymbol{\gamma}-\boldsymbol{\delta})\in E^k$,且 $(\boldsymbol{\beta}-\boldsymbol{\gamma})\perp(\boldsymbol{\gamma}-\boldsymbol{\delta})$,而

$$\boldsymbol{\beta}-\boldsymbol{\delta}=(\boldsymbol{\beta}-\boldsymbol{\gamma})+(\boldsymbol{\gamma}-\boldsymbol{\delta}).$$

再由④式,有 $|\boldsymbol{\beta}-\boldsymbol{\gamma}|^2+|\boldsymbol{\gamma}-\boldsymbol{\delta}|^2=|\boldsymbol{\beta}-\boldsymbol{\delta}|^2$.

故 $|\boldsymbol{\beta}-\boldsymbol{\gamma}|\leqslant|\boldsymbol{\beta}-\boldsymbol{\delta}|$,由此即证.

9.2.4　凸集

定义 24　设 K 是 E^n 中的子集，若连结 K 中任意两点的线段含于 K 中，则称 K 为凸集.

显然，线段、直线、射线、圆都是凸集，空集和只含一个点的集合也是凸集，E^n 本身也是凸集.

我们可证：若 $K_1, K_2, \cdots, K_m$ 都是凸集，则它们的交 $K_1 \cap K_2 \cap \cdots \cap K_m$ 也是凸集.

事实上，设 A, B 是 $K_1 \cap K_2 \cap \cdots \cap K_m$ 中的任意两点，l 是连结 A, B 的线段，则 $A, B \in K_j (j=1, \cdots, m)$. 因 K_j 是凸集，故 $l \subset K_j (j=1, 2, \cdots, m)$，于是 $l \subset K_1 \cap \cdots \cap K_m$. 由此即证.

在此，也需指出：两个凸集的并不一定是凸集. 例如，两个相离的圆的并就不是凸集.

定义 25　一个有界闭集，如果是凸集，则称为凸图形.

例如，线段、三角形、圆等都是凸图形.

定义 26　包含图形 G 的最小凸图形称为图形 G 的凸包.

凸包是研究凸集性质的一个重要工具，一个凸集或凸图形的凸包是唯一的. 有限点集 F 的凸包由 F 中所有有限个点的凸包合并而成.

定义 27　已知点 C 和实数 $r>0$，E^n 中的子集，$S^{n-1}=\{\boldsymbol{X} \mid |\boldsymbol{X}-\boldsymbol{C}|=r\}$ 叫做球心为 C，半径为 r 的 $n-1$ 维超球面.

$|\boldsymbol{X}-\boldsymbol{C}|=r$，即

$$(x_1-c_1)^2+(x_2-c_2)^2+\cdots+(x_n-c_n)^2=r^2 \tag{18}$$

称为 $n-1$ 维超球面方程.

特别地，S^0 是数轴上的两点 $c \pm r$，S^1 是 E^2（即平面）中的圆周，S^3 是 E^3 中的球面.

显然，给定球心和半径，超球面便可唯一确定. 因此，要确定一个超球面，须事先确定超球球心和半径.

在 E^2 中，若给定不共直线的相异 3 点则可确定过这三点的圆的圆心；在 E^3 中，若给定不共面的相异 4 点，则可确定过任意 3 点的圆的圆心，由于过这些圆心的该圆面的垂线共点，从而可确定过这四点的球面的球心；类似地，若给定不共 $n-1$维超平面的 $n+1$ 个相异点，则可确定 C_{n+1}^n 个相异的 $n-2$ 维超球面 S^{n-2}，又这 C_{n+1}^n 个超球面 S^{n-2} 的过其球心且与 S^{n-2} 所在的 $n-2$ 维超平面的垂线是共点的，共点于其中任意这样两条垂线的交点. 因此，在 E^n 中，要确定 $n-1$ 维超球面 S^{n-1} 的球心，只需给定不共 $n-1$ 维超平面的 $n+1$ 个相异的点即可.

最后，我们要说明的一点是，显然，E^n 中的超球面 S^{n-1} 是一个特殊的凸包. 另

外，我们可证明任一个 $n-1$ 维开球 $U=\{\boldsymbol{X} \| \boldsymbol{X}-\boldsymbol{C}|<r\}$ 是个凸集.

9.2.5 凸多胞形

定义 28 设 $\boldsymbol{X}$ 为 E^n 中的 n 维向量，n 维向量 $\boldsymbol{N}\neq\boldsymbol{0}$，称形如 $\{\boldsymbol{X}|\boldsymbol{N}\cdot\boldsymbol{X}\geqslant p(p\in\mathbf{R})\}$ 的集为闭半空间.

显然，形如 $\{\boldsymbol{X}|\boldsymbol{N}\cdot\boldsymbol{X}\leqslant p(p\in\mathbf{R})\}$ 的集也是闭半空间. 超平面 $\pi_{n-1}=\{\boldsymbol{X}|\boldsymbol{N}\cdot\boldsymbol{X}=p(p\in\mathbf{R})\}$ 把 E^n 分成两个半空间. 更严格地说，$E^n-\pi_{n-1}$ 是两个开半空间 $\{\boldsymbol{X}|\boldsymbol{N}\cdot\boldsymbol{X}>p(p\in R)\}$ 与 $\{\boldsymbol{X}|\boldsymbol{N}\cdot\boldsymbol{X}<p(p\in R)\}$ 的并集.

容易证明，超平面、半空间都是凸集.

定义 29 E^n 中有限个闭半空间的交集叫做凸多胞形.

显然，凸多胞形是一类特殊的凸集，也是一类特殊的凸包.

凸多胞形，它是满足形如 $\boldsymbol{N}_i\cdot\boldsymbol{X}\geqslant p_i(p_i\in\mathbf{R},i=1,2,\cdots,m)$ 的有限线性不等式组的所有点 X 之集，将服从这样的线性不等式组的线性函数极大化或极小化，这正是线性规划理论所研究的问题. 可以证明：线性函数的极大、极小值一定会出现在凸多胞形的“极点”处（这种点不是凸集内任何线段的内点）. 如平面凸多边形，立体凸多面体的顶点就是极点.

定义 30 对于 E^n 的凸多胞形，有限个 $n-1$ 维超平面两两相交的交集称为凸多胞形的棱，棱与棱的公共点称为凸多胞形的顶点（因而棱也是两顶点的连线段），在同一个 $n-1$ 维超平面内的棱围成的部分称为凸多胞形的面. 所有棱长皆相等的凸多胞形称为正则（凸）多胞形.

显然，正四面体是 E^3 中的正则四胞形，四维正方体是 E^4 中的正则八胞形等等.

在 E^n 中，正则多胞形的种数为：

$n=2$ 时，正多边形有无数种；

$n=3$ 时，正多面体只有五种（正四面体、正方体、正八面体、正十二面体、正二十面体）；

$n=4$ 时，正则四维多胞形有六种（五、八、十六、二十四、一百二十、六百胞形）；

$n>4$ 时，只有三种（正则单形，超正方体、十字交叉多胞形）.

本章仅讨论一类特殊的凸多胞形：三角形与四面体的高维推广——单（纯）形. 为讨论这类凸多胞形，还涉及另一类特殊的凸多胞形即平行四边形、平行六面体的高维推广——高维平行体.

定义 31 E^n 中互不平行的 $n+1$ 个 $n-1$ 维超平面所构成的凸图形，或有 $n+1$ 个面的凸多胞形称为 n 维单纯形（简称单形）.

显然，我们可以把线段称为一维单形，三角形称为二维单形且二维单形是由一定条件下的 3 个一维单形组成. 类似地，把四面体称为三维单形且三维单形是由一定条件下的 4 个二维单形组成. 若一个凸体称为 n 维单形，则这个 n 维单形是由一定条件下的 $n+1$ 个 $n-1$ 维单形组成.

由定义 31 知，E^n 中的 n 维单形有 $n+1$ 个相异顶点，设这些顶点为 P_0，$P_1,\cdots,P_n$，为方便计，常把 n 维单形记为 $\sum\limits_{p(n+1)}=\{P_0,P_1,\cdots,P_n\}$.

单形 $\sum\limits_{p(n+1)}$ 也可看作 E^n 中任意 $n+1$ 个不共 $n-1$ 维超平面的点为顶点所构成的凸包.

下面，我们来看单形的向量表示.

我们可以从三角形的向量表示得到 n 维单形的向量表示.

设 X 为$\triangle P_0P_1P_2$ 内或边界上任一点，以向量 $\boldsymbol{M}$ 表示点 M 所对应的向量（即 $\boldsymbol{M}=\overrightarrow{OM}$），则存在唯一的一对实数 k_1,k_2 使得

$$\begin{aligned}\boldsymbol{X}-\boldsymbol{P}_0&=k_1(\boldsymbol{P}_1-\boldsymbol{P}_0)+k_2(\boldsymbol{P}_2-\boldsymbol{P}_1)\\&=k_1\boldsymbol{P}_1-k_1\boldsymbol{P}_0+k_2\boldsymbol{P}_2-k_2\boldsymbol{P}_1,\end{aligned}$$

则

$$\begin{aligned}\boldsymbol{X}&=(1-k_1)\boldsymbol{P}_0+(k_1-k_2)\boldsymbol{P}_1+k_2\boldsymbol{P}_2\\&=\lambda_0\boldsymbol{P}_0+\lambda_1\boldsymbol{P}_1+\lambda_2\boldsymbol{P}_2.\end{aligned}$$

其中 $\lambda_0=1-k,\lambda_1=k_2-k_1,\lambda_2=k_2$，且 $\lambda_0+\lambda_1+\lambda_2=1$.

因此，点集 $\Omega_2=\{X\mid\boldsymbol{X}=\sum\limits_{i=0}^{2}\lambda_i\boldsymbol{P}_i,\sum\limits_{i=0}^{2}\lambda_i=1,\lambda_i\geqslant0\}$ 称为以 P_0,P_1,P_2 为顶点的三角形.

类似地，我们有：

定义 31′　点集 $\Omega_n=\{X\mid\boldsymbol{X}=\sum\limits_{i=0}^{n}\lambda_i\boldsymbol{P}_i,\sum\limits_{i=0}^{n}\lambda=1,\lambda_i\geqslant0\}$ 称为以 $P_0,P_1,\cdots,P_n$ 为顶点的 n 维单形.

显然，当某一 λ_i 为 0 时，$\sum_{p(n+1)}$ 成为 $n-1$ 维单形 $f_i(=\sum_{p(n)})$，此时称顶点 P_i 所对的侧(界)面. n 维单形有 $n+1$ 个顶点和 $n+1$ 个侧(界)面. 又称连结两顶点的线段为单形的棱，n 维单形有 $C_{n+1}^2=\dfrac{1}{2}n(n+1)$条棱.

在以 $P_0,P_1,\cdots,P_k$ 为顶点的 k 维单形中，称从某一顶点出发的两条棱 p_i,p_j $(1\leqslant i<j\leqslant k)$所成的角为这两条棱的夹角，并记为 $\widehat{i,j}$；称以 $P_0,P_1,\cdots,P_k$ 中的 k 个点为顶点的 $k-1$ 维单形为 k 维单形的界面（或侧面），并称以 $P_0,\cdots,P_{i-1}$，$P_{i+1},\cdots,P_k(1\leqslant i\leqslant k)$为顶点的单形为顶点 $P_i(0\leqslant i\leqslant k)$所对应的界面，记为 f_i. 又称界面 $f_i,f_i(<i<j\leqslant k)$所成的角为 k 维单形的内二面角，记为$\langle i,j\rangle$.

由于 E^n 中任意 $n+1$ 个相异且不共 $n-1$ 维超平面的点 $P_0,P_1,\cdots,P_n$ 构成的单形，必定以某个 $n-1$ 维超球面 S^{n-1} 为其凸图形，即单形的顶点 $P_0,P_1,\cdots,P_n$ 一定在某一超球面 S^{n-1} 上，因而 $\sum_{p(n+1)}$ 与某 S^{n-1} 有着密切的关系.

定义 32 称 n 维单形 $\sum_{p(n+1)}$ 的 $n+1$ 顶点均在某 $n-1$ 维超球面 S^{n-1} 上的超球面为 $\sum_{p(n+1)}$ 的外接超球面.

显然，不同的 n 维单形可有同一外接超球面.

最后，介绍一下 n 维平行体的概念：

定义 33 E^n 中 $2n$ 对平行的 $n-1$ 维超平面所构成的凸图形，或有 $2n$ 对平行面的凸多胞形称为 n 维平行体.

9.3 点距关系

在 E^n 中，有许多奇妙的点距关系（即 9.2 节⑰式的特殊情形），本节拟对这些关系作一些简要介绍.

我们用 π_{n-1} 和 S^{n-1} 表示 E^n 中的某一 $n-1$ 维超平面和 $n-1$ 维超球面（例如用 π_1,π_2,π_3；S^1,S^2 分别表示初等几何中的普通直线、平面、空间、圆周、球面），用 ρ_{ij} 表示 E^n 中点 P_i 与 P_j 之间的距离，又记

$$D(P_0,P_1,\cdots,P_n)=\begin{vmatrix} 1 & \rho_{01}^2 & \rho_{02}^2 & \cdots & \rho_{0n}^2 \\ 1 & 0 & \rho_{12}^1 & \cdots & \rho_{1n}^2 \\ 1 & \rho_{21}^2 & 0 & \cdots & \rho_{2n}^2 \\ \vdots & \vdots & \vdots & & \vdots \\ 1 & \rho_{n1}^2 & \rho_{n2}^2 & \cdots & 0 \end{vmatrix}, \qquad ①$$

$$D(P_1,P_2,\cdots,P_n)=\begin{vmatrix} 0 & 1 & 1 & \cdots & 1 \\ 1 & 0 & \rho_{12}^2 & \cdots & \rho_{1n}^2 \\ 1 & \rho_{21}^2 & 0 & \cdots & \rho_{2n}^2 \\ \vdots & \vdots & \vdots & & \vdots \\ 1 & \rho_{n1}^2 & \rho_{n2}^2 & \cdots & 0 \end{vmatrix}, \qquad ②$$

$$D_0(P_1,P_2,\cdots,P_n)=\begin{vmatrix} 0 & \rho_{12}^2 & \cdots & \rho_{1n}^2 \\ \rho_{21}^2 & 0 & \cdots & \rho_{2n}^2 \\ \vdots & \vdots & & \vdots \\ \rho_{n1}^2 & \rho_{n2}^2 & \cdots & 0 \end{vmatrix}. \qquad ③$$

注：③式中的矩阵常称为点 $P_1,P_2,\cdots,P_n$ 的平方距离矩阵.

我们有：

定理 1　若 $P_0\in E^n, P_1, P_2, \cdots, P_{n+1}\in\pi_{n-1}\subset E^n$，则

$$D^*(P_0, P_1, \cdots, P_{n+1}) = 0. \qquad ④$$

证明：对 $\pi_{n-1}\subset E^n$ 中给定的点 $P_1, P_2, \cdots, P_{n+1}$ 及 P_0，向量 $\boldsymbol{p}_i=\overrightarrow{P_0P_i}(i=1, 2, \cdots, n+1)$ 必线性相关，即有不全为零的实数 $a_i(i=1,2,\cdots,n+1)$，使 $\sum\limits_{i=1}^{n+1}a_i=0$ 且

$$a_1\boldsymbol{p}_1+a_2\boldsymbol{p}_2+\cdots+a_{n+1}\boldsymbol{p}_{n+1}=\mathbf{0}.$$

不妨设 $a_{n+1}\neq 0$，并令 $\lambda_i=-\dfrac{a_i}{a_{n+1}}\ (i=1,2,\cdots,n)$，则

$$\sum_{i=1}^{n}\lambda_i=1, \qquad ⑤$$

且 $\boldsymbol{p}_{n+1}=\sum\limits_{i=1}^{n}\lambda_i\cdot\boldsymbol{p}_{n+1}=\sum\limits_{i=1}^{n}\lambda_i\boldsymbol{p}_i$，即 $\sum\limits_{i=1}^{n}\lambda_i\overrightarrow{P_0P_{n+1}}=\sum\limits_{i=1}^{n}\lambda_i\overrightarrow{P_0P_i}$ 亦即

$$\lambda_1\overrightarrow{P_{n+1}P_1}+\lambda_2\overrightarrow{P_{n+1}P_2}+\cdots+\lambda_n\overrightarrow{P_{n+1}P_n}=\mathbf{0}. \qquad ⑥$$

其中注意到 $\lambda_i(\overrightarrow{P_0P_i}-\overrightarrow{P_0P_{n+1}})=\lambda_i\overrightarrow{P_{n+1}P_i},\ i=1,2,\cdots,n$. 故

$$\begin{aligned}&\lambda_1|\overrightarrow{P_0P_1}|^2+\lambda_2|\overrightarrow{P_0P_2}|^2+\cdots+\lambda_n|\overrightarrow{P_0P_n}|^2\\&=\lambda_1|\overrightarrow{P_0P_{n+1}}+\overrightarrow{P_{n+1}P_1}|^2+\cdots+\lambda_n|\overrightarrow{P_0P_{n+1}}+\overrightarrow{P_{n+1}P_n}|^2\\&=|\overrightarrow{P_0P_{n+1}}|^2+\lambda\quad\text{(注意到式 ⑤、⑥ 的运用)}\end{aligned}$$

其中 $\lambda=\lambda_1|\overrightarrow{P_{n+1}P_1}|^2+\cdots+\lambda_n|\overrightarrow{P_{n+1}P_n}|^2$ 为常数. 所以

$$a_0+a_1|\overrightarrow{P_0P_1}|^2+a_2|\overrightarrow{P_0P_2}|^2+\cdots+a_{n+1}|\overrightarrow{P_0P_{n+1}}|^2=0.$$

其中 $a_0=\lambda a_{n+1}$.

由上式及在上式中，分别令 P_0 重合于 $P_1, P_2, \cdots, P_{n+1}$，得下列线性齐次方程组(令 $|\overrightarrow{P_iP_j}|^2=\rho_{ij}^2$)：

$$\begin{cases}x_0+\rho_{01}^2\cdot x_1+\rho_{02}^2\cdot x_2+\cdots+\rho_{0,n+1}^2\cdot x_{n+1}=0,\\ x_0+0\cdot x_1+\rho_{12}^2\cdot x_2+\cdots+\rho_{1,n+1}^2\cdot x_{n+1}=0,\\ \qquad\cdots\cdots\cdots\\ x_0+\rho_{n+1,1}^2\cdot x_1+\rho_{n+1,2}^2\cdot x_2+\cdots+0\cdot x_{n+1}=0.\end{cases}$$

又知上述方程组有非零解$(a_0, a_1, \cdots, a_{n+1})$，故系数行列式

$$D^*(P_0, P_1, \cdots, P_{n+1}) = 0.$$

定理 2　在 E^n 中，$P_1, P_2, \cdots, P_{n+1} \in \pi_{n-1}$ 的充要条件是

$$D(P_0, P_1, \cdots, P_{n+1}) = 0. \qquad ⑦$$

证明：必要性　若 $P_1, P_2, \cdots, P_{n+1}$ 共超平面 π_{n-1}，则对任一点 $P \in E^n$，都有不全为零的实数 $a_0, a_1, \cdots, a_{n+1}$，使 $\sum_{i=1}^{n+1} a_i = 0$，且

$$a_1 \mid \overrightarrow{PP_1} \mid^2 + a_2 \mid \overrightarrow{PP_2} \mid^2 + \cdots + a_{n+1} \mid \overrightarrow{PP_{n+1}} \mid^2 = c \ (c \text{ 为常数})$$

由 $\sum_{i=1}^{n+1} a_i = 0$，并令 P 与 $P_1, P_2, \cdots, P_{n+1}$ 重合知下列线性齐次方程组

$$\begin{cases} 0 \cdot x_0 + x_1 + x_2 + \cdots + x_{n-1} = 0, \\ x_0 + 0 \cdot x_1 + \rho_{12}^2 \cdot x_2 + \cdots + \rho_{1.n+1}^2 \cdot x_{n+1} = 0, \\ x_0 + 0 \cdot x_1 + \rho_{12}^2 \cdot x_2 + \cdots + \rho_{1.n+1}^2 \cdot x_{n+1} = 0, \\ \quad \cdots\cdots\cdots \\ x_0 + \rho_{n+1.1}^2 \cdot x_1 + \rho_{n+1.2}^2 \cdot x_2 + \cdots + 0 \cdot x_{n+1} = 0, \end{cases}$$

有非零解 $(-c, a_0, a_1, \cdots, a_{n+1})$. 故系数行列式

$$D(P_1, P_2, \cdots, P_{n+1}) = 0,$$

充分性　若 $P_1, P_2, \cdots, P_{n+1}$ 不共超平面 π_{n-1}，作 $P_{n+1}H \perp \pi_{n-2}$，$(\pi_{n-2} = \{P_1, P_2, \cdots, P_n\})$. 设 $P_{n+1}H = h \neq 0$，则有 $|\overrightarrow{P_iH}|^2 = \rho_{i.n+1}^2 - \lambda^2 (i = 1, 2, \cdots, n)$，由④式

$$D^*(P_{n+1}, P_1, P_2, \cdots, P_n, H)$$

$$= \begin{vmatrix} 1 & \rho_{1,n+1}^2 & \rho_{2,n+1}^2 & \cdots & \rho_{n,n+1}^2 & h^2 \\ 1 & 0 & \rho_{1,2}^2 & \cdots & \rho_{1,b}^2 & \rho_{1,n+1}^2 - h^2 \\ 1 & \rho_{2,1}^2 & 0 & \cdots & \rho_{2,n}^2 & \rho_{2,n+1}^2 - h^2 \\ \vdots & \vdots & \vdots & & \vdots & \vdots \\ 1 & \rho_{n,n+1}^2 - h^2 & \rho_{2,n+1}^2 - h^2 & \cdots & \rho_{n,n+1}^2 - h^2 & 0 \end{vmatrix} = 0.$$

适当变换（行：$(n+2)-(1)$，列：$(1) \cdot h^2 + (n+2)$，再将第 $n+2$ 列分解）可得

$$D(P_1, P_2, \cdots, P_{n+1}) = -2h^2 \cdot D(P_1, P_2, \cdots, P_{n-1}).$$

类似地，作 $P_nH' \perp \pi_{n-3}$，$(\pi_{n-3} = \{P_1, P_2, \cdots, P_n\})$，令 $P_nH' = h' \neq 0$ 有

$$D(P_1, P_2, \cdots, P_n) = -2h'^2 \cdot D(P_1, P_2, \cdots, P_{n-1}),$$

$$\cdots\cdots\cdots$$

$$D(P_1, P_2) = -2h''^2 \cdot \rho_{12}^2 \neq 0.$$

由此可知 $D(P_1, P_2, \cdots, P_{n+1}) \neq 0$.

综上，⑦式获证.

定理 3　设 $P_0\in E^{n+1}$ 与 E^n 中单形 $\sum_{p(n+1)}=\{P_1,P_2,\cdots,P_{n+1}\}$ 的外接超球球心 O 的距离为 d_0，外接超球的半径为 R，则

$$\begin{cases}D^*(P_0,P_1,\cdots,P_{n+1})=(d_0^2-R^2)\cdot D(P_1,P_2,\cdots,P_{n+1}),\\ D_0(P_1,P_2,\cdots,P_{n+1})=-2R^2\cdot D(P_1,P_2,\cdots,P_{n+1}).\end{cases}\quad ⑧$$

证明：由定理 1 或④式，有 $D^*(P_0,P_1,\cdots,P_{n+1},O)=0$，即

$$\begin{vmatrix}1 & \rho_{0,1}^2 & \rho_{0,2}^2 & \cdots & \rho_{0,n+1}^2 & d_0^2\\ 1 & 0 & \rho_{1,2}^2 & \cdots & \rho_{1,n+1}^2 & R^2\\ \vdots & \vdots & \vdots & & \vdots & \vdots\\ 1 & \rho_{n+1,1}^2 & \rho_{n+1,2}^2 & \cdots & 0 & R^2\\ 1 & R^2 & R^2 & \cdots & R^2 & 0\end{vmatrix}=0$$

$$\Rightarrow\begin{vmatrix}R^2-d_0^2 & \rho_{0,1}^2 & \cdots & \rho_{0,n+1}^2 & R^2+d_0^2\\ 0 & 0 & \cdots & \rho_{1,n+1}^2 & 2R^2\\ \vdots & \vdots & & \vdots & \vdots\\ 0 & \rho_{n+1,1}^2 & \cdots & 0 & 2R^2\\ R^2 & R^2 & \cdots & R^2 & R^2\end{vmatrix}=0$$

$$\Rightarrow\det C_{n+1}=(R^2-d_0^2)\det B_{n+1},$$

其中

$$\det B_{n+1}=\begin{vmatrix}0 & \rho_{1,2}^2 & \cdots & \rho_{1,n+1}^2 & 2R^2\\ \rho_{2,1}^2 & 0 & \cdots & \rho_{2,n+1}^2 & 2R^2\\ \vdots & \vdots & & \vdots & \vdots\\ \rho_{n+1,1}^2 & \rho_{n+1,2}^2 & \cdots & 0 & 2R^2\\ 1 & 1 & \cdots & 1 & 1\end{vmatrix}=0,$$

$$\det C_{n+1}=\begin{vmatrix}\rho_{0,1}^2 & \cdots & \rho_{0,n+1}^2 & R^2+d_0^2\\ 0 & \cdots & \rho_{1,n+1}^2 & 2R^2\\ \vdots & & \vdots & \vdots\\ \rho_{n+1,1}^2 & \cdots & 0 & 2R^2\end{vmatrix}.$$

又由定理 2[或⑦式]，有

$$D(P_1,P_2,\cdots,P_{n+1},O)=0,$$

即

$$\begin{vmatrix} 0 & 1 & \cdots & 1 & 1 \\ 1 & 0 & \cdots & \rho_{1,2}^2 & R^2 \\ \vdots & \vdots & & \vdots & \vdots \\ 1 & \rho_{n+1,1}^2 & \cdots & \rho_{n+1,2}^2 & R^2 \\ 1 & R^2 & \cdots & R^2 & 0 \end{vmatrix} = 0$$

$$\Rightarrow D(P_1, P_2, \cdots, P_{n+1}) = -2R^2 \cdot D(P_1, P_2, \cdots, P_{n+1}). \qquad ⑨$$

又将上述行列式适当变形$\left(\text{列}:(1)\cdot R^2+(n+2),\text{行}:(n+2)\cdot\left(-\frac{1}{R^2}\right)+(1)\right)$可得 $\det B_{n+1}=0$，从而 $\det C_{n+1}=0$. 而对 $\det C_{n+1}=0$ 略作变形可知

$$\begin{aligned}\det C_{n+1} &= 2R^2 \cdot D^*(P_0, P_1, \cdots, P_{n+1}) \\ &\quad + (d_0^2 - R^2) D_0(P_1, P_2, \cdots, P_n).\end{aligned}$$

从而由⑨式及 $\det C_{n+1}=0$，即得

$$D^*(P_0, P_1, \cdots, P_{n+1}) = (d_0^2 - R^2) D(P_1, P_2, \cdots, P_{n+1}).$$

定理 4　P_0 在 E^n 中单形 $\sum_{p(n+1)} = \{P_1, P_2, \cdots, P_{n+1}\}$ 的外接球面上的充要条件是

$$\begin{cases} D^*(P_0, P_1, \cdots, P_{n+1}) = 0, \\ D(P_1, P_2, \cdots, P_{n+1}) = 0. \end{cases} \qquad ⑩$$

证明：显而易见 P_0 在 E^n 中单形 $\sum_{p(n+1)} = \{P_1, P_2, \cdots, P_{n+1}\}$ 的外接超球面上的充要条件是 $d_0=R$，于是由定理 3 及定理 2 即证得此命题.

定理 5　在 E^n 中，$P_1, P_2, \cdots, P_{n+1} \in \pi_{n-1}$ 或 S^{n-1} 的充要条件是

$$D_0(P_1, P_2, \cdots, P_{n+2}) = 0. \qquad ⑪$$

证明：符号所设同定理 3，由定理 1 及定理 2，有

$$D^*(O, P_0, P_1, \cdots, P_{n+1}) = 0,$$

$$D(P_0, P_1, \cdots, P_{n+1}) = 0.$$

即

$$\begin{vmatrix} 1 & d_0^2 & R^2 & \cdots & R^2 \\ 1 & 0 & \rho_{01}^2 & \cdots & \rho_{0,n+1}^2 \\ \vdots & \vdots & \vdots & & \vdots \\ 1 & \rho_{n+1,0}^2 & \rho_{n+1,1}^2 & \cdots & 0 \end{vmatrix} = 0$$

$$\begin{vmatrix} 0 & 1 & 1 & \cdots & 1 \\ 1 & 0 & \rho_{01}^2 & \cdots & \rho_{0,n+1}^2 \\ \vdots & \vdots & \vdots & & \vdots \\ 1 & \rho_{n+1,0}^2 & \rho_{n+1,1}^2 & \cdots & 0 \end{vmatrix} = 0.$$

将后一式乘以 R^2 减去前一式后展开，可得

$$D_0(P_0,P_1,\cdots,P_{n+1}) = (d_0^2 - R^2)D^*(P_0,P_1,\cdots,P_{n+1}).$$

因此，若 $D_0(P_1,P_2,\cdots,P_{n+2})=0$，则当 $P_1,P_2,\cdots,P_{n+2}$ 不共超平面时，可知 $D(P_1,P_2,\cdots,P_{n+1})=0$，即 $P_1,P_2,\cdots,P_{n+2}$ 共超球面（由定理4）；反之，若 $P_1,P_2,\cdots,P_{n+2}$ 共球面，则必有 $D_0(P_1,P_2,\cdots,P_{n+2})=0$，而若 $P_1,P_2,\cdots,P_{n+2}$ 共（超平）面，则由定理1，有 $D^*(P_1,P_2,\cdots,P_{n+2})=D^*(P_2,P_1,\cdots,P_{n+2})=\cdots=0$.

再由定理1有 $D^*(P_0,P_1,\cdots,P_{n+2})=0$，即

$$\begin{vmatrix} 1 & \rho_{0,1}^2 & \rho_{0,2}^2 & \cdots & \rho_{0,n+2}^2 \\ 1 & 0 & \rho_{1,2}^2 & \cdots & \rho_{1,n+2}^2 \\ 1 & \rho_{2,1}^2 & 0 & \cdots & \rho_{2,n+2}^2 \\ \vdots & \vdots & \vdots & & \vdots \\ 1 & \rho_{n+2,1}^2 & \rho_{n+2,2}^2 & \cdots & 0 \end{vmatrix} = 0,$$

按第一行展开，即得

$$\begin{aligned} &D^*(P_1,P_2,\cdots,P_{n+2}) \\ &= \rho_{01}^2 D^*(P_1,P_2,\cdots,P_{n+2}) + \rho_{02}^2 D^*(P_2,P_1,\cdots,P_{n+2}) + \cdots = 0. \end{aligned}$$

下面，略举几例说明如上定理的简单应用.

例1　证明：Stewat 定理，若 A_1,A_2,A_3 为直线上顺次三点，A_0 为任一点，则

$$a_{01}^2 \cdot a_{23} - a_{02}^2 \cdot a_{13} + a_{03}^2 \cdot a_{12} = a_{23}a_{13}a_{12}. \tag{12}$$

此例由①式，注意到 $a_{13}=a_{12}+a_{23}$ 即证.

例2　证明若$\triangle ABC$ 的三边之长分别为 a,b,c，外接圆半径为 R，其面积为 $S_\triangle$，令 $l=\frac{1}{2}(a+b+c)$，则：

(1) $S_\triangle=\sqrt{l(l-a)(l-b)(l-c)}$;　⑬

(2) $S_\triangle=\dfrac{abc}{4R}$.　⑭

证明：(1)设 $AD=h$ 为 BC 边上的高，由定理1，

$$D^*(A,B,C,D) = \begin{vmatrix} 1 & c^2 & b^2 & h^2 \\ 1 & 0 & a^2 & c^2-h^2 \\ 1 & a^2 & 0 & b^2-h^2 \\ 1 & c^2-h^2 & b^2-h^2 & 0 \end{vmatrix} = 0$$

$$\Rightarrow\begin{vmatrix}1 & c^2 & b^2 & 2h^2\\1 & 0 & a^2 & 0\\1 & a^2 & 0 & 0\\0 & -h^2 & -h^2 & 0\end{vmatrix}=-\begin{vmatrix}1 & c^2 & b^2 & 0\\1 & 0 & a^2 & c^2\\1 & a^2 & 0 & b^2\\0 & -h^2 & -h^2 & -h^2\end{vmatrix}.$$

略加变形，计算并由 $S_{\triangle}=\frac{1}{2}ah$，得

$$S_{\triangle}=-\frac{1}{16}\begin{vmatrix}0 & 1 & 1 & 1\\1 & 0 & c^2 & b^2\\1 & c^2 & 0 & a^2\\1 & b^2 & a^2 & 0\end{vmatrix}=\sqrt{l(l-a)(l-b)(l-c)}.$$

(2)由定理 2 并取$\triangle ABC$的外心 O，得

$$D(A,B,C,O)=\begin{vmatrix}0 & 1 & 1 & 1 & 1\\1 & 0 & c^2 & b^2 & R^2\\1 & c^2 & 0 & a^2 & R^2\\1 & b^2 & a^2 & 0 & R^2\\1 & R^2 & R^2 & R^2 & 0\end{vmatrix}=0$$

$$\Rightarrow\begin{vmatrix}1 & c^2 & b^2\\c^2 & 0 & a^2\\b^2 & a^2 & 0\end{vmatrix}=-2R^2\cdot\begin{vmatrix}0 & 1 & 1 & 1\\1 & 0 & c^2 & b^2\\1 & c^2 & 0 & a^2\\1 & b^2 & a^2 & 0\end{vmatrix}$$

$$=2R^2(4S_{\triangle})^2\Rightarrow S_{\triangle}=\frac{abc}{4R}.$$

注：类似地，由定理 1，将可推导 9.5 节公式④.

由定理 2，将可推导 9.5 节公式⑤.

例 3　设 P 到正 n 边形 $A_1A_2\cdots A_n$ 的中心 O 的距离为定值，求证：P 到各顶点距离的平方和也为定值.

证明：设边长 $A_1A_2=A_2A_3=a$，对角线 $A_3A_1=b$，$PO=d_0$，$A_iO=r$，由定理 3，有

$$\begin{vmatrix}0 & PA_1^2 & PA_2^2 & PA_3^2\\1 & 0 & a^2 & b^2\\1 & a^2 & 0 & a^2\\1 & b^2 & a^2 & 0\end{vmatrix}=(d_0^2-r^2)\begin{vmatrix}0 & 1 & 1 & 1\\1 & 0 & a^2 & b^2\\1 & a^2 & 0 & a^2\\1 & b^2 & a^2 & 0\end{vmatrix}=k(\text{常数}).$$

按 $A_1\to A_2\to\cdots\to A_n\to A_1$ 轮换，并将 n 个等式相加，得

$$\begin{vmatrix} n & \sum_{i=1}^{n} PA_i^2 & \sum_{i=1}^{n} PA_i^2 & \sum_{i=1}^{n} PA_i^2 \\ 1 & 0 & a^2 & b^2 \\ 1 & a^2 & 0 & a^2 \\ 1 & b^2 & a^2 & 0 \end{vmatrix} = nk \Rightarrow \sum_{i=1}^{n} PA_i^2 = \text{常数}. \quad ⑮$$

例 4　证明：P 在$\triangle ABC$ 外接圆上的充要条件是

$$PA^2 \cdot \sin 2A + PB^2 \cdot \sin 2B + PC^2 \cdot \sin 2C = 0. \quad ⑯$$

证明：由定理 4，P 在$\odot ABC$ 上的充要条件是 $D^*(P,A,B,C)=0$，即

$$\begin{vmatrix} 1 & PA^2 & PB^2 & PC^2 \\ 1 & 0 & c^2 & b^2 \\ 1 & c^2 & 0 & a^2 \\ 1 & b^2 & a^2 & 0 \end{vmatrix} = 0$$

$$\Leftrightarrow \sum PA^2 \cdot a^2 \cdot (b^2 + c^2 - a^2) = 2a^2b^2c^2 \text{（“}\sum\text{”表轮换和）}$$

$$\Leftrightarrow PA^2 \cdot \sin 2A + PB^2 \cdot \sin 2B + PC^2 \cdot \sin 2C = 0.$$

例 5　证明“Euler-Ptolemy 定理”：四点 A_1,A_2,A_3,A_4 共线或共圆的充要条件是

$$(-a_{12}a_{34} + a_{13}a_{24} + a_{14}a_{23})(a_{12}a_{34} - a_{13}a_{24} + a_{14}a_{23}) \cdot (a_{12}a_{34} + a_{13}a_{24} - a_{14}a_{23}) = 0.$$

证明：由式⑦，A_1,A_2,A_3,A_4 共线或共圆的充要条件是

$$\begin{vmatrix} 0 & a_{12}^2 & a_{13}^2 & a_{14}^2 \\ a_{12}^2 & 0 & a_{23}^2 & a_{24}^2 \\ a_{13}^2 & a_{23}^2 & 0 & a_{34}^2 \\ a_{13}^2 & a_{24}^2 & a_{34}^2 & 0 \end{vmatrix} = 0.$$

上式化简，即得所证之式.

9.4　k 重向量

我们从三角形构成的条件与 n 维单形构成的条件可得到 k 重向量的定义与性质.

设 $\boldsymbol{\alpha}_0,\boldsymbol{\alpha}_1,\boldsymbol{\alpha}_2$ 是互不共线的向量，顺次将它们的始点与终点相连能构成三角形

的充要条件是　$\boldsymbol{\alpha}_0+\boldsymbol{\alpha}_1+\boldsymbol{\alpha}_2=0$.

证明:必要性　设表示向量 $\boldsymbol{\alpha}_0,\boldsymbol{\alpha}_1,\boldsymbol{\alpha}_2$ 的有向线段可以构成三角形 $P_0P_1P_2$,图略.即有$\overrightarrow{P_1P_2}=\boldsymbol{\alpha}_0,\overrightarrow{P_2P_0}=\boldsymbol{\alpha}_1,\overrightarrow{P_0P_1}=\boldsymbol{\alpha}_2$,那么$\overrightarrow{P_1P_2}+\overrightarrow{P_2P_0}+\overrightarrow{P_0P_1}=\overrightarrow{PP_1}$,即 $\boldsymbol{\alpha}_0+\boldsymbol{\alpha}_1+\boldsymbol{\alpha}_2=0$.

充分性　设向量 $\boldsymbol{\alpha}_0,\boldsymbol{\alpha}_1,\boldsymbol{\alpha}_2$ 满足 $\boldsymbol{\alpha}_0+\boldsymbol{\alpha}_1+\boldsymbol{\alpha}_2=0,\overrightarrow{P_1P_2}=\boldsymbol{\alpha}_0,\overrightarrow{P_0P_1}=\boldsymbol{\alpha}_2$,那么$\overrightarrow{P_2P_0}=\boldsymbol{\alpha}_2+\boldsymbol{\alpha}_0$,所以 $\overrightarrow{P_2P_0}+\boldsymbol{\alpha}_1=0$,从而 $\boldsymbol{\alpha}_1$ 是 $\overrightarrow{P_0P_2}$ 的相反向量.因此 $\boldsymbol{\alpha}_1=-\overrightarrow{P_0P_2}=\overrightarrow{P_2P_0}$,所以 $\boldsymbol{\alpha}_0,\boldsymbol{\alpha}_1,\boldsymbol{\alpha}_2$ 可构成一个三角形.

由上可知,要使得互不共平面的某类向量 $\boldsymbol{\alpha}_0,\boldsymbol{\alpha}_1,\boldsymbol{\alpha}_2,\boldsymbol{\alpha}_3$ 构成三维单形的界面,应满足条件

$$\boldsymbol{\alpha}_0+\boldsymbol{\alpha}_1+\boldsymbol{\alpha}_2+\boldsymbol{\alpha}_3=0.$$

要使得互不共超平面的某类向量 $\boldsymbol{\alpha}_0,\boldsymbol{\alpha}_1,\cdots,\boldsymbol{\alpha}_n$,构成 n 维单形的界面,应满足条件

$$\boldsymbol{\alpha}_0+\boldsymbol{\alpha}_1+\cdots+\boldsymbol{\alpha}_n=0.$$

于是,我们可这样定义一类特殊的向量:在四面体 $P_0P_1P_2P_3$ 中,若令$\overrightarrow{P_0P_i}=\boldsymbol{p}_i(i=1,2,3)$则可定义

$$2\boldsymbol{\alpha}_1=-\boldsymbol{p}_2\wedge\boldsymbol{p}_3,\ 2\boldsymbol{\alpha}_2=-\boldsymbol{p}_1\wedge\boldsymbol{p}_3,\ 2\boldsymbol{\alpha}_3=-\boldsymbol{p}_1\wedge\boldsymbol{p}_2,$$
$$2\boldsymbol{\alpha}_0=(\boldsymbol{p}_2-\boldsymbol{p}_1)\wedge(\boldsymbol{p}_3-\boldsymbol{p}_1)$$

表示各界面的方位向量(符合右手系指向面内).此时

$$\begin{aligned}2\boldsymbol{\alpha}_0&=\boldsymbol{p}_2\wedge(\boldsymbol{p}_3-\boldsymbol{p}_1)-\boldsymbol{p}_1\wedge(\boldsymbol{p}_3-\boldsymbol{p}_1)\\&=\boldsymbol{p}_2\wedge\boldsymbol{p}_3-\boldsymbol{p}_2\wedge\boldsymbol{p}_1-\boldsymbol{p}_1\wedge\boldsymbol{p}_3-\boldsymbol{p}_1\wedge\boldsymbol{p}_1\\&=\boldsymbol{p}_2\wedge\boldsymbol{p}_3+\boldsymbol{p}_1\wedge\boldsymbol{p}_2-\boldsymbol{p}_1\wedge\boldsymbol{p}_3\\&=-2\boldsymbol{\alpha}_1-2\boldsymbol{\alpha}_2-2\boldsymbol{\alpha}_3,\end{aligned}$$

故 $\boldsymbol{\alpha}_0+\boldsymbol{\alpha}_1+\boldsymbol{\alpha}_2+\boldsymbol{\alpha}_3=0$.

从而,对于 k 维单形 $P_0P_1\cdots P_k$,令$\overrightarrow{P_0P_i}=\boldsymbol{p}_i(i=1,2,\cdots,k)$则 $2\boldsymbol{\alpha}_i=(-1)^i\boldsymbol{p}_1\wedge\cdots\wedge\boldsymbol{p}_{i-1}\wedge\boldsymbol{p}_{i+1}\wedge\boldsymbol{p}_k$是侧面 f_i 的方位向量$(i=1,2,\cdots,k)$,$2\boldsymbol{\alpha}_0=(\boldsymbol{p}_2-\boldsymbol{p}_1)\wedge(\boldsymbol{p}_3-\boldsymbol{p}_1)\wedge\cdots\wedge(\boldsymbol{p}_k-\boldsymbol{p}_1)$是侧面 f_0 的方位向量.

即有 $\boldsymbol{\alpha}_0+\boldsymbol{\alpha}_1+\cdots+\boldsymbol{\alpha}_k=0$.

下面定义 k 重向量,用$\wedge$表示一种外积运算符号,读作外乘.

定义 1　在 E^2 中,称 $\boldsymbol{\alpha}=\boldsymbol{p}_1\wedge\boldsymbol{p}_2$ 为 $\boldsymbol{p}_1,\boldsymbol{p}_2$ 的二重向量,它表示以二维向量 $\boldsymbol{p}_1,\boldsymbol{p}_2$ 的模为邻边的平行四边形的有向面积.

定义 2　在 E^3 中,称 $\boldsymbol{\alpha}=\boldsymbol{p}_1\wedge\boldsymbol{p}_2\wedge\boldsymbol{p}_3$ 为 $\boldsymbol{p}_1,\boldsymbol{p}_2,\boldsymbol{p}_3$ 的三重向量,它表示以三维向量 $\boldsymbol{p}_1,\boldsymbol{p}_2,\boldsymbol{p}_3$ 的模为共一顶点的棱的平行六面体的有向体积.

定义 3　在 E^n 中,$\boldsymbol{\alpha}=\boldsymbol{p}_1\wedge\boldsymbol{p}_2\wedge\cdots\wedge\boldsymbol{p}_k$ 称为 k 重向量,它表示以 n 维向量 $\boldsymbol{p}_1$, $\boldsymbol{p}_2,\cdots,\boldsymbol{p}_k(k\leqslant n)$ 的模为共一顶点的棱的特殊平行体的有向体积.

显然,k 重向量具有如下性质:

(1)定向:若交换任意两个 $\boldsymbol{p}_i,\boldsymbol{p}_j$,则 $\boldsymbol{\alpha}$ 改变符号;

(2)可加性:

$$(\lambda\boldsymbol{\beta})+\mu\boldsymbol{\gamma})\wedge\boldsymbol{p}_2\wedge\cdots\wedge\boldsymbol{p}_k$$
$$=\lambda\beta\wedge\boldsymbol{p}_2\wedge\cdots\wedge\boldsymbol{p}_k+\mu\boldsymbol{\gamma}\wedge\boldsymbol{p}_2\wedge\cdots\wedge\boldsymbol{p}_k\quad(\lambda,\mu\in\mathbf{R}),$$

这里的可加性是说,以 $\lambda\boldsymbol{\beta}+\mu\boldsymbol{\gamma},\boldsymbol{p}_2,\cdots,\boldsymbol{p}_k$ 的模为棱的平行体的有向体积等于以 $\lambda\boldsymbol{\beta}$, $\boldsymbol{p}_2,\cdots,\boldsymbol{p}_k$ 的模为棱的平行体的体积与以 $\mu\boldsymbol{\gamma},\boldsymbol{p}_2,\cdots,\boldsymbol{p}_k$ 的模为棱的平行体的有向体积之和.

从运算角度看,性质(1)(2)分别是反交换律和线性分配律.运用这两条性质不难得到下列性质:

若 $1\leqslant i<j\leqslant k,\boldsymbol{p}_i=\boldsymbol{p}_j$ 则 $\boldsymbol{p}_1\wedge\boldsymbol{p}_2\wedge\cdots\wedge\boldsymbol{p}_k=0$.

证明:

$$\boldsymbol{p}_1\wedge\boldsymbol{p}_2\wedge\cdots\wedge\boldsymbol{p}_i\wedge\cdots\wedge p_j\wedge\cdots\wedge\boldsymbol{p}_k$$
$$=\boldsymbol{p}_1\wedge\boldsymbol{p}_2\wedge\cdots\wedge\boldsymbol{p}_j\wedge\cdots\wedge\boldsymbol{p}_i\cdots\wedge\boldsymbol{p}_k$$
$$=-\boldsymbol{p}_1\wedge\cdots\wedge\boldsymbol{p}_i\wedge\cdots\wedge\boldsymbol{p}_j\wedge\cdots\wedge\boldsymbol{p}_k.$$

移项即证.

于是,我们可推得 k 重向量的如下性质:

性质 1　若 $\boldsymbol{p}_i=\boldsymbol{p}_j$,则 k 重向量 $\boldsymbol{\alpha}=\boldsymbol{p}_1\wedge\boldsymbol{p}_2\wedge\cdots\wedge\boldsymbol{p}_k$ 为 k 重零向量.

性质 2　设 $\boldsymbol{e}_1,\boldsymbol{e}_2,\cdots,\boldsymbol{e}_m$ 是实数域 $\mathbf{R}$ 上 n 维向量空间的一组基,$\boldsymbol{P}_i=\sum\limits_{i=1}^{n}p_{ij}\boldsymbol{e}_j$ $(i=1,2,\cdots,k,k\leqslant n)$,则有

$$\boldsymbol{p}_1\wedge\boldsymbol{p}_2\wedge\cdots\wedge\boldsymbol{p}_k=\sum_{1\leqslant i_1<\cdots<i_k\leqslant n}\begin{vmatrix}p_{1i_1}&\cdots&p_{1i_k}\\ \vdots&&\vdots\\ p_{ki_1}&\cdots&p_{ki_k}\end{vmatrix}\boldsymbol{e}_{i1}\wedge\boldsymbol{e}_{i2}\wedge\cdots\wedge\boldsymbol{e}_{ik},$$

其中 $\boldsymbol{e}_{i1}\wedge\boldsymbol{e}_{i2}\wedge\cdots\wedge\boldsymbol{e}_{ik}$ 是基底中任取 k 个按下标从小到大的顺序作成的 k 重向量,共有 C_n^k 个.

这条性质即是说,若将这 C_n^k 个 k 重向量作基底,n 维向量空间中的任意 k 个向量外乘所得的 k 重向量,总可以用这组基底来线性表示.

性质 3　n 维向量空间中的 k 个向量 $\boldsymbol{p}_1,\cdots,\boldsymbol{p}_k$ 线性无关的充要条件是

$$\boldsymbol{p}_1\wedge\boldsymbol{p}_2\wedge\cdots\wedge\boldsymbol{p}_k\neq0.$$

性质 4　两个 k 重向量 $\boldsymbol{\alpha}$ 与 $\boldsymbol{\beta}$ 的内积(数量积)可表示为

$$(\boldsymbol{\alpha},\boldsymbol{\beta})=(\boldsymbol{p}_1\wedge\cdots\wedge\boldsymbol{p}_k,\boldsymbol{q}_1\wedge\cdots\wedge\boldsymbol{q}_k)=\begin{vmatrix}\boldsymbol{p}_1\cdot\boldsymbol{q}_1 & \cdots & \boldsymbol{p}_1\cdot\boldsymbol{q}_k\\ \vdots & & \vdots\\ \boldsymbol{p}_k\cdot\boldsymbol{q}_1 & \cdots & \boldsymbol{p}_k\cdot\boldsymbol{q}_k\end{vmatrix}.$$

性质 5 k 重向量 $\boldsymbol{\alpha}$ 的模可表示为

$$|\boldsymbol{\alpha}|=|\boldsymbol{p}_1\wedge\boldsymbol{p}_2\wedge\cdots\wedge\boldsymbol{p}_k|=|\wedge\boldsymbol{p}_k|=\begin{vmatrix}\boldsymbol{p}_i\cdot\boldsymbol{p}_1 & \cdots & \boldsymbol{p}_i\cdot\boldsymbol{p}_k\\ \vdots & & \vdots\\ \boldsymbol{p}_k\cdot\boldsymbol{p}_1 & \cdots & \boldsymbol{p}_k\cdot\boldsymbol{p}_k\end{vmatrix}^{\frac{1}{2}}.$$

性质 6 对于两个 k 重向量 $\boldsymbol{\alpha}$ 与 $\boldsymbol{\beta}$ 的内积模，满足柯西不等式，即 $|\boldsymbol{\alpha},\boldsymbol{\beta}|\leqslant|\boldsymbol{\alpha}|\cdot|\boldsymbol{\beta}|$. 其中等号成立的充要条件是 $\lambda\boldsymbol{\alpha}+\mu\boldsymbol{\beta}=0,\lambda,\mu\in\mathbf{R}$ 不全为零.

性质 7 两个 k 重向量 $\boldsymbol{\alpha}$ 与 $\boldsymbol{\beta}$ 的夹角 θ，满足 $\cos\theta=\dfrac{(\boldsymbol{\alpha},\boldsymbol{\beta})}{|\boldsymbol{\alpha}|\cdot|\boldsymbol{\beta}|}$.

性质 8 一个 l 重向量 $\boldsymbol{\alpha}=(p_1,p_2,\cdots,p_l)$ 与一个 k 重向量 $\boldsymbol{\beta}=(q_1,q_2,\cdots,q_k)$ 满足 $|\boldsymbol{\alpha}\wedge\boldsymbol{\beta}|\leqslant|\boldsymbol{\alpha}||\boldsymbol{\beta}|$，其中等号成立的充要条件是 $l+k\leqslant n$，且所有的 $\boldsymbol{p}_i\cdot\boldsymbol{q}_j=0,i=1,2,\cdots l,j=1,2,\cdots,l$.

9.5 单形的体积公式

我们可从三角形的面积公式形式来看 n 维单形的体积公式.

三角形的面积公式有多种形式，每一种形式均可推广到 n 维欧氏空间中的 n 维单形中去.

形式 1 注意到 $S_{\Delta}=\frac{1}{2}S_{\square}$. 由 n 维平行体的归纳生成定义及 n 重向量的几何意义，记以 $P_0,P_1,\cdots,P_n$ 为顶点的 n 维单形的体积为 $V\left(\sum_{p(n+1)}\right)$，$n$ 维平行体的体积为 $V(|\wedge\boldsymbol{P}_n|)$（以下均同）则有

$$V\left(\sum\nolimits_{p(n+1)}\right)=\frac{1}{n!}V(|\wedge\boldsymbol{P}_n|). \quad ①$$

特别地，当 $n=3$ 时，有 $V_{四面体}=\frac{1}{6}V_{平行六面体}$.

形式 2 注意到 $S_{\Delta}=a\cdot h_a$. 在 E^n 中，设 h_i 为顶点 P_i 到所对界面的距离，有

$$\begin{aligned}V\left(\sum\nolimits_{p(n+1)}\right)&=\frac{1}{n}V\left(\sum\nolimits_{p_i(n)}\right)\cdot h_i\\&=\frac{1}{n}|f_i|\cdot h_i(i=0,1,\cdots,n).\end{aligned} \quad ②$$

特别地，当 $n=3$ 时，有 $V_{四面体}=\frac{1}{3}S_ih_i(i=0,1,2,3)$.

形式 3　由 $S_{\Delta}=\frac{1}{2}\rho_{01}\cdot\rho_{02}\cdot\sin\widehat{1,2}$（其中 $\rho_{01}=P_0P_1,\rho_{02}=P_0P_2$ 为$\triangle P_0P_1P_2$ 的两边长）有，

$$\frac{1}{2}\rho_{01}\cdot\rho_{02}\cdot\sin\widehat{1,2}=\frac{1}{2}\rho_{01}\cdot\rho_{02}\cdot\begin{vmatrix}1 & \cos\widehat{1,2}\\ \cos\widehat{2,1} & 1\end{vmatrix}^{\frac{1}{2}}.$$

在 E^n 中，有

$$V\left(\sum\nolimits_{p(n+1)}\right)=\frac{1}{n!}\prod_{i=0}^{n}\rho_{0i}\begin{vmatrix}1 & \cos\widehat{1,2} & \cdots & \cos\widehat{1,n}\\ \cos\widehat{2,1} & 1 & \cdots & \cos\widehat{2,n}\\ \vdots & \vdots & & \vdots\\ \cos\widehat{n,1} & \cos\widehat{n,2} & \cdots & 1\end{vmatrix}^{\frac{1}{2}}. \qquad ③$$

证明：由 k 重向量的性质与及向量的数量积的意义，注意到用向量 $\boldsymbol{p}_i$ 表示向量$\overrightarrow{P_0P_i}=\boldsymbol{P}_i-\boldsymbol{P}_0$，则

$$|(\boldsymbol{p}_1-\boldsymbol{p}_0)\wedge(\boldsymbol{p}_2-\boldsymbol{p}_0)\wedge\cdots\wedge(\boldsymbol{p}_n-\boldsymbol{p}_0)|=|\boldsymbol{p}_1\wedge\boldsymbol{p}_2\wedge\cdots\wedge\boldsymbol{p}_n|$$

$$=\begin{vmatrix}\boldsymbol{p}_1\cdot\boldsymbol{p}_1 & \boldsymbol{p}_1\cdot\boldsymbol{p}_2 & \cdots & \boldsymbol{p}_1\cdot\boldsymbol{p}_n\\ \vdots & \vdots & & \vdots\\ \boldsymbol{p}_n\cdot\boldsymbol{p}_1 & \boldsymbol{p}_n\cdot\boldsymbol{p}_2 & \cdots & \boldsymbol{p}_n\cdot\boldsymbol{p}_n\end{vmatrix}$$

$$=\begin{vmatrix}\boldsymbol{\rho}_{01}^2 & \boldsymbol{\rho}_{01}\cdot\boldsymbol{\rho}_{02}\cos\widehat{1,2} & \cdots & \boldsymbol{\rho}_{01}\cdot\boldsymbol{\rho}_{0n}\cos\widehat{1,n}\\ \vdots & \vdots & & \vdots\\ \boldsymbol{\rho}_{0n}\cdot\boldsymbol{\rho}_{01}\cos\widehat{n,1} & \boldsymbol{\rho}_{0n}\cdot\boldsymbol{\rho}_{02}\cos\widehat{n,2} & \cdots & \boldsymbol{\rho}_{0n}^2\end{vmatrix}^{\frac{1}{2}}$$

$$=\prod_{i=1}^{n}\rho_{0i}\begin{vmatrix}1 & \cos\widehat{1,2} & \cdots & \cos\widehat{1,n}\\ \cos\widehat{2,1} & 1 & \cdots & \cos\widehat{2,n}\\ \vdots & \vdots & & \vdots\\ \cos\widehat{n,1} & \cos\widehat{n,2} & \cdots & 1\end{vmatrix}.$$

此时由形式 1 的推广即证.

特别地，当 $n=3$ 时，

$$V_{\text{四面体}}=\frac{1}{6}\rho_{01}\rho_{03}\rho_{03}\begin{vmatrix}1 & \cos\widehat{1,2} & \cdots & \cos\widehat{1,3}\\ \cos\widehat{2,1} & 1 & \cdots & \cos\widehat{2,3}\\ \vdots & \vdots & & \vdots\\ \cos\widehat{3,1} & \cos\widehat{3,2} & \cdots & 1\end{vmatrix}$$

$$=\frac{1}{6}\rho_{01}\rho_{02}\rho_{03}\sqrt{\sin\omega\cdot\sin(\omega-\widehat{1,2})\cdot\sin(\omega-\widehat{1,3})\cdot\sin(\omega-\widehat{2,3})},$$

$$\omega=\frac{1}{2}(\widehat{1,2}+\widehat{1,3}+\widehat{2,3}).$$

形式 4　设$\triangle P_0P_1P_2$的顶点的平面直角坐标为$P_0(x_{01},x_{02})$，$P_1(x_{11},x_{12})$，$P_2(x_{21},x_{22})$，则$S_\triangle=\frac{1}{2}\begin{vmatrix}x_{01} & x_{02} & 1\\ x_{11} & x_{12} & 1\\ x_{21} & x_{22} & 1\end{vmatrix}$的绝对值. 在$E^n$中，$n$维单形为$\sum_{p(n+1)}$的顶点$P_i$的笛卡儿直角坐标为$(x_{i1},x_{i2},\cdots,x_{in})(i=0,1,\cdots,n)$. 则

$$V\left(\sum\nolimits_{p(n+1)}\right)=\frac{1}{n!}\begin{vmatrix}x_{01} & x_{02} & \cdots & x_{0n} & 1\\ x_{11} & x_{12} & \cdots & x_{1n} & 1\\ \vdots & \vdots & & \vdots & \vdots\\ x_{n1} & x_{n2} & \cdots & x_{nn} & 1\end{vmatrix}\text{的绝对值.}\tag{④}$$

证明:在n维笛卡儿直角坐标系中，向量$\boldsymbol{p}_i=\overrightarrow{P_0P_i}(i=1,2,\cdots,n)$的坐标表示为

$$(x_{i1}-x_{01},x_{i2}-x_{02},\cdots,x_{in}-x_{0n}),\quad (i=1,2,\cdots,n),$$

由形式 1 的推广及向量数量积的坐标表示，有

$$V\left(\sum\nolimits_{p(n+1)}\right)=\frac{1}{n!}V(|\wedge\ \boldsymbol{p}_n|)$$

$$=\frac{1}{n!}\begin{vmatrix}x_{11}-x_{01} & x_{12}-x_{02} & \cdots & x_{1n}-x_{0n} & 1\\ \vdots & \vdots & & \vdots & \vdots\\ x_{n1}-x_{01} & x_{n2}-x_{02} & \cdots & x_{nn}-x_{0n} & 1\end{vmatrix}\text{的绝对值}$$

$$=\frac{1}{n!}\begin{vmatrix}x_{01} & x_{02} & \cdots & x_{0n} & 1\\ x_{11}-x_{01} & x_{12}-x_{02} & \cdots & x_{1n}-x_{0n} & 1\\ \vdots & \vdots & & \vdots & \vdots\\ x_{n1}-x_{01} & x_{n2}-x_{02} & \cdots & x_{nn}-x_{0n} & 1\end{vmatrix}\text{的绝对值}$$

$$=\frac{1}{n!}\begin{vmatrix} x_{01} & x_{02} & \cdots & x_{0n} & 1 \\ x_{11} & x_{12} & \cdots & x_{1n} & 1 \\ \vdots & \vdots & & \vdots & \vdots \\ x_{n1} & x_{n2} & \cdots & x_{nn} & 1 \end{vmatrix}\text{的绝对值}.$$

特别地，当 $n=4$ 时，$V_{\text{四面体}}=\frac{1}{6}\begin{vmatrix} x_{01} & x_{02} & x_{03} & 1 \\ x_{11} & x_{12} & x_{13} & 1 \\ x_{21} & x_{22} & x_{23} & 1 \\ x_{31} & x_{32} & x_{33} & 1 \end{vmatrix}$ 的绝对值.

形式 5　由 $S_{\triangle}=\sqrt{l(l-\rho_{01})(l-\rho_{02})(l-\rho_{12})}$，其中 $l=\frac{1}{2}(\rho_{01}+\rho_{02}+\rho_{12})$，$\rho_{ij}=P_iP_j$. 显然

$$S_{\triangle}=\sqrt{l(l-\rho_{01})(l-\rho_{02})(l-\rho_{12})}=\frac{1}{2}\left[\frac{-1}{4}\begin{vmatrix} 0 & 1 & 1 & 1 \\ 1 & 0 & \rho_{01}^2 & \rho_{02}^2 \\ 1 & \rho_{10}^2 & 0 & \rho_{12}^2 \\ 1 & \rho_{20}^2 & \rho_{21}^2 & 0 \end{vmatrix}\right]^{\frac{1}{2}}.$$

在 E^n 中，设 n 维单形 $\sum_{p(n+1)}$ 的棱长为 $\rho_{ij}=P_iP_j$，则

$$V\left(\sum\nolimits_{p(n+1)}\right)=\frac{1}{n!}\left[\frac{(-1)^{n+1}}{2^n}\begin{vmatrix} 0 & 1 & 1 & 1 & \cdots & 1 \\ 1 & 0 & \rho_{01}^2 & \rho_{02}^2 & \cdots & \rho_{0n}^2 \\ 1 & \rho_{10}^2 & 0 & \rho_{12}^2 & \cdots & \rho_{1n}^2 \\ \vdots & \vdots & \vdots & \vdots & & \vdots \\ 1 & \rho_{n0}^2 & \rho_{n1}^2 & \rho_{n2}^2 & \cdots & 0 \end{vmatrix}\right]^{\frac{1}{2}}$$

$$=\frac{1}{n!}\left[\frac{(-1)^{n+1}}{2^n}\cdot D_{n+2}\right]^{\frac{1}{2}}. \qquad ⑤$$

特别地，当 $n=3$ 时，四面体顶点 P_0 所对的面的三条棱长为 ρ_{12}，ρ_{23}，ρ_{13}，它们相对的棱长分别为 ρ_{03}，ρ_{01}，ρ_{02}. 记

$$M_1=(\rho_{12}\cdot\rho_{03})^2(\rho_{23}^2+\rho_{13}^2+\rho_{01}^2+\rho_{02}^2-\rho_{12}^2-\rho_{03}^2),$$

$$M_2=(\rho_{23}\cdot\rho_{01})^2(\rho_{13}^2+\rho_{12}^2+\rho_{03}^2+\rho_{02}^2-\rho_{23}^2-\rho_{01}^2),$$

$$M_3=(\rho_{13}\cdot\rho_{02})^2(\rho_{23}^2+\rho_{12}^2+\rho_{01}^2+\rho_{03}^2-\rho_{02}^2-\rho_{01}^2),$$

$$N=(\rho_{12}\cdot\rho_{23}\cdot\rho_{13})^2+(\rho_{01}^2\cdot\rho_{02}^2\cdot\rho_{12}^2)^2+(\rho_{23}^2\cdot\rho_{02}^2\cdot\rho_{03}^2)^2+(\rho_{13}^2\cdot\rho_{01}^2\cdot\rho_{03}^2)^2,$$

则

$$V_{四面体}=\frac{1}{12}\sqrt{M_1+M_2+M_3-N}.$$

对于形式 3，$S_{\triangle}=\frac{1}{2}ab\cdot\sin C=\frac{ab\cdot\sin C}{2}$，其中$\angle C$可看成顶点$C$处的顶点角，推广顶点角的概念，则在$E^n$中，还有新体积公式.

下面介绍单形中l级顶点角的概念.

记$\boldsymbol{e}_0,\boldsymbol{e}_1,\cdots,\boldsymbol{e}_n$依次是$n$维单形$\sum_{p(n+1)}$的顶点$P_0,P_1,\cdots$所对应的$k+1$个侧(界)面上的单位法向量. 任取其中$l(1\leqslant l\leqslant n)$个向量$\boldsymbol{e}_{i_1},\boldsymbol{e}_{i_2},\cdots,\boldsymbol{e}_{i_l}$，设这$l$个向量的行列式为

$$\begin{aligned}\det A_{il}&=|\boldsymbol{e}_{i_1}\wedge\boldsymbol{e}_{i_2}\wedge\cdots\wedge\boldsymbol{e}_{i_l}|^2\\&=\begin{vmatrix}\boldsymbol{e}_{i_1}\cdot\boldsymbol{e}_{i_1}&\boldsymbol{e}_{i_1}\cdot\boldsymbol{e}_{i_2}&\cdots&\boldsymbol{e}_{i_1}\cdot\boldsymbol{e}_{i_l}\\\vdots&\vdots&&\vdots\\\boldsymbol{e}_{i_l}\cdot\boldsymbol{e}_{i_1}&\boldsymbol{e}_{i_l}\cdot\boldsymbol{e}_{i_2}&\cdots&\boldsymbol{e}_{i_l}\cdot\boldsymbol{e}_{i_l}\end{vmatrix}.\end{aligned}$$

注意到，当$1\leqslant l\leqslant n$时，由k重向量的性质式 5 及性质式 8 知，$0\leqslant\det A_{il}\leqslant 1$，因而$\arcsin\sqrt{\det A_{il}}$是有意义的.

又注意到，e_{i_i}与e_{i_j}的夹角与内二面角$\langle i_i,i_j\rangle$互补，则有

$$\boldsymbol{e}_{i_i}\cdot\boldsymbol{e}_{i_j}=-\cos\langle i_i,i_j\rangle\text{ 故}$$

$$\det A_{il}=\begin{vmatrix}1&-\cos\langle i_1,i_2\rangle&\cdots&-\cos\langle i_1,i_l\rangle\\\vdots&\vdots&&\vdots\\-\cos\langle i_l,i_1\rangle&-\cos\langle i_l,i_2\rangle&\cdots&1\end{vmatrix}$$

于是，设$\boldsymbol{e}_0,\boldsymbol{e}_1,\cdots,\boldsymbol{e}_n$依次是$n$维单形$\sum_{p(n+1)}$的顶点$P_0,P_1,\cdots$所对应的$n+1$个侧(界)面上的单位法向量. 任取其中$l(1\leqslant l\leqslant n)$个向量$\boldsymbol{e}_{i_1},\boldsymbol{e}_{i_2},\cdots,\boldsymbol{e}_{i_l}$所确定的$l$级顶点角. 此时，又可得如下两个公式，其证明可参见有关文献和资料.

$$V\left(\sum_{p(n+1)}\right)=\frac{1}{n}\left[(n-1)!\,|f_0|\cdots|f_{i-1}|\cdot|f_{i+1}|\cdots|f_n|\cdot\sin\theta_{i_n}\right]^{\frac{1}{n-1}}.\quad⑥$$

$$V\left(\sum_{p(n+1)}\right)=\frac{1}{n}\left|\frac{(n-1)!\prod_{i=1}^{n}|f_i|\cdot\sin\theta_{i_1,i_2,\cdots,i_l}}{(n-l)!\left(\prod_{i=1}^{n-l}|f_{j_i}|\right)\cdot|f_{j_0,j_1,\cdots,j_{n-1}}|}\right|^{\frac{1}{l-1}}.\quad⑦$$

其中$j_0<j_1<\cdots<j_{n-l}$和$i_1<i_2<\cdots<i_l$构成指标$0,1,\cdots,n$的一个全组.

特别地，当$n=3$时，

$$V_{四面体}=\frac{1}{3}S_{P_1}\cdot S_{P_2}\cdot S_{P_3}.$$

$$\sqrt{1-\cos^2\widehat{1,2}-\cos^2\widehat{2,3}-\cos^2\widehat{1,3}+2\cos\widehat{1,2}\cdot\cos\widehat{2,3}\cdot\cos\widehat{1,3}}.$$

9.6　单形中的射影定理、余弦定理、正弦定理

我们从三角形的射影定理、余弦定理、正弦定理来看 n 维单形的射影定理、余弦定理、正弦定理.

从三角形构成的条件,我们可知:设 $\boldsymbol{a},\boldsymbol{b},\boldsymbol{c}$ 是互不共线的平面向量,顺次将它们的始点与终点相连能构成三角形的充要条件是

$$\boldsymbol{a}+\boldsymbol{b}+\boldsymbol{c}=0. \qquad ①$$

我们从①式出发,可推导出三角形中的射影定理、余弦定理和正弦定理.

三角形射影定理及推导　对①式两边用模为 1 且方向与 $\boldsymbol{a},\boldsymbol{b},\boldsymbol{c}$ 之一相同的向量 $\boldsymbol{e}$ 作数量积,即

$$(\boldsymbol{a}+\boldsymbol{b}+\boldsymbol{c})\cdot\boldsymbol{e}=0\cdot\boldsymbol{e}=\boldsymbol{0}.$$

不妨设 $\boldsymbol{e}$ 与 $\boldsymbol{a}$ 的方向相同,则 $\boldsymbol{e}$ 与 $\boldsymbol{b}$ 所夹的角为 $180°-C$,$\boldsymbol{e}$ 与 $\boldsymbol{c}$ 所夹的角为 $180°-B$,则

$$\boldsymbol{a}+\boldsymbol{b}(180°-C)+\boldsymbol{c}\cdot\cos(180°-B)=0.$$

即有 $a=b\cdot\cos C+c\cdot\cos B$. 同理,有

$$b=a\cdot\cos C+c\cdot\cos A\ ,$$

$$c=a\cdot\cos B+b\cdot\cos A. \qquad ②$$

三角形余弦定理及推导　由①式,有 $\boldsymbol{a}=-(\boldsymbol{b}+\boldsymbol{c})$. 对此式两边作数量积,$\boldsymbol{a}\cdot\boldsymbol{a}=[-(\boldsymbol{b}+\boldsymbol{c})]\cdot[-(\boldsymbol{b}+\boldsymbol{c})]$,即 $a^2=b^2+c^2-2\boldsymbol{b}\cdot\boldsymbol{c}$,而 $\boldsymbol{b}$ 与 $\boldsymbol{c}$ 所夹的角为 $180°-A$. 故 $a^2=b^2+c^2-2bc\cdot\cos A$. 同理

$$b^2=a^2+c^2-2ac\cdot\cos B\ ,$$

$$c^2=a^2+b^2-2ab\cdot\cos C. \qquad ③$$

三角形余弦定理的推论　若 $\boldsymbol{a}\perp\boldsymbol{b}$,则 $c^2=a^2+b^2$. ④

三角形正弦定理及推导　对①,两边用模为 1 且方向与 $\boldsymbol{a},\boldsymbol{b},\boldsymbol{c}$ 之一垂直的向量 $\boldsymbol{e}$ 作数量积,不妨设 $\boldsymbol{e}$ 与 $\boldsymbol{a}$ 垂直,即

$$(\boldsymbol{a}+\boldsymbol{b}+\boldsymbol{c})\cdot\boldsymbol{e}=0\cdot\boldsymbol{e}=0.$$

当$\angle C<90°$时,由数量积定义,有

$$b\cdot\cos(90°-C)+c\cdot\cos(90°+B)=0;$$

当$\angle C\geqslant 90°$时,由数量积定义,有

$$b\cdot\cos(C-90°)+c\cdot\cos(90°+B)=0.$$

两种情形，均有$\frac{b}{\sin B}=\frac{c}{\sin C}$. 同理，有

$$\frac{a}{\sin A}=\frac{b}{\sin B},\frac{a}{\sin A}=\frac{c}{\sin C}.$$

故

$$\frac{a}{\sin A}=\frac{b}{\sin B}=\frac{c}{\sin C}=\frac{a}{\frac{2S_{\Delta}}{bc}}=\frac{abc}{2\cdot\frac{abc}{4R_2}}=2R_2, \tag{⑤}$$

其中 R_2 为$\triangle ABC$ 的外接圆半径.

从 E^n 中 n 维单形构成的条件，我们可知：对于空间 E^n 中的 $n+1$ 个点 P_0，P_1，…，P_n，令

$$\overrightarrow{P_0P_i}=\boldsymbol{p}_i\quad(i=1,2,\cdots,n),$$

$$2\boldsymbol{a}_i=(-1)^i\boldsymbol{p}_1\wedge\cdots\wedge\boldsymbol{p}_{i-1}\wedge\boldsymbol{p}_{i+1}\wedge\cdots\wedge\boldsymbol{p}_k\quad(i=1,2,\cdots,n),$$

则点 $P_0,P_1,\cdots,P_n$ 为 n 维单形的顶点的充要条件是

$$2\boldsymbol{a}_0=(\boldsymbol{p}_2-\boldsymbol{p}_1)\wedge(\boldsymbol{p}_3-\boldsymbol{p}_1)\wedge(\boldsymbol{p}_k-\boldsymbol{p}_1),$$

即

$$\boldsymbol{\alpha}_0+\boldsymbol{\alpha}_1+\cdots+\boldsymbol{\alpha}_n=0. \tag{⑥}$$

n 维单形射影定理及推导　由 9.5 节单形体积公式①，有$|f_i|=\frac{1}{(n-1)!}|\boldsymbol{\alpha}_i|$.

注意 n 维单形的侧面 f_i 与 f_j 所成内二面角$\langle i,j\rangle$和向量 $\boldsymbol{\alpha}_i$ 与 $\boldsymbol{\alpha}_j$ 所夹的角 $\widehat{i,j}$ 互补，有

$$\cos\langle i,j\rangle=\cos(180^\circ-\widehat{i,j})=-\cos\widehat{i,j}=-\frac{\boldsymbol{\alpha}_i\cdot\boldsymbol{\alpha}_j}{|\boldsymbol{\alpha}_i|\cdot|\boldsymbol{\alpha}_j|}.$$

从而

$$\begin{aligned}\sum_{\substack{j=0\\j\neq i}}^{n}|f_j|\cdot\cos\langle i,j\rangle&=\sum_{\substack{j=0\\j\neq i}}^{n}\frac{1}{(n-1)!}|\boldsymbol{\alpha}_i|\cdot\frac{-\boldsymbol{\alpha}_i\cdot\boldsymbol{\alpha}_j}{|\boldsymbol{\alpha}_i|\cdot|\boldsymbol{\alpha}_j|}\\&=\sum_{\substack{j=0\\j\neq i}}^{n}\frac{-\boldsymbol{\alpha}_i\cdot\boldsymbol{\alpha}_j}{[(n-1)!]^2\cdot|f_i|}\\&=\frac{-1}{[(n-1)!]^2\cdot|f_i|}\left(\boldsymbol{\alpha}_i\cdot\sum_{\substack{j=0\\j\neq i}}^{n}\boldsymbol{\alpha}_i\right)\\&\xlongequal{\text{应用⑥式}}\frac{-1}{[(n-1)!]^2\cdot|f_i|}\cdot[\boldsymbol{\alpha}_i\cdot(-\boldsymbol{\alpha}_i)]\\&=\frac{|\boldsymbol{\alpha}_i|^2}{[(n-1)!]^2\cdot|f_i|}=|f_i|,\end{aligned}$$

即

$$|f_i|=\sum_{\substack{j=0\\j\neq i}}^{n}|f_j|\cdot\cos\langle i,j\rangle\quad(i=0,1,\cdots,n).\qquad ⑦$$

显然,当 $n=2$ 时,⑦式即为三角形中的射影定理 $a=b\cdot\cos C+c\cdot\cos B$ 等 3 式.当 $n=3$ 时,⑦式即为四面体中的射影定理 $S_0=S_1\cdot\cos\langle 0,1\rangle+S_2\cdot\cos\langle 0,2\rangle+S_3\cdot\cos\langle 0,3\rangle$等 4 式.

***n* 维单形射影定理的推论 1**

$$|f_i|<\sum_{\substack{j=0\\j\neq i}}^{n}|f_j|\quad(i=0,1,\cdots,n).\qquad ⑧$$

***n* 维单形射影定理的推论 2**

$$\det A_k=\begin{bmatrix}1 & & -\cos\langle i,j\rangle\\ & \ddots & \\ -\cos\langle i,j\rangle & & 1\end{bmatrix}=0.$$

证明:由射影定理,对 $i=0,1,\cdots,n$ 得方程组

$$\begin{cases}|f_0|-|f_1|\cdot\cos\langle 0,1\rangle-\cdots-|f_n|\cdot\cos\langle 0,n\rangle=0,\\ -|f_0|\cdot\cos\langle 1,0\rangle+|f_1|-\cdots-|f_n|\cdot\cos\langle 0,n\rangle=0,\\ \cdots\cdots\cdots\\ -|f_0|\cdot\cos\langle n,0\rangle-|f_1|\cdot\cos\langle n,1\rangle-\cdots+|f_n|=0.\end{cases}$$

这是关于$|f_0|,|f_1|,\cdots,|f_n|$的线性齐次方程组,系数行列式值为 0,故 $\det A_k=0$.

特别地,当 $n=2$ 时,有

$$\det A_2=\begin{bmatrix}1 & -\cos C & -\cos B\\ -\cos C & 1 & -\cos A\\ -\cos B & -\cos A & 1\end{bmatrix}=0,$$

即　$\cos^2A+\cos^2B+\cos^2C=1-2\cos A\cdot\cos B\cdot\cos C$.

***n* 维单形余弦定理及推导**　由正弦定理推导中的⑥式,即

$$\boldsymbol{\alpha}_l=-\boldsymbol{\alpha}_0-\cdots-\boldsymbol{\alpha}_{l-1}-\boldsymbol{\alpha}_{l+1}-\cdots-\boldsymbol{\alpha}_n=-\sum_{\substack{j=0\\j\neq l}}^{n}\boldsymbol{\alpha}_j\quad(l=0,1,\cdots,n).$$

上式两边用 $\boldsymbol{\alpha}_l$ 作数量积,得

$$|\boldsymbol{\alpha}_l|^2=\Big(-\sum_{\substack{j=0\\j\neq l}}^{n}\boldsymbol{\alpha}_j\Big)\cdot\Big(\sum_{\substack{j=0\\j\neq l}}^{n}\boldsymbol{\alpha}_j\Big)=\sum_{\substack{j=0\\j\neq l}}^{n}|\boldsymbol{\alpha}_j|^2+2\sum_{0\leqslant i<j\leqslant n}(\boldsymbol{\alpha}_i\cdot\boldsymbol{\alpha}_j)$$

$$\xlongequal{\text{应用⑥式}} \sum_{\substack{j=0\\ j\neq l}}^{n} |\boldsymbol{\alpha}_j|^2 + 2\sum_{0\leqslant i<j\leqslant n}(-|\boldsymbol{\alpha}_i|\cdot|\boldsymbol{\alpha}_j|\cdot\cos\langle i,j\rangle).$$

故

$$[(n-1)!]^2|f_l|^2$$
$$=[(n-1)!]^2\sum_{\substack{j=0\\ j\neq l}}^{n}|f_l|^2-2\sum_{\substack{0\leqslant i<j\leqslant n\\ i,j\neq l}}\{[(n-1)!]^2|f_i||f_j|\cos\langle i,j\rangle\},$$

即

$$|f_l|^2=\sum_{\substack{j=0\\ j\neq l}}^{n}|f_j|^2-2\sum_{\substack{0\leqslant i<j\leqslant n\\ i,j\neq l}}(|f_i||f_j|\cos\langle i,j\rangle)\quad(l=0,1,\cdots,n).\qquad ⑨$$

显然，当 $n=2$ 时，⑨式为三角形的余弦定理 $a^2=b^2+c^2-2bc\cdot\cos A$ 等 3 式.

当 $n=3$ 时，上式为四面体中的余弦定理

$$S_0^2=S_1^2+S_2^2+S_3^2-2S_1S_2\cdot\cos\langle 1,2\rangle-2S_1S_3\cdot\cos\langle 1,3\rangle-2S_2S_2\cdot\cos\langle 2,3\rangle$$

等 4 式.

n 维单形余弦定理的推论 1　n 维单形 $\sum_{p(n+1)}$ 在顶点处 $P_l(0\leqslant l\leqslant n)$ 的 n 个侧面（$n-1$ 维单形）两两正交（即当 $i,j\neq 1$ 时，$\langle i,j\rangle=90°$），则

$$|f_l|^2=\sum_{\substack{j=0\\ j\neq l}}^{n}|f_j|^2,(l=0,1,\cdots,n).\qquad ⑩$$

显然，当 $n=2$，即为直角三角形的勾股定理.

当 $n=3$ 时，即为直角四面体的勾股定理.

n 维单形余弦定理的推论 2　（由 $n+1$ 个余弦⑨式相加）n 维单形 $\sum_{p(n+1)}$ 中有

$$\sum_{i=0}^{n}|f_i|^2-2\sum_{0\leqslant i<j\leqslant n}|f_i|\cdot|f_j|\cdot\cos\langle i,j\rangle=0.\qquad ⑪$$

显然，当 $n=2$ 时，有

$$a^2+b^2+c^2-2ab\cdot\cos C-2ac\cdot\cos B-2bc\cdot\cos A=0.$$

n 维单形正弦定理及推导　我们由 9.5 节单形体积公式⑥式，即得

$$\frac{|f_0|}{\sin\theta_{0_n}}=\frac{|f_1|}{\sin\theta_{1_n}}=\cdots=\frac{|f_n|}{\sin\theta_{n_n}}=\frac{(n-1)!\prod_{i=0}^{n}|f_i|}{[n\cdot V(\sum_{p(n+1)})]^{n-1}}.\qquad ⑫$$

其中 $|f_i|$ 是 n 维单形 $\sum_{p(n+1)}$ 的顶点 $P_i(i=0,1,\cdots,n)$ 所对的界面（侧面）的 $n-1$ 维体积，θ_{i_n} 是顶点 $P_i(i=0,1,\cdots,n)$ 处的 n 级顶点角.

显然，当 $n=2$ 时，有 $\dfrac{a}{\sin A}=\dfrac{b}{\sin B}=\dfrac{c}{\sin C}=\dfrac{abc}{2\cdot\dfrac{abc}{4R_2}}=2R_2$.

此即为三角形正弦定理. 但问题是：对 $n>2$，②式中的比例不变量不能表为 $c\cdot R_n^s$ 的类型（这里，c，s 表仅与单形维数有关的常数）. 因此，②式所示的比例关系，就单形 $\sum_{p(n+1)}$ 的外接超球半径 R_n 而言，不仅在形式上高维与二维尚欠统一，且致使其在应用上也受到限制. 因此，希望能改进上述高维单形正弦定理.

为此，我们又考察三角形中与顶角有等量关系的角，设 O 为 $\triangle P_0P_1P_2$ 的外心，连 OP_0，OP_1，OP_2，则知 $\angle P_0=\dfrac{1}{2}\angle P_1OP_2$，$\angle P_1=\dfrac{1}{2}\angle P_0OP_2$，$\angle P_2=\dfrac{1}{2}\angle P_0OP_1$，并改记为 $\theta_{P_0}=\dfrac{1}{2}\alpha_{12}$，，$\theta_{P_1}=\dfrac{1}{2}\alpha_{02}$，$\theta_{P_2}=\dfrac{1}{2}\alpha_{01}$，又记 $\rho_{ij}=P_iP_j$（$0\leqslant i$，$j\leqslant 3$）则三角形正弦定理为

$$\frac{P_1P_2}{\sin\theta_{P_0}}=\frac{P_0P_2}{\sin\theta_{P_1}}=\frac{P_0P_1}{\sin\theta_{P_2}}=2R_2.$$

可改记为 $\dfrac{\rho_{12}}{\sin\dfrac{\alpha_{12}}{2}}=\dfrac{\rho_{02}\alpha_{02}}{\sin\dfrac{\alpha_{02}}{2}}=\dfrac{\rho_{01}\alpha_{01}}{\sin\dfrac{\alpha_{01}}{2}}=2R_2$.

在欧氏空间 E^n 中，设 O 为 n 维单形 $\sum_{p(n+1)}=\{P_0,P_1,\cdots,P_n\}$ 的外接超球的球心，其半径为 R_n，OP_i 与 OP_j 的夹角记为 α_{ij}（$0\leqslant i,j\leqslant n$），则称 $\sqrt{-M_k}$ 为 n 维单形 $\sum_{p(n+1)}$ 在顶点 P_k 的顶点角 θ_{P_k} 的正弦值，记作 $\sin\theta_{P_k}=\sqrt{-M_k}$，其中

$$M_k=\begin{vmatrix}0 & 1 & \cdots & 1\\ 1 & & & \\ \vdots & & -\dfrac{1}{2}\sin^2\dfrac{\alpha_{ij}}{2} & \\ 1 & & & \end{vmatrix},$$

$$0\leqslant i,j\leqslant n,i,j\neq k,k\neq 0,1,\cdots,n.$$

因为 $\rho_{ij}=P_iP_j=2R_n\cdot\sin\dfrac{\alpha_{ij}}{2}$，所以有 $\sin\dfrac{\alpha_{ij}}{2}=\dfrac{\rho_{ij}}{2R_n}$，于是

$$M_k=\begin{vmatrix}0 & 1 & \cdots & 1\\ 0 & & & \\ \vdots & & -\dfrac{1}{8R_n^2}\cdot\rho_{ij}^2 & \\ 1 & & & \end{vmatrix}=(-1)^{n-1}\frac{1}{(8R_n^2)}\begin{vmatrix}0 & 1 & \cdots & 1\\ 1 & & & \\ \vdots & & \rho_{ij}^2 & \\ 1 & & & \end{vmatrix}.$$

其中 $0\leqslant i,j\leqslant n,i,j\neq k,k\neq 0,1,\cdots,n$,

如果记 $\begin{vmatrix} 0 & 1 & \cdots & 1 \\ 1 & & & \\ \cdots & & \rho_{ij}^2 & \\ 1 & & & \end{vmatrix}=D_k$，则有 $\sin\theta_{P_k}=\dfrac{(n-1)!}{2(R_n)^{n-1}}\cdot\sqrt{\dfrac{(-1)^n D_k}{2^{n-1}\cdot(n-1)!^2}}$. 再由 9.5 节单形的体积公式⑤，立即可得 n 维单形的正弦定理

$$\frac{|f_k|}{\sin\theta_{P_k}}=\frac{2(R_n)^{n-1}}{(n-1)!}\quad(0\leqslant k\leqslant n). \tag{13}$$

特别地，当 $n=2$ 时，有 $\dfrac{a}{\sin\theta_A}=\dfrac{b}{\sin\theta_B}=\dfrac{c}{\sin\theta_C}=2R_2$，即

$$\frac{a}{\sin A}=\frac{b}{\sin B}=\frac{c}{\sin C}=2R_2.$$

当 $n=3$ 时，$\dfrac{S_{P_0}}{\sin\theta_{P_0}}=\dfrac{S_{P_1}}{\sin\theta_{P_1}}=\dfrac{S_{P_2}}{\sin\theta_{P_2}}=2R_3^2$.

9.7　关于单形的几个重要不等式

三角形中的很多不等式，可以推广到 n 维单形中去. 利用这些几何不等式解极值问题有很大的优越性，因为几何不等式受一定条件约束，而条件极值问题如果运用分析中的拉格朗日乘数法求解，往往复杂得令人望而却步. 另一方面，利用计算机证明几何问题，对于几何不等式目前还有一定的困难，所以单形中有关不等式的研究至今还是一个热门课题. 当然，我们必须十分重视不等式中等号成立的条件，否则不好用来解决极值问题.

9.7.1　关于单形的顶点角的不等式(蒋星耀 1987 年证)

$$\sum_{k=0}^{n}\sin^2\theta_{k_n}\leqslant\left(1+\frac{1}{n}\right)^n<\mathrm{e}. \tag{1}$$

其中等号成立的充要条件是单形为正则单形，e=2.71828….

证明：$\sin^2\theta_{k_n}=|A_k|$ 是半正定矩阵

$$A=\begin{bmatrix} 1 & & -\cos\langle i,j\rangle \\ & \ddots & \\ -\cos\langle i,j\rangle & & 1 \end{bmatrix}$$

的主子阵的行列式(见 9.5 节 n 级顶点角概念). A 的特征方程

$$\det(A-E)=0$$

是关于 λ 的 $n+1$ 次方程

$$\lambda^{n+1}+c_1\lambda^n+\cdots+c_n\lambda+cn=1=0.$$

其中$|c_1|=n+1$,$|c_n|=\sum_{k=0}^{n}|A_k|=\sum_{k=0}^{n}\sin^2\theta_{k_n}$,$|c_{n+1}|=|A|=0$. 因此特征方程可以改记为

$$\lambda^n+c_1\lambda^{n-1}+\cdots+c_n=0.$$

由于A是半正定的,这个方程有n个非负实根$\lambda_1,\lambda_2,\cdots,\lambda_n$,根据韦达定理有

$$\lambda_1\lambda_2\cdots\lambda_n=|c_n|,\lambda_1+\lambda_2+\cdots+\lambda_n=|c_1|.$$

因此有

$$|c_n|^{\frac{1}{2}}\leqslant\frac{1}{n}|c_1|=\frac{n+1}{n},$$

故有

$$\sum_{k=0}^{n}\sin^2\theta_{k_n}\leqslant\left(\frac{n+1}{n}\right)^n.$$

其中等号成立的充要条件是A的特征根除一个为 0 外,其余n个皆等于$\frac{n+1}{n}$.

可以证明,当矩阵A的特征根$\lambda_1=\cdots=\lambda_n=\frac{n+1}{n}$,$\lambda_{n+1}=0$时,单形$A_n$必为正则单形.

9.7.2 关于单形体积 V 与侧面积$|f_n|$的不等式(张景中,杨路 1981 年证)

$$V\left(\sum\nolimits_{p(n+1)}\right)\leqslant\sqrt{n+1}\left(\frac{n!^2}{n^{3n}}\right)^{\frac{1}{2(n-1)}}\prod_{k=0}^{n}|f_n|^{\frac{n}{n^2-1}},\qquad ②$$

其中等号当且仅当单形为正则单形时成立.

证明:由 9.5 节体积公式⑥得

$$\sum_{k=0}^{n}\sin^2\theta_{k_n}=\frac{(nV)^{2n-2}}{(n-1)!^2\prod_{k=0}^{n}|f_k|^2}\prod_{k=0}^{n}|f_k|^2,$$

所以,

$$\left(\frac{n+1}{n}\right)^n\geqslant\frac{(nV)^{2n-2}}{(n-1)!^2\prod_{k=0}^{n}|f_k|^2}(n+1)\prod_{k=0}^{n}|f_k|^{\frac{2}{n+1}}.$$

整理便得式②运用不等式②和数学归纳法不难证明下面的一些不等式.

9.7.3 关于单形体积 V 与棱长ρ_{ij}的不等式

1970 年 Veljan,D. 猜想,1974 年 Korchmaros 证明

$$n!V\leqslant\left(\frac{n+1}{2^n}\right)^{\frac{1}{2}}\prod_{0\leqslant i<j\leqslant n}\rho_{ij}^{\frac{2}{n+1}},\qquad ③$$

其中等号当且仅当单形为正则单形时成立.

9.7.4 关于单形外接超球半径 R_n 的两个不等式

（Ⅰ）
$$R_n \leqslant \left(\frac{n}{2^{n+1}}\right)^{\frac{1}{2}} \frac{1}{nV} \prod_{0\leqslant i<j\leqslant n} \rho_{ij}^{\frac{2}{n}}. \qquad ④$$

等号当且仅当所有的 $\frac{\rho_{ij}}{\rho_{0i}\rho_{0j}}(i\neq j, i, j=0,\cdots,n)$ 都相等时成立.

证明：由 9.3 节⑧式及 9.6 节⑫式，有
$$R_n^2 = -\det\left(-\frac{1}{2}\rho_{ij}^2\right)/(n!V)^2,$$

因为 $-\det\left(-\frac{1}{2}\rho_{ij}^2\right) = -\left(\frac{-1}{2}\right)^{n+1}\det(\rho_{ij}^2)$，而
$$|\det(\rho_{ij}^2)| \leqslant n \prod_{0\leqslant i<j\leqslant n} \rho_{ij}^{\frac{4}{n}},$$

此式的证明见中国科技大学学报 11(1981)4. 127～130，杨路、张景中，一个代数定理的几何证明，其中等号成立的充要条件是所有的 $\frac{\rho_{ij}}{\rho_{0i}\rho_{0j}}(i\neq j, i, j=0,\cdots,n)$ 都相等，故有
$$R_n^2 \leqslant \frac{n}{2^{n+1}} \prod_{0\leqslant i<j\leqslant n} \rho_{ij}^{\frac{4}{n}}/(n!V)^2.$$

（Ⅱ）
$$\prod_{0\leqslant i<j\leqslant n}^{n} \rho_{ij}^2 \leqslant (n+1)^2 R_n^2. \qquad ⑤$$

其中等号成立的充要条件是单形的外心与其重心重合.

证明：取单形 $P_0P_1\cdots P_n$ 的外心 O 为原点，则 $|OP_i|=R$，重心 $G=\frac{1}{n+1}\sum_{i=0}^{n} p_i$，应用恒等式
$$\left(\sum_{k=0}^{n} \boldsymbol{p}_i\right)^2 + \sum_{0\leqslant i<j\leqslant n} (\rho_{ij}^2 = (n+1))\sum_{i=0}^{n} R_n^2,$$

即得 $(n+1)^2|OG|^2 + \prod_{0\leqslant i<j\leqslant n} \rho_{ij}^2 = (n+1)^2 R_n^2$. 故⑤式成立.

值得指出，不要因为不等式⑤的证明既简单又初等而小看它，就二维的情况来说，⑤式就是有关三角形的三边长 a,b,c 与外接圆半径 R 的不等式；
$$a^2+b^2+c^2 \leqslant 9R_2^2.$$

由它运用关系式：$\sqrt[3]{abc} \leqslant \frac{a+b+c}{3} \leqslant \sqrt{\frac{a^2+b^2+c^2}{3}}$ 和 $2R_2 = \frac{abc}{2\Delta} = \frac{a}{\sin A} = \frac{b}{\sin B} = \frac{c}{\sin C}$，可以立刻导出许多熟知的不等式，例如：

$$a+b+c\leqslant 3\sqrt{3}R_2,$$

$$S_\Delta\leqslant\frac{\sqrt{3}}{4}(abc)^{\frac{2}{3}}\quad(\text{这也是 ③ 式中 } n=2 \text{ 的情形}),$$

$$abc\leqslant 3\sqrt{3}R_2^3\quad\left(\text{即 }\sin A\sin B\sin C\leqslant\left(\frac{\sqrt{3}}{2}\right)^3\right),$$

$$4\sqrt{3}S_\Delta\leqslant a^2+b^2+c^2\quad(1919\text{ 年 Weitzenbock 不等式}).$$

还要指出,也可以由不等式④、⑤而直接证明不等式③.

9.7.5 关于单形的二面角的不等式(尹景尧,苏化明 1987 年证)

由矩阵 A 是半正定的便知,对任意实数 $x_i(i=0,\cdots,n)$ 和单形的内二面角 $\langle i,j\rangle$,恒有

$$\sum_{k=0}^{n}x_k^2\geqslant 2\sum_{0\leqslant i<j\leqslant n}x_ix_j\cos\langle i,j\rangle, \tag{⑥}$$

其中等号成立的充要条件是单形的侧面积 $|f_k|$ 或

$$|A_k|^{\frac{1}{2}}=\begin{bmatrix}1 & & -\cos\langle i,j\rangle\\ & \ddots & \\ -\cos\langle i,j\rangle & & 1\end{bmatrix},$$

$(0\leqslant i,j\leqslant n,i,j\neq k,k=0,1,\cdots,n)$ 与 x_k 的比值都相等.

特别地,当所有的 x_k 取 1 时,即得

$$\sum_{0\leqslant i<j\leqslant n}\cos\langle i,j\rangle\leqslant\frac{n+1}{2}, \tag{⑦}$$

其中等号成立的充要条件是 $\langle i,j\rangle$ 为等面单形的内二面角.

习　题　9

1. 试给出 n 维空间向量的基本定理的证明.

2. 令 $\boldsymbol{\alpha}=(1,1,2)$,$\boldsymbol{\beta}=(2,1,2)$,$\boldsymbol{\gamma}=(2,2,1)$,计算 $(\boldsymbol{\beta}\times\boldsymbol{\gamma})\cdot\boldsymbol{\alpha}$ 及 $(\boldsymbol{\gamma}\times\boldsymbol{\alpha})\cdot\boldsymbol{\beta}$.

3. 试证:A,B,C,D 四点共面的充要条件是,存在非零实数 $\lambda_1,\lambda_2,\lambda_3,\lambda_4$,使得 $\lambda_1\boldsymbol{A}+\lambda_2\boldsymbol{B}+\lambda_3\boldsymbol{C}+\lambda_4\boldsymbol{D}=0$,且 $\lambda_1+\lambda_2+\lambda_3+\lambda_4=0$.

4. 试证:在 E^n 中,$n+1$ 个相异点 $P_0,P_1,\cdots,P_n$ 共 $n-1$ 维超平面的充要条件是存在不全为零的实数 $\lambda_i(i=0,1,\cdots,n)$,有 $\sum_{i=0}^{n}\lambda_i\boldsymbol{P}_i=0$ 且 $\sum_{i=0}^{n}\lambda_i=1$.

5. 用点距关系证明勾股定理.

6. 设 O,I 分别为 $\triangle ABC$ 的外心与内心,R,r 分别为外接圆、内切圆半径,求证 $OI^2=R^2-2Rr$.

7. 试证明 9.5 节性质 8.

8. 试证明 9.5 节②式.

9. 试证明 9.5 节⑤式.

10. 试用四面体的射影定理推导四面体余弦定理.

11. 试推导出 n 维单形的正弦定理的其他形式.

12. 用另法证明 9.7 节②式.

13. 试证明 9.7 节⑥式.

参考文献及进一步阅读的资料

沈文选. 2000. 单形论导引——三角形的高维推广研究. 长沙:湖南师范大学出版社

杨路,张景中. 关于有限点集的一类几何不等式. 数学学报,1980(5):740～749

冷岗松. 关于 k 级顶点角的正弦定理及应用. 数学杂志,1993(3)

第10章　中学几何的实用问题研究

中学几何知识,作为我们对所生活的空间进行了解、描述和与之相互影响的一种工具,也许是数学中最为直观具体并与实际关系最为密切的部分.

10.1　实际生活中几何问题背景探索

10.1.1　我们生活在几何形体的世界中

我们生活的世界充满着千姿百态的形体,其中,既有大自然经过亿万年精雕细刻的得意杰作,也有千百年来人类智慧的结晶.

抬头不见低头见的三角形、四边形等多边形以及圆与球——最简单的几种形状,不仅是大自然的宠儿,也是现代文明所离不开的.这几种图形,弥散在我们周围世界的各个角落里,整个宇宙无处没有它们的行迹.

从日常生活到工农业生产,到处都可以找到几何原理的具体事例,人们走路总要走直路,不走弯路,因为两点之间以直线距离为最短.

我们身边的书、练习本、黑板、房屋、门、窗、桌子、座椅、书架、床、衣柜等都是矩形的或长方体形态的;农舍的房顶,房屋顶上的人字梁架、修建房屋的脚手架、支撑高压电线的铁塔架、很多广告牌的支架、火车硬卧铺的支架、房屋墙壁上放物品的支撑架等都是三角形的;窗户上的风钩,也是利用三角形稳定性原理制作的;门与窗的活动铁护栏的连结栓、活动门栅等都是菱形的;木(或竹)梯、台扇的底座、玻璃杯及提水桶的轴裁面等都是梯形的;硬币、车轮、纽扣、锅、碗、瓢、盆、杯、碟、缸、桶等圆形的器件既美观,又易于制作,还节省原材料;从小至肉眼看不见的原子、电子,大到人类赖以生存的地球、太阳,乃至整个宇宙天地,无一不与球形发生着密切的联系.

再看我们的身体,人的眼珠是球状的;食管、气管、血管的横截面是圆的;动物的外形,如蚯蚓、蛇、鳝鱼等身体的中段外形像一个圆柱,尾部接上去的像一个圆锥,喜鹊、麻雀等小鸟,其小脑袋是圆球似的等等.植物更是离不开圆,其绝大多数植物的根、茎及果实的截面都是圆形的.又如汽车,火车的轮子也是圆形的,没有方的或扁的,这是因为圆周上任一点距圆心的距离都相等,这一性质使滑动变为滚动,在行走时也少颠簸,阻力也小多了.

物体运动最常见的是圆周运动,它把整个世界的运动统一在有序的和谐之中.车轮的飞转,把人们从这里运送到遥远的彼地;时针的旋转,度量着时光的流逝;机器的运转，创造着人类的财富和精神食粮；地球的自转和公转，带来了昼夜和春夏秋冬的交替.

10.1.2 展铺地面、墙面的多边形花砖

建筑物的墙壁或地面上，经常用一些形形色色的多边形花砖装饰起来，显得非常美观.

用多边形花砖铺设墙壁或地面时，必须满足下面的条件，即当若干个多边形的角的顶点集中在一点时，这些角的和恰好等于一个周角，也就是 360°. 这样在铺设时才能将地面或墙壁铺满而不留空隙.

下面，我们来看看用正多边形来铺设地面，即展铺平面的情形.

注意到多边形的内角和公式为$(n-2)\cdot 180°$，则知每个正 n 边形的一个内角的度数为$\frac{(n-2)\cdot 180°}{n}$.

一、用同一种的正多边形

假设 m 个正 n 边形的角的顶点集中在一点，则有下面的关系：

$$m\cdot\frac{(n-2)\cdot 180°}{n}=360°,$$

化简得$(m-2)(n-2)=4$.

由于 m,n 都是正整数，且 $m>2,n>2$，故 $m-2,n-2$ 也都是正整数，从而 m,n 的取值只能是如下三种情形(其中 n 表数组中数的值，m 表数的个数)：

(1) (6,6,6)；(2) (3,3,3,3,3,3)；(3) (4,4,4,4).

第(1)种情形是由三个正六边形拼成的，如图 10-1(a)；第(2)种情形是由六个正三角形拼成的，如图 10-1(b)；第(3)种情形是由四个正方形拼成的，如图10-1(c).

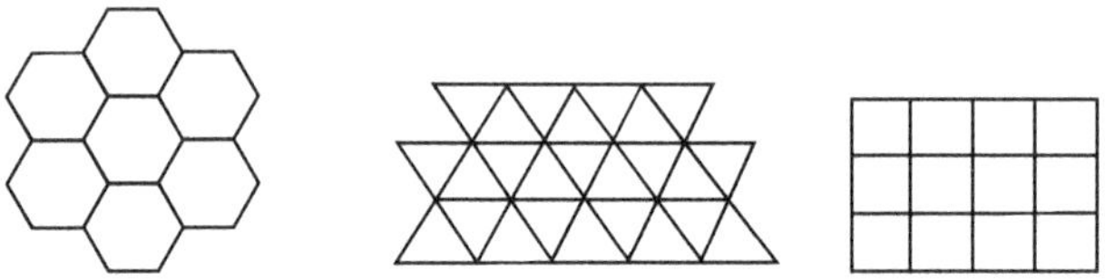

(a) (b) (c)

图 10-1

二、用两种正多边形

为了便于观察，我们把几种正多边形的每一个内角的度数列表见表 10.1.

表 10.1

正多边形边数	三	四	五	六	八	十	十二	二十
每一个内角度数	60	90	108	100	135	144	150	162

(1) 用正三角形和其他正多边形.

假若用一个正三角形,由于它的每个内角等于 60°,当这些多边形的顶点集中于一点时,它们的总和等于 360°,除正三角形的内角 60°,还剩下 300°,从上表可以看出,由于正十二边的内角 150°是 300°的约数,它们的商是 2,这样,用一个正三角形和两个十二边形可以铺满平面,如图 10-2(a).

假若用两个正三角形,它们的两个内角的和为 120°,用周角中减去 120°,还剩下 240°,从表中观察,由于正六边形的内角 120°是 240°的约数,它们的商是 2,这样,用两个正三角形及两个正六边形可以铺满平面,如图 10-2(b).

假若用三个正三角形,它们三个内角的和等于 180°,从周角中减去 180°,还剩 180°,从表中观察,由于正方形的内角 90°是 180°的约数,它们的商是 2.这样,用三个正三角形及两个正方形可以铺满平面,如图 10-2(c).

假若用四个正三角形,它们四个内角的和等于 240°,从周角中减去 240°,还剩 120°,从表中观察,由于正六边形的内角度数 120 是它的约数,它们的商是 1,这样,且四个正三角形及一个正六边形可以铺满平面,如图 10-2(d).

假若用五个正三角形,那么五个内角的和为 300°,从周角中减去 300°,还剩 60°,从表中看出,没有一个多边形,(除正三角形外)的内角的度数是 60 的约数,故不能用五个正三角形及另一个正多边形铺满平面.

假若用六个正三角形,虽可铺满平面,但不符合两种正多边形的前提条件.

由上可知,若用正三角形和其他正多边形铺地,只有以下四种情形(3,12,12);(3,3,6,6);(3,3,3,4,4);(3,3,3,3,6),如图 10-2.

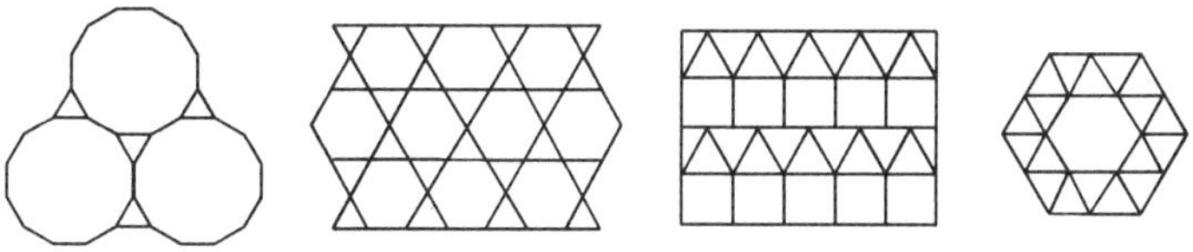

(a) (b) (c) (d)

图 10-2

(2) 由正方形和其他正多边形.

假若用一个正方形,它的一个内角等于 90°,用周角减去 90°,还剩 270°,从表中观察,正八边形的内角度数 135 是 270 的约数,它们的商是 2.这样,用一个正方形和两个正八边形可以铺满平面.如图 10-3.

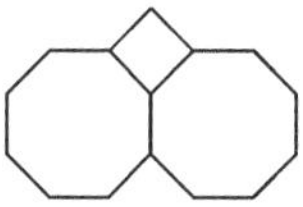

图 10-3

假若用两个正方形,或用四个正方形的情形只可能是再用三个正三角形或两个正方形,这均已包括在上面已讨论的情形中,若用三个正方形,则没有其他的正方形配合.

(3) 由正五边形和其他正多边形.

假若用一个正五边形，它的内角为 108°，从周角中减去 108°，还剩 252°，从表中看出，没有一种多边形的内角度数是 252 的约数，也就是说，用一个正五边形和其他的一种正多边形不能铺满平面. 同样道理，用两个或三个正五边形和其他的一种正多边形不能铺满平面.

(4) 由正六、八、十二边形和其他正多边形.

我们仿照前面的讨论方法，由正六、八、十二边形和其他一种正多边形能铺满平面的情形已包括在前面讨论的情形中，再没有新的情形. 由正十、二十边形和其他一种正多边形均不能铺满平面.

综上讨论，用两种正多边形铺设地面，只有如上五种情况，当然，在每种情形中，铺设的方法可能不是唯一的，例如：(3，3，6，6)除了图 10-2(b)的铺设方法外还有图 10-4 的铺设方法.

三、用三种正多边形

用三种正多边形铺设平面，情况比前面复杂得多，但仿照前面的讨论方法，也是不难找到铺设方法的，例如(3，4，4，6)；(3，3，4，12)；(4，6，12)；(4，5，20)等. 如图 10-5 就是其中的一种.

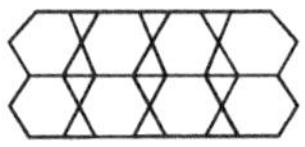

图 10-4

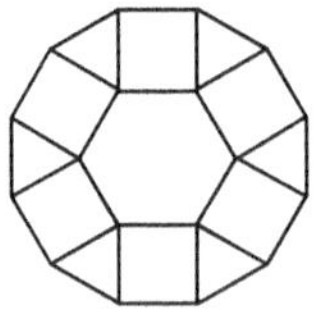

图 10-5

四、用其他图形

显然，我们不能用四种或四种以上的正多边形铺设平面，如果我们不是用正多边形，而用其他的图形，例如三角形，四边形、圆弧形等，是不是也能够铺满平面呢？下面就来讨论这个问题.

(1)所有相同的三角形都可以铺满地面。由于三角形三个内角和等于 180°，因此，两个三角形内角和等于 360°，这样，把一个三角形的三个角在同一点出现两次，便可铺满平面，如图 10-6(a).

(2)所有相同的四边形都可以铺满平面。由于四边形四个内角和等于 360°，因此，把四边形的四个内角集中于一点，便可铺满平面，如图 10-6(b).

(3)某些有规律的相同图形也可以铺满平面。例如如图 10-7 的一些基本图形也可以用来铺满平面.

由上可知，当你掌握了其中的规律，便可以自己设计许多美丽的图形，也可以在设计花布、设计花砖、设计墙壁纸等许多地方都会有用场.

(a)　　　　(b)

图 10-6

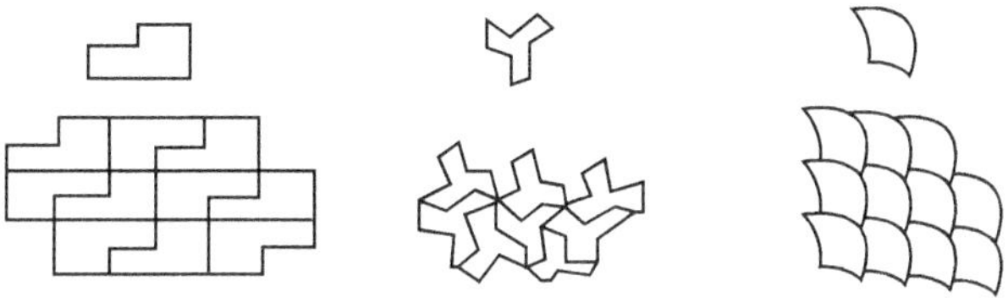

(a)　　　　(b)　　　　(c)

图 10-7

10.2 几何方法建模举例

日常生活中有些实际问题，常可以归结到几何模型去解决，建立几何模型求解生活中的实际问题是几何应用的一个重要方面.

10.2.1 把实际问题归结到几何模型上去

例 1 海岛 B 上有一座海拔 100m 的山，山顶 A 设有观察站，上午 11 时测得一轮船在岛北 60°东处，俯角 30°，11 时 10 分又测得该轮船在岛北 60°西处，俯角 60°，问：(1)这船的速度是多少 km/h？(2)如果船的航向与速度不变，它何时到达岛的正西方？

解：(1) 归结成几何模型，如图 10-8. 设上午 11 时船的位置在 C 处，11 时 10 分船在 D 处，则有 $AB\perp$ 平面 BCD，

$AB=1000\text{m}=1\text{km}$，$\angle BAC=60°$，$\angle BAD=30°$，

在 Rt$\triangle ABD$ 中，解得 $BC=\sqrt{3}\,\text{km}$，$BD=\sqrt{3}\,\text{km}$.

在$\triangle DBC$ 中，$\angle DBC=120°$，据余弦定理

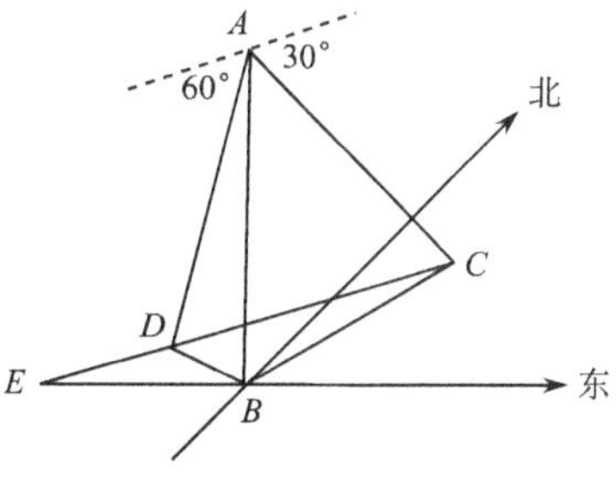

图 10-8

得 $CD=\dfrac{\sqrt{39}}{3}\text{km}$.

所以船速：$v=\frac{\sqrt{39}}{3}\div\frac{1}{6}=2\sqrt{39}$km/h.

(2) 设船沿 CD 从 D 处经时间 t 后到达岛的正西方 E 处，在△BDC 中，运用正弦定理得 $\sin\angle BDC=\frac{9\sqrt{39}}{2}$，$\cos\angle BDC=\frac{5\sqrt{3}}{2\sqrt{39}}$，所以 $\sin\angle CEB=\sin(\angle BDC-30°)=\frac{1}{\sqrt{13}}$. 在△$BDE$ 中，据正弦定理得 $DE=\frac{\sqrt{39}}{6}$km，所以 $t=1/12$h，即船于 11 时 15 分到达岛的正西方.

例 2　为测量建造中的电视塔已到达的高度，小明在学校操场的一直线上选择 A,B,C 三点，$AB=BC=60$m，且在 A,B,C 三点观察塔的最高点，测得仰角分别为 45°，54.2°，60°. 小明身高为 1.5m. 试问建造中的电视塔现在已到达的高度(结果保留一位小数).

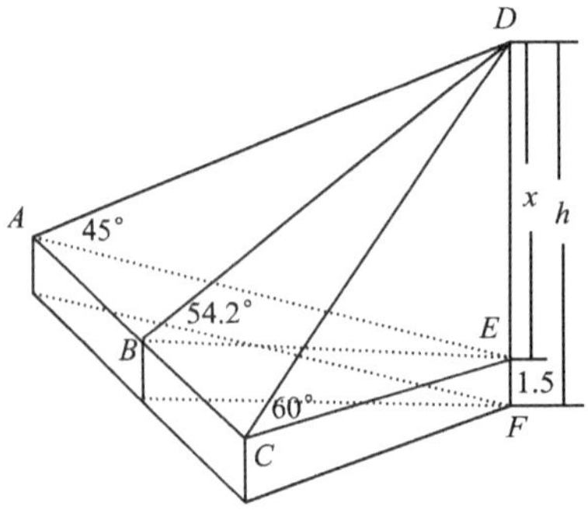

图 10-9

解：归结成几何模型，如图 10-9. 设塔高为 h，$DE=x$，则 $h=x+EF=x+1.5$. 由题意得 $AE=x$，$BE=x\cot 54.2°$，$CE=\frac{x}{\sqrt{3}}$.

对△ACE 和△BCE 用余弦定理得

$$\frac{120^2+\frac{x^2}{3}-x^2}{2\times 120\times\frac{x}{\sqrt{3}}}=\frac{60^2+\frac{x^2}{3}-(x\cot 54.2°)^2}{1\times 60\times\frac{x}{\sqrt{3}}}.$$

化简整理得 $x^2=\frac{7200}{\frac{4}{3}-2\cot^2 54.2°}$.

$x=156.75$. 故 $h=x+1.5=158.3$m.

例 3　科学植树的一个重要因素就是要考虑阳光对树生长的作用. 现在准备在一个朝正南方向倾角为 α 的斜坡上种树，假设树高为 h 米，当太阳在北偏东 β 而仰角为 γ 时，该树在坡面上的影长为多少米?

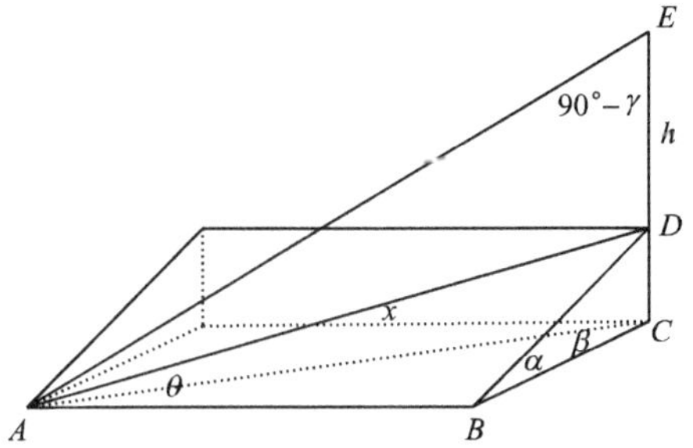

图 10-10

分析：归结成几何模型，如图 10-10. DE 是高度为 h 的树，斜坡 AD 朝正南方向，AB 为东西方向，BC 为南北方向. $\angle CBD=\alpha$，$\angle ACB=\beta$，$\angle AEC=90°-\gamma$，

影长 $AD=x$ 为未知量. 但 x 难以直接与上述诸已知量发生联系，故设$\angle DAC=\theta$ 为辅助未知量，以揭示 x 与诸已知量之间的数量关系，作为沟通桥梁.

解：在$\triangle ADE$ 中，$\dfrac{h}{\sin(\gamma-\theta)}=\dfrac{x}{\sin(90^\circ-\gamma)}$. 即

$$\frac{x}{\cos\gamma}=\frac{h}{\sin(\gamma-\theta)}. \tag{①}$$

在$\triangle ACD$ 中，$CD=x\sin\theta$，$AC=x\cos\theta$. 在$\triangle ABC$ 中，$BC=AC\cos\beta=x\cos\theta\cos\beta$. 在$\triangle BCD$ 中，

$$\tan\alpha=\frac{CD}{BC}=\frac{\tan\theta}{\cos\beta}. \tag{②}$$

由①式推得

$$x=\frac{h\cos\gamma}{\sin(\gamma-\theta)}. \tag{③}$$

由②式推得

$$\tan\theta=\tan\alpha\cos\beta，即\ \theta=\arctan(\tan\alpha\cos\beta).$$

代入③式即得树在坡面上的影长.

例 4　炎热的夏天，市场上的商贩为遮挡火辣辣的太阳，纷纷搭起了简易遮阳棚. 利用现有材料做成的棚顶的形状是边长分别为 $AC=3\text{m}$，$BC=4\text{m}$，$AB=5\text{m}$ 的三角形，且最长边 AB 放在一堵南北方向的墙上(如图 10-11)经考察，当太阳光线从正西方射出且与地面成 75°角时，气温最高，要使用此时的遮阳面积最大，棚顶 ABC 与水平面所成角为多少度？

解：归结成几何模型，如图 10-12. 设遮阳棚 ABC 所在平面为α，地面为β，棚顶 AB 边放在地面上，则$\triangle ABD$ 为遮阳棚的阴影，由已知条件知 $CD\perp AB$. 作 $CE\perp AB$，垂足为 E，连结 ED，则 $AB\perp$平面 CDE，因此$\angle CED$ 为二面角 α-AB-β 的平面角.

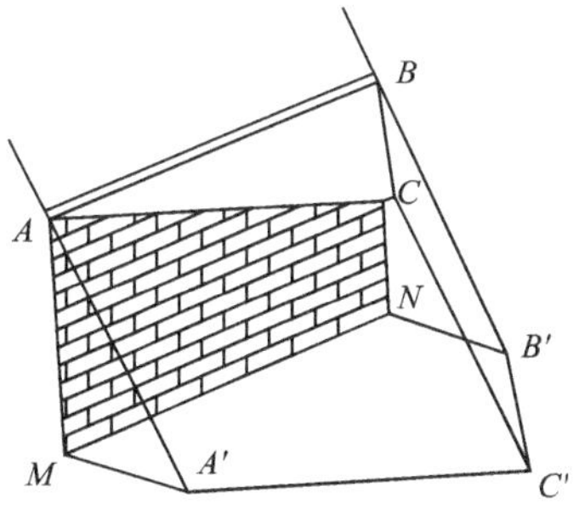

图 10-11

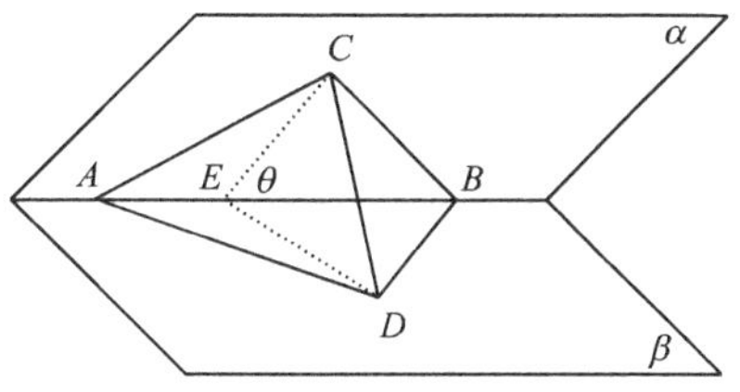

图 10-12

令$\angle CED=\theta$. 由于 $AB\perp$平面 CED,所以平面 $ABD\perp$平面 CED,故$\angle CDE$即为CD 与平面β 所成角. $\angle CDE=75^\circ$.

在$\triangle CED$ 中,根据正弦定理 $\frac{CE}{\sin75^\circ}=\frac{DE}{\sin(180^\circ-75^\circ-\theta)}$,即 $DE=\frac{CE\cdot\sin(105^\circ-\theta)}{\sin75^\circ}$.

又由已知条件$\triangle ABC$ 是直角三角形,根据射影定理可得 $CE=\frac{12}{5}$. 所以

$$\begin{aligned}S_{\triangle ADB}&=\frac{1}{2}AB\cdot DE\\&=\frac{1}{2}\cdot 5\cdot\frac{\frac{12}{5}\sin(105^\circ-\theta)}{\sin75^\circ}\\&=\frac{\sin(105^\circ-\theta)}{\sin75^\circ}.\end{aligned}$$

显然,当 $\theta=15^\circ$时,$S_{\triangle ADB}$有最大值.

这说明,当遮阳棚顶与地面成 15°角时,可使最热时候的遮阳面积最大,从而挡住最多的光线.

说明:这个结果说明,当遮棚顶所在平面与光线垂直时,遮阳面积最大,这显然与实际情况相吻合,按照这个结论,要最大限度的挡住正当头顶的太阳光,遮阳棚顶应尽量与地面平行.

10.2.2 建立各类几何模型求解实际问题

例 5 空中飞行的两架飞机,在某个时刻分别位于空中某点 M,M_1,预计若干时间之后,它们将同时到达点 N,N_1,已知点 M,M_1,N,N_1,在水平平面的一个直角坐标系上的射影为 $M'(-1,-1)$,$N'(3,3)$,$M'_1(-4,5)$,$N'_1(4,1)$,与水平平面的距离分别为 m,n,m_1,n_1,如果两架飞机都是作匀速直线飞行,问应如何避免两架飞机在空中发生相撞事故.

分析:可建立几何模型,如图 10-13 所示,两架飞机相撞,首先是它们的航线相交,而且要同时到达空中某个点,这就是说它们的航线在水平平面上的射影相交,交点分两条线段成等比,而且这时航线在交点处的高度相等,两架飞机才可能相撞.

解:如图 10-14 所示,我们先研究射影 $M'N'$ 与 $M'_1N'_1$的交点,直线 $M'N'$ 与 $M'_1N'_1$的方程分别是

$$\frac{x+1}{3+1}=\frac{y+1}{3+1},\frac{x+4}{4+4}=\frac{y-5}{1-5}.$$

将两方程联立，解之得

$$x=2, y=2.$$

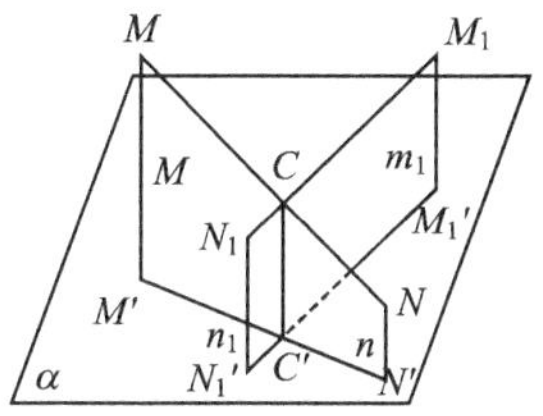

图 10-13

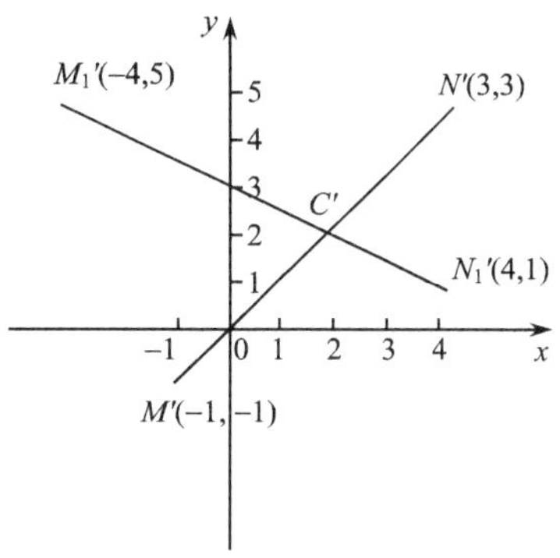

图 10-14

即 $M'N'$ 与 $M'_1N'_1$ 的交点 C' 的坐标为 $(2,2)$，得

$$\frac{M'C'}{C'N'}=3,\quad \frac{M'_1C'}{C'N'_1}=3.$$

所以 $\dfrac{M'C'}{C'N'}=\dfrac{M'_1C'}{C'N'_1}$.

这说明，两架飞机在同一时刻到达点 C' 的上空，如果在这时刻两架飞机高度相同，即同时通过同一个点 C，则两机相撞.

这时，由于 $MM'\,/\!/\,CC'\,/\!/\,NN'$，$\dfrac{M'C'}{C'N'}=3$ 所以

$$CC'=\frac{3NN'+MM'}{3+1}.$$

即 $CC'=\dfrac{3n+m}{4}$.

同理得 $CC'=\dfrac{3n_1+m_1}{4}$.

因此，如果相撞，必有 $3n+m=3n_1+m_1$.

故若 $3n+m\neq 3n+m_1$，两飞机不会相撞.

例 6　中国东方航空公司计划开通上海（东经 120°，北纬 30°）到圣彼得堡（东经 30°，北纬 60°）航班，请你计算这两座城市之间的航程（地球可视为半径为 R 的球，飞机的飞行高度忽略不计）.

分析：设圣彼得堡为点 A，上海为点 B，地球心为 O，北纬 30°，北纬 60°纬圆圆心分别为 O_1，O_2，东经 30°，北纬 30°记为点 C，东经 120°，北纬 60°记为点 D，欲求 A，B 两地间的球面距离关键是求出 A，B 两地间的直线距离. 为了问题的解决，我

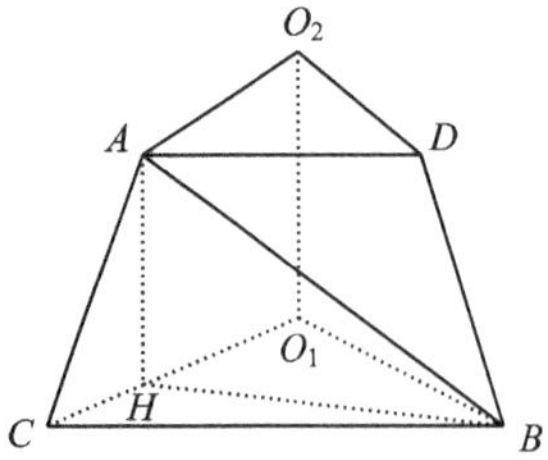

图 10-15

们用三棱台 AO_2D-CO_1B 建立几何模型，如图 10-15 所示，则将求 A,B 的长转化到我们所熟悉的三棱台中去求.

解:因 A 点在北纬 60°、东经 30°，则

$$OO_2=R\sin 60^\circ=\frac{\sqrt{3}}{2}R,$$

$$O_2A=\frac{1}{2}R.$$

同理可求 $OO_1=\frac{1}{2}R$，$O_1B=\frac{\sqrt{3}}{2}R$，且 $\angle AO_2D=\angle CO_1B=120^\circ-30^\circ=90^\circ$. 从而

$$AH=O_1O_2=\frac{\sqrt{3}}{2}R,$$

$$O_1H=O_2A=\frac{1}{2}R.$$

于是

$$BH^2=\left(\frac{1}{2}R\right)^2+\left(\frac{\sqrt{3}}{2}R\right)^2=R^2.$$

$$\begin{aligned}AB^2&=BH^2+AH^2\\&=R^2+\left(\frac{\sqrt{3}-1}{2}R\right)^2=\frac{4-\sqrt{3}}{2}R^2.\end{aligned}$$

即

$$\cos\angle AOB=\frac{R^2+R^2-\frac{4-\sqrt{3}}{2}R^2}{2\cdot R\cdot R},$$

故

$$AB=R\arccos\frac{\sqrt{3}}{4}.$$

例 7　设人造卫星 S 某一时刻正好在 A 地的天顶(即在 OA 的延长线上，O 为地心). 这时，从另一地点 B 看卫星 S，与 B 点的天顶 B' 成一角度 $\angle B'BS$，若 B 点离 A 点越远，则这个角度越大，一般当这个角度大于 70°时，就看不到卫星 S 了. 又已知卫星离地面的高度 $AS=439$ 千米，地球的半径为 6371 千米，问在多大一片范围内可看到卫星?

解:可建立几何模型处理这个问题，如图 10-16. 由题意知，能看到卫星的地区

的面积就是图中 AC 绕 OS 旋转而成的球冠的面积，其中 $\angle C'CS=70°$.

在 $\triangle OAC$ 中，$OC=6371$，$OS=OA+AS=6371+439=6810$，$\angle SCO=180°-70°=110°$.

根据正弦定理

$$\frac{\sin\angle OSC}{OC}=\frac{\sin\angle OSC}{OS},$$

$$\sin\angle OSC=\frac{OC\cdot\sin\angle OCS}{OS}$$

$$=\frac{6371\cdot\sin110°}{6810}=0.8791,$$

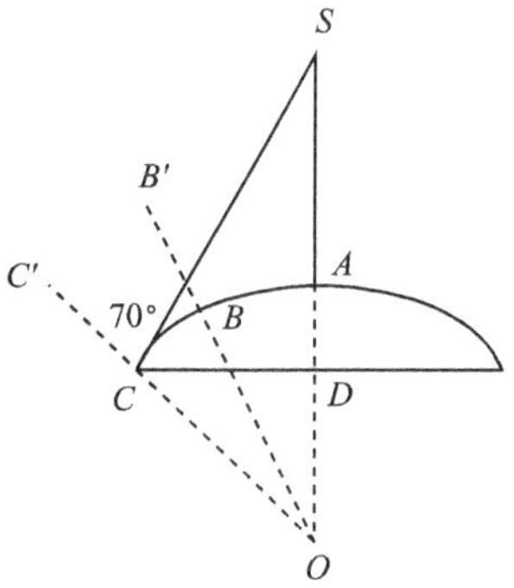

图 10-16

故 $\angle OSC=61°32'$. 从而

$$\angle SOC=\angle SCC'-\angle OSC$$

$$=70°-61°32'=8°28'.$$

$$OD=OC\cdot\cos\angle SOC$$

$$=6371\times\cos8°28'=6302,$$

故 $AD=OA-OD=6371-6302=69$.

因为球冠面积＝球冠的高×球的大圆周长，所以能看到卫星的地区面积为 $69\times2\pi\times6371\approx2.8\times10^6$ 平方千米.

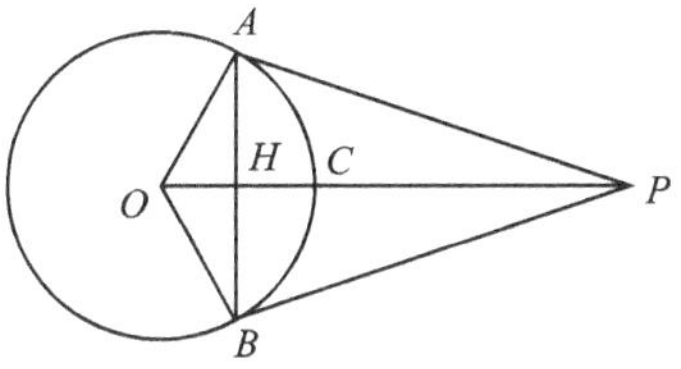

图 10-17

例 8　地球卫星在离地面上空多少千米时，恰好观察地球范围是地球表面的八分之一(地球半径约为 6371 千米)?

分析:卫星上观察到球面范围应是一球冠，球冠面积已给出，欲求高度. 建立几何模型如图 10-17 中应该求 PC. 所以只要求出 PC 的长度即可.

解:$S_{球缺}=2\pi R\cdot h$(R 为地球半径，$h=CH$). 设 $PO=x$，由图 10-17 可知，$AB\perp PO$ 于 H，$PA\perp OA$，在 $\mathrm{Rt}\triangle AOP$ 中，$OA^2=OH\cdot PO$，则 $R^2=OH\cdot PO$，即

$$R^2=(R-h)\cdot x,$$

即 $h=\dfrac{Rx-R^2}{x}$. 由已知 $2\pi R\cdot h=\dfrac{1}{8}\cdot4\pi R^2$，则

$$2\pi R\cdot\frac{Rx-R^2}{x}=\frac{1}{2}\pi R^2,$$

解得 $x=\dfrac{4}{3}R^2$. 从而 $PC=\dfrac{4}{3}R-R=\dfrac{R}{3}$.

故欲观察到球面达地球表面的八分之一，卫星需离地面 2124 千米.

说明：由截面图，根据图形性质，列出已知量与未知量的关系式（此题是根据直角三角形的射影定量，列出 R,h,x 的关系式），得到 $h=f(x)$，代入已知的等量关系而求解.

例 9　从北京（靠近北纬 40°、东经 120°，以下经纬度均取近似值）飞往南非首都约翰内斯堡（南纬 30°、东经 30°），有两条航空线可供选择：

甲航空线：从北京沿纬度弧向西飞到土耳其首都安卡拉（北纬 40°、东经 30°），然后南飞到目的地.

乙航空线：从北京向南飞到澳大利亚的珀斯（南纬 30°、东经 120°），然后向南飞到目的地.

请问：哪一条航空线较短（地球半径视为 $R=6370$ 千米）？

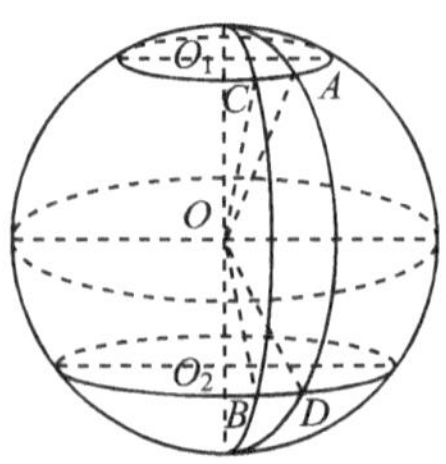

图 10-18

解：把北京、约翰内斯堡、安卡拉、珀斯分别看作球面上的 A,B,C,D 四点，建立几何模型如图 10-18，则甲航程为 A,C 两地面间的纬度线长 $\overset{\frown}{AC}$ 与 C,B 两地之间的球面距离 $\overset{\frown}{BC}$ 之和，乙航程是 A,D 两地间的球面距离 $\overset{\frown}{AD}$ 加上 D,B 两地间的纬度线长.

设球心为 O，又设 O_1,O_2 分别是北纬 40°圆与南纬 30°圆的圆心，则

$$\angle AO_1C=\angle DO_2B=120°-30°=90°,$$

从而 $\overset{\frown}{AC}=\dfrac{\pi}{2}\cdot O_1C=\dfrac{\pi}{2}R\cos 40°$，

$$\overset{\frown}{BD}=\frac{\pi}{2}\cdot O_2B=\frac{\pi}{2}R\cos 30°=\frac{\sqrt{3}}{4}\pi R,$$

$$\overset{\frown}{CB}=R\cdot\angle COB=R(40+30)\cdot\frac{\pi}{180}=\frac{7}{18}\pi R,$$

$$\overset{\frown}{AD}=R\cdot\angle AOD=R(40+30)\cdot\frac{\pi}{180}=\frac{7}{18}\pi R.$$

故甲航程为

$$s_1=\overset{\frown}{AC}+\overset{\frown}{CB}=\frac{\pi}{2}R\cos 40°+\frac{7}{18}\pi R.$$

乙航程为

$$s_2=\overset{\frown}{AD}+\overset{\frown}{BD}=\frac{7}{18}\pi R+\frac{\sqrt{3}}{4}\pi B.$$

由 $\cos 40°<\cos 30°$ 知，$s_1<s_2$，所以甲航空线较短.

10.3　数学奥林匹克中的几何问题研究与几何教学探讨

数学奥林匹克是起步最早，规模最大，种类、层次较多的学科竞赛活动. 1981 年，国际数学教育委员会成立了国际数学奥林匹克委员会作为其下设的一个专业委员会，这从组织机构上保证了“国际数学奥林匹克(IMO)”的正常进行，也使得奥林匹克数学从学术上得到国际的确认.

世界上一些文化比较发达的国家和地区，除了举办本国或本地区的各类各级的数学奥林匹克外，越来越多地积极参加国际数学奥林匹克. 到 2006 年，IMO 已举办了 46 届，参赛队由最初的 7 个，现在增加到 80 多个，参赛学生人数由 50 多名增加到近 500 名. 在我国，数学奥林匹克也是成千上万青少年喜爱的活动，夺取国际数学奥林匹克奖牌的学生遍及全国各地. 这是一种有着深刻内涵的全球文化现象，这是一种深厚文化品质的反映.

10.3.1　几何问题是数学奥林匹克活动的重要载体

在 IMO 中，各国各地区学生使用同一套试卷 6 道题目进行比赛，这种方式一直沿续下来，尽管也有人提出各队之间水平差距太大，应像体育比赛那样分成甲级和乙级队，但到目前为止尚未见到有被采纳的可能. 在每届比赛中，参赛的学生也只有一半人获奖，而获金、银、铜牌奖的分数线差距也较大，如近 5 年金牌分数线在 28～30 分之间，银牌分数线在 19～23 分之间，铜牌分数线在 11～14 分之间. 可想而知，强队与弱队学生之间有多大的差距. 参赛虽说重要的是参与，但 IMO 毕竟是世界性的竞赛，强队自然希望取得好名次，得到更多的奖牌，弱队也希望成绩有所提高，名次有所提前，且弱队领队最不希望发生的事就是自己的队员背着 0 分回去. 对于弱队，难度适中的几何题是得分的主要来源；而对于强队几何题则是拉开对手距离，确保夺冠的重要战场.

众所周知，IMO 的试题内容可分为四大部分：数论、代数、几何与组合数学. 这四部分内容中，与各国各地区中学数学教材距离最近的首推几何，而最远的当是组合数学. 根据 IMO 试题的选题规则，各位领队提供一些题目，主试委员会确定一些备选题，最后通过投票定下 6 道题，作为正式试题. 因此，各位领队自然希望 6 道题中能有一两道比较容易的题目，以确保自己的队员可以得分. 从而在 6 道试题中，平面几何试题常常是 1～2 道，且难度多为中、下档. 不是几何中找不到难题，而是作为数学奥林匹克试题的构成中，还有比几何更难的部分. 因此，几何题相对来说是较容易、常规的题目，组合题往往是非常规的难题，前者反映了弱队的要求而后者适应强队的愿望.

在国内，情形也一样，全国高中联赛的加试中、数学冬令营中、国家队选拔赛中，试题内容也是这四大部分. 几何内容在这四大部分占有较重的份量，联赛加试 3 题中的第一题就是平面几何题，数学冬令营及国家队选拔赛常是 6 道题中有 1～2 道平面几何题.

10.3.2　几何试题蕴含数学奥林匹克活动的深刻内涵

数学奥林匹克是中学生数学才能与数学素养的比赛，而几何试题竞赛内涵与开发价值在发展人的才能和培养素养中有着重要的作用.

一、几何试题的检测作用与开发价值

国际数学教育委员会（ICMI）1995 年的专题研究讨论文件中，描述了几何的六大特点：几何是空间的科学；几何是其他数学和科学领域中概念和过程直观表示的一种方法；几何是数学作为一种理论与数学作为一种模型资源的交叉学科点；几何是一种理解和思维的方法，并且从较高的层次来看，是一种形式理论；几何是演绎推理教学的范例；几何是各种传统和变革中应用的一种工具.

鲍建生也认为：几何既可以作为不同水平的创造活动的源泉；也可以成为训练各种推理能力的场所；既可以作为日常生活中所必需的基础知识，也可以成为解决各种问题的工具. 我们认为：几何也可以作为检测、选拔各年龄阶段具有优秀数学才能的学生的有力工具.

根据平面几何的特点，几何试题的检测作用与开发价值可以体现在以下几个方面：①可以检测应试者所形成的科学世界观和理性精神（平面几何知识是人们认识自然、认识现实世界的中介与工具，这种知识对于人的认识形成有较强功用，是一种高级的认识与方法论系统）的某些侧面；②可以检测应试者所具有的思维习惯（平面几何材料具有深刻的逻辑结构，丰富的直观背景和鲜明的认知层次）；③可以检测应试者的演绎推理和逻辑思维能力（平面几何内容的直观性、难度的层次性、真假的实验性、推理过程的可预见性，成为训练逻辑思维与演绎推理的理想材料）的某些侧面；④试题内容的挑战性具有开发价值. 平面几何是一种理解、描述和联系现实空间的工具（几何图形保持着与现实空间的直接的丰富联系；几何直觉在数学活动中常常起着关键的作用；几何活动常常包含创造活动的各个方面，从构造猜想、表示假设、提供证明、发现特例和反例到最后形成理论等，这些在各种水平的几何活动中都得到反映）；⑤试题内容对进行创新教育具有开发价值. 平面几何能为各种水平的创造活动提供丰富的素材（几何题的综合性便于学生在研究时能够借助于观察、实验、类比、直觉和推理等多种手段；几何题的层次性使得不同能力水平的学生都能从中得到益处；几何题的启发性可以使学生建立广泛的联系，并把它应用于更多的领域）；⑥试题内容对开展应用与建模教育具有开发价值. 平面几何建立了简单直观、能为青少年所接受的数学模型，然后教会他们用这样的数学模型去思考去探索.点、线、面、三角形和圆——这是一些多么简单又多么自然的数学模型,却能让青少年在数学思维的天地里乐而忘返,很难想像有什么别的模型能够这样简单同时又这样有成效.平面几何又可作为多种抽象数学结构的模型(许多重要的数学理论都可以通过几何的途径以自然的方式组织起来,或者从几何模型中抽象出来).

二、几何试题对培养学生的推理能力有着不可替代的地位与作用

几何试题的重要地位与作用,是由它的深刻内涵决定的.2002年8月在北京召开的第24届国际数学家大会上,来自多个国家的数学教育专家就各国的数学教育改革进行了广泛的交流,所达成的基本共识之一就是培养学生的数学推理能力应当作为数学教育的中心任务,并提出了共同担心的问题:“推理、证明在基础教育中的地位有下降的危险.”主要原因在于:各国早期数学教育的课程设置基本上是将焦点集中在算术概念、计算和算法上,进入7年级或8年级后,突然要求学生理解并写出严密的推理过程,缺少一定的“缓冲余地”,学生普遍感到吃力,产生畏难情绪,而解决这一问题的手段又过于简单粗暴,认为以推理见长的几何证明是造成这一困境的“罪魁祸首”,因而削减几何内容几乎成为一种时尚,这种思潮也波及到了我国.现在,许多国家也正为这种消极的“回避”政策所付出的代价进行反省,我们也要引起关注.

平面几何内容对培养学生的数学推理能力有着不可替代的地位和作用,我国的一些著名数学家、数学教育家有过许多精辟的论述.

吴文俊院士指出:几何在中学教育有着重要位置.几何直觉与逻辑推理的联系是基本的训练,不应忽视.

王元院士在部分省市教育学院数学专业继续教育研讨会上的报告中指出:“几何的学习不是说学习这些知识有什么用,而是针对它的逻辑推导能力和严密的证明,而这一点对一个人成为一个科学家,甚至成为社会上素质很好的一个公民都是非常重要的,而这个能力若能在中学里得到训练,会终身受益无穷.”李大潜院士在上海市中小学数学教育改革研讨会上指出:“培养逻辑推理能力这一重要的数学素质,最有效的手段是学习平面几何,学习平面几何自然要学一些定理,但主要是训练思维,为此必须要学习严格的证明和推理.”“对几何的学习及训练要引起足够的重视.现在学生的几何观念差,逻辑推理的能力也比较薄弱,是和对几何这门课程的学习及训练不到位有关的.如果不强调几何观念及方法的训练,将几何学习简单地归结为对图形与测量这类实用性知识的了解上,岂不是倒退到因尼罗河泛滥而重新丈量土地的时代去了吗?”张景中院士在一次访谈中论及几何教学时指出:“我认为几何是培养人的逻辑思维能力,陶冶人的情操,培养人良好性格特征的一门很好的课程.几何虽然是一门古老的科学,但至今仍然有旺盛的生命力.中学阶段的几何教育,对于学生形成科学的思维方法与世界观具有不可替代的作用.为什么当

前西方国家普遍感到计算机人才缺乏，尤其是编程员缺乏，其中一个原因是他们把中学课程里的几何内容砍得太多，造成学生的逻辑思维能力以及对数学的兴趣大大降低”.

陈重穆、宋乃庆等先生也撰文指出：“平面几何对学生能同时进行逻辑思维与形象思维训练，使左、右脑均衡发展，最能发展学生智能，提高学生思维素质.此外，平面几何在国内外皆有其深厚的文化品质，对学生文化素质的培养也有重要影响，平面几何这种贴近初中学生思维实际，对素质教育能起多方面作用的品质，是其他任何学科难以企及的”.

10.3.3　几何试题折射着深厚文化品质特有的内容与风格

一、平面几何试题的多层次性

平面几何试题能够提供各种层次、各种难度的题目，是数学奥林匹克一个方便而丰富的题源.数学奥林匹克中的几何试题（各类数学竞赛的早期均有一些立体几何试题，由于新颖的立体几何题不好编制，要么过浅，要么过旧，要么过难，后来均消失了），从内容上大致可以分为三个层次：

第一层次是与中学教材结合比较紧密的常规平面几何题.虽也有轨迹与作图，但主要是以全等法、相似法为基础的证明题，有些题甚至由课本例题、习题改编而生成.证明题的重点是与圆有关的命题，因为涉及圆的命题知识容量大、变化余地大、综合性也强，是编拟竞赛试题的优质素材.

第二层次是比中学教材要求稍高的内容.如三角形的巧合点的性质及几个基本定理的运用，探讨共线性、共点性、共圆性，求证几何不等式、求解几何极值等.这些问题结构优美、解法灵活、常与几何名题相联系，有时还可用几何变换来巧妙求解.

第三层次是几何与组合数学结合的组合几何题.这类题是组合数学的思想、方法与传统几何相结合的产物，讨论的是几何对象的组合性质.例如，计数、分类、构造、覆盖、嵌入、剖分、染色、格点等等.这类问题离不开几何知识的运用与几何结构的分析，将几何的直观与组合的多变有机结合起来，这类问题优美而富于技巧.

各个层次内容的试题的难度可分为：A 级（最难）、B 级（中等）、C 级（较易）.在某一届试题中只有一道平面几何题时，大多为 C 级题，在这一届有两道平面几何题时，大多一道 C 级，一道 B 级.其中 C 级题基本上为常规平面几何问题，比较容易；B 级题常常脱离常规而变为共点、共线、共圆、几何不等式、极值、充要条件、存在性等内容，强调运动、变化、变换等观点，难度也就随之提高了.而组合几何题大多为 A 级，时常出现各届竞赛中.

二、平面几何试题题型多样性

平面几何试题题型多样、花样翻新、解法多彩，令人陶醉.有证明题、计算题、轨迹题、作图题等丰富的题型. 由于几何计算少不了几何推理，且许多计算题其实就是证明题；又轨迹题要分完备性和纯粹性两方面给出证明；作图题要说明作得合理，必须给出证明. 由此可见，证明题是核心，当然，证明中也少不了计算. 证明题又可分为两大类：一类叫等式型问题，一类叫不等式型问题. 若要证明两线平行、两线垂直、点共线、线共点、点共圆、圆共点、定值问题，这些结论可以用等式表达，都是等式型问题. 结论中明显摆出等号，如证明两图形面积相等、两角相等、两线段相等、线段及角和差倍分、比例式，当然是等式型问题. 若要证明点在圆内或圆外，某三条线段可构成三角形或某些几何量(线段、角度、面积)的大小关系式，就叫做不等式问题.

从 1978 年以来的我国高中数学联赛第二试中的 38 道几何题来看，除了 3 道立体几何题外，其余 35 道平面几何试题中，9 道计算题、26 道证明题. 证明题中，证明不等式有 9 道，证明线段或角度相等有 8 道，证明直线平行或垂直有 5 道，证明直线共点、点共直线或点共圆有 3 道. 这些题又涉及一些典型知识点，如涉及面积的有 8 道，涉及三角形的内心、外心、垂心、重心、旁心等巧合点的有 12 道，涉及可运用正弦定理、余弦定理、梅涅劳斯定理、塞瓦定理、托勒密定理等重要定理的有 16 道. 历届 CMO、历届国家队选拔赛、从 1981 年以来的 IMO 中的几何试题，其情形也类似.

求解这些平面几何试题除了广泛涉猎平面几何的内容、方法之外，还涉及到代数、三角与解析几何的内容与方法. 因此，求解平面几何试题的方法是丰富多彩的，列举出来有一大串，如分析法、综合法、反证法、同一法、面积法、割补法、代数法、参量法、三角法、几何变换法、向量法、复数法、解析法、射影法、消点法、构造法、物理模拟方法、数学归纳法等. 例如，近些年，特别是近几年的全国高中联赛及 IMO 中的平面几何题均可给出多种不同证法，且可运用几个基本定理来证，有的证法达到 10 多种.

以上也进一步说明，数学奥林匹克活动能够吸引全世界近百个国家上千万的青少年，正是因为有这么多回味无穷，令人陶醉的好平面几何试题.

10.3.4　几何内容的教学与培训应有新理念

一、认真落实课程改革精神，清晰培训理念

当前的课程改革强调“以学生的发展为本”. 这就是说，对数学学科有特殊兴趣或特殊天赋的学生，应该使他们有进一步发展的空间. 发展英才教育是我国现代化建设的需要，我们正处在高科技迅猛发展的时代，人才的竞争十分激烈，而人才竞争的焦点是顶尖人才的竞争. 平面几何内容的教学对顶尖人才的培养具有方法论意义：几何概念为抽象的科学思维提供直观的模型，几何方法在所有的领域都有广泛的应用，几何直觉是数学地理解高科技和解决问题的工具，几何的公理系统是组织科学体系的典范，几何思维习惯则能使一个人终身受益．袁震东先生撰文指出："平面几何中的难题证明，可能不是普遍需要，然而对于未来各行各业的领袖人物而言，平面几何的训练，包括若干难题的证明，却是非常重要的．"

英才教育，是一种氛围、一种理想．清晰培训理念，改革培训方式，避免过度训练，避免步入应试教育及题海战术怪圈，进行创新教育，培养学生对数学的好奇心、对数学的兴趣．我们要认识到：平面几何是学生数学兴趣的一个重要激发点．张景中院士曾指出："几何在数学里占有举足轻重的地位，在历史上，数学科学首先作为几何学而出现．几何学提出的问题，诱发出了一个又一个重要的数学观念和有力的数学方法．在现代，几何学正趋于活跃与复兴．它的方法和分析的、代数的、组合的方法相辅相成，扩展着人类对数与形的认识．青少年当中的数学爱好者，大多数首先是几何爱好者．"这种理念是值得我们关注的．

二、进行几何教学心理研究，加强几何双基教学与培训

加强几何教学心理研究，可为几何教学与培训提供坚实的理论基础．近年来，我国数学学习论研究蓬勃开展，已取得了丰硕成果，形成了一些优势领域．例如，中科院心理所卢仲衡先生就标准图形与变式图形的作用，图形交错和外周线段对感知与思维的影响，以及图形知觉对思维过程的影响进行了系列研究，得出了一些心理规律，对几何教学与培训有一定的指导意义．教学与培训实践也已证明：直观的图形和演绎体系，有利于动员大脑左右两个半球的潜力，使学习效率增加，智力发展完善．

认知心理学的研究表明，传授一般问题解决策略和演绎推理策略对学生并无多大帮助；学生在解决数学问题的过程中能否成功地使用一般问题解决策略和一般推理规则，关键在于他是否具备了相应的数学知识．因此，在几何教学中，在几何专题培训辅导中，应按照竞赛大纲要求，加强平面几何双基的教学．诸如三角形的内心、外心、重心、垂心、旁心的性质及应用，几个基本定理及应用，各类典型问题的求解思路等，笔者对这些问题都撰写过专题文章连载于几家杂志．目的是试图弥补当前许多竞赛辅导用书只讲题目，不太关注图形的基本性质，希望参赛的学生掌握应有的基础知识，加强局部自主性的发挥，使我国的数学奥林匹克事业漫步在繁荣发展的康庄大道上．这是值得我们关注的理念．

章建跃博士撰文指出："双基"是我国数学教育的立足之本、发展根基．数学知识是数学能力发展的基础，"无知者无能"，没有数学知识的人不可能有数学能力．认知心理学研究表明，一个人不能"数学地"思考和解决问题的主要原因是缺乏必要的数学知识，所谓"隔行如隔山"就是这个道理．正是由于已掌握的数学知识的广泛迁移，个体才能形成系统化、概括化的数学认知结构，从而形成数学能力．求解竞赛中的平面几何问题何尝不是如此呢！在解决平面几何问题中体现出来的能力，其实质是能根据问题情景重组已有平面几何图形知识，能正确、迅速地检索、选择

和提取相关平面几何图形知识并及时转化为适当的操作程序,从而使问题从初始状态转变为目的状态.显然,如果一个人长时记忆中缺乏相关的平面几何图形知识,那么,相应的知识检索、选择、提取、重组等活动就失去了基础.丰富、系统的平面几何图形知识不仅是解题创新所不可或缺的材料,而且还能直接激发解题创新的直觉或灵感.只有具备了充分的数学知识,才能进行有目的、有方向、有成效的探究性活动,求解竞赛中的几何问题效能才有保障,否则就只能是尝试错误.

三、几何内容的教学与培训方略有待创新

笔者曾撰文研讨了数学奥林匹克数学的教学方略,这些方略同样适合于几何内容的教学与培训:提高学生学习的主动精神;培养良好的认知结构;突出数学思想方法;利用交往的功能发挥智力群体的作用等.笔者认为,随着形势的发展,这些方略也有待于完善、更新、乃至于创新.几何教学的方略创新显然需要考虑如下三点:①几何学科特点:生动直观的图形和严谨的逻辑结构.图形是几何证明的一支有力拐杖,忽视图形直观,几何思维教育功能就不能充分发挥出来.②学生思维特征:荷兰学者赫尔曾提出几何思维发展模式,认为几何学习依次经历直观、分析、演绎、严密等五个水平,这为我们进行几何教学模式的创建提供了依据.几何学习需要逻辑思维和形象思维,相互协调.③几何教学难点:入门难、论证难、表达难.这些难点可能是学科知识本身的问题,据张景中院士的意见,应由加强教育数学研究来解决;也可能是教学法问题,这需要创造新的教学方法来解决.笔者赞同这样的观点,几何内容教学与培训应该以几何图形为手段,以基本图形性质为核心,运用基本图形教学法来进行.注意运用解析几何方法引发综合法,适当避免用繁复的解析几何方法包打天下的做法(即不管什么几何问题均用解析法来处理).

四、几何解题理论有待进一步发展

几何解题是几何教学研究的重要内容,几何解题理论是数学奥林匹克理论的重要组成部分.一些研究者提出了 4 种重要解题模式:①类型模式:主要是根据所求解的结论分类,如线段相等角度相等,点共线与线共点,点共圆与圆共点.②方法模式:是根据几何证明所运用的方法进行宏观和微观两个层次的分类研究.③面积模式:张景中院士创立了以面为中心的平面几何新体系,运用共边比例定理和共角比例定理,建立完备、系统化的面积方法来解决几何"一理一证"之难点,作为数学奥林匹克培训的内容让中学生认识和掌握.④图形模式:这是一种在竞赛培训各单元教学中,抓住平面几何中的主要定理与性质所对应的基本图形,分析其基本性质,借助形象思维,由图索骥,掌握和巩固几何知识的一种基本图形方法.这种方法抓几何图形的识别、分解与构造,以及基本图形与定理、性质问题的相互导引和思维转换,从而解决几何问题.笔者认为,这均是一些卓有成效的解题理论,但需要进一步发展,我们可以从兵法的观念发展解题理论.如果把求解平面几何问题好比打仗,则可认为解题者的"兵力"就是平面几何图形的基本性质,解题者的"兵器"就是求解平面几何问题的基本方法，解题者的“兵法”就是熟悉各种典型问题的基本思路. 部署优势“兵力”，装备精良“兵器”，运用诸子“兵法”，这是夺取战斗胜利的根本保证.

习　题　10

1. 试用“七巧板”拼出一些图案或文字.
2. 试用几何方法证明三角公式.
3. 某人在一个电信转播塔的正东沿南 60°西的方向前进 48 米后，望见塔在东 60°北，若此人沿途测得塔顶的最大仰角为 30°，求塔高.
4. 给你一个木球，如何用直尺和圆规作出它的直径？
5. 天要下大雨？若给你一只圆台型的桶子和一把尺子，该如何计算降雨量？
6. 试探究一下平面几何试题的检测作用和开发价值.
7. 几何内容的教学与培训应有怎样的新理念？

参考文献及进一步阅读的资料

吴开琪. 21 世纪几何教学展望. 数学通报，1995(5)：封二～4
鲍建生. 几何的教育价值与课程目标体系. 教育研究，2000(4)：53～58
宁连华. 数学推理的本质和功能及其能力培养. 数学教育学报，2003(3)：42～45
俞求是. 空间与图形教学目标和教材编制的初步研究. 数学教学通讯，2002(4)：1～5
李大潜. 在上海市中小学教学改革研讨会的发言. 数学教学，2003(1)：6～10
袁震东. 教育公平与英才教育. 数学教学，2003(7)：封二～1
张景中. 1994. 教育数学探索. 成都：四川教育出版社
游安军. 近 20 年我国平面几何教学研究的回顾与思考. 数学教育学报，2000(3)：29～32
吴庆麟等. 2000. 认知教学心理学. 上海：上海科学技术出版社，199～206
沈文选. 奥林匹克数学研究与数学奥林匹克教育. 数学教育学报，2002(3)：21～25
章建跃. 从知识分类看数学“双基”的内涵. 数学通报，2003(8)：封二～2
沈文选. 数学奥林匹克中的几何问题研究与几何数学探讨. 数学教育学报，2004(4)：78～81
罗增儒. 1993. 数学竞赛教程. 西安：陕西师范大学出版社，87～89